腾讯研究院
Tencent Research Institute

互联网+时代的立法与公共政策

腾讯研究院 / 著

法律出版社 LAW PRESS · CHINA

腾讯创始人、法务高管及学者推荐

近年来，以移动互联、云计算、大数据等为代表的互联网技术飞速发展，服务经济发展转型、推动传统产业升级、提升社会管理水平，传统产业与互联网相融合的“互联网+”模式不断涌现。腾讯的定位是“连接一切”，希望通过我们的服务连接人与人、人与设备、人与服务，做好“互联网+”时代“信息能源”的供应商。

《互联网+时代的立法与公共政策》一书是对“连接一切”的制度思考。该书既有对中国“互联网+”立法与政策的深入分析，也有对外国经验的总结，还有对最新“互联网+”商业模式等的制度思考。希望腾讯研究院的最新成果能够为“互联网+”时代的学术研究、产业发展和政策制定提供有力的智力支持。

——马化腾　腾讯公司主要创办人，董事会主席，执行董事兼首席执行官

“二战”结束以来，全球化进程经历了三个阶段：在全球化1.0时代，世界各国通过建立世界银行、国际货币基金组织、缔结《关税与贸易总协定》，第一次在全球层面消除投资和关税等障碍；在全球化2.0时代，各国通过深化区域间经贸合作、建设交通运输和信息通讯网络，推进了深层次意义上的全球联通；如今，在“互联网+”理念和行动的引导下，我们预见全球的劳动、知识、技术、管理、资本等资源都将被互联网这条信息高速公路进一步激活、涌动，资源的配置方式将被重新定义，人们的生产生活甚至国家间的互动形式将发生新的变革——

我们正在进入以互联网为中心的全球化3.0时代——“互联网＋”时代。

新的时代，自然引发新的趋势和新的问题，继而产生新的定义和新的社会秩序。“互联网＋”加出了很多“新经济”，也加出了很多新的立法与公共政策问题。《互联网＋时代的立法与公共政策》针对这些“新经济”“新问题”给予的分析与政策回应，有及时性和现代性。该书立足国内实践，跟踪国际经验，分析各国面临的共性问题，描绘可预期的政策蓝图。相信本书为我们共同探讨“互联网＋”时代新一轮全球化潮流中的新问题以及共同构建新秩序，提供了十分重要的前沿实例和立法参考。

——陈一丹　腾讯公司主要创办人，终身荣誉顾问

我们生活在互联网时代，经由信息革命而至的互联网浪潮席卷了正处历史转型的中国经济，在未来，“连接”将无处不在，互联网将在更深的层次赋能传统产业的转型变革，“互联网＋”的深入推进必将带来法律制度与监管政策方面的新局面、新问题。

《互联网＋时代的立法与公共政策》一书是腾讯研究院互联网法律政策研究成果的精华，希望成为学术机构、政府部门以及社会各界人士关注产业的窗口，共同推动建立开放、前瞻、包容的互联网治理新格局。

——Brent Irvin(艾文博)腾讯公司副总裁及总法律顾问，腾讯研究院副院长

二十余年来，我国的互联网产业在内外部的激烈竞争中，已经从早期提供单一功能产品走向平台化的复杂产业生态，并且快速形成具有中国特色的“互联网＋”模式，成为我国经济社会发展的重要基础设施。法律问题对于互联网产业发展而言是内生性的，并且随着互联网技术和商业模式快速的发展演变，新型法律问题层出不穷，而且很多问题颇具中国特色，亟需回应。

《互联网＋时代的立法与公共政策》一书是腾讯研究院法律研究中心研究员们多年来研究成果的系统展现，这些文章立足中国国情，借鉴各国经验，回应中国问题，对互联网相关法律问题从理论和实践层面进行了全面、深入探索。无论对于学术界还是实务界都有重要的参考价值，相信该书将为我国互

联网产业的制度建构、政策运行、战略实施和实际问题解决提供重要的观点和建议。

——吴汉东　中南财经政法大学知识产权研究中心主任，博士生导师

2015年的全国“两会”，李克强总理首提“互联网+”行动计划，推动了互联网与传统产业融合，也使“互联网+”成为全社会关注的热点问题。腾讯研究院作为企业设立的研究机构，近年来在互联网政策与法律方面的研究崭露头角，受到业内外关注。本书覆盖范围广泛，涉及互联网行业发展所面临的主要法律与政策问题，体现了研究者对前沿问题的敏锐意识；研究视野开阔，不但关注国内立法、执法与司法领域的发展变化，也密切跟踪国外立法与政策的最新变化，信息量很大；文章论点鲜明，论述精练，虽是集体成果汇集，但不同文章内在线索统一，能够保持总体一致性，有助于读者把握互联网行业发展基本方向。本书不但有助于一般读者快速、全面了解“互联网+”发展过程中面临的各种法律与政策问题，对立法、执法与司法机关的专业人员也会很有借鉴意义。

——周汉华　中国社会科学院法学研究所研究员，博士生导师

“互联网+”代表一种新的社会生态，同时意味着经济社会转型发展面临新机遇。面对“互联网+”时代，我们迫切需要与时俱进的立法与公共政策，为“互联网+”新生态的健康有序发展提供制度保障，而规范、包容和多元治理应是“互联网+”时代下立法与公共政策的核心要素。

《互联网+时代的立法与公共政策》一书从理论层面、实践经验等角度，结合当下“互联网+”各个产业的新问题，全方位分析“互联网+”时代的立法和公共政策，对“互联网+”生态秩序构建和公共治理有切实的指导意义。祝愿“互联网+”时代的立法与公共政策更具规范、包容和多元，祝愿我们都有一个美好的“互联网+”时代！

——江波　腾讯公司法务综合部总经理，腾讯研究院法律研究中心主任

“互联网+”时代的思考与展望

——《互联网+时代的立法与公共政策》序

郭凯天*

一、“互联网+”是一次新的历史机遇

从历史的角度看，中国的经济、科技和文化曾很长时间曾领先于欧美，但是在工业革命之后，随着技术变迁速度的不断加快，中国与西方的差距越来越大。改革开放以来，我国一直在加快科技创新，希望能尽快缩小与发达国家的差距。目前多数观点认为，以互联网为代表的新技术革命将对全球经济社会产生颠覆性影响，且速度会远远快于前三次工业革命。从技术革命的规律来看，我认为正在中国大地上如火如荼开展的“互联网+”行动，依托其强大的“连接”能力与“赋能”功效，将对中国经济社会产生全局性、系统性的影响，是我们必须正确认识和牢牢抓住的一次历史机遇。

回顾三次工业革命，我们发现“连接”与“赋能”是历次科技革命所共有的巨大力量。所谓“连接”，即新技术的发展所催生的新的工具或者应用，将以往孤立隔绝的人口和物质资源等连接在一起，使得人类远程的大规模协作成为可能，资源得以最大限度发挥其价值，从而深刻影响全球经济格局。所谓“赋能”，一方面是指人们为适应新生产要求，不断增长个人知识和能力，但是更重

---

* 郭凯天，腾讯公司高级副总裁，腾讯研究院院长。

要的意义在于企业和个人在“连接”的基础上,进一步释放自身潜力,探索未知,为创造新的社会变革提供可能。

第一次工业革命中,蒸汽机的发明催生了大航海时代的到来,五大洲得以连接起来,带动了欧洲财富的急剧增长,催生了以欧洲为主导的全球格局;第二次工业革命中电力技术和内燃机的出现,使得公路、铁路、电网等系统成为了国家基础设施,将内陆连成一体,使得国土资源丰富的大陆国家抓住机会,崛起为新的巨头,美国和苏联恰是如此。我国改革开放30年的实践中,“要致富,先修路”的连接理念与此一脉相承。

在第三次工业革命基础上发展而来的移动互联网时代,或者说第四次工业革命,借助于日益发达的传感器和智能终端,使得连接更加便利,人与人、人与物、物与物随时随地连接在一起,万物互联成为可能,各类资源所蕴含的活力得到巨大释放。看到潜在巨大机遇的企业和创业者,借助于互联网这一“连接一切”的基础设施,正在探索如何进一步提升资源利用效率,创作更多的社会经济财富。

当下的中国,我们在“连接”和“赋能”方面取得了显著的成绩。截至2015年年底,我国网民规模达6.68亿,互联网普及率提高至48.8%,成为全球最大的网民国家。在产业层面看,各领域的企业对“互联网+”进行了广泛探索和深入实践,资本市场也纷纷投入到“互联网+”的“基础设施”建设中来,从网络约租车到020,从互联网理财到网络医疗,从3D打印到智能制造,互联网应用不仅融入到交通金融、商贸、教育、医疗等服务业务,同样也渗透到制造业、农业等传统行业,推动各行业生产和组织管理模式的巨大变化,使资源得到更好地配置和利用。在公共服务领域,政府也在转变传统服务理念,利用成熟的互联网技术和产品,不断提升在线服务能力,涌现出一大批口碑良好,群众点赞的政务微信、政务APP等。从公众层面看,互联网创业更是成为一股热潮席卷中国,大众创业万众创新正在塑造新的经济格局。

世界经济论坛创始人兼执行主席克劳斯·施瓦布在《第四次工业革命》中指出,“每每出现新的技术革命,人类的经济体制和社会结构便会发生深刻变革。但从历史的维度来看,这些突然发生的变革可能要持续很多年才能全面展开。"因此,可以预见,随着"互联网+"战略的持续实施,我们经济社会的诸多领域将会发生意想不到的革命性变化。

二、"互联网+"时代需要解决新问题

我们注意到,任何一次新的科技革命,都会带来一些新的问题。这些问题主要体现在三个方面:一是新技术与传统利益之间的冲突问题,二是新技术发展本身所带来的新问题,三是传统社会问题在新技术条件下的新变化。

在新技术与传统利益之间的冲突方面,恰如当年火车刚刚发明的时候,被要求时速不得超过5公里,以避免对马车运输业造成冲击。在"互联网+"所带来的产业融合过程中,大量的创新模式由于会涉及传统产业格局和管理模式,也会产生政策监管方面的新问题。目前在网络约租车、互联网金融、互联网医疗等领域,已经陆续出现一些创新与监管的问题。

目前我国在互联网的管理方面,主要参考传统行业管理模式,强调在行业细分基础上的市场准入监管。但是在互联网+时代,产业间的融合创新层出不穷,如果套用传统的监管模式,会极大地遏制创新。因此在处理这些新问题时,迫切需要政府的管理理念实现由"监管"到"治理"的转变。在这其中,更是要特别重视包容性治理与内生性治理。

所谓包容性治理,即对于产业创新发展有实际需求,而且在技术上可以保障安全性和可行性,但政策上还有障碍的问题,应该尽快打通。例如在支付领域,二维码支付一度因安全问题被叫停,但后来经充分研究论证后,证明了此种支付方式的安全可靠,目前该支付方式已经被公众广泛采用,极大地便利了百姓生活。所谓内生性治理,即要重视市场自身的力量,对于通过市场充分竞争验证的行业内生性管理方法,可以在行政管理中予以引入,并可用于完善和更新旧的行政管理机制。例如在网络约租车领域,其通过信用评级和评价体系建设,很好地解决了司机资质和服务质量的问题,值得传统交通领域借鉴。

除了新旧利益的碰撞的问题外,新技术本身也会带来许多新问题。典型的如网络安全问题,这是互联网所带来的最大的内生性问题,网络诈骗、网络

黑产、信息盗取等网络犯罪问题对社会危害极大，欧盟有研究机构称，全球政府花在应对网络犯罪的成本就有4000多亿美元。这些问题也是互联网企业一直在努力应对的。除此之外，网络中立、个人数据保护、政府数据开放、版权保护、数字鸿沟等问题，也都是互联网+时代需要正视和回应的。

另外，一些传统社会问题，例如三农、消费、就业、人口、环境、教育等，各界都寄希望于能借助互联网予以更好地解决。

三、互联网+时代需要开放协作的研究共同体

新科技革命的发展往往存在不确定性，其所引发的新问题也往往更具复杂性。在我国“互联网+”这场新技术革命演化中，随着技术的发展，我们的生产消费模式会发生哪些变化，社会和经济会发生哪些变革，人类的协作方式会发生哪些变化，政府的管理模式会如何改变，我们是否对于迎接新变化做好思想和制度上的准备，这些都是有待于我们持续观察和深入思考的问题。

独行快，众行远。腾讯研究院一直致力于打造开放协助的互联网学术圈，发挥自身立足实践的优势，提炼行业遇到的新型问题，与各界贤达一同思考解决之道。本书所包含的相关互联网法律政策的文章，是从行业层面对目前我国互联网制度层面的一些观察，抛砖引玉，供各界贤达参考。未来还需要各界贤达与腾讯研究院一起，共同致力于观察、思考中国互联网发展中的新问题，以更有洞察力和建设性的研究成果，共同助力这场历史性的“互联网+”变革。

目录

目 录

导言
互联网 + 时代的公共政策

司　晓*

2015年3月5日，李克强总理在提请十二届全国人大三次会议审议的政府工作报告上，首提“互联网+”行动计划。3月25日，李克强总理主持召开国务院常务会议，强调要顺应“互联网+”的发展趋势，以信息化与工业化深度融合为主线，重点发展新一代信息技术等10大领域。7月，国务院印发《关于积极推进“互联网+”行动的指导意见》，同时很多中央部委、地方也在积极出台推进“互联网+”相关政策措施。

“互联网+”概念，总体来看，是指互联网与传统行业融合创新，创造更多新兴产业和新兴业态，推动经济社会各领域的繁荣发展。和很多新概念初期一样，这个概念目前仍呈现一种开放性和发展性，各行各业正在用实践为其注入新的内涵，进行更深层次的诠释。

无论具体内涵和外延如何，“互联网+”概念在国家层面的正式提出，意味着政府与业界形成了这样一种共识，即互联网的基础性作用、先导性作用以及战略性地位日益提升，其与传统行业的融合创新，将形成新的经济增长点，成为新常态下推动经济转型升级，提升社会管理水平，增进人民福祉的战略重点，开启了互联网服务经济、民生发展的新篇章。

---

* 司晓，腾讯公司公共战略研究部总经理，腾讯研究院秘书长。

一、对"互联网＋"的几点认识

通过观察和亲身参与产业实践，我们发现了一些有意思的现象。

（一）"互联网＋"，很多是从"心塞行业"开始的，比如交通、教育、金融、医疗、农业等。发现未被满足的需求，是一切商业活动的逻辑起点。"互联网＋"，其实是用新的方法，把以前人们没做好的重做一遍。这些新的商业形态，立足于解决一些长期困扰消费者的问题，但客观上，也是在解决一些棘手的社会问题和经济问题。促进产业的发展，是解决经济社会问题最好手段。

（二）互联网行业不可能完全替代传统行业。"互联网＋"是连接器、加速器，是数据管道、信息能源，帮助传统产业建立最大效率的连接，但是互联网行业在很多方面不能替代传统产业。即便单从学习成本角度来看，由于各行各业都有深厚的产业基础和专业性，在"互联网＋"的过程中，商业机会反而更多地是属于传统行业。产业融合提升了社会整体经济质量，并蕴含更多的经济机会，那些积极拥抱互联网又能深入传统行业的新生公司，无论其来源背景如何，都将在产业融合的机遇中获益。

（三）"互联网＋"是对传统行业基因层面和生态层面的改变。互联网行业里长期实践证明行之有效的一些商业模式、经营理念、运行方式、产品技术以及创新精神等，形成了所谓的"互联网基因"。"互联网＋"，很大程度上，就是将这种基因注入传统行业，进行基因层面和生态层面的提升改造，产生大量全新的"商业物种"，以及新的商业生态和利益格局，并焕发出强劲生机。

（四）我们将迎来一个商业物种大爆发的时代。地质年代中有个寒武纪，其特点是"生命大爆发"，各种新物种纷纷诞生，生命形式也从简单变得复杂。"互联网＋"就是商业社会的"寒武纪"，我们这代人将见证众多新的商业物种的诞生。互联网＋时代，产业融合不断催生新型业态，比如滴滴打车、互联网金融、互联网电视等，将不断涌现。商业物种的增加的积极意义在于，这意味着分工越细，生产效率越高，意味着更大规模的社会化协作，消费者不同需求也能得到更多更充分地满足，并推动很多传统条件下无法解决的经济社会问题得到有效解决。

(五)"互联网+"可能颠覆我们对生产组织、生产方式的认知。互联网让员工、合作伙伴和客户全流程深入参与,企业的运作方式、对成功的衡量手段以及绩效考核与奖励都要随之改变。最终,公司不像一台需要时时加以控制的机器,而更像是一个复杂的、动态的系统,可以演进式地学习和适应。互联网用户资源和数据资源,与新技术如3D打印、生物科技、超级材料等结合,大大降低研发成本、创业成本。未来的主流产业生态可能是以小团队、小企业紧密协调形成的集群,在互联的基础上,信息、材料、资金、人员在集群内快速流动,找到能充分发挥价值的最佳位置,发挥最大的能动性和生产力。

(六)"互联网+"将对公共政策不断提出新命题。"互联网+"正在改变社会、经济、生活的方方面面,带来前所未有的大变局,也必然会对既有法律、政府监管和制度设计能力提出挑战。法律政策环境是产业健康有序发展的保障,而生产力和生产方式的变革会也推动制度创新。如何完善相关法律政策,落实"互联网+"行动计划,是一个很重要的问题。

二、"互联网+"需要"包容性治理"的理念

长期以来,我国一直强调"互联网监管"的理念与思路。互联网监管强调的更多的是政府单方面的管理。我国目前互联网行业监管体系沿用了传统行业监管体系,主要强调市场准入监管,以准入为抓手,通过牌照等方式管理。互联网+时代的到来,新业态不断出现,并呈现出平台化、融合化等特征,既难以预见和穷举,也难以清晰界定和分类。各级行业主管部门对互联网监管边界、监管目标和监管定位的认识存在诸多困惑与分歧。互联网业务多重属性日益突出,"齐抓共管"中部门间职责交叉大量存在,监管越位、缺位与错位问题不断。与此同时,由于"互联网+"进入传统行业后对传统行业和既得利益造成冲击,并与维护现状的法律制度发生冲突,使"互联网+"面临体制、机制和法律制度的困境。

面对互联网管理新局面,迫切需要转变思路与理念。党的十八届四中全

会《决定》提出，要坚持系统治理、综合治理、源头治理，提高社会治理法治化水平，支持各类社会主体自我约束、自我管理，发挥行业规章等社会规范在社会治理中的积极作用。这种“包容性治理”的理念，对于因“互联网＋”带来的新局面非常必要。国际上“互联网治理”概念提出已久。2006 年 11 月，联合国根据 2005 年 11 月在突尼斯举行的信息社会世界峰会的决定而设立国际互联网治理论坛（IGF）。互联网＋时代，我国需要实现由“监管”到“治理”思路的转变，并倡导“包容性治理”。具体而言：

第一是差异化监管。在监管过程中，坚持具体问题具体分析，根据被监管对象本身的特点，尤其是面对新生“商业物种”的商业模式、经营方式等与传统不同，不能削足适履，强迫新事物符合旧的监管框架，而应在监管中鼓励创新，宽容试错。

第二是适度监管。凡事过犹不及，监管过度可能扼杀产业的创新动力，监管不足则可能导致市场秩序的紊乱，甚至危及产业的发展。由于“互联网＋”进入传统行业后对落后生产力和既得利益造成冲击，并与维护现状的法律制度发生冲突，使“互联网＋”面临体制、机制和法律制度的困境。若以工业时代的法律政策为准绳，今天很多没有实质危害性的创新事物，都难免带有灰色甚至“形式违法”的特征，此时在这种“二律背反”的困境下，适度监管就成为“互联网＋”治理的理性选择。

第三是柔性监管。近年来，寻求更多协商、运用更少强制、实现更高自由的观念，日益深入人心，很多国家都在考虑如何运用诱导的方式，促使监管对象能够自发地在竞争发展中注意风险的预防和化解，这促使了柔性监管手段的兴起和运用，使政府不但是执法者，而更像一个教练。

第四是内生性治理。与一味强调政府监管相比，“互联网＋”更需要强调市场的力量，通过市场的充分竞争和鼓励更好的商业模式，实现监管的目的。比如，出租车行业长期以来管制的主要目的是保障服务质量和顾客权益，而打车软件的出现，提供了更优质、更廉价的管制解决方案。现在，无论是出租车还是专车，司机的联系方式、家庭背景等资料都被互联网详细备案，服务评价更为简单，投诉更有威慑力，司机改善服务的意愿更强，相比之下，延续至今百年的行业准入、专营制度显得笨重低效。内生性治理，就是在政策制定中主动发现、充分运用这种内生动力，实现治理的目标。

第五是多元合作治理。多元合作，强调治理不仅要包括政府管理，也更多包括行业自律、企业自治、消费者意识提高等诸多因素。当然，企业的参与不在于承担政府职能进行相应管理，而在于发挥市场竞争的力量，不断提高产品和服务质量，加强自治、自律和自觉。

三、“互联网 +”需要积极落实配套政策

（一）建立科学合理的平台责任制度

近年来，在我国互联网立法实践中，很多草案将原本由公权力机关享有的对违法行为进行认定、处理的职权，规定为互联网平台企业承担的义务（第三方义务）。比如，《广告法》修订、《食品安全法》《互联网食品药品经营监督管理办法》等法律法规的草案中，要求企业就其平台内的“违法行为”承担“发现—制止”的义务，否则须承担相应的行政处罚。

这种不合理的平台责任制度，固然可以降低监管成本和舆论风险，但会带来一系列负面后果。原因很简单，首先，行为是否“违法”，只能由执法机关、司法机关依法认定，企业不具备法定资格。其次，企业对他人采取“制止”行为，其后果很多时候与行政处罚大致相当，但是没有相应的程序和救济来保障用户的权益，即便可以通过民事诉讼主张权利，但是民事证据规则、证明责任等和行政诉讼中对相对人的保护也有很大差距。最后，违法行为认定标准复杂，平台缺乏专业人员、专业知识及技术手段，难以实现对于违法行为的有效认定，立法目的难免落空。按照该制度设计，监管机关可以通过互联网信息服务提供者这样一个“抓手”，替代承担执法成本、法律风险和舆论风险，但必然对我国互联网产业的创新和发展产生负面影响，尤其对于刚创业起步的中小型平台企业冲击将更加明显。

第三方平台义务问题是当前各国互联网发展中普遍面临的问题，目前美

欧日韩等国相关立法均未要求其承担极为严格的责任,仅要求其履行合理注意义务,即根据过错承担相应责任,而非赋予其直接监管的义务。

李克强总理在政府工作报告中指出,“推进社会治理创新。注重运用法治方式,实行多元主体共同治理”。在互联网领域,也要努力形成政府、互联网信息服务提供者、用户、行业自律组织共同发挥作用的规则体系。“以网管网”,不是将管理责任由政府统管一切都推到互联网企业一方,由一个极端走向另一个极端,而是应当强调:1. 善于利用互联网最新技术治网,搭建智能化监控系统,减少人力成本;2. 善于利用社会化网络治网,引入多元合作的互联网治理新模式,开放参与渠道,共同发挥网民、互联网企业、行业自律组织以及政府的优势力量;3. 提倡互联网思维治网,政府部门转变单向行政管理思路。

事实上,只要在一个科学合理的制度设计下,企业可以辅助政府做很多治理工作。比如,可以规定平台企业对涉嫌违法行为有发现、及时举报义务,对经有权部门依法认定的违法行为进行配合处理、证据保全等义务。此外,还可以建立“负面清单 + 黑名单”制度,由有权部门进一步明确细化违法行为和违法标准,形成负面清单,互联网信息服务提供商对照执行;对经有权部门确认违法的删除指令拒不执行,不遵守法律、法规要求的互联网信息服务提供商要主动纳入黑名单,严格管理。此外,还可通过利用互联网最新技术搭建智能化监控平台等。

总之,应在立法层面建立科学合理、与产业发展相适应的平台责任制度,综合发挥网民、互联网企业、行业自律组织以及政府作用,多方参与,多管齐下,共同推进“互联网 + ”的发展。

(二)加强网络安全立法

党的十八大报告中指出,“海洋、太空、网络空间安全,是关系到国家利益的三个重要方面”。党的十八届四中全会《中共中央关于全面推进依法治国若干重大问题的决定》也提出要加强网络安全方面立法。

在国际层面,从 2003 年开始,美国相继发布其《网络空间国家战略》(2003)、《网络空间可信身份标识战略》(2011. 4)及《网络空间国际战略》

(2011.5)。从欧盟来看,2005 年,德国通过了其《信息基础设施保护国家计划》。2006 年,瑞典制定了《改善瑞典网络安全战略》。2007 年,爱沙尼亚在受到严重网络攻击后,于 2008 年发布了欧盟第一个广泛的国家层面的网络安全战略。目前欧盟已有 10 个成员国发布了国家网络安全战略。一些成员国正在制定其网络安全战略,部分即将发布。此外,部分成员国有非官方或非正式的网络安全战略。2013 年 2 月,欧盟委员会发布了其第一个欧盟范围的《网络安全战略——一个开放、可信、安全的网络空间》。此外,韩国、日本等国也纷纷发布其网络安全战略,阐述其网络空间的相关立场、主张及措施等。

我国目前尚缺乏网络安全的顶层设计,尚未发布《网络安全战略》。网络安全是互联网 + 时代根本保障,我国也应尽快出《网络安全战略》,加强网络安全顶层设计,完善网络安全相关立法,将网络安全问题法治化。同时,网络安全问题立法也应综合平衡各种需求和价值,遵循"比例原则",避免安全问题泛化。

(三)建立科学合理的个人信息保护制度

大数据时代,个人信息保护立法成为全球热点。自 20 世纪 70 年代以来,针对信息通信技术飞速发展带来的个人信息泄露和滥用问题,西方发达国家开始了个人信息保护的立法实践。在"国家主导,统一立法"的欧盟模式和"倡导自律,分散立法"的美国模式的影响及推动下,目前全球约五十多个国家和地区制定了个人信息保护法。我国目前没有制定关于保护个人信息的专门立法,散见于法律、法规、规章中,缺乏体系。此外,我国对网络环境下个人信息保护相关的立法主要针对网络信息安全制定,其出发点在于网络安全。

为了更好地保护个人信息、发挥大数据在"互联网 + "行动计划中的作用,我国也应在立法中建立与我国互联网产业发展相适应的个人信息保护制度,明确个人信息的监管机构与职责,明确个人信息处理者的权利与义务,建立与产业发展相适应的个人信息保护制度,为大数据合理运用数据划清边界。此外,还应该切实提高个人信息保护的观念和意识,加强行业自律,推行行业个人信息保护宣言、建议、指南等。

(四)出台公共数据开放政策

大数据正成为继互联网、云计算、移动互联网和物联网之后引起广泛关注的新概念,将像能源、材料一样,成为战略性资源。2013年5月9日,奥巴马正式签署并发布行政命令《政府信息公开和机器可读行政命令》,为进一步推动公众创新活动、企业经济发展以及促进政府透明化和工作效率,政府将推动数据开放。作为政府数据开放工作的一部分,联邦管理预算局以及科技政策局同时联合发布了《数据开放政策》。2011年12月12日,作为欧盟2020数字议程的一项行动目标,欧委会通过了《公共数据数字公开化》决议。

纵观全球范围内的数据开放政策,虽然历史不长,但发展十分迅猛,并且体现了以下几大特点:第一,政府主动承诺,以政策和立法推动逐步开放数据;第二,建立统一的政府开放数据门户网站,集中提供可直接利用的数据是通行做法;第三,数据开放紧密围绕公共服务需求,民生类数据优先程度高。

我国至今还未推出相应的开放数据政策,而与开放数据相关联的数据所有权界定、授权、个人隐私保护等议题也都尚在讨论中。2015年两会期间,李克强总理明确表态,政府应该尽量公开非涉密的数据,以便利用这些数据更好的服务社会,也为政府决策和监管服务。这是中国政府首次正式公开表态支持数据开放。此前中国各级政府一些部门已在数据开放上有所尝试,但整体规则目前尚未明朗,如何界定数据的公共信息属性,是否构建统一的数据开放平台,以及数据开放过程中的透明化与公私合作关系,都是有待探讨的问题。

可以预见,互联网+时代,大数据应用将给中国经济发展带来新的机遇,深刻影响零售、金融、教育、医疗、能源等传统行业。互联网+时代我国信息化法制建设中,应紧紧抓住该历史机遇,制定政府数据开放相关立法及政策,促进公私合作,促进大数据技术应用,保障大数据产业发展及我国信息化建设。

四、“互联网+”需要政策鼓励公共部门率先垂范，推动应用创新，深挖服务潜力

如果我们把公共管理、公共服务也看作传统行业之一，那么它们本身也必然面临一个自身的“互联网+”的问题。

十八届四中全会报告中指出，“加强互联网政务信息数据服务平台和便民服务平台建设”，2015年《政府工作报告》指出，“实现治理现代化，全面实行政务公开，推广电子政务和网上办事”，明确“提供基本公共服务尽可能采用购买服务方式，第三方可提供的事务性管理服务交给市场或社会去办”。“互联网+”，不仅是加快经济社会发展的新动力，持续推进民生改善的新途径，也是推进国家治理体系和治理能力现代化的必然要求。

“互联网+政务”，可以助力提升国家治理能力。针对目前电子政务普遍面临信息孤岛、管理本位、应急响应不到位、利用率低等问题，可以移动互联网为平台，积极运用云计算、大数据等互联网技术，深挖公共服务的创新潜力，在交通管理、在线审批、政务发布、舆情管理、内部办公、应急预警、污染举报等各类应用场景中为政府提供更加现代化、更加科学的政务管理手段，助力建设开放、透明、服务型政府，实现政府治理能力现代化。

“互联网+民生服务”，可以助力实现智慧民生、信息惠民。以营造普惠化的智慧生活为目标，大力提升移动互联网在市民出行、看病就医、公共缴费、社保、旅游等民生领域广泛的普及应用，整合优化公共资源配置，增加公共服务供给，提升社会的整体效率和水平。

除了工具层面、器物层面的“互联网+”，公共部门不妨借鉴已根植于互联网企业灵魂中的“用户思维”，注重提供公共管理和服务的“用户体验”，据此设计、提供公共管理和服务，并“快速迭代”，持续优化，以创新、合作、用户至上的“企业家精神”（Entrepreneurship），赢得群众口碑。

因此，需要政策鼓励公共部门率先垂范，推动应用创新，深挖服务潜力。

五、"互联网+"需要积极发挥民间智库作用

2015年1月,中共中央办公厅、国务院办公厅印发了《关于加强中国特色新型智库建设的意见》,提出中国特色新型智库是党和政府科学民主依法决策的重要支撑,是国家治理体系和治理能力现代化的重要内容,是国家软实力的重要组成部分,要重点建设一批具有较大影响力和国际知名度的高端智库,建设高水平科技创新智库和企业智库,充分发挥智库咨政建言、理论创新、舆论引导、社会服务、公共外交等重要功能。2015年《政府工作报告》也提出要"积极推进决策科学化民主化,重视发挥智库作用"。

"互联网+"正在急剧改变甚至颠覆我们的生产生活方式,相关商业活动越来越活跃,市场变化越来越快,所涉利益群体也越来越复杂多样,利益诉求和表达方式也越来越多元,公共政策的专业性越来越强。当前对于"互联网+"的概念、内涵、意义等各方面认识并不统一,需要多方面讨论论证。长期以来我国主要是政府智库支撑此类重大决策,有其局限性。民间智库,尤其是我国近年来互联网企业创办的民间智库与互联网行业实践紧密结合,有大量研究成果。其与官方智库相比有以下优势:首先,与行业实践紧密结合。互联网企业智库诞生于互联网企业,根植于互联网行业,与行业实践紧密结合,能得到第一手鲜活的实践案例及经验。此类实践经验及案例是宝贵的研究资源,也是重要的决策参考。其次,互联网企业智库体制机制较为灵活。我国互联网企业智库成立时间不长,相比政府智库,体制机制较为灵活,没有太多历史包袱,在互联网+时代,更容易捕捉瞬息万变的行业变化,迅速做出反应。最后,互联网企业智库近年也迅速完成了人才储备及专业训练,具备了建言献策的专业能力。因此,互联网+时代应积极发挥此类民间智库的作用,在决策过程中充分吸收此类智库的研究成果,做到科学决策,民主决策。

第一章

互联网 + 产业

“互联网+内容产业”的时代解读与展望*

张钦坤** 田小军***

当前，我国正处于“三期叠加”①的经济新常态，“互联网+”对于推动传统经济转型升级，盘活经济存量，创造产业增量，发挥着巨大作用。如何让文化与技术融合，有效实现“互联网+内容产业”的深化发展，是值得我们思考和探索的重要问题。

一、“互联网+内容产业”的时代机遇

（一）网络经济成为激活我国经济活力的新引擎

改革开放以来，中国经济年均增速达9.8%，以信息网络、文学艺术、广播影视、工艺美术、计算机软件等产业为重点的版权产业得到迅速发展，版权产业与社会经济其他领域形成了十分严密的产业链，已经成为社会生产力中的重要组成部分。② 目前，经济新常态下的网络经济增速依然快速提升，营收规

---

* 感谢柳坤、闫珂旭同学对本文的贡献。

** 张钦坤，男，腾讯研究院副秘书长。

*** 田小军，男，腾讯研究院法律研究中心研究员。

① “三期叠加”指的是，我国当前经济处于经济增长换挡期、结构调整阵痛期及前期刺激政策消化期，其中经济增长换挡期是由经济发展的客观规律所决定的，结构调整阵痛期是加快经济发展方式转变的主动选择，前期刺激政策消化期是化解多年来激烈的深层次矛盾的必经阶段。

② 参见陶鑫良：《版权——文化创意产业的灵魂》，载《光明日报》2013年6月24日。

模从2011年的2585.5亿元，快速增长到2014年的8706.2亿元，并且，这一规模在2018年将达到20,202.6亿元。① 网络经济已经成为激活文化消费和信息消费的新引擎，随着宽带网络和移动互联网的快速发展，包括游戏、出版、影视、动漫、音乐在内的互联网文化产业，在短短几年时间里已经达到了千亿元的产业规模，并正在以年均超过20%的速度增长。②

(二)国家顶层设计多维度促进版权产业发展

首先，近年来，从十七届六中全会提出制定“文化强国战略”，到十八大报告强调“建设社会主义文化强国，关键是增强全民族文化创造活力”，特别是2015年3月5日，在十二届全国人大三次会议上，李克强总理在政府工作报告中首次提出“互联网+”行动计划，彰显了政府层面对互联网与传统产业融合发展的坚定信心与宏大布局。其次，近年来，我国知识产权政策及法律法规的不断完善，特别是《著作权法》的不断修订、《信息网络传播权保护条例》的出台等，为网络版权产业的发展提供了良好的制度保障。③ 另外，在执法方面，自2005年起，国家版权局联合公安部、工信部和国家互联网信息办公室连续10年开展打击网络侵权盗版“剑网行动”，针对网络文学、音乐、视频、游戏、动漫、软件等重点领域，突出图书、音像制品、电子出版物、网络出版物等重点产品，集中强化对网络侵权盗版的打击力度。④

(三)庞大的消费潜力为产业发展带来重要契机

基于我国庞大的人口基数所蕴含的消费潜力，我国网络版权产业在本国

---

① 参见艾瑞咨询:《2014年网络经济核心数据》。

② 中研网:《商务部发布〈2014年消费报告〉》，载 http://www.chinairn.com/news/20140423/1650157.shtml，访问日期:2014年5月23日。

③ 2001年，《著作权法》第二次修订，明确了作者对其作品享有信息网络传播权。2005年，《互联网著作权行政保护办法》规范了网络服务运营商的版权行政责任。2006年，《信息网络传播权保护条例》成为文化领域第一个互联网的行政法规。2012年，《著作权法》第三次修订，完善了适应我国经济社会发展水平和国际版权保护趋势的版权法律政策体系。

④ 阎晓宏:《我国版权工作进入新阶段》，载《出版参考》2013年第5期。

市场具有强劲的需求潜力。在 2004 年到 2013 年的十年间，我国居民的消费指数也在逐年递增，其消费需求和消费观念正在向以旅游、购物、娱乐为主的方向和享受型消费阶段过渡，音乐、动漫、游戏等版权产业将会快速发展。加之，随着智能终端设备的普及和 3G/4G 及 WiFi 技术的革新，互联网用户在未来几年的时间里还有较大的增长潜力，再加上互联网用户的需求有个性化和多维化的趋势，网络版权产业还有着很大的市场上升空间。同时，随着中国城镇化进程的推进，中国农村人口在总体人口中的占比持续下降，但中国农村网民在总体网民中的占比却保持上升，城乡互联网普及差距进一步减小，农村地区成为目前中国网民规模增长的重要动力。①

二、“互联网 + 内容产业”的无限想象

（一）信息技术持续推动传统内容产业转型升级

信息技术推动内容产业快速脱离了传统介质的束缚，进而刺激其商业模式不断演化，信息经济的特征日益明显。

1. 互联网改变传统内容创作模式，持续激发大众创作热情。第一，与传统创作模式需要以出版单位、电影公司为平台不同，互联网平台的出现使创作者可以直接与消费者沟通，随时创作随时发行，并且在海量消费者的选择下优胜劣汰。这种模式调动起草根阶层从事创作的热情，刺激了网络文学、微电影、自媒体、原创音乐平台等产业的繁荣发展。第二，互联网分享经济的先天特征，刺激有专业知识同时愿意分享的专业群体，愿意对某些话题进行评论、贡献专业知识文章以及与志同道合的群体进行沟通。这种模式使内容分享类网站日益成为大家获取信息的重要平台，典型的如维基百科、百度文库、豆瓣网等。第三，网络技术开始在内容创作中应用，提升了内容消费的精准度。如美国视频网站 Netflix 基于大数据分析投资拍摄电视剧《纸牌屋》，无论是剧情设

---

① 中国互联网络信息中心（CNNIC）：《第 33 次中国互联网络发展状态统计报告》。

置还是选择演员、导演阵容，都以用户在网站上的行为和使用数据做支撑，最终《纸牌屋》大获成功，引发全球影视界对大数据应用的热议。

2. 互联网使内容产业呈现发行环节去中心化和消费环节个性化的特征。传统的内容发行渠道，无论是书店、音像店的推荐模式，还是电影行业的院线模式，都存在成本高、承载量有限的问题。例如，基于场地及成本等因素，传统电影院线只能承载非常少量的电影发行，公映比例仅为31%，众多非知名团队制作、缺乏宣传资金的优秀电影根本无法进入观众视野。① 而在网络院线发行模式下，基于网络经济的去中心化特征，影视发行以信息流形式在全网络平台进行，不仅极大地降低了影视内容的复制传播成本，更打破了传统内容发行模式的地域性局限，全国网民均能够通过视频门户便捷地观看全网同步发行的影视节目。同时，在传统的发行模式下，消费者只能欣赏数量有限且内容给定的节目，而在互联网环境下，由于消费者有众多选择，其可以根据自己的喜好在海量影视库中选择个性化内容进行消费，甚至可以参与剧情设计与演员选择，消费个性化的特征日益明显。另外，网络内容产业发行环节的去中心化特征与消费环节的个性化特征共同促进了小众优秀作品市场的发展，带动了内容产业价值巨大的长尾市场的繁荣。

3. 粉丝经济效应不断发酵，网络改编市场日益活跃，成为推动网络内容市场持续高速增长的重要动力。在传统内容产业中，作品版权价值实现的方式较为单一，如图书通过出版来获得价值，电影通过放映以获得回报，游戏通过增值服务盈利。在这种模式下，由于不知道某个作品会有哪些受众，因此只有很少量的热销图书可能会被改编为电影或电视剧。而在网络环境下，由于粉丝经济效应的存在，投资者通过数据分析和经验把握，可以较为容易地判断哪些作品可以进一步挖掘其版权价值，因此优质的版权资源被改编为各种娱乐形态的情形层出不穷，如网络文学改编为游戏，网络游戏改编成电影，电影改

① 2012年中国生产地的影片数量高达893部，其中故事片745部，但这745部影片，最终只有231部通过影院与观众见面，只占总量的31%，而且这还是2005年以来公映比例最高的一年。参见腾讯网：《超七成影片无法公映》，载 http://ent. qq. com/a/20130513/013901. htm，访问日期：2015年5月1日。

编为电视剧等,从而使网络改编市场日益火爆,优质的内容的版权价值得到最大限度的实现。

综上所述,"互联网 + 内容产业",从根本上改变了传统内容产业的商业模式,使内容创作者的数量迅猛增长,作品被消费的机会大幅提升,优质内容获得巨额回报的机会大大增加,从而形成了产业的良性循环,为中国文化产业振兴带来了重要机遇。

(二)移动互联网刺激我国人口红利再次爆发

庞大的人口基数是支撑我国互联网产业迅速发展的关键因素与独特优势,其释放的人口红利直接促使我国互联网产业产生了千亿级的内容消费需求。① 得益于移动互联网时代的到来与不断深化,②我国互联网产业迎来了又一个时代机遇。

首先,基于移动互联网的便捷性,网民在线时长大幅度增加,潜在的内容消费市场被更多的挖掘和利用。据最新数据统计,截至 2014 年 12 月,中国网民规模达 6.49 亿,手机网民规模达 5.57 亿,移动智能终端成为人们最普遍的上网手段。③ 相较于 PC 而言,移动智能终端更加便捷且人性化,其逐渐成为人类身体的一种延伸,用户大量碎片化的时间被移动互联网吸引至线上,据统计,中国用户平均每天盯着屏幕的时间达到了 479 分钟(将近 8 个小时),并且大约 80% 的人只用移动智能终端上网,④另外,我国手机网民全天 24 小时在线的比例达到 21.8%,87.8% 的手机网民每天至少使用手机上网一次。⑤ 在注意力经济时代下,如此巨量的潜在内容消费市场被更多的挖掘和利用,2014

① 2014 年中国网络经济营收规模达到 8706.2 亿元,其中,PC 网络经济营收规模为 6377.3 亿元,营收贡献率为 74.4%,移动网络经济营收规模为 2228.9 亿元,营收贡献率为 25.6%,移动互联网对整体网络经济的营收贡献率进一步提升。参见艾瑞咨询:《2014 年网络经济核心数据》。

② Mobile Phone Users – 1995 to 2014... 1% to 73% Population Penetration Globally. See *Mary Meeker*: *Internet Trends* 2015 — *Code Conference.*

③ 中国互联网络信息中心(CNNIC):《第 35 次中国互联网络发展状况统计报告》。

④ See *Mary Meeker*: *Internet Trends* 2014 —*Code Conference.*

⑤ 中国互联网络信息中心(CNNIC):《2013—2014 年中国移动互联网调查研究报告》。

年中国移动互联网市场规模2134.8亿元人民币,同比增长115.5%。①

其次,数以百万计的APP(移动应用程序)更好地满足了人们多元化的需求,覆盖了传统内容产业因趋于规模经济而无法渗透的小众市场,使网络经济的长尾优势更加明显。连接是移动互联网的本质,也即通过内容产业与移动互联网的融合,满足人们任何时候、任何地点以任何方式来消费信息内容的需求。移动互联网的扑面而来,吸引更多的企业通过APP抢夺移动互联网内容消费市场的入口,多样化、个性化的优质内容得以通过数量众多的APP触达用户,满足市场的众多个性化长尾需求。例如,借助亚马逊开发的Kindle阅读器与阅读软件,除畅销书外,海量个性化图书也得以低成本销售,大大丰富了终端网络用户的阅读资源,满足了个性化用户的小众阅读需求。

(三)"泛娱乐"生态构建行业全产业链内容布局

互联网+时代的网络版权产业已不仅仅是互联网平台与传统版权内容的简单叠加,不断催生的跨界产业形态与优质版权内容记录与彰显着"互联网+内容产业"的无限想象,"泛娱乐"生态便是跨界产业融合新业态的代表。"泛娱乐"是指互联网企业基于优质IP(知识产权)所蕴含的文化元素与品牌影响力,以优质IP(知识产权)连接粉丝,并以IP授权为核心进行跨领域、跨平台的布局,推动优质IP在互联网或移动互联网多领域共生。② 目前,不论是"泛娱乐"概念首倡者腾讯,还是抢占优质IP源头的盛大文学,抑或是抢先布局的完美世界等,③都不遗余力地践行"泛娱乐"模式。以腾讯游戏为例,依托互动游戏发展的内在原生驱动力,腾讯在不断引入《火影忍者》《复仇者联盟》等来自动漫、影视、综艺等各领域的明星IP进行网游改编的同时,重视自有IP的培育和塑造,加大对腾讯文学、腾讯动漫等业务板块的投入。毋庸置疑,在"泛娱

---

① 艾瑞咨询:《2014年移动互联网行业发展现状分析》。

② 参见刘琼:《看腾讯如何玩转"粉丝经济"》,载http://www.techweb.com.cn/news/2014-10-15/2083612.shtml,访问日期:2015年4月1日。

③ 参见腾讯网:《都在谈概念谁玩转了游戏"泛娱乐"》,载http://games.qq.com/a/20150506/059633.htm,访问日期:2015年5月1日。

乐”的产业生态下，优质的 IP 是连接和聚合粉丝情感的核心，以网络平台为基础，围绕优质 IP 贯通资本投资、内容制作、宣传推广、发行销售、相关及衍生产业开发等各个环节，构建全产业链的泛娱乐新生态，将是“互联网 + ”时代传统内容产业的发展趋势。

三、“互联网 + 内容产业”的现实问题

（一）优质原创内容匮乏，制约网络版权产业发展

如诺贝尔经济学奖获得者赫伯特 · 西蒙（Herbert Simon）所言，信息的丰富产生注意力的贫乏，[①]只有优质的内容才能吸引更多的注意力，因此，“内容为王”不仅被传统内容产业奉为圣经，更是网络版权产业发展的源头与动力，而我国优质原创内容匮乏的情况令人担忧。据统计，2004 年至 2014 年，我国电影票房以 30% 以上的年均速度高速增长，而电影海外市场收入整体上处于低位徘徊的状态，近 5 年甚至出现大幅下降。[②] 另据调查显示，在美国高校，听音乐 2 小时以上的受众中（含华人），仅仅 1.59% 的人在听中国音乐，而在我国，29 岁以下的年轻人，96% 的人经常听外国歌曲。[③] 以上这些问题都反映出我国优质原创内容缺乏的现实问题，与此相比，欧美等发达国家的优质原创内容在国际市场取得了较强的话语权。以美国为例，其控制了世界约 75% 的电视节目的生产和制作，每年向别国发行电视节目总量达 30 万个小时。传播于世界各地的新闻有 60% ~80% 的栏目内容来自美国，而在美国自己的电视节目中，外国节目播出占有率只有 1.2% 。美国公司出产的影片产量只占全球影

---

① 参见［美］卡尔 · 夏皮罗（Car Shapiro）、哈尔 · 瓦里安（Hal Varian）：《信息规则——网络经济的策略指导》，张帆译，中国人民大学出版社 2001 年版。

② 蒋多：《我国影视贸易为何陷入困局》，载《中国文化报》，转引自中国经济网 http://www.ce.cn/culture/gd/201504/25/t20150425_5208322.shtml，访问日期：2015 年 4 月 3 日。

③ Techweb：《中国传媒大学张丰艳：国内 96% 的人听外国歌曲》，载 http://www.techweb.com.cn/internet/2015 - 03 - 17/2134128.shtml，访问日期：2015 年 5 月 6 日。

片产量的6.7%,却占领了全球总放映时间的50%以上。①

(二)网络盗版问题严重,影响产业生态良性发展

近年来,依托优质内容进行正版化运营已经成为互联网行业共识,但是,这一商业模式的有效实现依然受到网络盗版问题的制约。首先,网络盗版影响产业生态,各类网络盗版行为使正版网站不能获得预期的用户流量,从而导致广告与增值服务等营收模式严重受损,影响生态体系内的负责内容生产、内容改编、内容销售等的利益各方。其次,盗版技术不断变异,目前,各类网络盗版技术丰富多样,特别在云计算、P2P、网络聚合、文字转码、网络电视(包括IPTV)、快速建站等新型技术被违法用于网络盗版的情况下,原始版权方以及正版网站更加难以有效控制版权内容的传播。为了维护良性的网络版权生态,应对不断变异的盗版技术,各家互联网企业都高度重视网络版权的维权工作,组建专门团队进行此项工作,网络版权维权成本不断加大。但是,网络侵权具有涉及地域广、证据易删除、侵权隐蔽性强等诸多特点,使企业维权成本不断提高,出现了采购的正版内容越多,维权投入越大的局面。另外,我国目前侵权损害法定赔偿标准偏低,侵权损害赔偿缺乏明确的计算标准,使权利人的损失经常难以得到有效补偿。

(三)传统内容产业被倒逼,"互联网+"力度尚待深化

"互联网+内容产业"所蕴含的巨大机遇需要各方主动融合参与,然而,传统内容产业的"互联网+"大多从互联网产业发起,虽然传统内容产业的"互联网+"自主转型尚在探索,但由于其互联网产业经验缺乏导致效果有限。传统内容产业主动拥抱互联网的力度尚待提高。我们可以看到,互联网兴起后,图书、影视、音乐、动漫等各个领域都在经历着"互联网+"的阵痛,以图书出版为例,通过诸如Kindle类的网上电子书店,人们可以在线点击购买、存储及便捷阅读海量图书,成功地打败了实体书店并使传统出版业受到了巨大冲击,但

① 戚骥:《细说我国版权产业七大症结》,载《中国新闻出版报》2013年3月21日。

是“互联网+内容产业”同时蕴含着超过千亿元并仍在快速发展巨大市场机遇。“互联网+内容产业”是一个完整的生态产业链，其中每个环节的商业模式创新都孕育着巨大的商业机会，从生态产业链的角度来看，互联网企业已经获得了入口先机，并在不断向内容产业上游发展，但没有任何一家能够做好生态产业链的全部内容，“互联网+内容产业”的深化发展亟须传统内容产业与互联网产业基于各自优势的互动合作。因此，传统内容产业基于内容优势进行产品创新乃至商业模式的创新对于“互联网+内容产业”的未来发展至关主要。

四、“互联网+内容产业”的发展建议

（一）加强顶层设计，制定“互联网+内容产业”行动计划

自国家适时提出“互联网+”战略以来，“互联网+”生态产业链迅速重构升级，各传统行业均面临一场数字化的变革与转型。传统内容产业与互联网产业的拥抱，是一个从生产到消费传播、从个人到产业、从价值盘活转移到新价值创造的再平衡过程，是产业之间全景渗透与相互影响的过程，因此，“互联网+”不仅是思维理念的碰撞，不仅是产业物化结合，更应是产业基因内化、遗传甚至于裂变，故而，应关注与加强“互联网+内容产业”的顶层制度设计，给予“互联网+内容产业”发展的全局性行动计划。首先，深化文化体制改革，充分发挥市场在国家宏观调控下对文化资源配置的作用，推动文化产业结构、产品结构和所有制结构的调整；①其次，应制定宽松合理的文化产业政策，释放传统文化产业的活力，鼓励互联网产业的跨界发展，在产业发展过程中应充分发挥市场主体的行业自律作用，给予“互联网+内容产业”发展以充分的包容；最后，利用税收、政府投资、财政补贴等政策工具鼓励新技术、新商业模式在文化内容产业的运用，加强对文化内容产业发展的引导与扶持。

① 参见熊澄宇等：《文化产业研究战略与对策》，清华大学出版社2006年版。

（二）大力发展网络版权产业，提高优质内容影响力

目前，我国网络版权产业的发展现状与我国全球领先的经济规模、源远丰厚的文化资源、极其庞大的消费潜力，以及急速发展的互联网行业所支撑的产业发展预期尚有差距。首先，网络版权产业是互联网＋时代产业融合的典型代表，除继续大力扶持传统内容产业外，国家应关注与互联网等高新技术直接相关的产业形态，比如网络游戏、网络文学、网络视频、数字音乐等，国家应在规范管理的同时，鼓励网络版权作品的引进、开发、自制，提高优质版权内容全产业链运营能力，推动网络版权文化行业发展。其次，我国应加大优质内容作品"走出去"力度，产业主体应积极利用各种商务、外事及其他国际交流场合，积极参与网络版权内容的互动输出。最后，政府及行业主体应积极参与文化领域的国际对话，以及相关国际标准、规则的制定，提高国际话语权，制定适应并有利于我国网络版权产业发展的规则。

（三）加大网络版权保护力度，引导正版消费理念

近年来，正版化逐渐成为互联网行业积极推进的发展战略，但网络盗版依然是网络版权产业发展的最大障碍，其原因是多重的，在行业治理层面上，建议从以下几个方面加大网络版权保护力度。首先，进一步完善网络版权保护机制。在立法层面，建议加快《著作权法》和《著作权法实施条例》的修订，进一步完善针对信息网络传播权的著作权保护制度，以降低权利人维权成本；在执法层面，建议进一步完善行政治理联动机制，加强著作权行政执法机构与网站接入电信管理机构的联动，对以从事盗版为业的网站，及时予以制止；同时，建议加强行政机关和司法机关的联动，构建网络版权维权的司法、行政对接平台，实现诉讼维权与行政执法的有效对接。其次，加强行业自律，打造健康生态。互联网企业可以依托各自的技术优势和平台管理优势，针对不同的商业模式和网络平台，开发相应的版权管理系统和版权自助投诉平台，同时，加强行业协会应推动制定更多具有强约束力行业自律公约及纠纷调解处理机制，建立侵权企业黑名单并完善相关约束机制。最后，培养公众的版权消费意识

以形成有利于网络版权产业发展的社会氛围，政府需要在全社会进一步营造尊重版权、使用正版的风气和氛围，必须使社会公众认识到侵犯版权的危害及其法律责任，从而提高社会公众的版权保护意识，为文化产业的更好更快发展塑造良好的外部环境。

美国如何监管“专车”？

蔡雄山*　李汶龙**　Claire Klausner***

一、美国出租车行业管理规范

75 年来，美国出租车体系鲜有变化，被认为早已过时。不同的城市对出租车的管理规范有所不同，但主要涉及以下法律规则：

1. 市场准入（牌照）

每一座城市对于牌照数量都有配额限制。以纽约为例，公众买卖牌照是合法的，并且近来价格持续走高，已飙升到数十万美元。旧金山等城市的牌照市场价格被控制在 25 万美元左右，既保证司机有实力购买，又能够实现市政收支平衡。总体来说，出租车牌照在美国是非常昂贵的。

2. 费率表与收费方法

每一辆出租车都被要求安装以公里计价的计量表，用于计算里程费用。具体的费率表与服务费是由每一个城市，或出租车公司所决定。一般而言，出租车司机可以获得总收入的 1/3 左右，不同的公司有所差别。出租车是由司机所有还是租赁也会影响其收入。如果司机是从公司租赁车辆，还需支付租

* 蔡雄山，男，腾讯研究院法律研究中心首席研究员。
** 李汶龙，男，腾讯研究院助理研究员。
*** Claire Klausner，女，腾讯研究院助理研究员。

赁费用。此外，公司还从收入中抽取一定的信用卡交易费（credit card transaction fee）。现实中这一费用经常被过度收取，比如，实际的交易费只有2%，但是公司却要抽取10%之多。最后，政府还可能施加其他的特别税，比如公用事业税（public utility tax）或者机场费等。

3. 牌照获取资质

在大多数城市中，司机若想获取出租车牌照，必须获取受雇牌照（chauffeur's license），缴纳相关费用，提交行驶记录，完成培训课程，通过英语测试以及背景调查。此外，汽车必须已上保险，并且通过车检（inspection test）。

4. 地理限制

这里的地理限制是指出租车可以将乘客送往某一特殊区域，但不能在该区域再搭载其他乘客。

二、美国“专车”管理规范

Uber在美国发展迅速，部分原因在于出租车管理规范过于严苛，导致司机和乘客都需要付出昂贵的成本。因此，当Uber开始兴起时，由于缺乏管理规范，在出租车公司、政府及Uber之间的很多问题随之而生。以下是对Uber的管理规范体系的概述，其中一部分是已经存在的规范，还有一部分是管理规范可能发展的方向。这一管理体系借鉴了出租车管理的模式。目前美国联邦没有管理Uber等打车软件的规范，而是由各州或者城市负责制定管理规范。

（一）现行或潜在的规范

1. 牌照

Uber和传统出租车在技术及其商业模式的不同导致一种全新公司的诞生，称为交通网络公司（transportation network company，TNC），这一概念由加州公共事业委员会所创。所谓“交通网络公司”，是指通过网络平台将乘客与私家车司机联络起来提供交通服务的公司。因此，Uber作为加州的TNC不适用出租车行业严苛准入标准,也无须承担高昂的成本。TNC 只需要购买一种牌照,目前价值 1000 ~ 10,000 美元不等,且目前在同一许可下使用该 APP 的司机并没有数量限制。

2. 价格

因为 TNC 的技术使准入门槛很低,所以不太可能出现像出租车那样的垄断局面。目前政府没有出台法定的 TNC 费率表,因此它们得以自由定价,充分竞争。但是,唯一的要求是提供明确的费率表。此外,他们还可以展开促销活动,实行"分时异价"(surge pricing),即在高峰期时提高价格。

3. 安全

TNC 对于司机的年龄、驾照、培训情况、背景调查、驾驶记录、保险等都有特殊要求。此外,每辆车享有 1 百万美元的商业责任险,所有车辆都必须满足一定的要求,并通过车检。

4. 地域限制

美国有些城市限制 Uber 在机场接客,还有些城市要求支付机场费。那些没有为 Uber 专设公司类型的城市则彻底禁止 Uber 提供服务。

5. 雇用关系

Uber 司机被认为是独立承包商,但可能实际上处于兼职人员和独立承包商之间。Uber 可能需要向司机提供联邦和州的福利,但是这一领域目前发展尚不健全。

(二)范例:加州监管模式

加利福尼亚是第一个将 Uber 合法化并予以规范的州。为了适应现代科技的发展,加州公共事业委员会创设了一种新的公司类型,称为"交通网络公司"。对这一新公司类型在牌照和安全方面的管理亮点如下:

1. 一般

★不允许拥有用于开展服务的车辆。

★只能以实现安排好的方式搭载乘客。

★不允许以街边召车的方式搭载乘客。

2. 许可

★申请费为1000美元。

★许可有效期为3年。

★续期费用为100美元。

3. 保险

★必须为7座以下的车辆提供低于100万美元的商业责任险,为10座以下的车辆提供150万美元的保险,受益人包括司机在内。

★承保范围不仅包括搭载乘客前往目的地的区间,还包括司机前往接客途中的区间。

★保险额必须能够赔偿索赔,无论司机的保险是否能够抵免某一部分的索赔。

★在司机开始提供服务之前,TNC必须获得司机提供保险证明,包括个人险以及商业超额责任险。

4. 司机

★TNC必须为司机提供驾驶培训,司机在提供服务之前必须完成这些培训课程。

★司机必须持有有效的加州驾照。

★司机必须年满21周岁。

★每一年TNC都必须获得司机的驾驶记录。

★对醉驾零容忍,醉驾司机将直接被禁止提供服务,并接受调查。

◇必须通过全国犯罪背景调查,包括全国性犯罪名单。

◇犯以下罪者不允许提供服务:吸毒后驾驶、醉驾、诈骗、性犯罪、使用车辆犯(重)罪、造成财产损失的犯罪、盗窃、暴力或恐怖犯罪。

◇犯以下罪者不允许提供服务:危险驾驶(reckless driving)、醉驾、交通肇事后逃逸以及驾照中止或吊销的。

◇司机的驾驶记录上最多只能有三项轻罪。

5. 车辆

★只能使用合法的小轿车、货车、小型货车、SUV、卡车、掀背式轿车、敞篷车等轻型汽车。

★车辆不能有明显改装。

★不能使用超过20座的汽车(在法律上被认定为巴士)。

★TNC所使用的APP必须向乘客显示:(1)司机的照片;(2)所使用车辆的照片。

★车辆应允许乘客说明是否需要一个可容纳轮椅的车辆。

★车辆应展示一致的商业外观(独特的标记或展示),足够大并且色彩分明,在白天50公尺之外能够识别。合格的商业外观包括但不限于在车门、车顶或隔板上的符号或记号。

★车辆需通过TNC或加州汽车修理局授权的第三方所开展的车检。

注:Uber公司内的规定要求车辆满足一定的类型或年份,不同城市的要求有所不同。

三、启示与建议

据媒体报道,交通部正在制定的《网络预约出租汽车经营服务管理暂行办法》,计划通过牌照管理,赋予网络预约出租汽车合法地位。但是其中规定:网络预约出租车经营者须获得审批资质,由设区的市级或者县级道路运输管理机构对网络预约出租汽车经营申请进行审核;禁止私家车接入;对司机及车辆同样需要取得相应资质并通过交通部门审核;将网络约车平台数据库与监管机构平台对接;禁止营利性拼车等。

事实上,美国对于"专车"的监管提供了很好的例子,如加州公共事业委员会创设了一种新的公司类型,称为"交通网络公司"(TNC),不允许拥有用于开展服务的车辆。在加州运行仅一个牌照;允许私家车接入,司机及车辆审核由TNC完成,TNC对于司机的年龄、驾照、培训情况、背景调查、驾驶记录、保险等都有特殊要求等,对于中国"专车"监管应是很好的借鉴。

英国高等法院判决网络约租车应用合法

蔡雄山[*]　徐　俊[**]

一、英国高等法院判决手机计费软件不属于出租车计价器

2015 年 10 月 16 日,网络约租车在伦敦迎来一场关键的法律胜利。英国高等法院(High Court)判决打车软件所依赖的智能手机不属于出租车计价器(taximeter)。此前英国高等法院被请求对智能手机是否属于出租车计价器进行判决,因为英国《约租车法案(伦敦)》[Private Hire Vehicles (London) Act 1998]第 11 条有禁止性规定,即禁止黑色出租车(black cap)以外的营运车辆使用出租车计价器。而英国高等法院最终判决网络约租车公司的打车软件并没有违反该项法律。这个判决的重要意义不仅仅在于为互联网约租车公司在英国的发展清除了一项重要的法律障碍,对我国也有借鉴意义。

二、出租车协会起诉网络约租车违法

由于具有巨大价格优势和便利性,网约车迅速在伦敦地区打开市场。根据最新的统计数据,网约车在伦敦的注册用户超过 100 万,合作的司机也超过

---

* 蔡雄山,男,腾讯研究院法律研究中心首席研究员。

** 徐俊,男,腾讯研究院法律研究中心助理研究员。

1.8 万名。

2014 年 7 月 3 日，伦敦交通局发布了一份官方声明，就一系列网络约租车法律争议阐释了伦敦交通局的官方立场：包括 Uber 公司持有合法有效的伦敦地区运营执照、Uber 打车软件所使用的智能手机不属于出租车计价器等。

但是，由于引发争议的《约租车法案》第 11 条是 1998 年制定的，早于智能手机的出现，伦敦交通局为了确保自己的处理公平公正，希望英国高等法院能够就此问题作出一项决定性的、具有法律约束力的法律声明。与此同时，伦敦持证出租车司机协会（Licensed Taxi Drivers' Association，LDTA）以网络约租车违反《约租车法案》第 11 条为由，已经在治安法院（magistrates' court）起诉了专车司机。

三、计价器问题是涉及网约车合法性的关键问题

提起网约车在世界各地引发的法律争议，人们常常会想到营业许可问题、劳动合同问题、数量和价格管制问题以及保险问题等，但智能手机软件是否属于计价器，在英国法下非常关键，甚至可以说是目前传统出租车行业挑战网约车合法性唯一可供利用的法律争议点。

原因在于，根据《网约车法案》及配套制度，伦敦市对出租车公司的资质、车辆的状况和司机的条件设置了一定的门槛，但并无数量限制的规定。政府的工作在于执行和监督法律的实施，任何符合条件的企业和司机都可以向政府的交通管理部门提出申请，获得相应的执照，开展出租车经营。举例而言，2012 年 5 月，Uber 公司通过向伦敦交通局申请，就顺利获得伦敦地区的出租车经营许可。因此，综观伦敦的监管法律，由于符合条件的网约车公司都可以获得合法的营业许可，《约租车法案》第 11 条的禁止性规定成为了唯一可能挑战网约车经营合法性的切入点。

在伦敦交通局和高等法院的听证会上，传统出租车行业一直主张所谓的"计价器"是以时间或距离（或二者兼有）为基础计算打车费用的工具，而搭载在智能手机上的打车软件也是根据时间或距离的方式计算打车费用，智能手

机实质上与计价器以同样的方式在工作，所以专车打车软件所依赖的智能手机实质上属于计价器。同时，法律规定用来计费的计价器仅能安装在具有营运资格的黑色出租车上，因此，以 Uber 为代表的专车公司的行为违反了《约租车法案》第 11 条的禁止性规定。

对于传统出租车行业的这套说辞，伦敦交通局和高等法院法官并不认同。伦敦交通局认为智能手机仅仅是在专车和平台公司之间基于 GPS 信号传递地理坐标信息，智能手机与车辆之间并不存在任何的操作上或物理上的联系（operational or physical connection），并且智能手机所显示的打车费用也是来自远在专车以外的服务器计算的结果，因此智能手机并没有落入《约租车法案》对计价器的定义范畴之内。高等法院的 Ouseley 法官也认为，出租车计价器与智能手机上的打车应用的计费机制是不一样的，因为计价器计费并不基于 GPS 信号，同时它也没有体现出打车应用计费所使用的其他新技术。

四、开放包容的监管理念

这场争议历时一年之久，目前总算告一段落，而争议的背后折射出不少有益的监管经验，值得总结。

一方面，支持创新的监管思维。专车使用打车软件在技术上是一次飞跃。打车软件有诸多优势：第一，收费标准提前告知、费用计算透明；第二，具备导航功能且显示行驶路线，用户不用担心绕路问题；第三，价格允许浮动，在出行高峰可以通过加价的方式，吸引更多司机加入以增加供给。英国高等法院的判决在法律上清晰无误地表明了支持技术创新的态度——智能手机不是计价器，打车应用不违反法律。

另一方面，开放包容的监管理念。伦敦市政府曾表态政府的监管目标是“保持出租车行业开放和充分竞争的市场状态”，而重视打车软件和计价器的区分，体现了伦敦将网约车与出租车区别对待，网约车不纳入出租车的管理范畴之内。因此，对待网约车等互联网经济新业态，英国监管机构的态度没有停留在“口号式创新”，而是合理约束自己的权力边界——设定开放的准入标准、取消数量和价格上的限制、让市场在竞争中发挥主导作用，而有关的法律争议则交由司法机关判断。我国目前正在制定《网络约租车管理办法》，相关国际经验值得学习。

五、网约车监管的“伦敦模式”

英国首都伦敦市目前集中了全英国30%以上的黑色出租车，数量大概在2.2万辆左右。而近两年来，网约车在伦敦发展非常迅速，注册用户已经超过100万，合作的司机也超过1.8万名。尽管英国还尚未制定全国范围内的统一网约车监管制度，但伦敦市的网约车监管政策具有很强的代表性，与美国网约车监管的“加州模式”相比也有重大不同，独树一帜，可以称得上“伦敦监管模式”。

六、将网约车纳入《约租车法案》管辖

伦敦政府认可的出租车分为三类：第一类是黑色出租车（black cap），这不是中国语境下的“黑车”，而是在伦敦地区具有出租车营业执照的出租车。黑色出租车上有计价器，可以在道路上巡游，随叫随停，但价格非常昂贵。第二类是迷你出租车（minicap），此类出租车只能采用电话预约，行车路线和车费在订车时就已确定，即使堵车或绕路价格都不会变更，而同样的路程一般比黑色出租车要便宜30%左右。早在1998年，伦敦地区就通过《约租车法案》，对其进行管理。第三类是新兴的网络预约出租车，即通常说的网约车、专车，通过智能手机中的打车应用预约车辆，方便快捷，且价格最为便宜。

但从法律上看，伦敦的出租车实际只有两类：巡游出租车和约租车，这是因为针对网约车这种新事物，伦敦市并没有设立新的规范体系，而是将网约车纳入《约租车法案》的管辖范围之内，对其一体适用已有的规则。

《约租车法案》通过立法的形式，对平台公司、车辆和司机都设置了准入门槛，符合条件后方颁发执照，准予运营。伦敦交通局（Transport for London，

TFL)则是法案的执行和监督机构,下属的公共运输办公室(Public Carriage Office,PCO)专门负责处理平台公司、车辆和司机的执照申请,以及后续运营状况的检查。

七、管车辆:私家车可以从事网约车营运

伦敦交通局并不禁止私家车从事网约车营运,只要符合伦敦交通局设定的以下准入门槛,私家车一样可以顺利申请到“网约车执照”(private hire vehicle licence)。

· 必须服务于私人租车出行(carrying passengers for hire),且以营利为目的,以此区别于公共服务车辆(如急救车)和单一用途的礼宾车(如只为了婚礼或葬礼而使用);

· 车辆座位少于 9 座(包括司机);

· 车辆按照道路交通法案(Road Traffic Act 1988)的要求购买保险;

· 机动车行驶证中车辆类型为 V5c 类;

· 车辆的大小、类型、设计须符合法律规定,以及具有安全舒适合适的车况,所以必须通过指定检测中心进行的车检,检测内容涵盖引擎、车灯和座椅等 15 个方面;

· 年检要求;

· 车辆不得有大的改装;

· 车辆不得使用任何可能会导致误认为其是出租车(london cab)的设计和外观;

· 安装专门的牌照(plate)以作识别。

执照有效期为 12 个月,而且从执照授予之日起,网约车免收交通拥堵费(congestion charge exemption)。

八、管平台:无接入车辆数量限制

在伦敦,任何公司,不论是有限责任公司、合伙企业还是个体经营者,如果想从事网约车的运营,即通过一个数字化平台接受和分配来自乘客的网约车预定请求,都可以向伦敦交通局申请“约租车经营者执照”(london PHV operator's licence)。“约租车经营者执照”分为两类:一类是“小执照”(small operator's licence),最多只能为2辆约租车提供服务;另一类是“标准执照”(standard operator's licence),伦敦交通局对于持有此类执照的经营者,没有接入车辆的限制。至于授予执照的条件,关键看申请人是合适而且正确(fit and proper),具体的一些条件如下:

· 性质上必须是一个预订平台,任务仅在于处理预订网约车的订单申请和接单;

· 严禁以街边召车(touting)的方式开展营运,违者甚至构成犯罪;

· 申请人的公司名称和宣传广告中,不得使用出租车(taxi、cab)等令人误解的用语;

· 在伦敦至少有一个运营中心,可以是一个办公室、一个工作单位甚至家庭所在地;

· 拥有建筑使用许可证(planning permission);

· 有固定电话号码;

· 商誉良好,公司无破产等负面信息,公司管理层也无不称职之处。

如果顺利申请到平台执照,有效期一般为5年。

九、管司机:身体健康,身家清白

网约车司机需要事先获得伦敦交通局颁发的“网约车司机执照”(london PHV driver's licence),申请的条件包括:

· 申请时必须年满21周岁,但没有年龄上限的要求;

·必须持有英国驾驶执照及车辆牌照办事处(Driver and Vehicle Licensing Agency,DVLA)、北爱尔兰或欧洲经济区(European Economic Area,EEA)的有效驾照,且具有三年以上驾龄;

·申请人必须有权在英国合法生活和工作;

·必须具有良好的品行,为此申请司机需要通过一个"强化版"的犯罪记录审查;

·身体健康,达到 DVLA 2 级分类的医学标准,这意味着申请人必须通过专业的医学检查,而且检查医生可以查询到申请人过往所有病史;

·通过由专业机构主持的地理能力评估,包括看地图和规划路线的能力;

·无道路违法记录和其他犯罪记录,包括不能有任何主要的暴力犯罪(如谋杀,拐卖儿童)、不能有严重的性犯罪记录(不论年龄大小)、10 年以内不能有超过一项的犯罪记录以及不在任何个人安保机构的禁止名单之列(individual safeguarding agency's barred list)。

此外,司机在营运时,伦敦交通局也有一些要求,主要集中在佩戴徽章和帮助残疾人方面。比如必须在显眼位置佩戴专门的网约车司机徽章,必须允许导航犬等上车,有足够的空间和设施可以安放残疾人轮椅等。

十、保险:平台与司机都有保险义务

伦敦交通局对于网约车的保险要求主要有两个:一个是平台公司需要购买公共责任险(public liability insurance),承保范围为公共责任风险,是为了应对一些公共突发事件,承保金额为 500 万英镑;另一个是有偿租车保险(hire and reward insurance),网约车司机在营运之前需要购买此类保险,该保险承保范围较广,不仅包括司机与乘客的安全,还包括车辆的安全,承保金额也是 500 万英镑。

十一、特征和启示:区分管理、无数量管控、政府与平台合作监管

与世界各地其他地区的网约车监管政策相比较,伦敦的监管政策未必是最创新的,但却可能是最开放的,总结发现,网约车监管的“伦敦模式”具有以下特点:

第一,网约车不是出租车,不纳入出租车管理范畴。一方面,虽然和出租车一样也需要申请执照方能运营,但网约车平台公司、车辆和司机拿到的是专门的约租车执照,并不是出租车经营执照,而且申请条件也有诸多不同;另一方面,伦敦交通局规定网约车平台在广告宣传中不得使用出租车等字眼,网约车也不得使用会使人误解为出租车的标识,至于网约车司机,则需要在显眼位置佩戴网约车司机徽章。种种规定,都体现了监管者将网约车与出租车区分管理。

第二,不对网约车数量加以限制。与世界其他地方监管制度不同,“伦敦模式”最开放之处莫过于对从事出租客运的车辆不加以数量限制。没有出租车经营牌照的数量管控,也没有天价的牌照购买或转让费用,任何符合条件的公司只要能申请到“约租车经营者标准执照”(standard operator's licence),就可以没有接入车辆的限制。

第三,“政府监管平台,平台约束司机”的合作监管模式。虽然监管机构对于平台公司、车辆和司机都设置了相应的准入门槛,但是在获得营业执照之后,如何对它们进行监管,伦敦市颇有心得,其秘诀在于采纳“政府监管平台,平台约束司机”的监管模式。网约车的车辆和司机数量众多,政府对其运营一一监管负担过重,因此伦敦交通局的监管重点放在了网约车平台公司身上。伦敦交通局设有专门的检查专员,每年不定期对平台公司进行合规检查(compliance inspection),检查内容涵盖平台公司是否购买了保险、车辆和司机信息是否正确,甚至包括乘客遗落财物的处理情况等信息。所以,伦敦交通局只需要数十名职员,就能完成大伦敦地区(Greater London)所有的出租车和网约车的管理任务。

打车软件监管莫忘市场规律

蔡雄山*

一、四“统一”的监管思路

近年来,我国互联网产业规模快速增长,我国互联网企业表现出较强的植根于本土文化的应用创新能力,互联网对我国经济社会发展产生了巨大的辐射作用,促进传统产业转型升级和信息消费,手机召车软件的发展即是典型例子。

随着手机召车软件产业的发展,监管问题也提上日程。5月28日,交通运输部办公厅在其官网上发布《关于促进手机软件召车等出租汽车电召服务有序发展的通知(征求意见稿)》(以下简称通知),通知要求各地的交通运输主管部门要实现信息共享和互联互通,加强出租汽车电召服务的统一接入和管理,逐步实现人工电话召车、手机软件召车、网络约车等各种方式提出的召车需求信息,通过统一的城市出租汽车电召服务平台运转,并推送至统一车载终端播报。

此次交通部通知监管思路的实质是“统一平台、统一终端、统一接入和统一管理”。

---

* 蔡雄山,男,腾讯研究院高级研究员。

二、监管莫忘市场规律

总体而言,“统一平台、统一终端、统一调度和统一管理”的监管思路并没有发挥市场在优化资源配置中的作用,而通过行政手段干预了市场行为,不仅难以达到监管效果,还将阻碍产业发展,扼杀技术创新,甚至影响我国互联网产业的国际竞争力。

首先,就技术与产业层面而言,统一终端将阻碍移动智能终端技术创新与技术进步,影响互联网产业发展。移动互联网是当今创新最活跃、渗透性最强、影响面最广的领域,我国移动互联网已形成新的信息消费热点,且消费市场快速扩张。近年来,移动智能终端快速发展,已成为移动互联网业务的关键载体和主要创新平台。移动智能终端创新周期快,产业更新快,特别是在移动互联网时代,产业迭代周期已经由 PC 时代的 18 个月(摩尔定律)缩减至 6 个月。智能手机、智能眼镜、智能手表、智能车载终端、可穿戴设备等新兴移动智能终端不断扩展,且不断升级换代,日新月异,将来都可以作为打车智能终端。近期,国内外著名互联网企业以及车联网企业都纷纷推出类型不一的汽车车联网终端产品,竞争异常激烈。统一终端将阻碍移动智能终端的创新与技术进步,不利于我国智能终端及移动互联网产业的发展,甚至影响该产业我国的国际竞争力。

其次,从监管角度,统一平台难以保障公平竞争。目前我国电话召车平台通常由政府监管机构主导。统一平台接入后,以出租车公司、电话召车平台、车载终端厂商等为代表的利益集团将会融合在统一终端的平台中,难以保障手机召车软件与监管机构主导的电话召车平台的公平竞争。难以贯彻落实平等公平的监管原则。

最后,从用户角度,统一平台、统一终端、统一调度等将大大降低用户体验,扼杀手机召车软件的创新性与便捷性。政府的统一终端平台使原本的 C2C 平台变为 C2G2C(G 代表政府平台),该中间环节将严重影响用户体验和效率,扼杀手机召车软件的便捷性。

以嘀嘀打车软件为例,其赖以生存和发展的核心竞争力是基于大数据计算分析之后的精准订单分配、推送、调度,以及海量信息处理能力和互联网基因极致用户体验。其实际上是打车软件在云端搭建一个平台,通过收集乘客和司机的行为数据并加以分析,平台通过大数据运算和即刻搜索技术进行供需双方信息匹对,从而实现订单快速匹配和精准推送,而千万级的订单处理能力更能够保证这种快速匹配的实现。

而智能移动终端是快速匹配和交易高效促成的保证,目前智能手机的大规模普及,运行的打车APP能够帮助低成本收集司机、乘客行为数据;同时个人手机能够帮助快速有效实现司机和乘客的身份识别,从而保证收集的数据的可用性,同时增强信用和违约管理的可靠性,从而保证交易达成。统一平台、统一终端、统一调度等将无法实现上述便捷性及创新性。

此外,统一平台可能造成信息安全隐患。统一平台后将大量用户信息及数据等集中到一个平台,一旦出现信息安全事故,将造成大规模信息泄露,对个人信息及隐私等造成严重侵害。统一平台的建设也将花费巨额费用,造成财政负担等。

三、他山之石,可以攻玉

那么,应该如何在政府有效管理和市场繁荣稳定之间达到平衡呢?国内外已有较为成功的经验,值得借鉴。

北京采取的是C2C2G模式,政府G在末位。在这种模式中,调度权优先归手机应用,交通委只监管而不调度。前90秒调度权归手机应用自行分配,90秒后未被抢订单将在平台内进行流转。交通委员会还建立了信息中心数据库共享,滴滴打车等软件所有司机的注册信息被提交至信息中心数据库进行比对,防止黑车进入。这种模式不仅能够实现监管,同时保证了市场配置资源的决定性作用。

而在美国,美国科罗拉多州议会于5月正式通过了打车软件规制法案(SB125法案),法案将在州长签署后正式公布实施,这将是美国第一部规制

Uber(优步)和Lyft等打车软件的相关法律。法案要求交通网络公司购买责任保险,对司机进行犯罪背景和驾车历史方面的调查并随后向科州公共事业委员会申请相关执照。与传统出租车行业相比,SB125法案对UberX和Lyft类的规制非常宽松,并没有像管理出租车行业那样对以下事项作出明确的规定,如价格、市场准入、运营要求,以及与一般公共服务运营商(common carrier)义务相关的一些要求。这充分说明了政府的角色应该只是裁判者,而非既是运动员,又是裁判者。对于打车软件的选择,应该交给市场,而不是强行统一平台、统一终端、统一调度和统一管理。

四、充分发挥"无形之手"的作用

党的第十八届三中全会提出加快转变政府职能,要求"全面正确履行政府职能。进一步简政放权,深化行政审批制度改革,最大限度减少中央政府对微观事务的管理,市场机制能有效调节的经济活动……"本届政府也提出"正确地处理好政府和市场的关系。市场经济也是法治经济,我们要努力做到让市场主体'法无禁止即可为',让政府部门'法无授权不可为',调动千千万万人的积极性,为中国经济的发展不断地注入新动力。"要促进我国互联网产业的发展,必须着力推进以企业为主体、以市场为导向的创新体系建设,推进互联网技术、业务和商业模式的自主创新,加大对企业的扶持力度,形成公平竞争、诚信守则、创新活跃的市场环境。因此,监管莫忘市场规律,不仅对打车软件如此,对互联网行业的所有创新都是如此。

体育赛事网络版权生态保护探讨

张钦坤[*]　田小军[**]

一、“互联网+体育”形成体育赛事网络版权生态

当下，体育赛事节目①的网络直播面临“热竞争和冷保护”的冰火两重天。随着体育产业的快速崛起，“互联网+体育”的发展速度也在日益加速。互联网能够集纳大量的体育内容资源，拉近了用户与体育之间的距离，在此基础上的产业增值，无疑是体育与互联网间最诱人的化学反应。② 以腾讯与NBA赛事合作为例，腾讯与NBA签署价值5亿美元为期5年的合作伙伴协议，③一个赛季覆盖1500+场次比赛直播。同时，腾讯将运营NBA官网+30支球队官网，打造NBA官方唯一中文社区，及100大球星专属社区。腾讯也将汇集国内最强大的专家阵容、媒体资源参与到NBA的报道转播中。另外，基于合作授权腾讯与NBA将运用大数据技术与网络社交方面的优势，推出创新直播方式，建立粉丝社区，并在NBA游戏方面发力。

---

* 张钦坤，男，腾讯研究院副秘书长。

** 田小军，男，腾讯研究院法律研究中心研究员。

① 体育赛事节目，指的是广播电台电视台、网络等媒体所播放的所有以体育比赛、赛事为基本内容的节目的统称。参见姚鹤徽：《论体育赛事类节目法律保护制度的缺陷与完善》，载《体育科学》2015年第5期。

② 参见中国体育产业网：《互联网成体育产业栖息和升级最佳平台》，载http://sportsii.cn/cydt/1949.jhtml，访问日期：2015年3月2日。

③ See *NBA, Tencent announce China digital partnership*，载http://www.nba.com/2015/news/01/29/nba-tencent-announce-china-digital-partnership/，访问日期：2015年3月3日。

近些年来，各大网络媒体争相投入巨额资金争夺体育赛事直播权利，乐视体育不断引入国内外众多顶级赛事，[①]体奥动力更是以5年80亿元的天价与中超公司达成中超联赛电视公共信号制作及版权合作。[②] 目前看来，我国体育赛事产业经历了多年的发展，已经形成完善体育赛事网络版权生态，包括赛事组织方、赛事节目制作方、赛事节目播出方、专业服务机构、广告主、用户等，分别负责体育赛事产业的投资、制作、发行、传播、增值、消费等环节。为了能够以良好的体验，优质内容来吸引、服务海量消费者，版权生态的各方在赛事组织、节目制作、发行传播、渠道增值等方面投入巨大。

二、体育赛事节目知识产权保护制度亟待完善

互联网+时代的体育产业，体育赛事节目承载的巨额利润[③]能否实现有赖于知识产权保护制度的完善。然而，由于我国体育赛事节目知识产权保护制度上存在漏洞，相关权利人维权面临法律适用上的困难。

首先，需要明确的是，体育赛事节目不同于体育赛事本身。虽然体育赛事本身不具有版权，[④]但对其所制作的赛事节目可以作为视听作品而享有版

---

① 近两年，乐视体育成功涵盖NBA、CBA、欧洲五大足球联赛、中超等大众体育赛事；覆盖WTA、ATP巡回赛、高尔夫球美国大师赛等高端体育赛事。参见《乐视体育内容战略 将引入更多顶级赛事版权》，载中国知识产权资讯网，http://www.iprchn.com/Index_NewsContent.aspx?newsId=76382，访问日期：2015年3月2日。

② 《中超版权卖出80亿 体育板块酝酿丰厚机会》，载《南方日报》2015年9月29日。

③ 体育赛事组织者的收入来源包括电视直播（包括转播）收入、赛事门票收入、赞助商与合作伙伴收入、赛事相关授权产品的开发收入等。其中，电视直播收入所占的比重最大，对于有影响力、受众需求很大的大型体育赛事来说尤其如此，有时占比可以达到总收入的40%。参见丛立先：《体育赛事直播节目的版权问题析论》，载《中国版权》2015年第4期。

④ See National Basketball Ass'n v. Motorola, Inc., 105 F. 3d 841, 41U. S. P. Q. 2d 1585 (2d Cir., 1997). Hoopla Sports and Entertainment, Inc. v. Nike, Inc., 947 F. Supp. 347, 353 - 354 (N. D. Ill., 1996). 两案均认为体育赛事本身不应纳入版权保护，因运动员不能成为著作权法意义上的"作者"。

权。[①]体育赛事节目的制作，不仅仅包括对赛事的录制，还包括回看的播放、比赛及球员的特写、场内与场外、球员与观众，全场与局部的画面，以及配有的全场点评和解说。广播电台电视台、网络等媒体投入资金、人力、物力进行体育赛事的节目制作与直播、转播时，广播电台电视台、网络等媒体就其制作体育赛事节目并直播、转播就应享有相应的著作权[②]或者邻接权。[③] 但是，在我国现行法律框架下，没有涉及对体育赛事转播的定性及规制的规定。[④]

其次，我国广播组织权权利内容狭窄，控制的行为十分有限，不利于对广播电台电视台节目信号的保护。在世界知识产权组织《广播组织条约草案》制定过程中，网络广播组织作为一个争议议题被搁置，未被纳入“广播组织”。[⑤] 根据我国《著作权法》及《罗马公约》、TRIPs 协定的规定，广播组织权限于控制以无线方式进行同步转播的行为。然而，随着技术的发展，有线方式转播，尤其是网络环境下的转播行为日益兴起。现实之中，中国很多的网站就是盗播体育赛事节目信号，在网上供网民观看，但是对其加以打击和规制的法律依据却不充分。[⑥]

---

① 美国众议院对于《1976 年版权法》的解释：“一场足球赛正在进行，球场上摆放了四架摄像机从不同的角度进行拍摄。与此同时，某导演坐在演播室内，将来自 4 架摄像机的画面进行选择或切换，通过电视广播出去，就构成了具有独创性的作品。” See House Report 94 – 1476, 52 (1976). “对 28 个欧盟成员国的调查显示，除了瑞典之外，其余所有欧盟国家对足球比赛之类的体育赛事直播节目认为满足著作权保护所需要的相对低的原创性要求。”参见《欧盟体育赛事组织者权利研究报告》。感谢中央电视台总编室版权管理部严波主任提供的材料支持。

② 参见(2010)榕民初字第 299 号；(2014)朝民(知)初字第 40334 号。

③ 广播电台电视台、网络媒体等对体育赛事进行现场直播或转播，或播放制作的体育赛事节目，其享有广播组织权，其有权就其节目信号获取收益，控制其信号的进一步转播，有权禁止他人未经许可转播。需要指出的是，广播组织享有广播组织权的依据在于其“播放节目”，而非“制作节目”。参见姚鹤徽：《论体育赛事类节目法律保护制度的缺陷与完善》，载《体育科学》2015 年第 5 期。

④ 参见林子英：《体育赛事网络转播画面的知识产权保护》，载国家知识产权局网，http://www.sipo.gov.cn/mtjj/2015/201507/t20150724_1149552.html，访问日期：2015 年 8 月 1 日。

⑤ 参见陈明涛：《网络广播组织不能受到著作权保护：对新浪与凤凰网体育赛事转播著作权第一案的评论》，载 http://www.iprdaily.com/? p = 9529 ，访问日期：2015 年 7 月 20 日。

⑥ 北京我爱聊网络科技有限公司与央视国际网络有限公司侵害著作权及不正当竞争上诉案中，法院认为，不能仅仅因为新技术的产生或发展给权利人带来新的挑战，就超越立法时的权利边界对我国著作权法体系中的广播组织权作扩大性解释。参见(2014)一中民终字第 3199 号。

最后，我国信息网络传播权未将“定时播放”纳入规制范围。近年来，对于公众只能在网络传播者预定的时间里获得特定作品内容的“非交互式”网络传播形式是否应纳入信息网络传播权保护范围，我国法院多有争议。2008年“宁波成功多媒体信息通信有限公司诉北京时越网络技术有限公司案”①与2010年“央视国际网络有限公司诉世纪龙信息有限责任公司案”②中，法院均认定被告的“定时播放”行为侵害了原告的信息网络传播权。但在2008年“安乐影业公司诉北京时越网络技术有限公司案”③与“新浪网诉凤凰网中超赛事转播案”④中，法院则认定被告的定时在线播放行为属于侵害《著作权法》第10条第一款第（十七）项规定的“应当由著作权享有的其他权利”的行为。

另外，内容付费⑤是包括体育赛事直播在内的泛视频行业的良性发展的必由之路。而正版化和有序竞争是泛视频行业内容付费的前提，但泛视频行业的盗版、盗链、聚合、云盘等著作权侵权问题以及广告屏蔽、软件干扰、“搭便车”等不正当竞争行为依然在体育赛事网络直播、转播等节目中不断延续与发展。未经授权的直播或转播体育赛事和广播电台电视台、网络等媒体播放或制作的体育赛事节目以及各种不正当竞争等侵权行为屡禁不止，尤其是网络时代，数字化的内容可以被完全拷贝并瞬时传到世界各地。

三、多方法律协作推动体育赛事产业生态繁荣

首先，根据体育赛事节目的独创性高低给予体育赛事类节目著作权或者邻接权保护。在比赛直播过程中，摄像机位的选择、镜头的切换、主持人的解

---

① 法院认为，互联网用户通过悠视网能够观看该电视剧的内容，即使悠视网的播放方式系定时定集播放，悠视网未经许可的在线播放行为亦侵犯了宁波成功公司享有的信息网络传播权。参见（2008）海民初字第4015号、（2008）一中民终字第5314号。

② 法院认为，根据现行法律规定，应当作为录音录像制品纳人信息网络传播权的保护范畴，而不应通过广播组织专有权获得保护。参见（2010）穗中法民三初字第196号。

③ 参见（2008）二中民初字第10396号。

④ 参见（2014）一中民终字第3199号。

⑤ 注：此处的内容付费应作广义解释，即指以内容为基础进行版权运营，通过内容直接付费、增值服务、广告投放、周边销售等方式实现商业闭环。

说、整个直播画面的编排选择，体现了直播者的选择，具有一定程度的独创性，此时，呈现在观众面前的已经不再是单纯的体育赛事画面，即赛事录制形成的画面，构成我国著作权法对作品独创性的要求，应当认定为作品，当然，应根据具体体育赛事节目的独创性高低分别予以类电影作品或者录像制品保护。2015 年 7 月，北京市首例体育赛事转播权纠纷一审宣判，北京市朝阳区人民法院一审认定凤凰网与乐视网以合作方式转播中超赛事的行为，侵犯了北京新浪互联信息服务有限公司对赛事画面作品享有的著作权，此次判决，不仅扫清了体育赛事节目维权的法律障碍，并极有可能影响此后赛事类节目的市场发展。①

其次，确认网络媒体以广播组织权的主体地位，扩充广播组织权的权利内容。我国《著作权法》并没有明确确定在网络上播放节目的主体的法律地位，并没有赋予网络电视台以广播组织权，这给网络电视台及网络媒体的维权带来了很大的困难。回顾版权制度的发展史，广播组织伴随着广播技术的发展，呈现出一种不断扩张的趋势，1961 年制定的《罗马公约》第 3 条第 1 款第 6 项只将广播组织定义为无线广播组织，那是因为当初广播技术只限于无线广播。随着有线广播技术的出现，一些国家开始在版权法中保护有线广播组织。1974 年，《卫星公约》又将卫星广播组织纳入保护范围内。② 为了适应新技术的发展，《著作权法》应当明确网络上播放节目的主体的地位，明确这些主体同样享有广播组织权。这一规定适应了网络技术的发展，有利于打击网络上对体育赛事的盗播行为，具有合理性。

再次，应当明确将“定时播放”纳入信息网络传播权保护范围。我们认为，未将“定时播放”纳入信息网络传播权保护范围不仅容易导致司法裁判中的分歧，更不利于保护体育赛事节目权利人的权利。应当看到，认定侵害信息网络传播行为的核心在于认定侵权人的通过信息网络的“提供行为”，至于播放方式是否属于定时播放，不应影响侵害信息网络传播权行为的认定，并且，随着“三网融

---

① 李俊慧：《体育赛事直播视频著作权保护启示》，载《中国知识产权》总第 103 期；另参见(2014)朝民(知)初字第 40334 号。

② 参见丛立先：《体育赛事直播节目的版权问题析论》，载《中国版权》2015 年第 4 期。

合”的产业技术发展，广播权与信息网络传播权将会有更大的融合，并且极有可能形成同一权项，就此而言，我们应更加遵守立法原意，进行符合产业发展的释法与司法工作。

最后，立体维权是推动体育赛事网络版权生态发展的有效策略。体育赛事节目知识产权保护障碍产生的原因是多方面的，除了立法困境之外，司法、行政执法与行业维权理应成为推动体育赛事网络版权生态的最有力武器，特别是在版权维权的问题上，需要多方合力，构建以权利人以“维权源头”、以法律法规为“维权基准”、以司法行政为“维权两翼”的立体维权体系，增加司法损害赔偿数额，建立以网络环境下版权行政监管与执法跨区域联动机制，在企业层面建立专门的维权团队，在内容维权工作中进行周密的战略部署和整齐划一的整体布控。同时，在考虑维权策略时，适当的采用不正当竞争法的一般性条款为体育赛事节目保护提供兜底性的补充保护。①

结语

本文旨在著作权法的框架上讨论体育赛事节目的法律保护问题。但是，体育赛事产业包容和推动的产业投资、赛事组织、节目制作、信号传播、版权运营、周边销售等商业行为的法律保护更加复杂。也就是说，版权法并不能给予体育赛事产业以周延法律保护，在更广、更深的法律领域探讨体育赛事产业的保护问题有必要并有价值。

① 阮开欣：《体育赛事的不正当竞争法保护问题研究》，载《电子知识产权》2015 年第 9 期。

新《广告法》广告代言人规则深度解读

孟　洁*

第十二届全国人大常委会第十四次会议表决通过了新修订的《中华人民共和国广告法》，并于2015年9月1日起正式施行。此次修订是自1995年2月1日规制我国广告的根本大法《中华人民共和国广告法》（以下简称《广告法》）实行近20年以来的第一次修订。1995年《广告法》实行的时候，家庭电脑在我国还没有普及，第一支网络广告还没有出现，而在这二十年中，中国广告市场经历了巨变。根据中国产业信息网发布的报告，目前中国是全球第三大广告市场，并预计到2018年将进一步增加至1277亿美元。现行的广告监管体制存在高层级立法严重滞后，底层级立法琐碎、不全面、针对性不强等诸多问题，我们在新《广告法》中很欣喜地看到了诸多在实践中遇到的问题将有法可依、有据可寻。

号称"史上最严广告法"的新广告法可谓今年最"火"的一部法律，实施当天即引起了轩然大波，吸引众多媒体纷纷解读，许多品牌掀起了病毒营销式的跟风、戏说。有人测算，目前电视广告有30%受新广告法影响，电台广播和报纸有90%受新广告法影响，网络媒体有60%受新广告法影响。新广告法为何这么"火"？想来有以下几个原因：

一、较之旧《广告法》，新《广告法》涉及的主体众多，包括广告主、广告经营者、广告发布者、广告代言人、互联网信息服务提供者、公共场所管理者、电

* 孟洁，女，腾讯法务部高级法律顾问。

信业务经营者等；

二、新增或者进一步完善的特殊商品或服务的广告准则涉及的行业众多，包括药品、医疗器械、农药、兽药、烟草、保健食品、医疗、教育、培训、房地产等；

三、上述利益关系主体有些在立法阶段并未深入参与，新法实施之后才惊觉对自身发展前景、经济利益会造成重大影响；

四、我们也可以看到有不少媒体、网友并未认真研读法条便进行误读，造成了错误的大众舆论；

五、法律责任加重，可操作性增强，违法成本大大提高；

六、对于旧法未规定的内容（如广告代言人、互联网广告）以及进一步细致规定的内容（如虚假广告）虽有很大立法进步，但对实践中的各种情况缺乏一定的针对性和可操作性，成为业务共同关注的难点问题。

下面是笔者关于广告代言人的解读：

（一）如何甄别广告代言人？

广告代言人是广告活动中重要的主体，很多明星利用其自身影响力为产品或服务做推荐、证明，可以迅速让包含粉丝在内的相关受众对代言的品牌建立信任感，从而大幅度带动销量；然而明星代言的虚假广告的情况并不鲜见，而往往受处罚主体却不包含明星，他们可以毫发无伤逃之夭夭。此次修法新增了诸多关于广告代言人的规定，也是最大的亮点之一。

按照约定俗成的理解，一般认为广告代言人就是代言广告的明星，而在新《广告法》的规定下，则不然。新《广告法》第 2 条规定："本法所称广告代言人，是指广告主以外的，在广告中以自己的名义或者形象对商品、服务作推荐、证明的自然人，法人或其他组织。"也就是说，构成要件之一是：广告代言人是广告主以外的，并不包括广告主；既可以是自然人，也可以是法人或其他组织。那么一个企业家为自己公司代言如何来认定呢？在下图案例中，在陈欧为聚美优品代言，董明珠为格力代言。根据《民法通则》第 43 条"企业法人对它的法定代表人和其他工作人员的经营活动，承担民事责任"。如果说法定代表人的行为与其企业商业性行为客观上具有密不可分关系，笔者认为，这属于广告主为自己作证明、推荐，不属于代言人。因为广告代言人须为广告主以外的他人,作为法人的广告主没法作为代言人。

那么如果让某个明星持有了一些公司的股份或者挂名一个职位,是否就可以规避对于某些行业禁止代言人的法律规定呢?近期,邓超将出任长虹集团产品经理一职,有规避广告代言人之解读说法。笔者认为,由于该明星并不能像马化腾代言腾讯、张朝阳代言搜狐一样,让相关受众认为其行为等同整个公司的行为,对于相关受众而言,邓超的形象并不会被认为等同于该企业,故与上述公司CEO、董事长为自己公司代言的情况不同,仍属于广告代言人。除非明星自己创办公司为自己公司进行代言,则可能与企业家代言自身企业情况相似,属于广告主,不属于代言人。因此,对于严禁使用代言人的行业,公司的法定代表人直接进行代言,不失为一种规避广告法代言人条款的新的宣传思路。

代言人的构成要件之二便是“在广告中以自己的名义或者形象对商品、服务作推荐、证明”,也就是说,广告代言人必然是使用了其独立人格对商品或服务进行了推荐、证明。那么,普通人在广告中表明了自己身份,便构成了这一要件,可能为广告代言人;普通人在广告中未表明自己身份,但是如果利用其形象为商品、服务作了推荐、证明,则可能被认定为广告代言人;如果普通人只是为了完成广告创意表演,并未对产品或服务作推荐、证明,则可能被认定为广告表演者,而非广告代言人。

那么相关受众明显可以识别出的明星是不是要区分广告代言和广告表演呢?笔者认为,只要明星在广告中出现,不需要对其行为属于代言还是表演进行区分,均应认定为广告代言人。第一,明星指的是对于该广告相关受众可以识别出来的拥有较高人气的名人,比如体育界的运动明星、娱乐界的文艺明星,这一点虽然没有固定的标准,但是实践中不难区分;第二,即使没有表明自己的身份,但是相关受众知道他是谁,并且其也使用了自身形象,故满足使用自身名义或形象要件;第三,明星为了吸引眼球、完成广告创意脚本而参与广告演出,虽然并未直接推荐产品或服务,但是我们知道,广告既包括直接的宣传商品或服务,也包括宣传企业形象、提高企业影响力的商业广告活动,因此明星参与广告演出易导致相关受众对该明星和该产品或服务建立强烈的关联关系,从而增加对该品牌的亲近感和信任感,达到了以明星的独立人格为该品牌背书的效果;第四,明星参与广告演出的收益与普通人不可同日而语,那么相应需要承担的法律和社会责任就应当更重。

还有一种较为特殊的情况,就是广告中并未出现人物,而出现了广为人知的配音演员的声音,像周星驰的配音演员、唐老鸭的配音演员,具有较高的识别性和影响力,则同样可以被认定为广告代言人。

那么如果是长得像明星的、模仿明星的路人出现在广告中,如何来认定呢?依据相关受众是否能明显辨别该代言人并非明星本人作为判断是否属于代言人的标准,是一个主观判断标准,不具有可操作性,因此笔者倾向于认为这种情况可以参照上述认定普通人代言的思路。

(二)广告代言人行为准则

1. 禁止利用广告代言人的情形

禁止利用广告代言人的情形笔者分为明确禁止类型和推定禁止类型。其中,根据新《广告法》第16条、第18条明文规定了医疗、药品、医疗器械和保健食品这四类广告不得利用广告代言人作推荐、证明。那么仔细研读以下法条我们会得出另一部分结论:

第21条　农药、兽药、饲料和饲料添加剂广告不得含有下列内容:

(二)利用科研单位、学术机构、技术推广机构、行业协会或者专业人士、用户的名义或者形象作推荐、证明。

第24条　教育、培训广告不得含有下列内容:

(三)利用科研单位、学术机构、教育机构、行业协会、专业人士、受益者的名义或者形象作推荐、证明。

第25条　招商等有投资回报预期的商品或者服务广告,应当对可能存在的风险以及风险责任承担有合理提示或者警示,并不得含有下列内容:

(二)利用学术机构、行业协会、专业人士、受益者的名义或者形象作推荐、证明。

第27条　农作物种子、林木种子、草种子、种畜禽、水产苗种和种养殖广告关于品种名称、生产性能、生长量或者产量、品质、抗性、特殊使用价值、经济价值、适宜种植或者养殖的范围和条件等方面的表述应当真实、清楚、明白，并不得含有下列内容：

（四）利用科研单位、学术机构、技术推广机构、行业协会或者专业人士、用户的名义或者形象作推荐、证明。

在上述四类广告中，均提到了不得用“用户”或“受益者”的名义或形象做推荐、证明，而新《广告法》规定了广告代言人不得为其未使用过的商品或未接受过的服务作推荐、证明，即广告代言人为商品或服务推荐、作证必然是使用过商品或接受过服务的，那么就属于“用户”或“受益者”。因此，虽然不属于被明令禁止使用代言人的医疗、药品、医疗器械和保健食品这四类行业，农药、兽药、饲料和饲料添加剂、教育、培训、招商等有投资回报预期的商品或者服务、农作物种子、林木种子、草种子、种畜禽、水产苗种和种养殖这些行业也不能利用代言人作推荐、证明。

这样的法律规定或许对于动漫产业、宠物事业来说是重大利好，有可能我们将来在上述几类广告素材中看不到“人”，取而代之的是漂亮可爱的宠物或者设计独具匠心、炙手可热的卡通形象。

2. 广告代言人不得为其未使用过的商品或未接受过的服务作推荐、证明

那么新法实施前的一系列代言将会面临尴尬，比如代言奶粉的古天乐、代言卫生巾的汪东城等，他们将需要面临如何证明自己使用过该等产品的问题。

随之而来的是对于负有查验有关证明、核对广告内容义务的广告经营者和广告发布者来说，如何审查代言人使用过其代言的商品？比如林志玲代言的房产，广告经营者、广告发布者是否需要审核其房产证或者租赁合同以确认其确实有使用过才可发布广告？这些问题在实际执行过程中需要监管机关进一步指导和规范。

3. 不得利用不满十周岁的未成年人作为广告代言人

此次修法从多个角度强化了对未成年人的保护，我国《民法通则》第 12 条规定：“不满十周岁的未成年人是无民事行为能力人，由他的法定代理人代理民事活动。”不满十周岁的未成年人自身心智发育尚未成熟，更不适宜以自身独立人格为他人做广告推荐、证明。以后我们熟知的明星宝宝小“萌娃”们将

不能作为广告代言人。

需要注意的是,不满十周岁的未成年人不可以做广告代言人,但是可以参与广告表演。如果说该未成年人为明星,则无论是否表明身份都属于代言人;如果该未成年人为普通人,则要看其是否表明自己身份:如果表明了自己姓名、身份,则满足“利用自己名义”这部分;如果并未表明身份,则满足“利用自己形象”这部分,接下来就要看是否对商品或服务作了推荐、证明。

(三)广告代言人的法律责任

对于违反《广告法》规定,在医疗、药品、医疗器械、保健食品中作推荐、证明的,为其未使用过的商品或未接受过的服务作推荐、证明的,明知或应知虚假广告仍在广告中对商品、服务作推荐、证明的,没收违法所得,并处违法所得一倍以上两倍以下的罚款。对于关系消费者生命健康、造成消费者损害的虚假广告,无论是否有过错,即无论是否明知或者应知广告虚假,均应当与广告主承担民事的连带责任。

除此之外,新《广告法》还规定了对于在虚假广告中作推荐、证明受到行政处罚未满三年的自然人、法人或其他组织,不得利用其作为广告代言人。上述“三年禁令”的处罚机制大大提高了广告代言人的违法成本,对包括主要依靠代言收入的明星在内的代言人参与广告活动带来较大的影响。

新《广告法》亮点解读

司　晓[*]　赵　治[**]　杨　乐[***]　彭宏洁[****]　廖怀学[*****]

2015年4月24日下午，第十二届全国人大常委会表决通过新修订的《广告法》，自9月1日起施行。这是《广告法》自1995年2月1日颁布实施以来，时隔二十余年的一次全面大修，对广告行业会产生深远的基础性影响。新《广告法》从工商总局、国务院法制办，到国务院常务会议，再到全国人大常委会的三次审议，其中多处条款经历了多个版本变化，亮点颇多，包括对广告主、广告发布者和广告经营者的权利义务关系进行了重新梳理定位；强化了工商行政管理部门对广告违法行为的监督管理责任；顺应了现代广告产业尤其是互联网广告蓬勃发展的新局面新情况，对规范广告活动，保护消费者的合法权益，促进广告业的健康发展，维护社会经济秩序具有积极意义。

---

* 司晓，腾讯公司公共战略研究部总经理，腾讯研究院秘书长。
** 赵治，男，腾讯研究院法规研究总监。
*** 杨乐，女，法学博士，腾讯研究院高级研究员。
**** 彭宏洁，男，腾讯研究院高级研究员。
***** 廖怀学，男，腾讯研究院助理研究员。

一、《广告法》实施的产业背景发生巨大改变

经过二十余年的发展,我国广告产业取得了长足进步。2013 年中国广告市场规模达 5020 亿元,同比增长 6.85%。在广告市场结构中,网络广告地位愈加凸显。据统计,2014 年中国网络广告市场规模达到 1483 亿元,与 2010 年 325.5 亿元相比,短短 4 年增长超过 3 倍。且据艾瑞预计,2017 年中国网络广告市场规模将达到 2852 亿元,复合增长率为 26.89%(见图 1)。

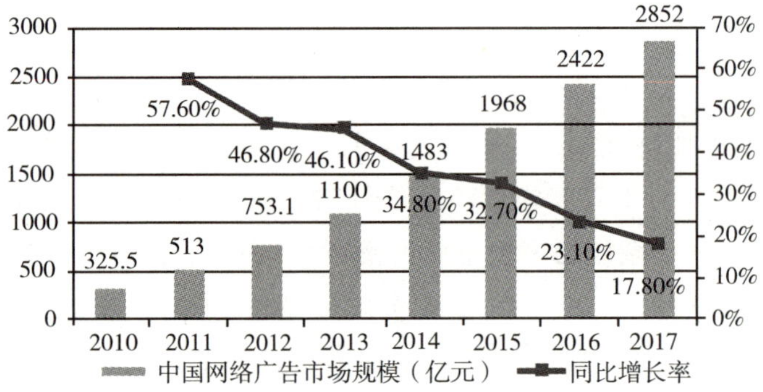

图 1 2010~2017 年中国网络广告市场规模

数据来源:艾瑞,中信建投研究发展部。

在比重上,与传统媒体广告相比,网络广告发展势头尤为迅猛,网络广告占中国广告市场的份额由 2005 年的 4.80% 上升到 2014 年的 23.6%,现在已经超越报纸、杂志和户外成为仅次于电视的第二大媒体。随着互联网的进一步普及和互联网经济的发展,据预测至 2016 年网络广告收入将会超过电视广告,成为中国最大的广告市场。

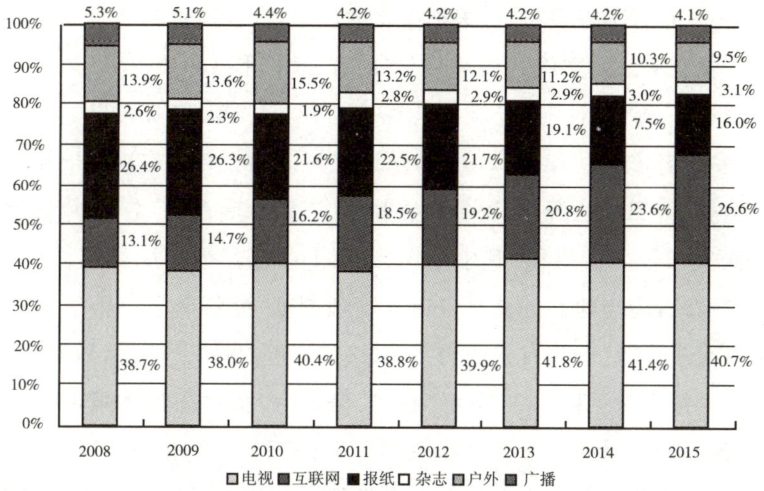

图 2　2008～2015 年中国广告市场格局

数据来源:Zenithoptimedia,中信建投研究发展部。

另外我们也应该看到,虽然 2013 年中国广告市场规模占 GDP 比重为 0.88%,未来五年广告市场占 GDP 的比重可能达到 1%～2%,并拥有万亿元规模,但我国广告产业的发展与美国、日本等发达国家相比仍还有较大差距。单从网络广告的规模上看,2013 年国内网络广告规模仅相当于美国 2007 年的水平,落后于美国 6 年。这主要因为一方面我国广告市场起步较晚,产业分散、市场成熟度较低,媒体资源价值没有得到充分挖掘;另一方面则是法律政策与现代广告产业发展出现不相适应的地方。此次《广告法》修订在上述产业大变革的背景下展开,与时俱进,对产业变革做出了回应。

二、从“核实”到“核对”,重新明确了广告主、广告经营者和广告发布者的法律责任

此次《广告法》修法的最大亮点之一,即是第 34 条第 2 款规定的修改,“广告经营者、广告发布者依据法律、行政法规查验有关证明文件,核对广告内容。对内容不符或者证明文件不全的广告,广告经营者不得提供设计、制作、代理

服务，广告发布者不得发布”。根据条文的规定，广告经营者、广告发布者只需要依法查验有关证明文件，“核对”广告内容，承担形式审查义务。

从“核实”到“核对”几经波折。现行《广告法》第27条规定，“广告经营者、广告发布者依据法律、行政法规查验有关证明文件，核实广告内容”。自2013年6月18日修法开始，国务院法制办、工商总局在《广告法》修订座谈会上第一次发布征求意见稿，其中第32条第1款仍然沿用原规定，“广告经营者、广告发布者应当建立健全广告审查管理制度，配备熟悉广告法律、法规的广告审查人员，依法查验有关证明文件，核实广告内容”。不过，后来国务院法制办发布的征求意见稿第35条将“核实”修改为“核对”，具体规定“广告经营者、广告发布者接受他人委托设计、制作、发布广告，应当依法查验有关证明文件，核对广告内容”。但是在全国人大常委会一审稿中，又将“核对”修改为“核实”，规定广告经营者、广告发布者应当依法“核实”广告内容。在2015年4月8日《广告法》最后一次修改评估会上，第34条第2款还是规定“广告经营者、广告发布者依据法律、行政法规查验有关证明文件，核实广告内容”。最后，2015年4月24日第十二届全国人大常委会表决通过的《广告法》第34条第2款将“核实”又修改回“核对”，明确规定“广告经营者、广告发布者依据法律、行政法规查验有关证明文件，核对广告内容”。

与20世纪90年代的广告业态相比，现代广告行业发展在用户日到达率、沟通模式、覆盖范围、信息容量、交互性等方面都具有显著不同。现代传播技术下的广告形式能够展示的内容无限，广告发布者能够提供的广告位也无限。尤其是网络广告还可以最快速度把产品介绍精准地推送到全球各地的客户，比传统广告具有更宽的覆盖面，更庞大的受众群体。将“核实”修改为“核对”，一字之差，天壤之别，这是立法机关尊重行业发展客观规律和实践的选择，重新界定了广告主、广告经营者和广告发布者对广告内容真实性的法律责任，以法律维护了分配正义。

新《广告法》总则第4条第2款中新增“广告主应当对广告内容真实性负责”规定，将广告主明确为广告内容真实性的第一责任人。广告是广告主针对商品的受众，为达到广告目的而举行的有关商品、服务或创意的宣传活动。因此在整个广告产业链中，广告主是广告活动的主动发起者，而广告经营者、广告发布者只是接受广告主的委托，设计、制作、发布广告；广告主、广告经营者、广告发布者三者具有不同的职能和分工，广告经营者和广告发布者是为广告主服务的辅助角色，只有广告主对自己的产品和服务最为了解，理应对其广告真实性负责，后两者依法核对相关证明文件。所以法律应该赋予广告主确保广告内容真实性的义务，并要求广告主对其提供的证明文件真实性负责。一旦出现违法广告行为，首先应该审查广告主是否违反了真实性义务。如果是，则广告主应当承担第一责任，而广告经营者、广告发布者仅对证明文件承担审查责任。这样规定，体现了立法者敏锐洞察到广告产业链中各行为主体对违法广告的识别和控制能力不同，从而赋予其不同义务，并要求其承担不同的法律责任。

虽然从“核实”到“核对”几易其稿，表面上看只是一个字的改动，但是实际上是广告经营者、广告发布者从承担“实质审查义务”到承担“形式审查义务”的重大变化，是对广告主、广告经营者和广告发布者三方主体法律责任的重新梳理。这一过程历经两年，从工商总局、国务院法制办、国务院常务会议，最后到全国人大常委会，前后涉及多个国家机关多次变动。从“核实”到“核对”，是现代广告行业发展、分工细化的必然结果。

三、客观评价网络游戏对未成年人的影响，为文化创意产业发展创造空间

2013 年 8 月，国务院法制办在互联网行业内征求意见时，新增第 39 规定“……不得在针对未成年人的大众传播媒介上或者针对未成年人的频率、频道、节目、栏目上发布药品广告、医疗广告、医疗器械广告、网络游戏广告、酒类广告”，将网络游戏广告与药品、医疗、医疗器械和酒类广告同等对待。随后，国务院法制办公开征求意见稿第 42 条延续这一写法。2014 年 12 月，全国人大常委会一审稿第 37 条对于网络游戏广告仍然采取该“一刀切”的规定，全面禁止在面向未成年人的大众传播媒介上发布网络游戏广告。

直到2015年4月8日的立法评估会上,征求意见稿对网络游戏广告终于增加了范围限定,对网络游戏广告进行了客观公允的评价,表述为:“在针对未成年人的大众传播媒介上不得发布药品、保健食品、医疗器械、化妆品、酒类、医疗、美容广告,以及不利于未成年人身心健康的网络游戏广告。”2015年4月24日第十二届全国人大常委会表决通过的新《广告法》第40条,原文保留了4月8日版本的规定。

从上述变动过程可见,最初社会各界包括立法机关显然都有对网络游戏根深蒂固的刻板印象,认为网络游戏对未成年人有百害而无一利,因此相关广告应当完全禁止。但通过多轮立法征求意见会后,几乎在最后一刻,立法机关采纳了相关意见,不为舆论偏见所左右,充分体现了立法的科学性。新《广告法》的这一客观公正的规定,既符合了现实情况,也体现了行业发展的要求。

首先,与其他产品或服务类似,网络游戏也是互联网行业发展过程中的产品,其本身具有正面价值。文化部自2005年起连续多年进行评选“适合未成年人的网络游戏产品”,《梦幻西游》《大话战国》《QQ堂》等多部游戏获得官方认可并向社会推荐。网络游戏对于青少年并不像烟酒一样,有百害而无一利。很多网络游戏符合青少年身心发展的需要,能够开发青少年的智力,可以帮助未成年人在游戏中形成包容意识、规则意识、合作意识、交往意识等。网络游戏中还有专门针对未成年人的儿童游戏,它们通过游戏内容寓教于乐,关注未成年人的健康成长,有利于帮助家长引导儿童的健康成长。

其次,对于网络游戏的监管,关键在于如何引导未成年人健康游戏,防止沉迷,而非禁止发布广告。2012年修订的《未成年人保护法》第33条规定“国家采取措施,预防未成年人沉迷网络”,“国家鼓励研究开发有利于未成年人健康成长的网络产品,推广用于阻止未成年人沉迷网络的新技术”。这为引导网络游戏的合理发展提供了良好的立法示范效应。解决网络游戏沉迷问题,需要全社会共同努力。网络游戏开发者应主动研发适合青少年的绿色游戏,并采取措施抵制色情、低俗的内容;家长、社会、政府也应给予青少年正确的引导,加强对青少年的网络素养培养。立法禁止网络游戏广告,并不能起到防沉迷的效果。

最后，网络游戏产业是国家文化创意产业的重要组成部分，大力发展文化创意产业，培育自主创新的文化创意企业，是国家经济发展的新引擎。作为文化创意的重要组成部分，网络游戏有利于丰富人民群众的文化生活，有利于提高中国的创新能力，增强中国的综合国力、文化软实力和国际竞争力。在中国经济进入新常态的大背景下，国家急需寻找经济发展的新动力、新引擎。为此，国务院于2012年12月1日发布了《关于印发服务业发展“十二五”规划的通知》（全文涉及“游戏”10次），在规定“文化艺术产业和网络文化产品发展重点”时，提出“发展网络游戏、电子游戏等游戏产业，推动国产游戏产品走出去”的要求，并将其放在“文化产业发展重点”部分的首位。而游戏产业的发展离不开游戏广告的投放，我国游戏产业的广告投放量也呈现逐年增长态势。根据艾瑞咨询发布的2013年互联网经济核心数据显示，2013年中国网页端游戏市场规模达158.7亿元，同比增长61.8%，广告投放金额达12.5亿元，同比增长212.5%。

虽然中国当前对文化创意产业加大了扶持力度，但与日韩等发达国家相比，中国的文化创意产业起步晚，规模小，先天优势不足，还需要更多的外部政策、法律的支持，才能更快更好地发展。新《广告法》客观评价网络游戏的作用，将助力推动我国文化创意产业的不断繁荣。

四、信用黑名单制度正式引入广告执法领域

2014年12月8日，全国人大常委会公布的二审稿中新增第67条，“有本法规定的违法行为的，由工商行政管理部门记入信用档案，并依照有关法律、行政法规规定予以公示”，首次引入了信用档案制度。2015年4月24日全国人大常委会讨论通过的新《广告法》，第67条得以完整保留。新《广告法》将“信用档案”首次引入广告执法领域，确立了违法主体信用“黑名单”制度，丰富了执法手段，强调了工商部门的事中和事后监管，凸显了广告活动真实诚信的基本要求。

(一)信用黑名单制度在行政执法领域广为适用

近年来,信用黑名单制度在我国行政执法实践领域开始被重视和广泛适用。例如,在质量信用领域,2009年国家质检总局建立质量信用“黑名单”制度,把发生质量安全事故、存在质量问题、违法违规情节严重的企业纳入“黑名单”,实行严格监管,并对外发布;又如,在电子商务领域,2014年9月24日,针对多家知名网站因涉嫌售假而遭遇信任危机,北京市工商局对辖区电商企业发出首份《行政建议书》,在各电商平台之间建立起专门针对第三方商家的资质和信用管理体系,建立电商供应商黑名单制度。对于侵犯知识产权和制售假冒伪劣产品的不良商家及其责任人,在全平台进行风险警示,同时建议各大电商平台对其严格准入。

(二)建立“信用黑名单”是互联网时代广告治理创新的有效手段

信用惩戒,是行政机关对违反行政管理法律法规的失信行为通过降低行为人社会评价的方式使其承受社会谴责、经济损失或者丧失经营资质的惩罚。互联网时代,信息传播范围广、速度快、受众多是信用黑名单制度得以确立和有效实施的基础。对违法者建立“信用黑名单”,实施信用惩戒,成为互联网时代治理创新的有效手段,在广告执法管理中具有重要意义。

1. 有利于工商部门统一违法行为尺度,对复杂广告领域违法行为的认定,有重要的案例参照意义。我国现行法律法规对违法广告的确认问题非常复杂,全国各地几乎都有自己关于广告的地方性法规和地方政府规章,对违法广告的认定标准并不统一,容易造成混乱。由国家工商总局建立统一的信用档案,会成为某种意义上的违法广告案例库。随着数据的不断累积,对全国各级工商部门统一执法标准会发挥重要的参考意义。

2. 有利于帮助第三方平台发现自身平台上的违法广告。新《广告法》第45条规定,“公共场所的管理者或者电信业务经营者、互联网信息服务提供者对其明知或者应知的利用其场所或者信息传输、发布平台发送、发布违法广告的,应当予以制止”。但在实践中,第三方平台对于如何发现并认定复杂的违法广告情形往往缺乏经验。如何认定违法广告,需要相当复杂的知识背景和专业水平,上述三类第三方平台有时确实难以胜任。建立违法信用档案,对第三方平台有重要指引意义,必要时可以参照执行。

3. 有利于其他广告市场主体参照学习,形成自我规范与自我警示效果。信用档案的建立,必然包括违法主体与违法事实和理由,这本身对其他的广告市场主体是一次很好的学习教育机会,可以自我对照、提示风险、及时改正、防患于未然。

4. 有利于避免广告违法者屡查不尽的执法窘境。广告违法方式复杂多样,广告发布者遍及全国,涵盖广播、电影、电视、报纸、杂志、互联网等各个媒体平台,不免会出现同一广告违法者在一个广告发布平台上违法被处罚后迅速迁移至另一广告发布平台的情况。例如,某商家可能在某县级电视台发布虚假广告被处罚后,再去另一省份的县级电视台继续发布虚假广告牟利。有了全国联网的信用档案,就可以使违法者无处藏身。

五、合理区分正常广告与骚扰广告,平衡用户权益与产业发展

此次《广告法》修订,新增加的"网络弹窗广告一键关闭"条款引人注目。这背后经历了从关闭范围到关闭方式的反复变化,体现了立法者努力在促进行业发展与保护用户权益之间寻求平衡,成为本次修法的又一亮点。

第一阶段:要求所有网络广告都提供关闭途径,且关闭后不得继续发送,用户权益保护倾向明显。2013 年 6 月 18 日国务院法制办在《广告法》修订座谈会中新增第 41 条规定:"利用移动通信网络、互联网、邮件、快件和电子邮件、短信息服务等方式传播广告,应当符合国家有关规定,并在广告中明示拒绝的途径,当事人明确拒绝的,不得继续发送。"该条内容几乎囊括了所有的互动广告形式,均要求广告发布要明示拒绝途径,且用户拒绝的,不得继续发送,意味着所有广告,都要为用户提供永久拒绝方式,一次被拒绝,永远不得再次向该用户发送广告。

第二阶段:范围逐步聚焦至骚扰广告,删除了"被拒绝后不得继续发送"的表述,开始考虑行业发展需求。国务院法制办发布的征求意见稿和全国人大常委会一审稿将适用范围进一步明确,开始向垃圾广告和骚扰广告聚焦。前者第45条规定:"任何组织或者个人未经当事人同意或者请求,或者当事人明确表示拒绝的,不得向其固定电话、移动电话或者个人电子邮箱发送广告。"将禁止骚扰广告的适用范围限缩至固定电话、移动电话或电子邮箱。后者第43条规定:"任何单位或者个人未经当事人同意或者请求,或者当事人明确表示拒绝的,不得向其住宅、交通工具、固定电话、移动电话或者个人电子邮箱等发送广告。"将线下可能遭到垃圾广告骚扰的住宅、交通工具等私人领域予以纳入,进一步保护用户权益。

在这两版条文中,立法机关已经删除了"被拒绝后不得继续发送"的表述,尊重了广告业,特别是网络广告特殊的盈利模式。目前互联网行业通用的、合法的商业模式是在提供免费服务的产品平台上开展营利性广告业务和其他增值服务业务:一方面,互联网企业投入巨大成本吸引网络用户。例如,《我是歌手》独家网络版权费超过亿元,《中国好声音》版权费高至2.5亿元。另一方面,互联网企业提供给用户的服务都是免费的,用户无须支付任何费用就能享受优质服务与内容。因此互联网企业只能通过广告以及其他增值服务收回成本,用户花费一定时间浏览广告是其必须付出的时间成本。

这种商业模式在司法判例中已经多次得到确认。例如,在腾讯诉360不正当竞争案中,最高人民法院、广东省高级人民法院都认为,"腾讯在免费即时通信服务平台上开展营利业务(广告+增值服务业务)及推广其他产品和服务的商业模式,系当前国际国内互联网行业的商业惯例。用户若想享有免费的互联网服务,就必须容忍广告和其他推销增值服务的插件和弹窗的存在。那种不愿意通过交费来使用无广告、无插件的互联网服务,而通过使用破坏网络服务提供者合法商业模式、损害网络服务提供者合法权益的软件来达到既不浏览广告和相关插件,又可以免费享受即时通讯服务的行为,已超出了合法用户利益的范畴"。从长远来看,只有广告业务发展得越好,研发资金越充裕,提供给用户的免费服务才能越优质和越持久。

第三阶段:关闭范围明确为骚扰类广告,且不再要求永久关闭。全国人大常委会最终通过的《广告法》第43条规定“任何单位或者个人未经当事人同意或者请求,不得向其住宅、交通工具等发送广告,也不得以电子信息方式向其发送广告”;“以电子信息方式发送广告的,应当明示发送者的真实身份和联系方式,并向接收者提供拒绝继续接收的方式”。同时第44条规定“利用互联网从事广告活动,适用本法的各项规定”;“利用互联网发布、发送广告,不得影响用户正常使用网络。在互联网页面以弹出等形式发布的广告,应当显著标明关闭标志,确保一键关闭”。

结合这两个条文来看,拒绝的范围包括了线上的电子信息广告和线下的向住宅、交通工具发送的广告,其目的都是防止用户被骚扰,保障用户权益。第44条还明确要求“不得影响用户正常使用网络”,更是将“一键关闭”的范围限定在弹出类广告,维护了正常的网络广告发展业态。

第一,网络广告类型多种多样,只有影响用户正常使用的干扰类广告,才应当被“一键关闭”。腾讯研究院认为,互联网广告以是否对用户造成使用干扰为标准,可以分为“干扰类广告”和“融入类广告”两类。干扰类广告是指弹窗、漂浮、遮挡等类别的广告,包括伪装关闭选项实为诱骗点击类,也包括垃圾邮件广告、骚扰短信广告等。这类广告会影响用户正常使用,因此应当设置显著的关闭按钮,实施“一键关闭”;融入类广告是指在充分考虑用户体验的基础上,设计更科学、更人性化的展现方式,包括网页固定位广告、信息流广告和视频贴片广告等,不必“一键关闭”。

通过邮件、电子邮件或短信息发送的广告,无法事先与用户沟通,用户无法事先采取拒绝措施,因此确实会给用户带来骚扰,只能以事后取消订阅等方式与广告发送者“互动”(这是与电视、纸媒等单向广告的区别)。因此,立法赋予用户以事后拒绝权,保障用户权益。而视频贴片广告如电视台、报纸广告运作模式一样,对用户的干扰有限,如果要求视频贴片广告提供拒绝选项以避免用户遭受广告骚扰,那么电视台、报纸等应该一视同仁,也应该为用户提供拒绝选项。但实际上这样规定不具有可操作性。

第二,精准打击骚扰广告,区分“单次关闭”与“永久拒绝”有利于为广告行业提供行为规范,引导行业健康发展。在激烈的市场竞争环境下,用户体验是互联网企业得以生存和发展的原动力,因此绝大部分正规经营的企业都会特别注重优化广告展现方式,避免过度追求广告展示而破坏用户体验,丧失市场。只有个别片面追求广告曝光量,不在乎"回头客"的网站,才会以各种弹出广告、刷点击量的方式将广告强制推送到用户面前骚扰用户。

合理区分正常广告与骚扰广告,一方面,规定用户就电子信息类广告享有"拒绝"的权利,规定互联网弹窗广告应确保一键关闭,精准打击了骚扰广告,维护用户权益;另一方面,最终删除"被拒绝后不得继续发送"的表述,为互联网广告的曝光量预留空间,兼顾行业发展的正常秩序和业态需求。

总而言之,此次《广告法》大修积极回应了现代广告产业变革的实际,坚持科学立法、民主立法;多次向行业征求意见,不仅引导了广告产业的合理健康发展,还保障了用户权益以及公共利益,相信未来会对中国广告业的发展发挥积极作用。

代驾软件经营者承担替代责任案的反思

——以“e 代驾”案为例

田小军[*]　王　琦[**]

一、案情简介:代驾软件经营者因代驾司机行为承担雇主责任

日前,鲁能上海分公司员工潘先生通过亿心宜行公司运营的“e 代驾”联系代驾服务,亿心宜行公司接单后将信息发给代驾司机赵先生。赵先生与潘先生签署代驾服务确认单后,驾驶车主为鲁能上海分公司的轿车离开饭店,途中撞翻骑着电瓶车的陶老伯,经交警认定,小轿车负全责。

2014 年 10 月,陶老伯将代驾人赵先生、车主鲁能上海分公司、平安财险上海分公司告到了浦东法院,请求判令赔偿医药费等 11.79 万余元。审理中,法庭依法追加亿心宜行公司作为被告。

法院判决支持陶老伯医药费等 12.66 万余元,由于这笔损失可在交强险及商业三者险限额内足额赔付,因而亿心宜行公司无须再支付赔偿费用;对于不属保险责任范围的律师代理费及停车费 3716 元,由亿心宜行公司全额赔偿。

---

* 田小军,男,腾讯研究院法律研究中心研究员。

** 王琦,女,腾讯研究院法律研究中心助理研究员。

二、裁判要旨：法院认定代驾软件经营者与代驾司机成为雇佣关系

本案的主要争议点在于代驾软件公司是否需要对代驾司机赵先生的致损行为承担替代责任。而判断代驾软件公司是否需要承担替代责任的关键又在于代驾公司与代驾司机的雇佣关系是否成立。

我国《侵权责任法》及其司法解释并未对何为“雇佣关系”作出明确界定，[①]法院认定亿心宜行公司与代驾赵司机构成雇佣关系的理由为：

第一，代驾服务协议签订的双方当事人为潘先生和软件公司而非代驾司机赵先生；第二，赵先生接受过亿心宜行公司的考核，遵守公司制度规范，穿着统一制服，并接受公司管理；第三，赵先生根据公司制定的标准收取费用，对代驾费没有议价权，仅以付出的劳动获取相应报酬。

因而认定本案代驾司机与代驾软件公司符合雇佣关系一般特征，构成雇佣关系。

三、案例分析：代驾软件经营者是雇主还是居间人

责任的承担是建立在法律关系得以明晰的基础之上的。本案牵涉三方法律关系需要厘清：被代驾人潘先生（车主）、[②]代驾司机赵师傅、亿心宜行代驾软件企业。法院认定代驾软件企业需要承担替代责任是建立在确认代驾司机与代驾软件之间存在雇佣关系基础上。然后，笔者就此提出一些反思：

---

① 需要说明的是，我国《侵权责任法》第34条并没有使用传统的“雇主”“雇员”和“雇主责任”等称谓，而是使用了“用人单位”“工作人员”“用工单位”等称谓，但鉴于本案审理法院在解释判决时称为“雇佣关系”，笔者也使用这一称谓。

② 本案中车主为鲁能上海分公司，车辆使用人为其员工潘先生，车主与车辆使用人非同一主体。但鉴于此处着重分析的是签订代驾协议的双方的法律关系，即代驾人与被代驾人，为行文方便，将对车辆所有人与使用人不同的情形不做区分，统称为车主。

(一)法院判决泛化雇佣关系的界定标准

笔者认为,判断是否构成雇佣关系,不能仅依靠形式上外观表现,如订立劳动契约、穿着工作服、驾驶公车等,更需要在实质上进行判断——是否建立“一方从事工作,另一方对该工作全面且持续指挥、监督,以及管理之常态关系”。Pollock 教授将之归纳为“合法的控制权是使雇员负有对其服从之义务的一种实际监督、管理意义上的支配,而并非是那种物理意义上之约束”。①

反观本案,“e 代驾”将其与代驾司机的关系定位为“合作关系”:“e 代驾跟每一位代驾员是合作关系,每位合作代驾员需要准备一部 GPS 定位手机。当有时间想做代驾的时候,在手机司机端上点击‘开始工作’,当没有时间或不想做代驾的时候,把手机调为‘结束工作’。”这就意味着代驾时间由自己决定,并且存在诸多代驾司机同时与多家代驾软件公司签约的情况。接单地点是通过手机 GPS 定位来实现的,客户能通过客户端选择自己心仪的代驾师傅。并说明了签约合作的代驾司机所需自备的物品(如安卓手机),强调以出租方式提供服务装备。②

在此,虽然“e 代驾”要求代驾司机统一服装,并对签约的司机进行培训考核,但这并非是一种实质性的管理控制关系,其作为代驾软件的开发和运营公司,实质上提供的是一种类似信息中介的服务,将有代驾需求的客户与同一时刻享有空闲又愿意提供代驾服务的人联系起来,其进行培训考核无非是对另一端的对象进行条件限定,这就类似于提供相亲平台的婚介,因其提供服务的性质决定必须把对象限定为达到法定年龄的适婚人群。代驾软件公司提供的是代驾服务,自然需要把提供服务的对象限于会驾车的适格司机。鉴于公司的品牌推广需要或是社会责任意识,其强调严格把关,设立培训考核制度,并要求统一着装,但不能就此认定其与代驾司机的雇佣关系就此建立。法院将这种信息中介服务认定为严格管控关系的建立,过于宽泛化了雇佣关系的界

---

① Pollock, *The Law of Torts*, 2nd edition, Stevens and Sons Limited, 1890, p. 75.

② 参见“e 代驾”官网,http://www.edaijia.cn/entry.html。

定标准。

（二）代驾软件公司是居间人

法院认定代驾服务协议签订的双方当事人为潘先生和软件公司而非代驾司机赵先生，笔者认为，代驾服务协议的双方是代驾司机和车主，车主与代驾软件公司签订的是软件使用的服务协议，不能混为一谈。而正如前文所述，代驾软件的地位是一个信息中介、信息平台，起着居间介绍、信息沟通的作用。因而车主与代驾软件公司签订的软件使用协议应当定性为居间合同。在此居间合同中，代驾软件是居间人，车主是委托人，代驾司机师第三人。代驾软件向车主推送订立合同的机会，传达双方意思，起牵线搭桥的作用，车主是否与代驾司机订立合同，与代驾软件无关，代驾软件不是车主与代驾司机之间的合同当事人，代驾软件对车主与代驾司机之间的合同没有介入权。

四、社会效果：此案判决无助实现替代责任制度设计初衷，有碍互联网新兴业务创新发展

将代驾软件与代驾司机的关系认定为雇佣关系，不仅无法实现替代责任制度设立的初衷，而且可能会有碍于类似代驾软件等互联网新型产品和平台的建立与发展。

1. 替代责任制度初衷难以实现。替代责任制度建立的目的在于激励雇主对其雇员尽到最大程度的注意义务，从而降低损害发生的可能性和频率。

第一，当法律将雇佣关系的范围界定的过于宽泛，让代驾软件之类的信息平台承担替代责任，则不仅不会实现损害发生率的降低——风险的不可控使管理成本的投入与成效收益完全失衡；相反地，可能会刺激此类公司在人员和设备的管理监督上采取消极甚至无为的态度——一旦施以一定的管控介入，将被认定为“雇主”，从而需要承担替代责任。

第二，司法判例意图通过替代责任让单位主体加强规范管理之目的，完全可以通过市场竞争实现，不需要法律进行强制性规定。充分的市场竞争本身

就足以促成平台自身发展的规范化、专业化，在激烈的优胜劣汰过程中，企业平台会自觉选择为客户提供更为专业、优良和精准到位的服务，那些不主动承担责任，服务质量低下的企业平台自然会为市场竞争所淘汰。

因此，法律强制性的义务规范并无必要，甚至产生负面效应。

2. 替代责任过于广泛的适用有碍互联网新兴业务的创新发展。

类似代驾软件这类产品，都是近些年才开始出现，这些互联网产品或平台打破了信息的不对称性所带来的资源浪费，优化了资源配置，改变了传统的消费模式，方便了人民生活，实现了信息共享。互联网的应用和发展已经成为带动经济增长实现社会转型的强大动力，而基于网络技术而创新出的这些新兴产品正处于生长发展的初期，其更新与繁荣离不开相对宽松的政策制度环境。

如果法律作为社会规范的最后一道门槛建得过高，对此类企业课以过于严苛的法律义务责任，使其动辄得咎，高昂的运营成本及管理成本将严重挤压其发展空间与潜力，直接制约互联网新兴业务的创新发展。

本案法院将代驾司机与代驾软件企业之间非常松散且并不唯一的联系纳入了雇佣关系之列，判定代驾软件公司承担替代责任，无疑是将雇佣关系乃至替代责任的限制范围打开"缺口"，今后是否会更多赋予此类互联网平台类产品承担更多替代责任？这将造成这些企业不能承受之重。

结语：弱势主体保护应由各方积极参与

当然，就此类案件而言，信息中介或信息平台并非完全无责任义务。笔者认为，类似本案代驾软件公司应当承担信息披露义务，即向被害人提供肇事司机的相关信息，以便于被害人找寻直接责任人。另外，推广与普及代驾责任保险非常必要，有利于在事故赔偿超过保险理赔数额时，更加有效地对事故损害进行救济。同时，建议代驾软件公司建立"赔偿先付制度"来保证被害方权益，毕竟相较于资金实力较为雄厚的中介或平台公司而言，被害人一般为弱势一方，其合法权益的维护难以保证。

网络视频版权生态维系与多元治理的立体维权

田小军[*]　刘政操[**]

一、互联网产业繁荣发展催生网络视频版权生态

（一）互联网成为战略性公共基础设施并带动产业融合

1960年，美国国防部高等研究计划署（ARPA）出于“冷战”考虑创建的ARPA网，①时至今日，互联网技术已经广泛应用于信息化社会生产与生活的各个领域。在互联网技术基础上形成的互联网产业已经成为战略性公共基础设施产业，在经济发展、社会管理、公共服务、文化传播和对外开放中发挥着不可替代的作用。② 据ITU（国际电信联盟）在*The World in 2014 ICT Facts and Figures*报告预测，2014年年底全球互联网用户数量将达到30亿，互联网普及

---

* 田小军，男，腾讯研究院研究员。

** 刘政操，男，腾讯法务部高级法律顾问。

① Wikipedia：The history of Internet http://en.wikipedia.org/wiki/Internet，访问日期：2014年10月15日。

② 参见腾讯互联网与社会研究院、工业和信息化部电信研究院政策与经济研究所：《中国互联网法律与政策研究报告（2013）》，电子工业出版社2014年版。

率达到40%。①

特别是,中国的互联网产业走在了全球互联网经济时代的前列,成为全球互联网产业中的重要力量。根据中国互联网信息中心(CNNIC)发布《第34次中国互联网络发展状况统计报告》,截至2014年6月,我国网民规模达6.32亿,其中手机网民达5.27亿。② 腾讯、阿里巴巴、百度、京东等民族互联网企业与全球互联网企业在即时通信、电子商务、搜索引擎、大数据、云计算等重要的行业领域同步竞争,并且在许多细分领域处于领先地位。③

正是得益于互联网的公共基础设施地位特别是高速网络、智能终端、云计算等技术普及产生的强大向心力,以零售业、金融、教育、旅游为代表的传统产业以及影视、音乐、游戏等新兴产业都在积极地向互联网靠拢。在此趋势下,互联网产业与其他产业的融合日趋紧密,互联网正在有效推动其他产业的升级改造和结构调整,已成为产业融合过程中不容忽视的推动力和催化剂。④ 作为"产业融合"的一个例证,互联网产业与传统视频产业的不断融合催生网络视频产业,使人们更普遍与频繁地借助网络创造和传播具有时代气息的新型视频产业成果,延长了视频版权的价值链,并且加速了视频产业的整体发展步伐。⑤

(二)互联网与视频产业融合形成网络视频版权生态

庞大的网络视频用户规模吸引包括互联网企业在内的多方参与网络视频产业的发展。根据CNNIC《第34次中国互联网络发展状况统计报告》数据显示,截至2014年6月,中国网络视频用户规模达4.39亿,较2013年年底增加

---

① International Telecommunication Union:The World in 2014 ICT Facts and Figures.

② 参见中国互联网信息中心(CNNIC):《第34次中国互联网络发展状况统计报告》。

③ 参见美国纽约证券交易所、纳斯达克证券交易所、香港证券交易所数据。

④ 傅瑜:《中国互联网平台企业竞争策略与市场结构研究》,暨南大学2013年博士学位论文。

⑤ 参见陈一丹:《版权为互联网产业发展护航》,载http://www.gmw.cn/media/2013-06/24/content_8053509.htm,访问日期:2014年10月15日。

1057万人。[①] 庞大的网络视频用户群体吸引多方参与网络视频行业发展。除优酷土豆、爱奇艺、乐视、酷6等传统网络视频网站外，百度、腾讯、阿里巴巴、奇虎360等互联网企业也纷纷通过自建或者合作等方式参与网络视频行业。[②] 同时，央视、湖南卫视、浙江卫视等传统电视台开始自建网络视频平台。[③]

我国网络视频产业不断创造并拓展着视频产业的想象空间，在持续产生新型视频版权业态的同时，实现了传统视频产业与网络视频产业的共赢。如腾讯公司在"腾讯互娱明星IP电影计划发布会暨第二届互娱艺术高峰论坛"上宣布建立以优质IP(intellectual property)为核心的影视业务平台"腾讯电影+"，与传统影视公司合作布局影视业务，开展影视制作业务、影视宣发业务及影视营销业务。[④] 阿里巴巴集团斥资62.44亿港元收购文化中国传媒公司近60%股份，通过资本控股的形式参与视频产业发展。[⑤]

目前，我国网络视频产业经历了多年的发展，已经形成完善网络视频版权生态，包括投资方、制作方、发行商、播出平台、广告主、用户等，分别负责网络视频的投资、制作、发行、渠道、增值、消费等环节。为了能够以良好的体验、优质的内容来服务海量消费者，网络视频版权生态的各方在版权内容制作、发行、渠道等方面投入巨大。而网络视频行业的正版化与版权内容维权是维系行业版权生态良性发展的核心，只有最大限度地降低网络盗版的不良影响才能实现行业版权生态各个参与方的共赢。但在事实上，网络视频产业的发展始终伴随网络盗版的阴影，产业竞争虽有"春秋战国"混战局面，却无"儒释道法"之风。

---

① 参见中国互联网信息中心(CNNIC)：《第34次中国互联网络发展状况统计报告》。

② 2014年被称为是网络视频网站自制剧的元年，爱奇艺、优酷土豆、腾讯视频、乐视、搜狐等视频网站内容自制的力度不断加大。视频网站自制内容开始形成独有的IP(版权)品牌。艺恩咨询研究统计，2014年网络自制剧将突破50部，达到1200集的体量，自制节目亦将突破100档大关。参见综艺报：《视频网站自制力量大起底》，载http://www.entgroup.cn/news/Markets/0322423.shtml，访问日期：2014年10月15日。

③ 如湖南卫视—芒果TV，http://www.hunantv.com/；浙江卫视—蓝天下，http://www.zjstv.com/，访问日期：2014年10月15日。

④ 参见《腾讯成立"腾讯电影+"明星IP为核心布局影视》，载http://games.qq.com/a/20140917/056540_all.htm，访问日期：2014年10月15日。

⑤ 《互联网公司三大创新重塑电影产业链》，载http://www.ocn.com.cn/info/201407/liangwang091118.shtml，访问日期：2014年10月15日。

二、网络视频版权生态维系亟须良好的版权保护环境

（一）网络视频网站版权内容投入巨大，良好的版权保护环境是其维系的基础

正版网络视频产业遵循“信息规则”，在网站运营初期需投入巨资提升用户体验以争夺积累网络用户。知名网络经济学家卡尔·夏皮罗（Car Shapiro）与哈尔·瓦里安（Hal Varian）在其合著的《信息规则——网络经济的策略指导》一书中总结了互联网产业以下的特点：高“固定成本”，低“边际成本”和“网络效应”。[①] 在网络经济条件下，产业竞争突出表现在“注意力之争”，用户存量与用户活跃度成为正版视频网站估值的最核心依据，正版网络视频网站的核心竞争力也表现于此。因此，正版网络视频网站需要在网站发展运营的初期投入巨资用于内容版权存量积累、网站开发维护、服务器购买与托管、网络带宽优化与人员、办公等费用，通过提高用户体验来吸引网络用户的点击与留存。

并且，随着国内网络视频行业的竞争加剧，视频版权的价格不断攀升，正版视频网站版权运营压力持续增加。自网络视频产业形成之后，各大正版视频网站均加大在正版视频版权上的投入，直接导致网络视频版权价格的一路高歌猛进。从2009年开始，一部影视剧的独家信息网络传播权从过去的几万元飙升为现在的几千万元，短短几年间价值翻了一千倍。2008年经典剧集《潜伏》的网络版权仅为每集1万元；2009年，《大秦帝国》每集网络版权费升至2.5万元，被视为“天价”。[②] 2010年，新《三国》单集网络版权卖到了15万

---

① 参见［美］卡尔·夏皮罗（Car Shapiro）、哈尔·瓦里安（Hal Varian）著：《信息规则——网络经济的策略指导》，张帆译，中国人民大学出版社2001年版。

② 《网络视频市场群雄逐鹿　电视剧网络版权价5年疯涨1500倍》，载 http://business.99114.com/Article/Detail_455987_101101_% e7% 83% ad% e7% 82% b9% e8% b5% 84% e8% ae% af.shtml，访问日期：2014年11月4日。

元，新版《红楼梦》高达每集20万元，新《西游记》的网络首播权单集则定槌28万元。[①] 2011年网络版权价格继续“飞涨”，《甄嬛传》独家版权卖出2000万元的价格，随后《宫锁珠帘》的网络独家版权价格飙升至3000万元。此趋势同时还蔓延到综艺节目的网络独播权。[②] 2012年，第二季《中国好声音》的网络独播权价格达到了1亿元，2013年腾讯视频以2.5亿元高价购买了第三季《中国好声音》独播权，创下视频网站购买综艺节目版权新高。[③]

再则，不同于国外视频网站，我国网络视频行业在“免费策略”下探索建立网络视频版权生态。国外网络视频网站在经历一段时间的发展之后，分别形成了以Youtube、Hulu、Netflix为代表的三种较为清晰的商业模式。Youtube主推UGC内容，Hulu很多节目内容都来自视频内容商，而Netflix以自制剧为主，三种商业模式运营时版权支出相对较低，且Hulu和Netflix都是付费服务，保证了一定的营收利润。[④] 但是，基于我国网络用户的消费习惯，比如大部分的网络用户不习惯于为网络版权直接付费，我国网络视频产业走出了一条不同于其他国家的道路，即用免费策略增加用户体验和扩大用户基础，不直接向用户收取网络视频版权费用。无论是优酷土豆、乐视、酷6等分享型视频网站，还是爱奇艺、腾讯视频、搜狐视频等门户型视频网站，虽然还都在向综合性视频网站转型，但均未将向网络用户直接收取视频版权费用作为主要的盈利方式，而是主要通过广告收入和会员服务等方式覆盖运营成本。

总之，庞大的用户规模与增量，促使网络视频网站不断刷新版权内容购买的价格。虽然大多视频网站处于“亏损”或者“勉强盈利”的状态，其仍然每年加大采购正版视频的投入，但这是建立在良好的版权保护环境之下。因为，只

---

① 张艳：《网络版权：电视剧版权收益的蓝海?》，载《视听界》2011年第1期。

② 肖湘女：《视频网站缘何突然爱上UGC》，载《北京商报》2014年3月28日。

③ 张晓斌：《视频巨头吹大综艺节目泡沫》，载 http://epaper.ccdy.cn/html/2013-12/04/content_112872.htm，访问日期：2014年11月4日。

④ Youtube主要发展UGC（User Generated Content，用户生成内容）模式，鼓励用户观看视频的同时成为内容创造者，主要营收是广告收入。Hulu与数百家视频内容商合作，以海量正版影视节目内容提高用户体验，主要通过广告收入和用户付费两种形式实现营收增长。Netflix目前主要依靠网络自制剧吸引用户，盈利模式也是分为广告收入和用户付费两种。

有在良好的版权保护环境下,网络视频网站才得以通过正版化的版权内容盈利,版权人才得以有效控制其版权内容的传播,用户才得以在持续优化的网络视频平台体验中获益,网络视频版权生态各方才得以在共赢中协同发展。事实上,我国网络盗版问题一直是阻碍网络视频版权生态良性有序发展的"顽疾"。虽然网络视频版权生态各方都在积极治理网络盗版问题,其依然屡禁不止,并不断发展。尤其表现在,网络盗版技术丰富多样,特别在云计算、P2P等新型技术被违法用于网络盗版的情况下,原始版权方以及正版网络视频平台更加难以有效控制版权内容的传播。

（二）网络盗版损害视频网站利益,阻碍网络视频版权生态的良性发展

盗版网站侵权使用正版视频内容,分流正版网络视频网站用户流量,导致正版网络视频网站从版权内容中直接以及间接获益能力降低,并损失了服务器与带宽资源。首先,正版网络视频网站投入巨资购买的版权内容被盗版网站零成本使用,用户可以从盗版网站直接免费获得视频内容,这导致正版网络视频网站从版权内容上直接获益的能力降低。其次,盗版网站分流了部分用户,而这样势必造成正版网络视频网站流量减少,直接影响广告主在正版网络视频平台上投入广告的意愿与价格,实际上使正版网络视频平台从版权内容上间接获益的能力降低。最后,众多的盗版网站通过盗链技术直接在盗版网站上"播放"正版网络视频网站的版权内容,在技术上直接利用正版网络视频平台巨资购置的服务器与带宽资源,严重侵犯正版网络视频网站的版权利益与其他商业利益。①

近些年来,正版化逐渐成为主流视频网站的共识,②但视频网站版权纠纷

① 参见崔国斌:《加框链接的著作权法规制》,载《政治与法律》2014年第5期;吕长军:《视频客户端盗链的侵权模式及法律责任分析》,载《电子知识产权》2015年第5期。

② 从2005年9月开始,国家版权局、工业和信息化部、公安部、国家互联网信息办公室等配合下连续9年开展打击网络侵权盗版专项行动——"剑网行动"。随着"剑网行动"的逐步开展以及行业维权力度的不断加大,以及视频网站为谋求上市而进行知识产权合规的自我约束,主流视频网站开始推行视频内容的正版化工作。

仍然数度成为行业热点，但视频网站正版化之路迷雾重重。[①] 2010年，优酷起诉酷6，酷6起诉土豆，优朋普乐起诉迅雷，乐视起诉悠视，中国网络视频行业重新陷入风起云涌的版权混战。2011年，土豆起诉优酷侵权《康熙来了》，索赔1.5亿元，并且要求政府部门吊销优酷的视频网站资质。优酷随即反击，在京、沪两地对土豆提起版权侵权诉讼。2014年6月，深圳市市场监管局公布快播2.6亿元罚单依据，初步认定快播公司未经许可，通过网络向公众传播《辣妈正传》《北京爱情故事》等影视剧、综艺类作品，非法经营额为8671.6万元，依法拟处以非法经营额3倍的罚款，即2.6亿元。[②]

综上，我们应该清醒地意识到，网络盗版已经成为网络视频版权生态维系的最大障碍。我国网络视频产业的发展正在遭受网络盗版之痛，众多的正版网络视频平台长期因网络盗版的存在而业绩增长乏力，长此以往势必造成我国网络视频版权生态的畸形发展。

三、立体维权是构建多元治理网络盗版的有效策略

（一）多重原因导致我国网络盗版猖獗

网络盗版猖獗的原因是多方面的。

第一，盗版网站从网络盗版侵权中获益丰厚，在利益驱使下不断铤而走险。从早期的视频分享网站间接侵权，到各大视频网站互诉混战，再到集体打击视频盗播、盗链，网络盗版屡次成为行业关注的焦点，最根本的原因在于网络盗版者以近乎零成本盗版正版网络视频平台版权内容，通过广告等方式获得巨大的商业利益。

第二，现行法律关于著作权侵权损害赔偿计算的方式缺少灵活性，侵权损

① 参见左玉茹、刘敏：《拨开视频分享网站著作权纠纷迷雾》，载《电子知识产权》2010年第8期。

② 参见中新网：《繁荣难掩版权纷争　谁来保护网络文化的版权》，转引自《光明日报》，载http://finance.chinanews.com/it/2014/07-24/6420563.shtml，访问日期：2014年10月15日。

害法定赔偿标准偏低。侵权损害赔偿缺乏明确的计算标准,并且没有引入惩罚性赔偿标准。我国的著作权法修订应注重平行三种计算方法的适用序位,精心雕琢“实际损失”与“侵权获利”的考量标准,全面构建科学合理的法定赔偿制度,[①]特别是要尽快明确侵权损害赔偿的标准以及引入惩罚性赔偿机制。

第三,尚未建立多元治理的立体维权机制,在面对复杂侵权的情况下维权乏力。网络盗版具有技术手段复杂化、多样化,侵权时间片段化、临时化的特点,因此在实践操作上,侵权证据的取得与证据公证固定具有一定的难度。并且网络盗版的治理是综合性、系统性的工程,需要包括立法、司法、行政以及权利人在内的多元主体共同参与,而目前除却专项行动之外,上述多元主体在多数的网络盗版案件中缺乏常态化的有效沟通协调。

(二)多元治理的立体维权为网络视频版权生态保驾护航

导致网络盗版猖獗的原因众多,治理网络盗版问题需要多方合力,因此构建以权利人以“维权源头”、以法律法规为“维权基准”、以司法行政为“维权两翼”的立体维权体系是维系网络视频版权生态健康有序发展的多元治理良方。首先,知识产权的独占性能使权利人在竞争有序的市场环境中获得版权内容的高溢价。基于商业利益的考量,作为权利人的正版网络视频平台最有动力去推动网络视频正版化和视频版权内容维权工作。[②] 其次,在法治进程日益深化的现代社会,治理网络盗版亦应在现行法律法规及司法原则的前提下进行法律解释与法律适用,并应积极通过多种渠道参与立法完善工作。最后,司法与行政双重路径保护是我国知识产权保护的鲜明特点,在现有法律框架与法律适用中构成了版权维权缺一不可的具体手段。

---

① 参见杨涛:《完善我国著作权侵权损害赔偿的计算方法——基于比较法视野的研究启示》,载《时代法学》2010 年第 1 期。

② 时至今日,维权对于版权资产的保值增值意义更大,且不乏相关典型案例。比如腾讯独播的综艺节目《中国好声音》第三季和电视剧《离婚律师》,都是经过严格的版权保护而保值增值的典型案例。以《中国好声音》第三季为例,自 2014 年 7 月 18 日开播以来,腾讯对各网络平台一直保持着高压监控态势,取得了良好的维权效果。把盗版视频片段数量一直有效地控制在个位数,没有出现严重的盗版侵权情况,将流量锁定在腾讯视频。

具体应主要从以下方面展开：

第一，在立法与司法层面，增强损害赔偿计算方式的适用灵活性，增加法定赔偿的数额，明确网络环境下赔偿适用标准，引入“惩罚性赔偿机制”。针对版权侵权损害赔偿适用标准缺乏灵活性以及法定赔偿过低的问题，《著作权法》修订应参考国际主流著作权立法的普遍做法，允许权利人灵活适用“实际损失”“侵权获利”“法定赔偿”三者序位，并提高法定赔偿额。针对我国版权侵权损害赔偿标准不明确的问题，应出台相关赔偿标准，如对影视作品侵权赔偿应考虑其档期、知名度、拍摄成本等因素。同时，针对网络环境下侵权盗版严重泛滥，甚至有专门以从事侵权盗版为盈利模式的情况，建议《著作权法》对多次重复侵权者加大惩处力度，包括采取“惩罚性赔偿”以弥补著作权人的损失及维权成本。

第二，在版权行政监管与执法层面，建立以国家版权局为核心的区域联动协调机制。严格依照我国新的《著作权行政处罚实施办法》第5条的规定，①版权侵权执法实践中网络版权侵权管辖存在一定交叉，调查取证时需要各地版权局协调配合，因此区域联动机制显得尤为重要。实践中，也有许多地方版权局反映需要国家版权局进行协调建立制度化机制，如各地有执法权的版权局将需要联动的请求书面报送国家版权局，由国家版权局下发到地区版权局，从而取得各地区版权局在执法过程中的配合，保障网络环境下版权行政监管与执法跨区域联动。

第三，在网络环境下版权企业层面，企业应建立专门的维权团队，在版权内容维权工作中进行周密的战略部署和整齐划一的整体布控。以《中国好声音》第三季维权为例，腾讯以内部资深律师为主要力量在节目开播之前对就对节目监控和维权工作进行了全面论证与详细部署，设计多道反网络盗版防线与版权维权方案。并且成功地将《中国好声音》第三季节目申报为国家版权局

① 《著作权行政处罚实施办法》第5条规定：本办法列举的违法行为，由侵权行为实施地、侵权结果发生地、侵权制品储藏地或者依法查封扣押地的著作权行政管理部门负责查处。法律、行政法规另有规定的除外。侵犯信息网络传播权的违法行为由侵权人住所地、实施侵权行为的网络服务器等设备所在地或侵权网站备案登记地的著作权行政管理部门负责查处。

重点预警保护项目。同时,在全国多个省市构建监控体系,联合众多律师事务所和知识产权代理公司进行 24 小时全网、全平台、全领域、全天候的版权监控,构建了一个立体的全方位的监控维权体系,随时发现侵权随时进行发函处置。另外,腾讯公司还联合各地公证处,对盗版情况进行及时公证取证,为后续诉讼维权做好了证据准备。腾讯实施的多轮预警、多领域监控和多渠道沟通下线等复合型维权手段,有效地遏制了侵权行为的发生,有效地保证了其独播优势,实现了直播期间《中国好声音》第三季 42.72 亿次有效播放量的佳绩,并直接促进了公司营收的增长。①

① 2014 年 11 月 12 日,腾讯公布第三季度业绩显示,腾讯第三季度网络广告业务收入同比增长 76%,增至 24.40 亿元。该项增长主要受视频广告及移动广告收入的增长所推动。视频广告收入增长受观看者的增长,以及《中国好声音》第三季和国际足联世界杯的非经常性影响所推动。

数字音乐深层链接行为的侵权认定与规制问题

张汉国[*]　田小军[**]

深层链接技术在我国数字音乐产业的使用一直伴随业界的广泛争议,目前仍有较多数字音乐平台采取深层链接方式使用版权数字音乐,严重影响我国数字音乐产业正版化进程。笔者认为,宜从制度设计层面规制数字音乐链接行为。建议在涉及数字音乐深层链接行为的案件中,推定设置深层链接的数字音乐平台构成直接侵权,并由其承担其行为不构成直接侵权的举证责任,加大数字音乐平台进行深度链接行为的制度成本。

一、深层链接行为影响数字音乐产业正版化进程

自 1996 年英国 Shetland Times 诉 Shetland News 一案以来,在英国、美国、德国以及我国等许多国家和地区都出现了因网络链接所引发的法律纠纷,①突出地体现了产业以及司法界对深层链接问题的关注与争议,我国数字音乐产业发展尤为如此。业务实践中,网络链接包括普通链接与深层链接。不同于普通链接,深层链接网站储存了被链网站的网址,用户点击链接后并不直接跳

* 张汉国,男,法学博士。
** 田小军,男,腾讯研究院研究员。
① 参见于璐:《深层链接引发的著作权侵权研究》,华中科技大学 2010 年硕士学位论文。

转被链网站，而是在链接网站上直接呈现被链接网站的内容。司法认定中，对于浅层链接的侵权判定几无争议，而深层链接是否构成侵权的问题则始终伴随互联网行业的发展进程，并且不断被探讨，法官、学者与企业实务工作者多有讨论。[①] 从2003年开始的正东、华纳、新力等诉世纪博悦案，[②]2005年步升诉百度案、七大唱片公司诉百度案，[③]到2007年十一大唱片公司诉雅虎案，[④]再到2012年步升诉羲和网络案，[⑤]业界关于深层链接是否构成侵权以及是否构成直接侵权的讨论从未停止，并且仍有较多数字音乐平台采取深层链接方式使用版权数字音乐。

目前，一些数字音乐平台设置深层链接聚集海量曲库，并对链接进行有目的的选择、编排、整理，甚至会出现特定歌曲指向单一链接且存储版权内容的情况，[⑥]用户可以在点击链接后不跳转或者不实质跳转被链接网页的情况下获得被链接版权内容。基于此种目的方式以及实现效果的考量，其通过深层链接的方式直接呈现了被链版权内容，借此获得了商业优势，并实质替代音乐版权所有者对数字音乐版权的控制。从利益平衡的角度，笔者认为，深层链接行为虽然在一定程度上提高了用户获取信息的方便程度，但深层链接对数字音乐产业产生的损害效果却极其严重。[⑦] 其一，深层链接使版权产品脱离了权利

---

① 参见王迁：《网络环境中的著作权保护研究》，法律出版社2011年版，第339页；芮松艳：《论搜索、链接服务提供行为的侵权构成要件》，载《知识产权》2011年第1期；孔祥俊：《论信息网络传播行为》，载《人民司法》2012年第7期；崔国斌：《加框链接的网络规制》，载《政治与法律》2014年第5期。

② 参见北京市第一中级人民法院（2003）一中民初字第12189号民事判决书，北京市第一中级人民法院（2004）一中民初字第400号、第428号民事判决书，北京市高级人民法院（2004）北高民终字第713号、第714号、第1303号民事判决书。

③ 参见北京市第一中级人民法院（2005）一中民初字第8995号民事判决书，北京市第一高级人民法院（2007）高民终字第599号民事判决书。

④ 参见北京市第二中级人民法院（2007）二中民初字第026222号民事判决书。

⑤ 郑州市中级人民法院（2012）郑知民初字第298号民事判决书。

⑥ 参见正大诉镇海新闻网络中心案（2005），宁波市中级人民法院甬民四初字第16号民事判决书，转引自腾讯互联网法律研究中心：《10年间，伴随音乐产业纷争而生的14条裁判规则》。

⑦ 参见崔国斌：《加框链接的著作权法律规制》，载《政治与法律》2014年第5期。

人的控制。[1] 著作权人对其作品享有传播控制权,即使是在版权人或者授权传播者不对其版权作品设置任何技术保护措施的前提下,未经许可,其传播控制权依然不应受到侵害。[2] 其二,深层链接的行为方式及商业目的使其在产品设计上趋向于使用户在不脱离链接网站的情况下浏览、下载版权音乐内容,造成了对被链接网站的实质替代,使被链接音乐平台无法通过音乐付费下载或者增值服务、广告等方式获得利益。

数字音乐版权对于数字音乐平台的发展尤为重要,无论是QQ音乐、酷狗、虾米等投入巨资在音乐版权领域布局,还是数字音乐维权联盟的搭建,均显示了数字音乐版权已然成为行业洗牌的重要筹码。在各大数字音乐平台不断布局未来的关键时期,我国数字音乐产业发展依然面临着深层链接的困扰。因数字音乐产品特性以及用户使用习惯,数字音乐平台极难通过网络视频行业普遍采用的商业广告等方式盈利,而深层链接等侵权行为的泛滥导致我国数字音乐产业付费下载以及会员包月等服务难以形成规模。据统计,与全球其他国家和地区的数字音乐市场相比,我国的音乐数字化比例处于较高的水平,[3]但大多数的正版数字音乐平台无法通过版权运营盈利。长此以往,必将有更多的数字音乐服务平台趋于深层链接行为,数字音乐产业正版化更无以为继。

---

① 如果数字音乐平台提供的深层链接服务使著作权人难以控制作品的传播,产生了市场替代效果,使著作权人的作品传播利益落空,这必然会对作品的创作与合法传播产生反向激励,不利于数字音乐产业的繁荣发展,更不符合《著作权法》《信息网络传播权保护条例》及相关司法解释所体现的立法目的。

② 笔者并不赞同欧盟关于Bestwater以及Svensson案的判决,其认为,如果被链网站没有设置版权保护措施,则设链网站的行为并没有增加新的用户,故而设链行为不构成“向公众传播行为”。

③ 2013年,我国实体唱片行业市场规模为6.5亿元,数字音乐市场规模达到440.7亿元,同比增长12.3%。参见国家新闻出版广电总局等:《2014中国音乐产业发展报告》。2013年,全球音乐产业整体收入为150亿美元,数字音乐产业约59亿美元。参见国际唱片业协会(IFPI):《2014年全球数字音乐报告》。

二、数字音乐深层链接的侵权认定存在争议

业界学者与法官总结出处理深层链接问题的多个原则，如服务器标准、①用户感知标准、②“专有权标准”③“实质替代标准”，④近期亦有学者提出实质呈现标准。⑤ 以上标准的争论反映了我国学者及实务专家对于深层链接行为是否构成侵权的不同看法。笔者认为百家之言均有其道，后文将从实务的角度对此深层链接行为性质做探讨。基于不同的侵权认定标准，在我国司法实践中，认定深层链接行为时多从两个维度进行侵权判定：

1. 深层链接网络服务提供者构成对权利人作品的“提供”，直接侵犯了权利人的信息网络传播权。如华纳唱片、正东唱片、新力唱片诉世纪悦博音乐案，一审法院对三个案件作出相同判定：被告提供深层链接的行为就是“对音乐作品通过互联网的方式向公众传播的行为”。⑥ 在新力唱片诉世纪博悦案二审中，二审法院同样认为“世纪悦博公司实施的实质上是将他人网站上的信息当成自己的信息在网络上向用户提供的行为，侵害了原告的信息网络传播权”。⑦

---

① 王迁等主张服务器标准，认为只有将作品上传或者以其他方式置于向公众开放的服务器的行为，才是受“信息网络传播权”控制的“网络传播行为”，也才有可能构成对“信息网络传播权”的直接侵权。参见王迁：《网络环境中的著作权保护研究》，法律出版社2011年版，第339页。

② “用户感知标准”是指只要用户感知版权内容来自于设链网站，就可以认定该设链网站服务提供者未经许可提供了版权内容，构成直接侵权。在国内，对加框链接不满的法院：在形式上尊重“服务器标准”，但在程序上基于“用户感知”推定“加框链接”的设链者上传被链接作品到服务器，然后要求服务商举证反驳。

③ 孔祥俊：《论信息网络传播行为》，载《人民司法》2012年第7期。

④ 石必胜：《论链接不替代原则——以下载链接的经济分析为进路》，载《科技与法律》2008年第5期。

⑤ “实质呈现标准”强调著作权人对于作品提供者身份的有效控制，而不关心设链者是否实质损害了被设链网站的利益。参见崔国斌：《加框链接的著作权法律规制》，载《政治与法律》2014年第5期。

⑥ 北京市一中级人民法院(2003)一中民初字第12189号民事判决书，北京市一中级人民法院(2004)一中民初字第400号、第428号民事判决书。

⑦ 北京市高级人民法院(2004)高民终字第714号民事判决书。

2. 深层链接行为为版权作品的传播提供了渠道和便利，构成帮助侵权。帮助侵权包括两个构成要件：(1)知道或理应知道他人正在或着手实施侵权行为；(2)为他人侵权提供了必要的设备、工具或其他便利。[①] 网络服务提供者不因未对链接网站内容审查而承担不利后果，[②]但如果在明知或者应知用户行为侵权的情况下，提供实质性帮助或放任侵权结果的发生与扩大，没有及时采取制止侵权行为的措施，则构成"帮助侵权"。[③] 基于此，我国法院在若干数字音乐案件中认定深层链接的行为构成帮助侵权行为。[④]

当前，直接通过自有服务器存储并提供侵权数字音乐作品的方式已经被数字音乐平台逐渐放弃，数字音乐平台趋于采取深层链接的方式规避法律风险。设置深层链接的数字音乐平台往往与第三方小网站合作，后者存储未经合法授权数字音乐作品，前者通过深层链接的方式在自有页面或客户端直接向用户提供数字音乐服务。如果依据间接侵权理论，则版权人需证明设置深层链接的数字音乐平台存在过错，若要进一步证明设置深层链接网站与被链第三方小网站有分工合作关系则更为不易。而依直接侵权理论则可直接认定设置深层链接的数字音乐平台对其侵权行为承担严格责任，权利人只需举证其为合法著作权人或者享有合法版权许可授权即可，这将加大数字音乐深层链接行为的侵权风险与法律责任，促使其转向正版数字音乐服务，可在法律制度设计及执行上促进数字音乐产业正版化的发展。

---

① See Gershwin Publishing Corp. v. Columbia Artists Management, Inc. , 443 F. 2d 159 (2d Cir. , 1971).

② 参见腾讯互联网法律研究中心：《10 年间，伴随音乐产业纷争而生的 14 条裁判规则》之七：搜索服务提供者不对被链接网站内容是否侵权负有审查义务。

③ 网络服务提供商应对其链接或者呈现相关内容应尽合理注意义务，并根据其服务行为和侵权内容的关系紧密程度依次加大。参见司晓：《网络服务提供者知识产权间接侵权责任研究》，中南财经政法大学 2014 年博士学位论文。

④ 例如北京市高级人民法院在华纳、正东诉世纪博悦两案的二审中认定："因为世纪悦博公司设置链接的行为，为侵权录音制品的传播提供了渠道和便利，使用户得以下载侵权的录音制品，从而使被链接网站的侵权行为得以实施、扩大和延伸。"参见北京市高级人民法院(2004)北高民终字第 1303 号、第 713 号民事判决书。

三、宜从制度设计层面规制数字音乐深度链接行为

著作权制度因印刷技术而生，随科技革命而变，①著作权法总是处于应对新技术发展的各种挑战之中。随着网络技术的发展，不经过服务器的存储或中转，通过深层链接等方式也可以使相关作品置于信息网络之中，使公众可以在其个人选定的时间和地点获得作品，实现“提供”的实质效果，从而使著作权人失去对作品传播的控制。在此背景下，2012 年最高人民法院在《关于审理侵害信息网络传播权民事纠纷案件适用法律若干问题的规定》(以下简称《信息网络传播权司法解释》)第 3 条、第 5 条中对信息网络传播权“提供”行为作扩大解释，明确指出“通过上传到网络服务器、设置共享文件或者利用文件分享软件等方式，将作品、表演、录音录像制品置于信息网络中，使公众能够在个人选定的时间和地点以下载、浏览或者其他方式获得的，人民法院应当认定其实施了前款规定的提供行为”。“网络服务提供者以提供网页快照、缩略图等方式实质替代其他网络服务提供者向公众提供相关作品的，人民法院应当认定其构成提供行为。”②有法官指出：“不论是网络用户，还是网络服务提供者，未经许可，将权利人享有信息网络传播权的作品、表演、录音录像制品置于信息网络之中，使公众能够在其个人选定的时间和地点以下载、浏览或者其他方式获得的，属于内容提供行为，直接侵害了权利人的信息网络传播权。”③在新力诉世纪博悦案的二审裁判中，法院将深层链接定性为提供行为，认为“世纪悦博公司所设置的链接只不过是其向公众提供全部音乐信息服务的一个环

---

① 参见吴汉东：《信息技术革命与信息网络传播权立法》，载《中国版权》2005 年第 2 期。张钦坤：《互联网环境下我国版权制度的未来发展》，转引自 http://www.tencentresearch.com/Article/lists/id/185.html，访问日期：2015 年 1 月 3 日。

② 参见《最高人民法院关于审理侵害信息网络传播权民事纠纷案件适用法律若干问题的规定》。

③ 王艳芳：《〈最高人民法院关于审理侵害信息网络传播权民事纠纷案件适用法律若干问题的规定〉的理解与适用》，载《中国版权》2013 年第 1 期。

节、一种手段”。[①] 浙江法院在“新力哥伦比亚音乐股份有限公司与绍兴伏羲网络科技有限公司著作权侵权纠纷上诉案”中作出了类似的认定。[②]

我们认为，从立法原义及制度激励的视角出发，但凡数字音乐平台进行深层链接行为的，必然削减著作权人对其作品的传播控制能力，对合法传播行为产生市场替代，严重损害著作权人的传播利益。因此，建议在涉及数字音乐深层链接行为的案件中，推定设置深层链接的数字音乐平台构成直接侵权，并由其承担其行为不构成直接侵权的举证责任。如此便可在制度设计上合理分担相关主体的诉讼义务，加大数字音乐平台进行深度链接行为的制度成本。需要申明的是，判断深层链接是否构成直接侵权的关键在于考察行为的本质，也即链接方式、链接目的等具体情况。《信息网络传播权司法解释》第4条即指出：“网络服务提供者能够证明其仅提供自动接入、自动传输、信息存储空间、搜索、链接、文件分享技术等网络服务，主张其不构成共同侵权行为的，人民法院应予支持”。[③] 笔者参与总结近10年数字音乐案件并梳理了14条裁判规则，其中有“‘试听’‘下载’服务并不当然侵权”的认定。[④] 即作为一般搜索引擎网站，其链接内容是基于用户的搜索而自动进行全网的爬虫搜索，没有对被链内容进行选择、编辑、整理，其不因未对被链接网站内容审查而承担责任；其提供的链接“试听”功能应当视为搜索引擎服务的组成部分，属于对搜索结果的显示或展现，其目的在于使查询者能够作出识别和判断。但是，链接经过人工选择、编辑、整理，超越被链网站的服务（如提供被链网站未提供的下载服务），设置假链、伪链、死链、不完整链等，或者存储、与合作第三方存储被链内容，则不能以提供一般搜索引擎服务进行抗辩。

---

① 参见北京市高级人民法院(2004)北高民终字第714号民事判决书。

② 参见浙江省高级人民法院(2005)浙民三终字第52号民事判决书。

③ 参见《最高人民法院关于审理侵害信息网络传播权民事纠纷案件适用法律若干问题的规定》。

④ 参见腾讯互联网法律研究中心:《10年间,伴随音乐产业纷争而生的14条裁判规则》。

结语

在互联网经济成为社会新概念之时，我们应回顾与思考互联网产业走向何方、流向何处。互联网正版内容运营给文化产业振兴带来了新的契机，互联网与传统文化产业协同发展的黄金时期正在到来。面临长期困扰我国文化内容产业发展的盗版问题，无论其采用何种技术形式，我们均需考察其行为本质，秉承法律与时俱进的原义，不断调整与完善著作权法的制度设计，防止作品的传播与控制溢出制度规范的范畴。

纷争中的手游知识产权保护

田小军*

一、中国迎来手游市场爆发增长的产业机遇

2013 年,随着智能手机、移动网络的普及,全球手游(即手机游戏)市场迎来了高速增长的机遇,中国手游市场更是迎来了爆发式增长的手游产业行年。进入 2014 年,中国手游市场依然保持着高速发展的趋势。中国音像与数字出版协会游戏工委和中国互联网数据中心(IDC)统计数据显示,2013 年中国手游市场规模达到了 112.4 亿元,同比增长 246.9%。2014 年上半年,中国手游市场规模达到 125.2 亿元,超过了 2013 年全年的数据。同时,中国手游的市场规模首次超过页游(即网页游戏),成为中国游戏市场中仅次于端游(即客户端游戏)的第二大市场主力,也成为游戏产业链中各大内容商、分发商、渠道商竞争的红海。根据艾瑞咨询的统计,2014 年上半年,中国上市公司并购游戏企业共发生 14 起,其中有 11 起并购中,标的游戏企业旗下有移动游戏业务,占比接近 80%。

手游行业发展如此迅猛,是多方因素综合作用的结果。就手游本身行业特性而言,其具有前期投入少、开发成本低、周期短、营销渠道多样、回报快等特点。这使手游相较于端游、页游而言门槛较低,在传统游戏厂商拓展手游业

* 田小军,男,腾讯研究院研究员。

务的同时,小型创业团队也在积极涌入。从外部环境来看,手持硬件设备的升级和普及,全面覆盖的网络,特别是广泛的免费 WiFi、高速的移动网络满足了手游发展的刚性需求,资本热钱的涌入刺激了更多的从业者,简单易上手的手游具有良好的减压作用及好友排行榜的炫耀心理使手游短期的黏着度和吸金能力非常强。

目前,我国手游产业链已十分成熟,内容商、发行商、渠道平台是产业链中三个重要环节。内容商负责游戏内容的研发,发行商主攻游戏推广,分发渠道在其平台上开放 APP 供用户下载。中国手游发行商处于起步阶段,国内排名靠前的发行商包括触控科技、乐逗等。而中国手游分发渠道经过一段时间的整合,呈现出腾讯系、百度系、360 系、阿里巴巴系四巨头分庭抗礼的局面。腾讯旗下拥有微信、手 Q、应用宝三大手游分发运营平台,其中微信全球活跃用户 4.38 亿,手 Q 活跃用户 5.21 亿,应用宝经过一年多的快速增长也已经成为国内第三大应用分发平台。百度拥有国内联合分发量最大的百度手机助手、91 助手及安卓市场,360 手机助手、阿里系的 UC 平台、PP 助手等也在手游分发中占据重要地位。在产业集中度方面,中国手游渠道商集中度最高,发行商次之,内容商最为分散。与巨头较为集中度的发行商、渠道商相比,数量众多且较为分散的手游内容商难以成为行业的主导。

二、明星 IP 成为泛娱乐化时代的关注焦点

2013 年,"跨界融合"成为互联网行业的最热关键词。不仅仅是互联网行业对传统产业的颠覆与改造,还有互联网产业之间的相互作用与影响。在手游行业尤为明显,泛娱乐化成为中国手游的关键词,交互式娱乐的代入感使手游行业越来越多地体现了动漫、文学、影视等的内容元素。高速发展的市场必然带来激烈的竞争,根据艾瑞咨询的数据,2013 年上半年手游企业数量已达 905 家,产品数量达 1926 款,竞争日趋白热化。手游进入泛娱乐时代成为行业共识,为了抢占行业竞争优势,各大游戏巨头纷纷投入巨资购买手游 IP (Intellectual Property,知识产权)。

如果说2013年是中国手游行业元年,2014年则可以被称作中国手游IP元年,“IP为王”的概念开始被越来越多的手游厂商所认同。以腾讯游戏为例,2014年,腾讯互娱升级其“泛娱乐”战略,提出“泛娱乐”2.0——明星IP粉丝经济的概念。在引入IP方面,2013年1月,腾讯公司宣布与日本集英社、万代游戏等公司达成战略合作,获得集英社旗下11部热门经典漫画作品的独家电子版权。继集英社、万代、南梦宫等之后,腾讯互娱在2014 CJ(ChinaJoy,中国国际数码互动娱乐展览会)大会中宣布与迪士尼、星空传媒、软星科技、古龙委员会合作进行以多终端网络游戏开发为核心的泛娱乐合作。在原创IP方面,腾讯互娱天美艺游工作室推出的天天系列游戏《天天连萌》《天天爱消除》《天天酷跑》《天天飞车》均在市场上取得了巨大的成功。

手游IP的价值体现在其能够通过明星IP所蕴含的文化元素与品牌价值大大增加相关手游成功的可能性,并可以延长手游产品的生命周期。在自研IP游戏中,如《捕鱼达人》系列、《天天酷跑》系列等,游戏运营团队在游戏精品化之后,更多地通过品牌效应以及产品的不断迭代可以使游戏融入更多的文化元素。经历数个快速迭代的版本,逐渐成熟的品牌认知度能够让这些游戏公司持续成功。另外,也有许多手游厂商通过购买明星IP来扩充游戏产品的文化内容与玩法,当明星IP在市场上成功之后,众多的手游厂商纷纷跟进。在2014 CJ大会上,中手游(即中国手游集团有限公司)集中抢夺动漫IP,获得《航海王》《龙珠Z》和《聪明的一休》等多部作品的授权,盛大旗下多款重量级网络文学手游IP改编权被高价拍卖,腾讯更是以5000万元的价格将知名国产动漫《尸兄》手游改编权授权给中清龙图,而《尸兄》也将成为国内首款囊括动漫、游戏、影视、广告、周边在内全线打通的泛娱乐衍生产业动漫IP。

在手游行业快速发展的影响下,近年来IP价格在不断上涨。2012年,北京乐动卓越以300万人民币的价格签约纵横中文网旗下网络原创动漫品牌《我叫MT》全球独家游戏改编权。2013年至今,手游IP特别是明星IP的价格快速上涨,《暴走漫画》《秦时明月》等作品均达到上千万元的价格。当然,明星IP的高价成交一方面有助于激发权利人的创作热情以产生更多的版权内容,另一方面其高溢价的回报也使手游开发商有更大的意愿投入版权购买。

三、正版维权成为推动产业健康发展的行业共识

2013 年下半年至今,中国手游行业 IP 乱局纷现,IP 侵权主要集中在动漫、文学、端游、体育、影视等领域。其中,动漫、文学的侵权尤为明显,特别是来自日本的知名漫画、金庸系列武侠小说成为 IP 侵权的“重灾区”。值得注意的是,IP 侵权并非手游时代的专利,但侵权的后果在手游行业快速迭代、传播的特点下被迅速放大,对版权方、版权代理厂商以及整个行业的影响更加严重。艾瑞咨询首席游戏分析师认为手游行业版权纠纷频发的原因在于:政府监管不严与手游行业特性。政府监管不严致使侵权手游企业违法成本较低,使其在成本考量后更倾向于“顶风作案”。手游研发周期短和门槛较低,众多中小企业法律意识淡薄,为追求商业利益而大肆盗用知名企业、精品游戏、明星 IP 的内容。

从 2013 年下半年,盛大公司对《传奇》系列山寨密集“清算”,连续对包括苹果公司、百度公司等行业巨头在内的 16 家企业发起维权诉讼,累积索赔金额高达 1.46 亿元。2013 年 7 月,搜狐畅游斥资 2000 万元人民币获得金庸十部著作的手游独家改编权,并在金庸先生的授权下,向触控科技、玩蟹科技、91 手机助手、PP 助手等公司广发律师函,要求停止侵犯金庸系武侠小说的手游改编权。2013 年 10 月,《口袋梦幻》上架 App Store,网易公司随即向法院提起诉讼,认为其与《梦幻西游》在人物设计、背景等多方面存在着相同之处,控告《口袋梦幻》的发行商光宇、研发商世纪鹤图、安卓代理商掌聚、iOS 代理商飞流等公司侵权,最终海淀法院裁定《梦幻西游》存在侵权行为。2013 年 12 月广州希力科技与北京触控科技的《捕鱼达人》之争将手游版权诉讼推向高潮。2013 年年底,上海游易网络科技开发的《卧龙传说》遭遇暴雪公司与网易公司的联合维权索赔金额高达 1000 万元。

2013 年各大游戏厂商的密集维权有利于改善手游行业知识产权保护状况,并逐渐使正版维权成为全行业的共识。但在巨大的商业利益面前,仍有一些游戏厂商“铤而走险”。在经历 2013 年下半年的手游 IP 维权风暴之后,手

游行业IP侵权情况曾有阶段性的好转，以搜狐畅游近一年的手游维权为例，因侵权金庸而下架的手游累计超过100款，手游市场环境得以净化。然而，仍有部分公司版权意识薄弱，伴随手游行业爆发式的增长，手游IP侵权问题又几度成为行业热点。2014年8月甚至被业界成为中国手游行业的维权月。2014年6月，畅游针对侵权金庸作品《三剑豪》发起诉讼，将包括深圳市创梦天地科技游戏有限公司在内的三家公司告上法庭。经过7月的相对沉寂之后，8月手游行业迎来了又一个的IP维权风暴。

2014年8月11日，完美世界联合香港明河社出版有限公司，对北京火谷及昆仑万维等公司提起诉讼，控告手游《武侠Q传》非法使用金庸小说人物形象侵权，并索赔1480万余元。完美与明和社表示，完美公司拥有金庸《射雕英雄传》《倚天屠龙记》《神雕侠侣》和《笑傲江湖》四部小说的移动终端游戏软件改编权、改编后游戏软件的商业开发权独家授权一级诉讼维权等权利。《武侠Q传》根据包括以上涉案小说在内的金庸武侠作品改编而成，大量使用涉案作品的故事情节、特定人物、场景设置、武功阵法等独创性表达，并以特定人物、故事情节等为线索，进行游戏路径、玩法、关卡等相关设置。8月22日，杭州玄机科技发布声明称将与畅游公司联手打击冒充版权方授权开发《秦时明月》游戏的不法行为。据搜狐IT消息，8月26日至28日三天均有手游厂商发布维权公告。其中，中手游将针对《航海王》《火影忍者》等知名日本动漫IP的侵权作品进行维权行动引起了业界内外的广泛关注。

四、多方治理是解决IP维权困境的破局之道

中国目前的手游市场正在经历着跟网络视频行业一样的混乱时期，也有一样的发展趋势——先是由网友上传视频规避侵权，发展到现在视频网站花巨资大量购买版权，并把版权作为核心竞争力。手游市场也是如此，目前比较混乱，但IP的重要性正在凸显，很多公司也在花费巨资购买IP，并伴有大量的侵权诉讼出现。那些靠剽窃IP做产品的公司，在未来两三年里将越来越艰难。对于被侵权的公司而言，有必要且有责任坚持诉讼。这种行业的维权，将

会打击那些侵权者,也可以起到净化整个手游市场的作用。

然而,我国手游行业的发展现实是:一方面,国内游戏行业维权意识在提高,正版维权已经成为行业共识,整个行业在规范的道路上不断发展;另一方面,面临整个行业的维权高压态势,手游 IP 侵权现象虽有阶段性好转但随时可能迎来另一个维权风暴。目前,我国手游 IP 维权面临的困境主要包括以下几个方面:

第一,手游生命周期短、侵权诉讼周期长,拖延战术使侵权有利可图。据统计,手游平均生命周期仅有 6~12 个月,一款手游盈利能力会在游戏稳定期之后迅速衰退。相比较而言,我国完整的知识产权诉讼周期一般都在半年以上,侵权手游厂商采取拖延战术,往往造成诉讼尚未结案,侵权手游已经盈利后退市。相对于端游、页游而言,手游的开发门槛较低但盈利能力与盈利空间并没有明显的区别,许多中小游戏公司更愿意以"赌徒"心态"顶风作案"。

第二,侵权成本低,维权成本高,司法赔偿难以有效遏制侵权企业。由于诉讼周期、证据公证、调查费用等方面的因素,手游行业维权成本很高且司法维权预期效果并不理想。与成功手游产品动辄千万元的盈利规模相比,国内知识产权司法败诉普遍的数十万元的侵权赔偿难以有效震慑侵权企业。自研一款精品手游产品,通常需要投入巨大资源,并且市场效果具有不可预测性。然而,低廉的侵权成本使侵权企业几乎"零成本"地使用他人动辄千万购买的独家 IP。

第三,侵权手游盈利能力较强,发行商、运营商放任态度明显。目前,大部分侵权手游要素均来源于明星 IP,盈利潜力空间与现实盈利能力较强,手游发行商、渠道商在高额的分成吸引下,更愿意投入精力进行游戏推广以及分发。在遭遇版权人投诉的情况下,渠道商可以利用"通知"机制寻求"避风港"规则的保护,在降低法律风险的同时利用程序沟通的时间差保证渠道商的商业利益。

从行业治理的角度来讲,手游行业 IP 保护非一家之力可行,构建多方参与的手游行业 IP 治理模式是维护手游行业健康发展的解决之道。

第一,建立完善的流程化维权机制。目前,多家游戏公司均建立了专门的内部律师团队负责手游 IP 的维权工作，其与公司委托的外部律所、调查公司等合作建立全天候、全平台等维权机制。专门针对 App Store、Google Play、91 手机助手、应用宝等应用分发渠道做好侵权产品的风险排查、证据公证、通知下架等工作，必要时进行行政投诉、临时禁令、司法起诉等手段维护公司的利益。

第二，加强行业协会的自律监管。竞争有序的手游行业对于整个产业的健康发展至关重要，行业协会作为维护行业良性发展的自律组织，在打击手游 IP 侵权的问题上负有重要职责。目前，整个手游行业缺乏行之有效的行业自律监管机制，在一定程度上致使手游行业处于行业自律真空状态。相关行业协会应尽快联合国内手游企业建立具有约束性的行业自律框架，真正发挥行业协会的自律监管作用。

第三，加大对手游 IP 的保护力度。除上述手段之外，我们建议通过修法立法提高法定赔偿额度，加大对手游 IP 侵权的惩处力度，使侵权企业有所顾忌，有效保护正版开发者的利益。另外，司法实践应更多的关注手游 IP 侵权案件的特点与国内外案件的最新动态，在法律原则之下采取更为灵活的裁判方式打击侵权企业。如更多地适用临时禁令、侵权证据认定中法官在可证明事实基础上进行合理推断，加大对竞品游戏侵权、改编游戏侵权的打击等。此外，相关政府主管部门也应推动行业协会建立侵权企业黑名单，对屡次侵权企业实行行业“禁入”。

“互联网+便捷交通”政策障碍及走势分析

司　晓[*]　赵　治[**]　张钦坤[***]　杨　乐[****]　柳雁军[*****]

2015年6月24日,李克强总理主持召开国务院常务会议,部署推进“互联网+”行动,促进形成经济发展新动能,明确提出《“互联网+”行动指导意见》,提出互联网与各行业的融合、连接已经成为社会发展的必然选择,首要清理阻碍“互联网+”发展的政策障碍。

同日,交通运输部部长杨传堂表态,要推进“互联网+便捷交通”专项行动计划,鼓励和支持以市场为主体开展各种基于移动互联网的出行与物流信息服务,完善绿色交通发展制度体系,这为整个出行市场管理政策松动释放了积极信号。

一、基本现状

“互联网+便捷交通”是指借助移动互联网、云计算、大数据、物联网等先进技术和理念,将互联网产业与传统交通出行服务业进行有效融合,形成具有

* 司晓,腾讯公司公共战略研究部总经理,腾讯研究院秘书长。
** 赵治,腾讯研究院法规研究总监。
*** 张钦坤,腾讯研究院副秘书长。
**** 杨乐,腾讯研究院高级研究员。
***** 柳雁军,腾讯研究院研究员。

“线上资源合理分配,线下高效优质运行”的新业态和新模式,以满足公众便捷出行的现实需求。

从2012年开始,随着移动互联网技术的发展,传统的交通出行服务领域产生了各种互联网实现模式。主要分为以下几种:

一是由传统出租车衍生的打车模式。该模式是利用移动互联网技术,用户运用手机客户端在线下单,出租车司机根据乘客目的地自主选择“接单”,实现用户出行需求与出租车资源的高效连接的出租车电召服务模式。以滴滴打车、快的打车为代表,其颠覆了用户路边拦车的传统模式,节约了司机与用户沟通成本,降低了空驶率,最大程度地节省了司乘双方时间,受到用户和司机的一致好评。截至2014年12月,中国打车APP累计账户规模已达1.72亿,其中,快的打车、滴滴打车分别以56.5%、43.3%的比例占据中国打车APP市场累计账户份额的领先位置。①

二是专车模式。该模式是整合汽车租赁车辆和部分私家车,用户运用客户端在线下单,由专车司机响应“接单”,其特点在于车型高端,费用高,服务优,满足中高端用户对于尊贵出行、优质服务的用车需求。以滴滴专车、一号专车、易到用车和Uber为代表。

有关数据显示,2015年第一季度,滴滴专车(含一号专车)、易到用车和Uber分别以80.9%、17.5%和8.1%的比例占据了中国专车服务活跃用户覆盖率的前三名②。1月28日,传统汽车租赁公司神州租车也推出神州专车业务。6月25日,神州专车以一组Beat U名人海报引发公关营销大战的同时,大幅提升市场知名度。

三是拼车模式。该模式是整合私家车资源,用户与私家车主通过手机客户端达成出行合意,进而互相分担出行成本的有偿合乘模式。与专车相比,拼车模式的车辆资源相对低端,乘车费用更低,仅由用户与私家车主共同分摊合

---

① 参见易观分析:《2014年第4季度中国打车APP市场格局已定,重点转向专车市场》,载http://www.enfodesk.com/SMinisite/newinfo/articledetail-id-418731.html。

② 参见网易财经:《专车格局已定,滴滴专车市场份额达80%位居第一》,载http://money.163.com/15/0512/14/APE1NOLU00254TI5.html。

乘里程消耗的油、气、电费用和过路过桥费用等合理出行成本，更多是为了满足用户上下班的乘车需求，以嘀嗒拼车、51 用车、天天用车、滴滴顺风车为代表。

四是共享租车模式。该模式是整合闲置的私家车资源，有用车需要的用户与车主在线上达成分享合意，线下进行车辆租赁，车主可以得到租金，从而实现资源合理配置，以凹凸共享租车、PP 租车、Cocar 共享租车、车纷享为代表。共享租车是互联网时代共享经济的典型代表，实现了车辆支配权与使用权的分离，是对传统产权形式的大革命。它提倡以租代买，把闲置私家车资源重新盘活，可以提高城市车辆资源配置效率，减少车辆购置总量，从而缓解城市道路交通压力，有效减少环境污染。

四类模式的共同点在于，都是利用大数据、云计算和移动互联网技术，依托移动终端，整合相关车辆资源与信息，将线上与线下连接，满足用户多样化的出行需求，实现各方主体利益共赢。“互联网 +”的最大价值就在于为产业、社会、民生等各个领域建立最大效率的连接。

这些模式的不同点主要包括：

一是涉及法律主体不同。打车模式有平台、用户和出租车司机三方主体；专车模式有用户、平台公司、汽车租赁公司、劳务派遣公司和司机五方主体；而拼车和共享租车模式有平台、用户和私家车主三方主体，一旦发生法律纠纷，各自责任划分不同。

二是整合的对象不同。打车模式整合的是传统出租车资源；专车模式整合的是传统汽车租赁车辆资源或者私家车资源；而拼车模式及共享租车模式整合的都是私家车资源。

三是性质不同。打车模式不改变传统出租车商业模式，只是提高了连接效率，让司机和乘客更迅速地找到彼此；专车、拼车模式是做大了出行市场的蛋糕，将更多的、不同档次的私家车引入，丰富了用户的用车选择；共享租车模式则是彻底变革了原有产权模型，形成了支配权和使用权相分离的共享经济模式。

此外随着科技进步，交通出行方式将向着更加自动化、智能化、科技化的趋势发展。例如智能汽车及无人驾驶技术等，则集中运用计算机、现代传感、信息融合、通信、大数据、人工智能及自动控制等技术，必将对未来人类的交通出行产生深远影响。

二、重要意义

短短几年时间，这些新兴模式从无到有、从小到大，彻底改变了上百年来人们的出行习惯，动摇了传统出租车管理体制，因此受到国家和社会大众的高度关注，在推动经济社会发展、改善民生方面起到重要作用。

一是积极回应市场需求。长期以来，用户对传统交通出行服务普遍不满，打车难、收费高、服务差。因此"互联网＋便捷交通"应运而生，细分市场，针对性地满足用户高品质、多元化的个性化需求——拼车模式强调非营利特征，由用户和私家车主分担出行合理成本，经济型车为主，收费大大降低；专车模式则以高端商务车型、优质服务为切入点，满足中高端用户需求，但收费相对较高；共享租车模式则满足了用户高效便捷的自驾出行需求。

二是实现了资源的高效合理配置。"互联网＋便捷交通"模式运用先进的后台云计算、大数据能力管理车辆和用户，以最优的算法得出最佳的价格政策、行驶路径、车辆匹配，通过手机软件客户端，将用户和资源连接，实现大众供给与需求的直接对接，优化了市场资源配置。一方面，其合理解决出租车空驶率高与打车难的问题，将传统的出租车资源与用户资源高效连接，合理配置。另一方面，各类新模式通过平台整合了大量的闲散私家车资源，并将其盘活，亦实现了私家车资源的合理配置和高效利用。

三是细分了公共出行市场，实现了经济增量。随着"互联网＋便捷交通"的不断融合，传统的招手打出租车出行现状已经逐渐被打破，在公共出行市场出现了打车、专车、拼车、共享租车等各种形态的新服务、新模式，公共出行市场越来越精细化和智能化。同时，这些新模式的不断涌现并发展，在最大程度上增加了出行用户数量，提高了用户乘车频率，拉动了整个出行市场的消费，促进了经济发展，实现了经济增量。据艾瑞咨询预估，在线用车市场将保持连续三年的高速增长，预计2016年市场交易规模将达到近80亿规模。[①]

四是为实现“大众创业、万众创新”提供可能。李克强总理在2015年政府工作报告中提出，“要推动大众创业，万众创新”。“互联网+便捷交通”发展过程中各类用车平台不断涌现，蓬勃发展，代表了互联网潮流之下出现的一种共享经济新形态，这种新型的经济形态，适应了市场经济的发展潮流，在更新观念的同时，为实现大众创业、万众创新提供了可能。

三、现存法律政策问题

在“互联网+便捷交通”迅速发展的同时，也存在一些问题，主要表现在以下几个方面：

第一，就专车而言，司机从业资格、车辆运输许可成为专车实现合法皈依的现实障碍，使行政机关的态度依然摇摆不定，呈现“二元”状态。从2014年下半年至今，它经历了一开始的各地全面限制再到交通运输部肯定以及现在部分地方考虑将专车纳入合法通道，而部分地方以“严禁私家车非法运营”名义频频执法的二元状态。专车合法与否，是焦点所在。2015年1月1日，交通部《出租汽车经营服务管理规定》将“专车”明确为“预约出租汽车经营服务”的一种，并要求约租车必须具备两个条件：一是司机必须取得从业资格证，允许其从事客运服务；二是车辆必须取得运输许可证，允许其从事营运活动。这就意味着私家车接入平台运营是非法的，是不能逾越的法律底线。从2015年开始各地交通部门的执法，也大都以“查处私家车非法运营”名义展开。例如，五一前后，Uber广东、成都公司因涉嫌组织私家车接入平台从事非法营运陆续被查。6月2日，北京市有关执法部门共同约谈“滴滴专车”平台负责人，明确指出该公司推出的“滴滴专车”及“滴滴快车”业务，使用私家车和租赁车辆配备驾驶员，从事按照乘客意愿提供运输服务并按里程和时间收费的客运服务，

---

① 参见艾瑞咨询：《移动互联网催生智能用车市场，引领出行市场变革》，载http://report.iresearch.cn/html/20140801/235749.shtml。

违反了现行法律法规的规定。但面对出租车市场准入资格和数量严格管控的现状,为应对迅猛增长的市场需求,允许私家车资源进入平台参与运营,实属平台的无奈之举。

第二,就拼车而言,高位阶法律规范空白,低位阶规定细则匮乏,禁止性规定内容凸显,拼车的合法之路同样举步维艰。目前在拼车领域中央层面并无相应的规范性文件,只有交通运输部部长杨传堂在2015年全国两会期间的一个表态:"市民拼车出行应当鼓励。"地方层面只有北京出台了《关于北京市小客车合乘出行的意见》,赋予"拼车"合法地位,明确了基本原则和具体要求,依法对其进行规范。但同时也提出了禁止性规定:"禁止临时随意合乘摊算相关费用,禁止合乘当事人发布虚假信息、禁止合乘当事人签订虚假阴阳合同;对存在上述行为、以合乘方式开展非法运营的由有关部门依法查处。"但这一意见毕竟仅是北京的地方性文件,对其他地方政府并无约束力,能否在此基础上制定全国性的规范性文件尚有待商榷。而且,在实践中业已出现涉嫌以拼车名义进行非法运营的事例。①

第三,行业准入门槛混乱,安全事故风险尚存。目前,"互联网+便捷交通"各类模式缺乏统一的行业准入标准,对车辆及司机的事前审核标准不一,用户人身安全存在风险。以司机准入条件为例,Uber的标准非常宽松,司机只要在网站上注册司机和车辆相关信息,3到5日可审核通过,并开始接单。此前印度曾发生过Uber女乘客被司机强奸的恶性案件②。近日,广州一名女事主也称其乘坐专车时遭男司机侵犯③。

第四,信息泄露隐患不小,用户信息安全存在漏洞。用户个人信息、行程信息和司机个人信息均在用车平台有记录,而这些消息一旦泄露将涉及个人

① 参见新浪科技:《北京交通执法总队,拼车收费过高,涉嫌非法运营》,载http://tech.sina.com.cn/i/2015-06-10/doc-ifvmkrpv7639945.shtml。

② 参见新浪科技:《印度Uber司机涉嫌强奸被捕,Uber或承担责任》,载http://tech.sina.com.cn/i/2014-12-08/doc-icesifvx1553623.shtml。

③ 参见网易新闻:《涉嫌性侵女乘客,广州专车司机被批捕》,载http://help.3g.163.com/15/0627/08/AT3R9N3600964K9K.html。

隐私、安全等问题。例如,Uber 数据库遭入侵,5 万名司机个人信息遭泄露①。还有最近在淘宝平台有卖家公然出售 Uber 用户信息②。随着大数据时代的到来,信息和数据的价值日益凸显,信息和数据安全问题愈发重要。

第五,审核义务有待细化,责任承担尚需明确,协助配合仍需跟进,平台责任问题尚待解决。在“互联网+便捷交通”的模式下,平台是基础,基于平台的核心地位,其责任和义务的明确就变得十分重要和必要。例如,车主和司机在注册信息时,平台是否存在审核义务?是形式审查还是实质审查?用户乘车出现安全事故,平台应否承担责任?当有关部门需要司机和车辆的有关信息时,平台是否有配合义务?这些目前都不明确,尚需在实践中加以明确。

四、未来走势分析

第一,“互联网+便捷交通”从初期极速扩张到中期优胜劣汰,产业格局基本确定。随着产业格局的基本确定,未来的竞争将围绕着巨头展开。例如,阿里投资快的打车,腾讯投资滴滴打车,二者经过长期烧钱大战,2 月 14 日最终实现合并,并占据了打车市场的大部分份额。同时,百度也积极投资易到用车、天天用车、51 用车。随着 Uber 这一国际巨头强势进入中国,百度亦与其达成战略合作及投资协议,力图抢占更多市场。“互联网+”的大潮流下,技术作为产品和业务模式的支撑最终都会形成寡头格局,“互联网+便捷交通”市场也不例外,能够以速度占领市场并长期领跑的一方才有话语权,但这一切都是资金 PK 的结果,广大的中小企业在竞争中难免会处于下风。例如,爱拼车融资失败,已经宣布关闭平台。易到用车目前也陷入了与 Uber 的苦战之中。

第二,新兴商业模式与旧有制度形态之争愈演愈烈,从中央到地方的逐步认可形成强力支持,原有利益格局实现新突破。虽然各类“互联网+便捷交

---

① 参见凤凰科技:《Uber 称数据库遭入侵,5 万司机信息泄露》,载 http://tech.ifeng.com/a/20150228/40991746_0.shtml。

② 参见新浪新闻:《Uber 用户信息在淘宝公然售卖》,载 http://news.sina.com.cn/o/2015-05-08/081931808090.shtml。

通”模式受到了传统利益集团的重重阻挠，各地频现专车与出租车的冲突，据报道，今年5月以来，全国各地已经有16个城市发生了不同程度的抵制专车事件。但这一新兴商业模式，作为先进生产方式的代表，满足了用户多元化的需求，正在逐渐受到社会乃至政府层面的认可，对传统单一出租车市场格局带来冲击，原有利益格局出现新突破。2014年11月27日，交通运输部明确表态：“按照‘以人为本、鼓励创新、趋利避害、规范管理’的原则，鼓励移动互联网和运输行业融合创新，鼓励在创新的平台上打造‘大众创业、万众创新’的新平台，在市场上能够开拓细分市场，建立多层次、个性化的服务体系，实行错位服务。”在地方政府方面，2015年5月15日，浙江义乌出台《出租汽车行业改革工作方案》，明确从2018年开始，有序开放出租汽车市场准入和出租汽车数量管控，实现出租汽车市场化资源配置。同时，建立和引进网络约租车平台，鼓励移动互联网与出租车行业融合创新。交通运输部对此亦表态予以支持。

第三，现实需求对规范构建形成倒逼之势，相应法律、政策不断完善。近期专车与出租车冲突事件频现，作为政府，应充分认识科技趋势和社会需求，而非简单出于维稳考虑，对新事物进行一味打压。当现有法律规范和政策太过滞后，既难以满足市场发展现实需求，又阻碍市场的进一步发展时，对其尽快进行修改完善，以赋予新生事物的合法身份，这样才能更好地发挥其积极作用。令人欣喜的是，目前从中央到地方，都在积极探索，努力尝试。例如，2015年1月8日，交通运输部针对围绕“专车”的争论，表示“专车”服务对满足运输市场高品质、多样化、差异性需求具有积极作用。6月1日，“上海出租汽车信息服务平台”正式上线运营，滴滴和快的打车系统将与其实现对接。上海市交通委员会还与滴滴、快的组成了联合工作组，对“专车”“拼车”领域的经营资质等问题提出合法解决方案，也有望一并纳入该服务平台。6月9日，广州市交委透露，广州首批约租车正在内测，并将出台约租车管理办法。新办法有望给出“专车”合法化的方向。

第四，平台安全保障措施不断加强，行业内生规则明显。2015年3月16日，滴滴和快的合并后一个月，联合发布了《互联网专车服务管理及乘客安全保障标准》，从事前、事中和事后三个方面加强监管，保障用户乘车安全。事前从安全角度，对车辆和司机实行严格准入制度，凡是不符合安全条件的车辆一律不得进入平台；司机必须经过面试、笔试、培训等多个环节审核方能加入平台。事中通过 LBS 技术实现对车辆的实时追踪，从用户下单到最终支付的整个服务过程进行全程记录。同时对驾驶员服务记录、服务路线安全监管、服务态度和连续工作时间进行全面监管。事后建立起司机和乘客的双向评价机制。此外还建立了先行赔付保障机制，成立乘客“先行赔付”基金，并和保险公司共同达成责任人责任险合作框架，对在体验专车服务过程中发生的事故，由该基金先行给付赔偿，解除用户后顾之忧。在信息安全方面，注重更新技术手段，做好数据的安全防护工作，竭力避免信息泄露事件的发生。这些经受住市场检验的行业内生规则，在政府目前尚未确立管理规范前，在实践中发挥着重要作用。在条件成熟的情况下，可以将行业经验上升为正式规则。

五、对策建议

首先，要发挥市场在资源配置中的决定性作用。具体到交通领域，我们应利用“互联网 + 便捷交通”的契机，本着有序推进的原则，逐渐放开对出租车数量的管控，放宽对出租车牌照的限制，凡是符合条件的，一律许可，以打破现有出租汽车经营模式和行业环境，逐渐建立由市场调节的出租汽车准入与退出机制，真正发挥市场在资源配置中的决定性作用。

其次，建立科学合理的平台责任制度。平台作为“互联网 + 便捷交通”的重要载体，理应承担合理的责任和义务，主要有以下几个方面：一是形式审查义务。以专车为例，作为平台，应根据已制定的内部标准和规范，对进入平台的车辆和司机进行最大限度地的形式审查，凡是不符合平台规定的，一律不得进入。二是配合义务。当用户乘车出现交通事故时，平台理应根据用户的要求，配合提供有关信息，以保障用户的合法权益。同时，相关部门依法调取有关数据时，作为平台理应配合。三是协调义务。在发生交通事故时，平台应利用其信息和资源优势，主动作为，合理引导，帮助各方主体理清责任，并做好后续服务工作。

最后，寻求共存之道，将“互联网 + 便捷交通”模式准确定位为对现有市场的有益补充。一是中国如此庞大的出行服务市场，尚无法完全满足人们多层次的出行需求，因此，无论是传统的模式，还是与互联网高度融合产生的新模式都存在广阔的生存空间。鉴于此，“互联网 + 便捷交通”模式与传统的汽车出行服务模式并不是非此即彼、谁必须取代谁的关系，而应是并行不悖、互相促进、共同发展的关系，一切都是为了给人们的出行提供更多、更便利的选择。二是我们应借鉴互联网金融的发展经验，将“互联网 + 便捷交通”模式明确定位为传统出行服务模式的升级和有益补充，形成差异化经营，通过“出行基础 + 增值服务”的方式，做好增值服务，做好增量工作，最终通过增量改革，化解存量矛盾，进而带动存量改革，进而满足人们多层次的出行需要。

“互联网 + 便捷交通”的深度融合，满足了人们多元化的现实需求，并为实现“大众创业，万众创新”提供了可能，在改善民生和推动经济转型方面发挥着不可替代的作用。因此，我们都应积极顺应这一潮流，站在“互联网 + 便捷交通”的风口，顺势而为，迎风起舞；积极寻求各方共存之道，探索适合“互联网 + 便捷交通”发展的新途径。

互联网募捐 地域限制真心要不得

司 晓[*] 赵 治[**] 柳雁军[***]

在互联网与传统各行业深度融合的今天,互联网与慈善也产生了激烈的火花,形成了“互联网+慈善”的慈善发展新业态,从2008年汶川地震后各大互联网慈善募捐平台的相继开通,再随着移动互联网的发展和普及,互联网募捐渠道及形式呈现前所未有的多样化。“互联网+慈善”以一种全新的组织方式连接各方,改变了传统慈善的工作方式和思路,迅速席卷了整个慈善行业,效果极其显著。据不完全统计,2014年度各类互联网慈善募捐平台筹款总额超过4.37亿,捐赠人次超过11.17亿。① 再以腾讯今年发起的“99公益日”为例,数据显示,自9月7日零时活动开始至9月9日24时,通过腾讯公益网络平台,共筹得网友捐款1.297亿元;共有205万人次参与捐款,捐赠金额、参与人数均创下国内互联网募捐纪录。② 在三天的时间内,共有205万人次参与捐款,这在传统的募捐时代是无法想象的。

“互联网+慈善”正在方兴未艾发展之时,2015年10月30日,第十二届全国人大常委会第十七次会议初次审议了《慈善法(草案)》(以下简称草案),并面向社会公开征求意见。作为第一部专门的慈善立法,满足了社会各界的多

---

* 司晓,腾讯公司公共战略研究部总经理,腾讯研究院秘书长。

** 赵治,腾讯研究院法规研究总监。

*** 柳雁军,腾讯研究院研究员。

① 数据来源于《2014年度中国网络捐赠第三方平台研究报告》,载 http://app. why. com. cn/epaper/qnb/html/2015-11/24/content_275658. htm? div=-1。

② 参见人民网:《中国首个互联网公益日落幕,参与人数创国内网络募捐记录》,载 http://ccn. people. com. cn/n/2015/0911/c366510-27572678. html。

年期盼，对于促进我国慈善事业的健康发展具有重要意义。其中，草案中关于互联网募捐的内容，需要引起我们重点关注，并深入思考。

一、互联网募捐不再是“你想做就能做，想收就能收”

草案第28条规定：“具有公开募捐资格的慈善组织，可以通过互联网开展募捐。

在省级以上民政部门登记的慈善组织，可以通过其网站或者其他网站开展募捐。在设区的市和县级民政部门登记的慈善组织，可以在其登记的民政部门建立或者指定的慈善信息平台开展互联网募捐。”

从该条内容来看，草案对于互联网募捐的开展主体和地域都进行了限制。一是开展的主体，必须是具有公开募捐资格的慈善组织，将不具有公开募捐资格的慈善组织和个人排除在外；例如，中国儿童基金会、中国扶贫基金会等公募组织可以在互联网上开展募捐，但是凉山州生辉残疾人互助发展中心等那些民间的公益组织和个人欲哭无泪，看着互联网，却无法独自开展募捐。二是开展的地域，根据公募慈善组织登记所在地民政部门级别的高低，对其可利用的互联网慈善募捐平台做出了明确规定。省级以上的公募组织，可以自由选择；而设区的市级和县级民政部门登记的公募组织，则只能在其登记的民政部门建立或指定的慈善信息平台开展募捐。以后，中国红十字会、爱德基金会等级别高的公募组织可以不受限制，借助任意互联网平台开展募捐，而深圳市志愿服务基金会、壹基金等级别低的公募组织将处处受限，只能在深圳市民政部门建立或指定的慈善信息平台开展募捐，想通过其他互联网慈善募捐平台独立开展募捐，估计是不太可能了。

值得注意的是，该条对于不同级别公募组织可利用的平台做出规定时，使用的是“可以”，而非“应当”。从法律术语本身的含义来看，“可以”与“应当”明显不同，它本身不具有强制性，按照“法无明文禁止即可为”的原则，这就意味着不同级别的公募组织可以自由选择互联网慈善募捐平台，但现实恰恰与此相反，从全国人大内务司法委员会副主任委员王胜明在常委会会议上所做的《关于慈善法(草案)的说明》的内容来看,要求设区的市级或县级民政部门登记的公募组织在其登记的民政部门建立或指定的慈善信息平台上开展互联网募捐应是强制性的规定①,即意味着剥夺了不同级别的公募组织自由选择互联网慈善募捐平台的权利和机会,对于互联网募捐进行地域限制,立法本意应是确定无疑的。

二、互联网募捐地域限制带来的种种问题

相对于传统慈善而言,“互联网+慈善”对于那些人数较少、影响力较少、关注度低的弱势群体之需求意义更大。传统慈善领域中能够募集到资金的慈善组织大多为红十字会等较大的组织,这些组织由于客观限制,往往在救助过程中更注重重大自然灾害、严重流行病疫情等社会关注度较高的问题,对于罕见疾病、极度贫穷等数量相对较小的传统弱势群体关注不足。而“互联网+慈善”通过互联网传播的力量,使原来被淹没在人海之中的“少数人”也有了发声的能力,可以跨越地域甚至是国界的限制。但与此相对的是,许多为了帮助这些“少数人”的公募组织相对规模较小、登记级别较低,影响力相对有限,缺乏有效的募捐途径,相比之下更加依赖互联网募捐方式。而草案现有规定,客观上限制了上述公募组织开展“互联网+慈善”的活动范围,会使很多关于弱势群体小而精的慈善项目搁浅,使很多需要我们帮助的弱势群体因得不到帮助而

① 参见关于《中华人民共和国慈善法(草案)的说明》第2.4点的相关内容:“慈善募捐是慈善财产来源的主要方式,是开展慈善活动的重要内容。草案区分不同主体募捐以及不同种类募捐,对募捐资格、方式及其程序分别作出规定,特别对开展公开募捐作了较为具体的规定。比如网络募捐,根据开展网络募捐的必要性和可行性,同时尽量避免重复募捐甚至网络欺诈等现象,草案第二十八条作出规定:‘具有公开募捐资格的慈善组织,可以通过互联网开展募捐。在省级以上民政部门登记的慈善组织,可以通过其网站或者其他网站开展募捐。在设区的市和县级民政部门登记的慈善组织,可以在其登记的民政部门建立或者指定的慈善信息平台开展互联网募捐。’这样规定的考虑是,在省级以上民政部门登记的慈善组织规模较大,初步估算已有数千家,基本能够满足我国开展互联网募捐的需要;省级以下民政部门登记的慈善组织数量众多,大多数从事的是慈善服务业务,要求其在民政部门建立或者指定的慈善信息平台开展互联网募捐,有利于互联网募捐的规范化。”

陷入困境之中,明显属于人为制造慈善困局,这对于刚刚兴起的“互联网+慈善”的发展无疑会产生消极影响。例如,腾讯公益平台和壹基金持续合作开展的困境儿童关怀月捐项目,如下图所示:

该项目从2009年开始,一直持续至今,为贫困、受灾、重大疾病等各类困境儿童提供了大量帮助。鉴于壹基金在深圳市民政局注册,如果按照草案规定,双方将无法继续独立开展合作,这一社会效果良好的项目将面临搁浅的局面。

(一)级别高的公募组织会更加“高大上”,级别低的公募组织日子会“雪上加霜”

对互联网募捐的地域限制,客观上将压缩级别较低公募组织的生存空间,有违公平。在传统的慈善领域,中国红十字会、中华慈善总会等省级以上的公募组织具有成熟稳定的资金来源,募款能力较强;而级别较低的公募组织,具有天然的劣势,生存空间本就有限。但随着“互联网+慈善”的兴起,互联网以其特有的开放性和无界性为低级别的公募组织赢得了一丝公平竞争机会;作为公募组织,无论级别高低,均可借助任意合法互联网慈善募捐平台开展活动。大家的目光更多着眼于如何寻找更好的慈善项目,进而与互联网慈善募捐平台合作。以腾讯公益平台为例,腾讯公益平台共注册有123家公募基金会,其中26家为全国性公募组织,97家为地方性公募组织;地方性公募基金会包括79家省级公募组织,如爱德基金会;另有18家地市县级公募基金会,如壹基金;只要是平台上注册的公募组织,发现平台上有合适的项目时,均可以主动联系发起人。整个“互联网+慈善”呈现出“百花齐放、百家争鸣”的发展状态。而如果按照草案的现行规定,对级别较低的公募组织加以限制,鉴于其对应的民政部门建立或者指定的慈善信息平台的不确定性，无论初衷是什么，客观上均将打击此类公募组织开展互联网募捐的积极性，定会压缩其生存空间，明显有违公平。

（二）各大互联网慈善募捐平台只能“热烈拥抱”高级别公募组织了，无法和低级别公募组织“亲密接触”，发展受限

对互联网募捐的地域限制，客观上将阻碍互联网慈善募捐平台的发展。现阶段，社会上已经形成了众多运行稳定的互联网慈善募捐平台（如腾讯公益、新浪公益、阿里巴巴公益平台和蚂蚁金服公益平台）。它们的运行模式各具特色，能够满足不同捐赠人群、捐赠项目等细分群体的需求。例如，腾迅公益网络捐赠平台自2007年上线以来（截至2015年10月），经过在腾讯公益平台注册的公募机构审核，已有超过7000个公益项目成功上线，共召集超过4200万人次捐赠，善款总额逾6.82亿元。[①] 截至2015年1月，新浪微公益平台上线三年多来累计发起15704个公益项目，累计筹款超过2.4亿元，其中雅安地震72小时内筹款超过1亿元。[②] 各个互联网慈善募捐平台，结合其产品特色和技术优势，塑造了一种崭新的社会公益信息需求和供给方式，构建了一种新的社会公益募捐平台，正以其特有的优势茁壮发展。

同时，从腾讯公益平台的项目统计情况来看，特别是“99公益日”的上线项目来看，疾病救助类项目783个、扶贫救灾类项目235个，粗略统计民政相关领域超过50%以上。这也表明以腾讯公益平台为代表的互联网慈善募捐平台已经成为社会保障安全网的有效组成部分，成为遭遇突发事件、意外伤害、重大疾病或其他特殊原因导致生活陷入困境的人民群众寻求社会救助的重要通道，是李克强总理提出的“救急难”的重要平台。然而，一旦规定级别低的公

---

① 参见腾讯公益：《腾讯乐捐平台官方指南》，载 http://mp.weixin.qq.com/s? —biz = MjM5OTc3OTQ5NA = = &mid = 401621984&idx = 1&sn = 20d30cba445f20256fe4a08e51d0aefc&scene = 1&srcid = 1110rH7oSijPknMQmsfcGNhc#wechat_redirect。

② 参见新浪公益：《微公益三周年，募款突破2.4亿元》，载 http://gongyi.sina.com.cn/gyzx/2015 -01 -14/115951212.html。

募组织必须在相应民政部门建立或指定的慈善信息平台募款，简单采取“一刀切”的方式，将导致上述平台中公募组织的重新洗牌，现有正常开展的慈善项目也会受到影响，互联网慈善募捐平台可以合作的公募组织的范围也会受到极大限制，客观上必将阻碍互联网慈善募捐平台的健康发展。

综上，鉴于“互联网＋慈善”属于新生事物，尚处发展初期，业态尚未发展完全成型，问题也暴露的不够充分，可供借鉴的经验不多，研究的尚不透彻，建议在立法时，不宜过早加以专门规定，而应为其留有更多发展空间，待其发展成熟后，再行立法规定，更为妥当。

退一步讲，如果确需对互联网募捐加以规定，建议从提升互联网募捐规范化的角度出发，将其修改为鼓励在设区的市和县级民政部门登记的慈善组织通过在其登记的民政部门建立或指定的慈善信息平台开展互联网募捐，并不做强制性规定，而是交由市场自由竞争，将官方慈善信息平台和民间慈善募捐平台置于同等地位，由捐赠人和慈善组织根据实际情况，自行选择适宜的平台开展互联网募捐，二者互为补充，相得益彰，从而真正促进慈善事业健康发展。

被玩坏的新《广告法》

司　晓[*]　赵　治[**]　杨　乐[***]

第十二届全国人大常委会第十四次会议修订通过的新《广告法》，于9月1日起正式实施。1日当天，各个品牌文案创意应对之快，令人脑洞大开，瞬间把一件严肃的立法项目变成了一场全民愉快分享的广告借势营销，新《广告法》迅速被玩坏。

不让说"最高级""最佳"，就采用自首方式猛夸自己——"好到违反广告法、价格优惠不让说"；不让说第一，就直接争第二——"全球第二好用的智能手机"；当当网在9月1日后将图书等商品介绍信息中的"最高"字样一律屏蔽，甚至将"最高人民法院"字样也"一刀切"屏蔽为"某某人民法院"，遭到网友们的阵阵嘲讽。

各种"碉堡"了的文案让立法部门始料未及，也体现了业界的恐慌——严令之下，广告行业是不是没出路了？甚至有人测算，目前电视广告有30%受新《广告法》影响，电台广播和报纸有90%受影响，网络媒体有60%受影响。

仔细研读新《广告法》后，我们会发现，有些恐慌实则不必，但有些经验的确需要深入总结。

---

* 司晓，腾讯公司公共战略研究部总经理，腾讯研究院秘书长。
** 赵治，腾讯研究院法规研究总监。
*** 杨乐，腾讯研究院高级研究员。

今后最高级、国家级、最佳等绝对化用语都不能用了吗?

新《广告法》被戏说、被玩虐的主要槽点就是这条。要想弄清这一点,要从以下两方面来理解:

第一,这条在旧《广告法》里就有,不是新增规定。旧《广告法》第7条和新《广告法》第9条关于绝对化用语的规定基本没有区别,都是"广告不得使用'国家级''最高级''最佳'等用语",只是新《广告法》加了双引号,也就是说,新《广告法》并未扩大禁止广告中使用绝对化用语的范围。区别在于处罚计算方法改变,从广告费一倍以上五倍以下罚款提高到20万元以上100万元以下罚款。

第二,不是所有极限形容词都绝对不许使用。根据原国家工商局《关于"顶级"两字在广告语中是否属于"最高级"等用语问题的答复》(工商广字〔1996〕380号),将"国家级、最高级、最佳等"明确概括为"绝对化用语"。但不是所有的带"最""一""极或级"字的用语都属于广告法禁用的绝对化用语。

广告行业法律实践中,关于极限用语,通常分为三种情况来讨论:

1. 对于无法证实或者证伪的形容词要绝对禁止使用,例如国家级、最高级、最优秀、独一无二等。全国人大法工委经济法室副主任王清主编的《广告法解读》一书中也指明,"经济社会是不断发展变化的,对商品或服务的任何表述都不可能是绝对化的。使用绝对化用语不但容易误导消费者而且可能不正当地贬低同类商品或服务,因此应当禁止"。

2. 对于没有限定范围或者限定范围无法通过客观证据证明的描述,属于相对禁止使用,例如顶级、最高、最大、最先、全球首发等。

3. 在限定范围可以被客观证明的情况下,可以在证据充足的条件下进行使用。这一点,9月4日上海工商局微信公众号发的一篇澄清文章中也提到,"'首个''独家''唯一'等用语,如有事实依据且能完整清楚表示,不致引人误解的,则允许使用"。

婴儿用品广告中今后都不能出现婴儿了吗?

有观点认为尿不湿广告以后不能出现婴儿了,纷纷发愁婴儿用品广告今后怎么做?事实上,这里要区分清楚广告代言和广告表演,不要混淆代言人和演员的身份。新《广告法》禁止的是十周岁以下未成年人广告代言,没有禁止广告表演。

根据广告代言和广告表演的区别,未成年人用品的广告可以有以下几类情况:

1. 十周岁以下的童星代言,今后被明确禁止。新《广告法》规定广告代言人是以自己的名义或形象对商品、服务做推荐、证明。而不满十周岁的未成年人是无民事行为能力人,因此禁止做代言人。

2. 十周岁以下的普通儿童,在广告中不表明身份,不是以自己的名义做广告宣传,只是担任某个角色,属于广告表演。在尿不湿广告中,婴儿只是参加表演,不是代言,这是允许的。

陈欧、董明珠等还能为企业代言吗?

陈欧的“我为自己代言”广告令人印象深刻,那今后企业高管还能否为企业代言、做广告吗?笔者认为,这要依据该高管的具体身份而定。

1. 新旧《广告法》对广告主的界定都包含了自行设计、制作、发布广告的行为,因此广告主可以自我宣传、给自己做广告。

2. 广告法没有禁止法定代表人为企业发声,如果陈欧是聚美优品的法定代表人,则陈欧的代言就是广告主聚美优品的发声,就视为广告主的自我宣传;且广告文案的内容也不会使消费者产生误解——认为聚美优品网站上卖的产品都是陈欧提供的,因此陈欧本人不承担广告代言人的法律责任。

3. 如果不是法定代表人而是其他的高管职位,则要看具体广告文案内容以及是否签署代言合同,如果只是参与演出,不以自己的名义或形象对公司的商品或服务进行推荐证明的就属于广告表演。

朋友圈转发虚假广告也要承担法律责任吗?

9月1日,工商总局广告司司长张国华在人民网强国论坛做在线访谈时,就有网友这样提问,这想必也是很多微信用户的疑问。对此,张国华司长明确表示,“朋友圈转发广告是现在新的广告形式。下一步工商总局的互联网广告监测中心建成之后,对公众号、对社会开放的公共空间的监管是要到位的,但是对于私人的朋友圈这个可能还有法律的障碍……如果在这个圈里发布的广告是虚假违法的,圈内人对此有意见、对此反感,或者说因此受到了损失,可以投诉举报,那么投诉举报之后,监管部门可以去执法监管”。

公共领域与私领域的准确切分是划定行政监管边界的重要前提,公民间点对点通信交流和限定在特定人范围内的朋友圈属于典型的私领域,这与定位于面向不特定多数人的公共传播领域有本质区别,比如网页、论坛、博客、微博客等。这也就是张国华司长所说的法律障碍。但并不是说用户的权益就完全没有保障了,受害者可以对发布虚假广告的用户拉黑、屏蔽,以免受再次骚扰,可以直接对其提起民事诉讼追究其民事责任,还可以向监管部门投诉举报,经确认的,网站应当配合监管部门的执法。

弹窗广告一键关闭条款影响最大的会是视频网站吗?

新《广告法》第44条新增了对弹出式广告一键关闭的要求,这里不能随意对弹出式广告做扩大解释,要尊重立法原意,立法本身关注的是弹窗广告骚扰用户的问题。

9月1日,工商总局广告司司长张国华在人民网强国论坛做在线访谈中提到“大家能强烈感受到一开机,特别是PC机,很多弹窗式广告跳出来,现在有些公司广告主、广告发布者不规范,弹窗式广告的问题一个是频率高,再一个是时间长,同时搞得你关闭不了,甚至有的还有诱导欺骗,你按关闭键又打开了,这个对使用互联网的人是很大的干扰,所以这里特意做了规定要确保一键关闭”。因此,可以看出这里的弹出式广告,显然要规范的不是视频网站的贴片广告。视频网站通过用户收看广告获得免费服务的盈利模式,在国内外都已经被认可,此前有优酷诉金山猎豹浏览器屏蔽贴片广告等案例,也已经得到法院判决的认同。

影视剧中的品牌植入也要显著标明“广告”吗?画面太难看了吧?

影视剧的品牌植入问题,应该说新《广告法》没有明确规定。根据目前工商执法实践做法,影视剧的品牌植入不纳入广告管理,对应管理要求是在影视剧结束后的字幕滚动中要明确列明品牌赞助商名单。因此品牌商们就不用发愁画面不协调了。

酒类广告要有大变化,不得出现饮酒的动作

新《广告法》增加了有关酒类广告准则的规定,总体精神是可以对酒类品牌进行宣传,但不得劝诱、鼓励饮酒,更不得鼓励酒后从事危险活动,广告中直接出现饮酒动作,对受众具有最直接的引导、示范作用,予以禁止并无明显不妥。这条主要考验的是广告设计公司的“文案狗”了,今后在设计文案时要多想想其他可行方式吧。

此次《广告法》是实施 20 年后的首次大修,改动确实相当大。加强监管、加重处罚,是一个总体趋势,对业界肯定会产生重大影响,具体到网络广告行业,体现为以下几点:

1. 提高了罚款数额。对虚假广告等几类违法行为,旧《广告法》对大多数广告违法行为所设罚款幅度,都是广告费用的一倍以上五倍以下。在执法实务中,违法者会尽可能规避广告费用以逃避处罚。而新《广告法》的处罚金额通常设定在广告费用三倍以上五倍以下的罚款,广告费用无法计算或者明显

偏低的,处二十万元以上一百万元以下的罚款;两年内有三次以上违法行为或者有其他严重情节的,处广告费用五倍以上十倍以下的罚款,广告费用无法计算或者明显偏低的,处一百万元以上二百万元以下的罚款。

2. 增加了行为罚,严重的还可以吊销营业执照。对发布虚假广告和其他几类违法广告的,两年三次有违法行为或情节严重的,除罚款外,还可以暂停广告发布业务、吊销营业执照。这是此次新增加的。

3. 增加了任职限制。新《广告法》规定,被吊销营业执照的公司、企业的法定代表人,对违法行为负有个人责任的,自该公司、企业被吊销营业执照之日起三年内不得担任公司、企业的董事、监事、高级管理人员。对在虚假广告中做推荐、证明受到行政处罚未满三年的自然人、法人或其他组织,不得聘请其为广告代言人。

4. 增加了电子信息广告要取得当事人事先许可。新《广告法》第43条规定"……未经当事人同意或请求……也不得以电子信息方式向其发送广告"。这个规定是早在2012年全国人大《关于加强网络信息保护的决定》就有相应内容。此次在《广告法》中重申,立法的本意是想解决垃圾广告的问题,因此要求发送广告要用户事先许可,但在网络广告实践中恐怕很难做到。绝大多数的网络广告是先触达用户,再由用户选择同意接收或者拒绝,再精准的广告投放,也有用户不喜欢的时候,但都要让用户先看到后选择。用户事先许可,不符合网络广告行业发展的实际,实践中几乎无法完成,未来这条还有待工商部门实际执法中进行纠偏。

5. 增加了互联网信息服务提供者的责任。新《广告法》第45条新增了互联网信息服务提供者在明知或应知情况下对利用其平台发布违法广告应当制止的责任。但"明知或应知"的标准没有明确,实践中恐怕被基层执法部门做扩大化解释,广大的互联网平台型公司随时面临被处罚的风险。

回头来看,新《广告法》这次为什么实施第一天就被玩坏、被误读、被借机营销,我们认为,这要结合几个大背景来看:

第一,此次面对的广告行业,从业人员是全社会中最有创意的人,文案令人脑洞大开,原本就是他们的专业和专长;

第二，众品牌的跟风营销是近期的潮流，从"世界那么大我想去看看"到范冰冰李晨的"我们"，从优衣库的试衣间视频到《开罗宣言》的电影海报，被玩坏的新《广告法》不是第一个，也不会是最后一个；

第三，大众舆论的跟风、戏说，一方面说明《广告法》与众多行业生计息息相关，大家给予高度关注；另一方面也看到很多人没有认真研读过条文就跟风转发、评论，误导受众，这体现了整体浮躁的社会心理，严格讲已经超越了立法本身，更多是社会问题了。

总之，从这次事件中，想必各方都会有所"收获"。立法者从中应当有所思考：今后在关系行业发展前景、行业利益重大相关的立法项目中，如何更好地把严格规范与促进发展的立法价值统一起来；如何在立法征求意见阶段加大宣传力度，充分利用各种大众传播媒介，尽量让利益相关群体周知？可否对收到的各类立法建议，进行更为深入细致调研，更加尊重和承认行业实践与行业发展的正当诉求；以及对采纳和未予采纳的建议，可否对有个统一的、正面的、令人信服的回应等。

业界也上了一堂生动的立法教育课：2015 年 3 月《立法法》已经修订实施，业界可以在更加关注公共法律政策制定实施的同时，学会利用合法渠道、尊重法定程序，在需要发声的立法阶段，理性表达，充分表达，而不是法律实施后再马后炮和不负责任地戏谑恶搞。如果在今后的立法中，各方都能更加理性、客观，彼此尊重，也就不枉新《广告法》被玩坏了。

互联网广告活动中的主体问题研究

杨 乐[*] 彭宏洁[**]

根据新《广告法》的界定，在互联网广告中，与传统广告形式一样也包括了广告主、广告经营者、广告发布者、广告代言人四类主体，但由于互联网广告活动的特殊性，《广告法》第45条新增一类主体是"互联网信息服务提供者"。因互联网广告形式多变，有时会出现几个主体身份竞合的情况，身份的确定会影响到法律责任的划分，因此如何科学界定这几类主体显得尤为重要。

一、广告主

根据新《广告法》第2条第2款规定，"广告主，是指为推销商品或者服务，自行或者委托他人设计、制作、发布广告的自然人、法人或者其他组织。"

在互联网广告飞速发展的今天，广告依托的技术形式、展现方式等都在不断发生创新和革命，广告发布者、广告经营者之间的界限变得模糊，会给主体认定和权利义务的承担带来很多困扰，但唯独广告主没有变。所有的广告创意、表现形式等的变化，都始终围绕广告和广告主的需求而开展，因此明确广告主和广告主的法律责任，是厘清互联网广告法律关系的第一步。

---

* 杨乐，腾讯研究院高级研究员。

** 彭宏洁，腾讯研究院研究员。

1. 广告主的主体认定问题

在广告主的界定中,可以有以下几条标准:

第一,广告主必须是以推销商品或服务为目的的自然人、法人和其他组织。不以推销为目的的介绍本身就不属于广告,也就不在《广告法》的调整范围之内。

第二,根据定义,广告主可以自行设计、制作广告,不必认定为广告经营者,此时广告经营者身份被广告主身份吸收;只要是以推销商品或者服务为目的,无论自己设计、制作广告还是委托他人,都应当是广告主。

第三,广告主发布广告,既可以利用自有网站资源也可以利用他人的网站资源;既可以自行发布也可以委托他人发布广告,而不必认定为广告发布者,此时广告发布者身份也被广告主身份吸收。

第四,广告主通过他人媒介资源发布广告的,对广告内容进行实质性修改的,应当以书面形式或其他可被确认的方式通知互联网广告经营者、发布者。在这里,广告主修改广告内容的,不必通知互联网信息服务提供者,因为互联网信息服务提供者不参与具体的广告经营活动,仅提供信息媒介平台,因此不是通知对象。

2. 广告主的法定责任问题

根据《广告法》,广告主的法定责任至少应当包括以下内容:

第一,广告主是虚假广告的第一责任人,应当对广告内容的真实性负责;当消费者因虚假广告受到权益损害时,首先应当向广告主主张权利;

第二,广告主自行或者委托他人进行设计、制作、代理,应当具有相应资格或者提供相应证明文件;

第三,广告主应当通过有资质的广告经营者或发布者开展广告活动,不得通过违法违规的网站发布广告;

第四,根据《广告法》第 69 条广告主应当承担民事责任的情形如下:在广告中损害未成年人或者残疾人的身心健康的;假冒他人专利的;贬低其他生产经营者的商品、服务的;在广告中未经同意使用他人名义或者形象的;其他侵犯他人合法民事权益的。

二、互联网广告经营者、发布者

在互联网广告领域，随着技术的创新和市场的不断细分发展，大数据精准投放、广告主对目标客户的定位、广告联盟的诞生以及多样化的广告费用计算模式，都使互联网广告经营者、发布者的认定变得极为复杂。

1. 互联网广告经营者的认定问题

《广告法》第 2 条第 3 款规定，“广告经营者，是指接受委托提供广告设计、制作、代理服务的自然人、法人或者其他组织。”

包括了几层意思：第一，广告经营者是接受委托的；第二，是专业从事设计、制作、代理服务的；第三，主体上可以是自然人、法人或者其他组织；第四，如果不是接受委托，而是为自己进行广告设计、制作的，其身份为广告主而不是广告经营者。

因此，区分广告经营者、发布者与广告主的一个重要标识是“是否接受他人委托”，广告经营者、发布者归根结底是为广告主提供服务的，是要接受广告主的委托、为推销广告主的商品或服务而开展后续工作的。

2. 互联网广告发布者的认定问题

《广告法》第 2 条第 4 款规定，“广告发布者，是指为广告主或者广告主委托的广告经营者发布广告的自然人、法人或者其他组织。”

其中包括了两层意思：第一，是为广告主或者广告主委托的广告经营者发布广告，而不是为了自己发布广告，如果为自己发广告的是广告主；第二，范围上扩大到自然人、法人或其他组织，与旧《广告法》相比，范围上扩大到自然人，随着互联网信息技术的发展，一些自媒体成为广告发布的渠道，自然人可以成为广告发布者。

但与传统媒体发布广告时广告发布者都是在自己的广告展现平台上发布广告不同，在互联网广告领域有其特殊性，发布者可以利用自有媒介资源帮助别人发布广告，也可以利用他人的互联网媒介资源发布广告。例如，广告代言人利用自己的新浪微博账号发布广告，收取广告费用，且没有与新浪达成广告收入分成协议,此时该代言人同时为广告发布者,而新浪微博成为为他人广告活动免费提供信息媒介平台的互联网信息服务提供者。

3. 广告联盟

因广告行业发展形式多样,除了传统的广告设计公司、层层的代理公司外,在互联网广告领域还出现了大量的 PC 广告联盟和移动广告联盟,将具有广告投放需求的广告主与持有广告位展示资源的流量主整合起来,有买有卖地从事广告投放与发布服务。可以说,广告联盟是拥有大量中小网站、中小应用软件的互联网行业长尾效应的必然结果。他们在广告活动中起到了重要的居间撮合、精准配置资源、价格交易等关键作用,连接起广告主和广告最终展现媒介,最终使广告活动顺利进行。

广告联盟通常分为"流量平台"(广告位供应方,Sell - Side Platform,SSP)、"广告主平台"(广告需求方,Demand - Side Platform,DSP)以及中间的结算方三类。常见的广告联盟有百度联盟、搜狗联盟、淘宝联盟、京东商城销售联盟、广点通联盟等。一个最简单的广告联盟关系可以展现为下图:

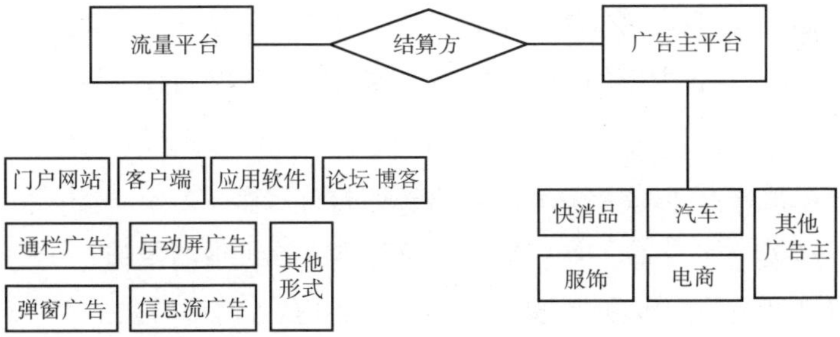

上图中左侧为流量平台 SSP,右侧为广告主平台 DSP,中间为双方实现广告的投放提供交易平台。其中 SSP 流量平台和 DSP 广告主平台下各拥有大量的成员,并由平台直接对成员进行管理。SSP 流量平台的联盟成员包括门户网站、客户端、应用软件、论坛、博客等,广告的展现形式有通栏广告、启动屏广告、弹窗广告、信息流广告、全屏广告广告等具体形式;DSP 广告主平台则直接对接快消品、汽车、服饰以及电商等各个领域的广告主。结算方是指为 SSP 与 DSP 进行广告投放提供交易平台的服务者。

在这种业务模式中,众多广告主通过 DSP,将广告投放在了拥有广告位资源的流量平台成员方。流量平台的成员与流量平台之间通过代码拉取、调用存储与联盟方系统中的广告信息进行展示，联盟成员的某个广告位是否展示广告、展示哪个广告主的广告，都由广告联盟的系统在几毫秒之间自动瞬间决定。DSP 与 SSP 通过中间结算平台合作，就费用进行结算。

当然，这里所示是最简单的广告联盟流程图，实践中，还有可能是多个流量平台间的配合与资源互补，也有可能是结算方直接与流量平台的联盟成员合作，推送广告。

在广告联盟模式中，连接了广告主与众多中小网站，既为广告主了提供多样化的广告展示资源，又为没有广告经营能力的中小网站提供了流量变现的机会，但使法律关系也变得复杂：

第一，广告联盟首先为互联网广告经营者。按照《广告法》定义，互联网广告经营者，是为广告主提供互联网广告设计、制作、代理服务的自然人、法人或者其他组织。在广告联盟模式下，SSP/DSP 以及结算方，都是在为广告主提供中间服务，因此首先都是广告经营者。

第二，广告联盟有可能为互联网广告发布者。当广告内容由广告联盟平台存储时，它对广告内容的修改拥有了最终决定权、控制权，就同时为互联网广告的发布者和经营者。当广告内容由广告主自行控制时，广告联盟平台只承担广告经营者责任，这里就视为广告主的自行发布。

第三，SSP 流量平台的联盟成员地位特殊。这里指的是加入了广告联盟、贡献出自己网站的广告位置，供 SSP 分配广告内容，而自己完全不参与广告内容的制作、也不存储广告内容的网站、软件等。实践中通常是广告经营能力相对低下的中小型网站，通过 SSP 平台进行广告展示资源的售卖，他们与流量平台之间通过代码拉取、调用存储与联盟方系统中的广告信息进行展示，并未实质参与任何广告经营行为，某个广告位是否展示广告、展示哪个广告主的广告，都由广告联盟的系统自动瞬间决定，与联盟成员没有直接关系。他们与流量平台的分成比例也往往很低，可能只占十之一二。让他们承担起沉重的发布者责任，不甚科学。

据统计，截至 2015 年 6 月，中国现有 357 万个网站（2231 万个域名），移动应用软件约为400万个。这其中,有大量小网站、小型应用软件(以下统称“小网站”)需要通过广告联盟的业务模式来将自己的流量变现,获得运营收入。如果不考虑实际情况,贸然将这些小网站都规定为广告发布者,承担发布者的法律责任,会导致它们增加业务运营成本甚至被罚倒闭,进而会对整个中国互联网行业活力造成影响。

三、广告代言人

广告代言人是此次《广告法》修改新增加的内容。是指广告主以外的,在广告中以自己的名义或者形象对商品、服务做推荐、证明的自然人、法人或者其他组织。

近年来,名人代言虚假广告的情况时有发生,此次修改专门在总则部分对其进行定义,包含了以下几层意思:第一,广告代言人,是广告主以外的人,因此不包括广告主自身;第二,要以自己的名义或形象对商品、服务做证明、推荐,即利用自己的独立人格,这一点是区分广告代言和广告表演的重要界限;第三,广告代言人可以是自然人、法人或其他组织。

1. 广告代言人的界定问题

关于广告代言人的身份界定经常混淆的几个问题是:

第一,在广告中明确表明自己身份的,属于以自己的名义,利用了自己的独立人格,名人或普通人都可以做代言人。

第二,对某些知名度较高的明星、名人,虽然广告中没有明确表明自己的身份,但对广告受众而言,较为知名,可以辨认其身份的,也属于以自己的形象,也属于广告代言人。

第三,对于利用名人卡通形象的,同第二点理由相同,只要对广告受众而言可以辨认其身份的,也属于以自己形象代言。

第四,如果在广告中没有标明身份,对受众而言也难以辨认其身份的,则不属于以自己独立的人格,此时就属于广告表演,不属于广告代言,不承担代言人的法定义务和责任。

第五,这里的推荐、证明,既包括直接以语言、行动向消费者推荐某商品、服务、证明其效果的;也包括以间接的、隐蔽的、引诱性的方式。

2. 广告代言人在互联网广告中的特殊问题

第一,广告代言人利用互联网自媒体发布商品、服务的推荐、证明,如何认定是不是广告?

回答这个问题,要回到《广告法》的对广告代言人的定义上来,看广告代言人是否接受了委托,是否收受了费用或其他有偿利益。如果该人是接受委托后发布的,为代言人;如果没有接受委托,只是自发、自觉的认为某种商品或服务的质量好、价格优等特点为其广告告知,属于体验式言论,就不应当认定为代言,而是普通民事行为。

第二,广告代言人利用各类互联网自媒体资源发布商品、服务的推荐、证明,广告代言人是否视为广告发布者?

同样,如果代言人是接受委托、在互联网自媒体资源里发布商品、服务的推荐、证明的,就符合了广告发布者的特征,代言人就视为互联网广告发布者,此时互联网自媒体资源的提供者就是互联网信息服务提供者,而不再承担发布者责任。例如,某明星为某品牌面膜在新浪微博中发布了一条推荐信息,其作为名人,使用了自己的名义和形象为该款面膜做了推荐。此时该明星既是广告代言人,同时又是广告发布者,还要承担发布者的责任,

四、互联网信息服务提供者

本次《广告法》修订,对互联网广告的重要一点,是第 45 条承认了互联网信息服务提供者这一主体。这一概念的出现,是对网络广告行业和互联网信息技术发展现状的正视,承认了在某种特定情形下,互联网信息服务提供者本身既不是广告发布者,也不是广告信息的接收者,只是为他人发送、发布广告的活动提供了一个信息传输的场所或平台,它的角色属于"第三方平台"。在实践中,互联网信息服务提供者与互联网广告发布者如何区分认定,成为主要困扰。

1. 网站收费了就是互联网广告发布者吗?

这首先要看收的是什么费。根据《互联网信息服务管理规定》(292 号令),互联网信息服务,是指通过互联网向上网用户提供信息的服务活动,包括了经营性和非经营性互联网信息服务。经营性信息服务是指通过互联网向网络用户有偿提供信息或者网页制作的服务活动;非经营性互联网信息服务,是通过互联网向网络用户无偿提供具有公开性、共享性信息的服务活动。

但值得注意的是,这里的经营性“有偿服务”,与广告活动是两个问题。经营性、向用户提供有偿服务,有可能是向用户提供信息技术服务、收费会员服务、增值服务等,不一定是收广告费的活动。例如,新浪微博的微博会员服务,自 2012 年起新浪为其微博会员提供身份、功能、手机及安全四类增值服务。每月只需支付 10 元,开通会员后关注对象的上限可以突破 2000 人,其中 VIP1 档至 VIP3 档会员可关注 2500 人,VIP4 档至 VIP6 档会员可关注 3000 人;会员可以在微博平台各个推荐展示列表中得到优先推荐;会员还将享受 VIP 专属标识、专属个人页面模板、等级加速及语音微博等服务。这种收费活动并不是广告活动。因此,即便互联网信息服务提供者收取了费用,但只要收取的不是广告费,就不是广告发布者。

2. 广告代言人利用了互联网信息平台的自媒体媒介资源为商品或服务做推荐、证明的,互联网信息平台提供者是广告发布者吗?

还以这张(上图所示)张亮在微博中发布广告的例子来看,张亮属于广告

代言人,且同时视为广告发布者。那么新浪微博此时属于什么角色呢,是广告发布者还是互联网信息服务提供者呢?这就要看新浪微博是否就该广告与张亮进行了广告费用的分成,如果新浪微博参与了广告推荐、发布行为并收取了相关广告费用,就应当承担广告发布者角色;但如果新浪微博仅仅作为网络中间平台,而非网络交易平台,仅为该广告发布行为提供信息传输,则新浪微博应当被认定为互联网信息服务提供者。如果该面膜出现质量问题,侵害消费者权益,应当由广告主以及广告的经营者、发布者承担民事赔偿责任;而新浪微博只在明知或应知的情况下承担制止违法广告的责任。

从暴雪诉外挂开发者看网络游戏外挂中的法律问题

彭宏洁[*]　田小军[**]　曹建峰[***]

正如热门文学、音乐、影视作品常常遭遇深度链接、聚合应用、网盘、盗版网站等各种侵权一样，网络游戏往往也难逃非法外挂带来的版权侵权和不正当竞争行为。包括《传奇》《冒险岛》《魔兽世界》等在内的众多国内外知名网络游戏，都曾遭受过非法外挂之害；一些网络游戏甚至因为非法外挂的干扰，而为游戏用户所弃，网络游戏市场因为外挂这个不和谐因素而变得危机重重。伴随着网络游戏产业的快速发展和市场竞争日趋激烈，外挂早已演变成为一种商业行为，甚至形成了一条畸形的产业链，直接影响游戏创新，危害产业前途。

网络游戏外挂给立法和司法实践带来重重挑战。虽然打击“私服”“外挂”一直是相关执法部门的工作重点之一，并出台了直接相关的行政规定。但是，在依法治理外挂上依然存在诸多困难。为此，可对近期发生的暴雪诉外挂开发者一案展开分析，并以此为切入点，分析网络游戏外挂中涉及的法律问题，以期为解决网络游戏外挂的维权和司法实践提供有益参考。

---

* 彭宏洁，腾讯研究院研究员。
** 田小军，腾讯研究院研究员。
*** 曹建峰，腾讯研究院助理研究员。

一、暴雪诉外挂开发者

2015 年 11 月 9 日，暴雪娱乐公司（以下简称暴雪）向美国加州中心区地区法院提起一项诉讼，指控被告 James Enright 及其同伙开发并提供的 HonorBuddy、DemonBuddy 和 StormBuddy 等外挂（又称“视频游戏机器人”，以下合称被诉外挂），帮助玩家自动进行游戏，快速升级，从而吸引玩家购买，为被告获取竞争优势，损害了暴雪游戏的完整性。侵犯暴雪对 World of Warcraft（WoW）、Diablo 3（D3）和 Heroes of the Storm（HOTS）（以下合称暴雪游戏）所享有的版权，并构成合同违约和故意干扰合同，请求法院颁布禁令并判决被告赔偿损失。

暴雪是 WOW、D3 和 HOTS 的开发者和发行者，对这些游戏享有版权。暴雪游戏的成功在某种程度上依赖于暴雪维持玩家游戏兴趣的能力，暴雪为此投入了大量时间和金钱，以便确保不同级别的玩家都能均衡地玩暴雪游戏。为了访问、下载或者运行暴雪游戏，玩家都必须明确同意暴雪的《终端用户许可协议》（End User License Agreement，EULA）。有些暴雪游戏需要付费购买才能下载、安装，玩家付费下载后选择不接受 EULA 的，暴雪将会退还玩家支付的费用。

玩家下载、复制、安装及运行暴雪游戏的，需以遵守 EULA 为前提。EULA 是暴雪和用户之间的游戏软件许可协议，玩家下载、复制、安装以及运行暴雪游戏，都需遵守 EULA 的特定条款、限制和条件。这其中，包括“用户承诺不开发、利用、提供、推广或者发行作弊工具、自动控制游戏的机器人以及其他游戏辅助工具”；此外，EULA 明确要求用户不得拷贝、翻译、反向破解、获取暴雪游戏的源代码，不得修改、拆分、拆解暴雪游戏，不得制作相关演绎作品。暴雪游戏仅通过暴雪的 Battle. net 系统向公众提供暴雪游戏的安装包，非经明确同意 EULA，用户不可能合法地下载、复制、安装及运行暴雪游戏。

被诉外挂严重破坏暴雪游戏的价值和完整性。为了开发被诉外挂，被告以普通用户的角色，同意暴雪的 EULA，并获取了暴雪游戏的软件客户端，之后拷贝、反向破解、拆分、拆解暴雪游戏的软件客户端,进而获取了源代码,并将部分源代码以及从中产生的数据连同被诉外挂一起,提供给世界各地的用户。用户安装外挂后,可利用外挂自动操作游戏,从而迅速升级、完成游戏任务。

二、暴雪三大指控

1. 指控被告侵犯版权。暴雪对暴雪游戏中的源代码和视听作品享有版权,被告未经授权自行以及授权他人复制、改编、发行暴雪游戏的源代码,违反了美国版权法,侵犯了暴雪对暴雪游戏所享有的版权。基于这一指控,暴雪请求损害赔偿和禁令救济。

2. 指控被告故意干扰合同。其一,如前所述,为了访问、运行暴雪游戏,被许可的普通用户必须首先同意暴雪的《终端用户许可协议》,该协议要求普通用户不得作弊,包括不得使用外挂操纵暴雪游戏。其二,暴雪和被许可的普通用户之间的合同有效、可执行。其三,被告知道暴雪和普通用户之间存在该许可协议(被告注册暴雪游戏账号成为了暴雪的用户,所以知道该许可协议),在这样的情况下,被告明知普通用户使用被告提供的工具将会违反暴雪 EULA,依然故意教唆、引诱普通用户购买、使用被诉外挂,从而故意干扰了普通用户和暴雪间的合同。其四,由于被告的违法行为,暴雪遭受了包括商誉的减损、收入的减少、制止外挂投入等在内的损害。其五,被告由于该违法行为获得了不正当利益,包括销售被诉外挂所获收益。根据上述构成要件,暴雪指控被告故意干扰暴雪与普通用户之间的合同,请求损害赔偿、惩罚性赔偿以及禁令救济。

3. 指控被告合同违约。其一,被告同意了暴雪的 EULA。其二,被告开发、提供被诉外挂的行为违反了其与暴雪之间的许可协议。其三,由于被告的违法行为,暴雪遭受了损害,包括商誉的减损、为了制止被诉外挂而投入的资源及收入的减少。基于这一指控,暴雪请求被告履行 EULA 之下的义务(美国法上称为“特定履行”)和禁令救济。

三、法律问题分析

(一)外挂侵犯游戏著作权问题

外挂是一种基于游戏软件程序的软件,通过自动控制游戏客户端和服务器端之间的数据传输,全部或者部分代替玩家进行游戏。根据外挂对主程序所使用的技术手段,外挂可分为两种:一种外挂并不复制、修改游戏客户端,在主程序运营过程中,通过操作系统的逻辑规则,对内存中的参数、数据进行修改,从而拦截、修改主程序的运行;另一种依附于游戏客户端,自身复制主程序的代码、文件,或修改主程序后打包进行传播,玩家安装外挂或被修改的主程序后,主程序的参数、数据会被直接修改。

外挂首先涉嫌侵犯游戏软件的版权。虽然各国对游戏(美国又称“视频游戏”)采取不同的版权保护模式,但一般都保护游戏中的计算机程序(游戏软件),通常就是指代码。显然,如果外挂开发者未经授权,擅自复制并发行游戏软件的代码,将构成版权侵权。

国内的“冒险岛”网络游戏外挂案中,法院认定,被告人借助“CS 辅助”,通过内存挂钩方式入侵《冒险岛》网络游戏客户端程序,获得对该程序内存地址、数据修改的控制权,调用、复制了《冒险岛》124 项客户端软件的功能数据,并在互联网上发布、销售《冒险岛》游戏外挂程序从中牟利,数额达百万余元,构成侵犯著作权罪和销售侵权复制品罪。从民事角度来看,如果暴雪可以证明被诉外挂擅自复制、使用了暴雪游戏的代码,则被告就可能构成版权侵权。但是,对于外挂仅在内存中修改、拦截、伪造数据和指令的行为,是否侵犯版权,目前暂无定论。

此外,考虑到美国法院对临时复制是否构成版权法意义上的“复制”及侵权存在争议,在此有必要对游戏软件运行过程中的临时复制问题进行分析。玩家在线玩游戏时,客户端程序的运行涉及从本地硬盘、在线服务器将游戏代码、指令等写入本地电脑内存(随即存储,RAM)中,形成临时复制。如果玩家遵守许可协议,则这种临时复制就是游戏版权人许可玩家使用软件的结果,不产生侵权问题;问题是,如果玩家事先同意许可协议,之后又违反许可协议,比如擅自使用非法外挂,则可否从之后的临时复制是否侵犯复制权的角度来界定玩家及外挂开发者的行为?

在 Blizzard v. MDY 案中,上诉法院认为,临时复制只在下列两种情况下才不构成侵权:一是在许可协议范围内使用软件;二是用户是程序复制件的所有者。上诉法院进一步认为,暴雪仅仅许可用户使用其软件,并通过许可协议对用户的使用进行了限制,用户并非包括“滑翔机”(涉案外挂)在内的软件的所有人,而是被许可人,如果其没有按照许可协议使用软件,那么用户电脑内存中生成的临时复制就是侵权的产物。正是由于认为违约使用“滑翔机”外挂的用户侵犯了暴雪对魔兽世界(WoW)所享有的复制权,一审法院才认定“滑翔机”开发者构成帮助和替代侵权。其实,早在 Mai Systems Corp. v. Peak Computer, Inc. 案中,美国法院就认为,违反许可协议的临时复制行为侵犯复制权。

临时复制是以信息技术产品(电脑、手机等)复制、传播及使用作品的必然产物,不应专门分析临时复制是否侵权,而应对其之前的行为进行分析。我国《著作权法》并未直接回应临时复制的问题,但其实可以从分析临时复制的来源——具体行为——是否侵权的角度,解决临时复制的问题。各国一般将临时复制视为侵权例外,一般都不认为在正当使用版权作品的时候技术上必然发生的临时复制行为是侵权行为。比如,美国虽然认为使用盗版软件在电脑中产生的临时复制构成未经许可的复制行为,但却将在正常运行正版软件过程中形成的临时复制定为例外,不构成侵权。此外,在 Authors Guild, Inc. v. Google, Inc. 案中,法院也认为,前期的扫描行为必须和后期的展示行为作为一个整体来判断,当后期的展示行为构成合理使用的时候,前提的扫描行为就不构成侵犯复制权。作为一种复制行为,临时复制是否构成著作权法意义上的“复制”、是否构成侵权或合理使用,需要以伯尔尼公约第 9 条、TRIPS 第 13 条、WCT 第 10 条的“三步检验法”来进行衡量。

对于前面提到的“玩家事先同意许可协议,之后又违反许可协议使用外挂,则使用外挂而产生的临时复制是否侵犯复制权”的问题,只需分析违反许可协议使用外挂的行为是否侵权即可。合法性并不能为玩家之后使用外挂的行为赋予正当性:因为违约使用外挂,玩家的行为丧失了许可,其使用游戏软件的行为应被认定为构成侵权。正因玩家对于游戏软件的使用已经不可谓正当,那么与之相伴随的临时复制同时失去正当性,临时复制是以电脑安装使用游戏软件的必然结果,它同时也是版权侵权行为的必然结果,本身具有侵权的属性。

考虑到外挂就是帮助游戏用户自动完成任务、升级,破坏了公平的游戏规则,与游戏作品正常使用相抵触;同时,外挂也会增加服务器的负担、提高运营成本;因为破坏游戏规则和平衡,而导致现有玩家流失、影响新用户增长,进而影响游戏版权人利益。所以,为了解决外挂带来的问题,可以将这种违反许可协议借助外挂使用外挂游戏的行为,认定为版权侵权。进而在符合构成要件的情况下,外挂提供者构成帮助、教唆侵权。这样,外挂提供者就需要承担帮助、教唆侵权责任,这对于保护游戏行业健康有序发展很有必要。

(二)故意干扰合同问题

在之前的 Blizzard v. MDY 案中,暴雪指控被告 MDY 公司故意干扰合同。上诉法院认为,被告承担故意干扰合同之责任必须满足五个条件:一是存在有效合同关系;二是被告知道这种合同关系;三是被告通过引诱或者促成违约的方式故意干扰合同履行;四是被告的干扰行为具有不正当性;五是被告的干扰行为造成了实际损害。在本案中,被告曾经下载过暴雪游戏客户端,这意味着被告曾经同意过暴雪的《终端用户许可协议》,所以知道暴雪与用户之间存在着该许可协议,而许可协议明确禁止用户制作、使用外挂,在这样的情况下,被告依然提供被诉外挂,促成游戏用户违约,给暴雪造成了损害,其意图难谓正当。

第三人侵害债权最早起源于英国的 Lumley v. Gye 案,该案确立了合同财产的一般理论,即履行合同义务的承诺是一种无形财产,应当受到与有形财产同等的保护。所以,引诱他人违约侵害了这种无形财产,需要负担损害赔偿责任。此案对各国侵权责任法影响甚大。

在美国,法院曾以故意干扰合同理论来论证广告移除、屏蔽行为的不正当性。在 Penthouse Intern., Ltd. v. Koch 案中,原告 Penthouse 指控被告 NYCTA 和 MTA 非法干预其与地铁公司之间的广告合同。根据纽约法律,原告主张非法干预合同必须证明:(1)存在一个有效的合同;(2)被告知道该合同;(3)被告故意促成合同违约;以及(4)损害。法院认为,因为地铁公司并未违反其与 Penthouse 之间的合同,所以非法干扰合同不成立。在后来的 Daisy Outdoor Advertising Co. v. Abbott 案中,南卡罗来纳州最高法院认定 Daisy 屏蔽广告的行为构成干扰 Abbott 与 Clarkson 之间的合同,应当承担赔偿责任。

大陆法系国家也大都建立了第三人侵害债权制度。比如,德国民法典将侵权行为划分为三大类:一是因故意或者过失不法侵害他人生命、身体、健康、自由、所有权或者其他权利(第 823 条第 1 款),保护的对象仅针对绝对权;二是违反以保护他人为目的的法律(第 823 条第 2 款);三是违反善良风俗的故意侵害(第 826 条)。后两项规定保护范围广泛,在实践中常常作为侵害债权的请求权基础。

我国台湾地区民法学家王泽鉴先生认为,侵害债权的请求权基础是台湾地区"民法典"第 184 条第 1 项后段之规定,即"故意以背于善良风俗的方法,加损害于他人者亦同"。

我国相关法律对故意干扰合同是否构成侵权没有做出明确规定,学者对第三人侵害债权的探讨依然停留在理论争议阶段。但根据我国《侵权责任法》第 6 条,行为人因过错侵害他人民事权益,应当承担侵权责任;《合同法》第 2 条第 2 款关于"民事权益"的规定也并没有明确排除债权,有学者认为这里的民事权益包括债权。

所以,从法律解释的角度出发,虽然合同具有相对性,但是第三人在特定情形下故意或者以违背善良风俗的手段干扰合同当事人履行债务,给合同当事人造成了损害且损害与故意干扰具有因果关系时,就应当承担侵害债权之责任。这一侵权类型对于突破合同相对性保护债权意味重大,尤其是对于保障互联网行业服务协议的正常履行、促进行业的健康发展起着重要作用,应在立法和司法层面予以明确。

（三）破坏、规避技术保护措施问题

外挂是否破坏、规避游戏软件的技术保护措施，需要根据个案具体分析。版权法禁止规避防止非法访问、非法复制版权作品的技术保护措施，但在游戏版权人已经许可用户访问、复制其游戏的情况下，使用外挂是否涉嫌破坏技术保护措施就很难说。

在 Blizzard v. MDY 案中，WoW 中的“典狱长”（Warden）技术措施被用来检测用户在接入服务器或者在线游戏时是否运行外挂，并采取禁止接入服务器或者终止用户在线游戏的措施来阻止外挂程序。上诉法院认为，虽然不控制用户访问、安装游戏客户端程序，但“典狱长”控制客户端和服务器端之间的数据传输，是控制访问“网游动态显示”的技术措施，所以被告 MDY 公司提供“滑翔机”外挂的行为属于提供规避工具，违法了《数字千年版权法》（DMCA）。当然，这时候用户也构成规避技术措施，但权利人往往选择打击、制裁规避工具的提供者。

所以，如果游戏采用技术措施来识别、阻止用户使用外挂，提供或者使用外挂规避这种保护措施，以访问“网游动态显示”或者服务器端程序（游戏版权人不希望外挂访问服务器端程序来操纵游戏），就构成破坏、规避技术保护措施。但是必须意识到，技术措施保护的对象是受版权法保护的作品，一旦超出了这个范围，就不再构成规避版权法意义上的技术保护措施。

此外，规避行为本身就是违法行为，不要求其与实际的版权侵权行为存在关联；所以，即使规避实施者最后没有复制、传播版权作品，依然构成规避技术保护措施，需要承担相应的法律责任。

（四）不正当竞争问题

最后，提供外挂是否涉嫌不正当竞争。游戏吸引用户的地方在于用户可以公平地玩游戏，游戏版权人为此投入了大量的时间、资源来确保游戏公平地适合所有玩家，以便维持用户的游戏兴趣。外挂等作弊工具破坏了玩家之间

的平衡，损害了正当玩家的游戏利益，导致既有玩家退出、放弃游戏，新玩家增长或者游戏投入缓慢，从而损害游戏版权人的正当收益，而外挂提供者却可以从中谋取不正当利益，这显然有违公平。

正如经营者正当投放的广告受到反不正当竞争法保护一样，游戏版权人正当的游戏模式理应受到同样的保护；因为在本质上，提供外挂干扰公平的游戏规则和环境的行为是一种商业上的搭便车，长远来看，一旦纵容这种食人以自肥的行为，游戏版权人的投入得不到应有的回报，这势必影响游戏开发者的创作、创新动力，从而可能危害整个游戏产业的健康发展。

问题是游戏版权人和外挂开发者之间是否具有竞争关系。当前倾向于对竞争关系进行泛化解读；竞争关系的演化使得不正当竞争行为的界定不再限于同业竞争者之间的竞争行为，而扩展到非同业竞争者的竞争行为。

在优酷诉猎豹浏览器不正当竞争一案中，法院认为，“对竞争关系的理解不应限定为某特定细分领域内的同业竞争者，而应着重从是否存在竞争利益角度进行出发考察。竞争利益主要体现为对客户群体、交易机会等市场资源的争夺中所存在的利益”。而且，世界上大多数国家反不正当竞争法的适用范围都非常广泛，比如美国法院在 International News Service v. Associated Press 案中确立的“不正当得利”原则，并不要求竞争关系的存在，而是将这种“不劳而获”的行为认定为不正当竞争。

有些大陆法系国家甚至不以直接的竞争关系之存在为认定基础，比如荷兰将不正当竞争行为界定为“社会一般观念认为不可接受的旨在促进商号或者公司的销售或者增加其利润的行为”。所以，如前所述，游戏版权人投入大量人力和资源维持的正当游戏模式受到反不正当竞争法保护，提供外挂从中谋取不正当利益的行为构成商业“搭便车”和不正当竞争，权利人可以依据反不正当竞争法请求禁令和损害赔偿。

四、结论

通过上面的论述我们可以看到，一方面，网络游戏外挂中的法律问题具有多样性和复杂性，不是单纯版权法、合同法或者反不正当竞争法就可以解决的；但是另一方面，这些法律却可以为网络游戏外挂中某一方面的问题提供一个解决思路。

比如，对于外挂中的侵权法律问题，可以诉诸版权法或者侵权法；而对于其中的合同法律问题，则可以诉诸合同法；同时，还可以借助反不正当竞争法来规制外挂"搭便车"的不正当竞争。

尽管这些法律往往有不同的针对性和侧重点，但是当具体的行为落入其适用范围的时候，就必须受到规制。那种简单"一刀切"地处理法律问题的逻辑值得商榷，其对于权利的保护以及市场秩序的维持也不充分。所以，只有在基本民事观念和原则的指导下，带着一种全局性、批判性的眼光来看待、处理外挂中的法律问题，才可以还游戏产业创新发展一片净土，促进游戏市场的健康有序发展。

第二章
网络治理

网络安全立法是否需要大而全?

蔡雄山*

《网络安全法草案》(以下简称《草案》)公开征求意见工作在不断推进,从《草案》中公布的相关内容以及国外的先进经验来看,这份立法的涉及内容、关键信息基础的界定以及是否需要大篇幅涉及个人信息保护内容三个问题值得斟酌。

一、涉及内容是否需要无所不包?

网络安全的概念众说纷纭,归纳来看可以分三个层面来定义:第一层面指网络层面的安全,主要涉及网络设施等;第二层面的安全包括网络层面的安全及信息内容的安全,如违法有害信息处理等;第三层面的网络安全主要是网络空间的安全,既包括第一层面及第二层面,又包括其他因网络引起的安全,如反恐、网络诈骗等网络犯罪等。这三个层面的概念由小到大,依次递进。

从国际经验来看,美国没有统一的综合性网络安全法。网络安全主要由一系列的州和联邦法规以及特殊行业立法实现。目前美国50多个州法直接或间接对网络安全予以规定,并且在内容上主要强调的是网络层面的安全,包括关键基础设施的网络安全等。

---

* 蔡雄山,男,腾讯研究院高级研究员。

需要指出的是,美国部分立法中也出现“信息安全”字样,但其含义与我国立法中信息安全并不一致。我国的信息安全更强调内容安全,而美国的信息安全指的是保护信息及信息系统免于非授权访问、使用、泄露、干扰、修改或破坏以保障信息的完整性、秘密性及可用性。在《联邦信息安全现代化法案》中,该概念与网络安全并没有实质区别,只是表述不同。

另外,反恐及网络犯罪等内容各国通常在其他立法中进行规定,而非网络安全法。如近年英国通过的《反恐及安全法案》,要求互联网服务提供商和移动运营商保存用户IP地址并应向监管机构要求提交等。

从我国的网络安全法草案中“重点对网络自身的安全作出制度性安排,同时在信息内容方面也作出相应的规范性规定,从网络设备设施安全、网络运行安全、网络数据安全、网络信息安全等方面建立和完善相关制度”的内容可以看出,我国要制定的是一部综合性的、无所不包的网络安全法,涵盖网络层面安全、信息安全,甚至整个网络空间安全。

网络安全的概念界定也是立法的核心问题。当前《草案》指出,网络安全是指通过采取必要措施,防范对网络的攻击、入侵、干扰、破坏和非法使用以及意外事故,使网络处于稳定可靠的运行状态,以及保障网络存储、传输、处理信息的完整性、保密性、可用性的能力,但立法内容远远大于此概念,尤其大篇幅阐述个人信息保护,这点需要斟酌。

二、个人信息保护是否还需浓墨重彩?

个人信息保护是网络时代的重要法律问题,但是否需要在网络安全法中占据大量篇幅值得商榷。

当前世界各国个人信息保护立法无非两种模式:欧盟模式和美国模式,即统一立法与分散立法模式。欧盟各成员国有专门的《个人数据保护法》,美国并没有统一的个人数据保护法,而是分散在各行业立法中,如《健康保险可携带性和责任法案》《金融服务现代化法案》《公平准确信用交易法案》《儿童线上隐私保护法案》等。综观欧美两种模式,个人信息保护立法或通过专门的

《个人信息保护法》解决,或通过各行业分散的立法解决,均没有通过统一的网络安全立法来解决个人信息保护问题。

在此问题上,我国已经颁布了一些相应的法律。2012 年,我国颁布《全国人大关于加强网络信息保护的决定》;2013 年,工信部颁布《电信和互联网个人信息保护规定》,《信息安全技术公共及商用服务信息系统个人信息保护指南》正式实施;目前,工信部正在制定《电信和互联网服务用户个人信息保护技术要求 》等系列标准。总体而言个人信息保护制度已经初步形成,是否还要在网络安全法中再继续规范一遍也值得考虑。

事实上,个人信息保护制度与网络安全制度在某种程度上是冲突的。如个人信息保护制度要求在服务结束后尽快删除个人信息,而网络安全制度则需要个人信息保留越长越好。

三、关键基础设施如何过渡到关键信息基础设施?

这份《草案》提出,国家对提供公共通信、广播电视传输等服务的基础信息网络,能源、交通、水利、金融等重要行业和供电、供水、供气、医疗卫生、社会保障等公共服务领域的重要信息系统,军事网络,设区的市级以上国家机关等政务网络,用户数量众多的网络服务提供者所有或者管理的网络和系统(以下简称关键信息基础设施)实行重点保护。这里诞生了一个新概念,即“关键信息基础设施”。

从美国立法情况来看,仅有关键基础设施概念,并没有关键信息基础设施的概念。根据美国国土安全局官方解释,关键基础设施指任何资产或网络系统,无论是物理设备或虚拟的(系统),只要其失常或者损毁将对美国的安全、国家经济安全或国民公共健康健全造成严重损害,都将被视为关键基础设施。2014 年 2 月,美国白宫发布《促进关键基础设施网络安全机制》。这份文件主要包括三个方面内容:机制核心、机制蓝图以及机制执行分级。其中,机制核心列出了在关键基础设施领域常见的网络安全活动,相应的标准和最佳范例等,目的在于促进机构内部不同层级之间(包括高级行政层面和日常运营层面)关于网络安全信息的沟通。这份文件指出,关键基础设施社群通过信息技术或工业控制系统对基础设施功能运行提供支撑服务,对于技术及通信的依靠,IT 技术的互连接性及工业控制系统加剧了基础设施的脆弱性并增加了潜在运行风险。例如,工业控制系统和信息技术中产生的数据正广泛应用于提供关键服务,支持商业决策,网络安全事故的潜在影响对于相关组织商业、资产、健康及个人安全、环境等影响都需要考虑。

由此可见,美国是定义了"关键基础设施",随后指出关键基础设施社群通过信息技术手段或者工业控制系统对基础设施功能运行提供支撑服务。因此强调了关键基础设施的网络安全问题。我国《草案》中并没有明确定义"关键基础设施",如何过渡到"关键信息基础设施"值得讨论。

四、建议

建议网络安全法内容与附则中网络安全定义保持一致。网络安全,是指通过采取必要措施,防范对网络的攻击、入侵、干扰、破坏和非法使用及意外事故,使网络处于稳定可靠的运行状态,以及保障网络存储、传输、处理信息的完整性、保密性、可用性的能力。据此定义,网络安全主要指网络运行方面安全。而目前《草案》中大篇幅的个人信息保护内容应删除,包括第 37 条,公民发现网络运营者违反法律、行政法规的规定或者双方的约定收集、使用其个人信息的,有权要求网络运营者删除其个人信息;发现网络运营者收集、存储的其个人信息有错误的,有权要求网络运营者予以更正。此类内容并不属于网络安全范畴,而属于个人信息保护法的范畴,可在个人信息保护立法中涉及。

建议细化数据存储本地化要求。《草案》第 31 条规定,关键信息基础设施的运营者应当在中华人民共和国境内存储在运营中收集和产生的公民个人信息等重要数据;因业务需要,确需在境外存储或者向境外的组织或者个人提供的,应当按照国家网信部门会同国务院有关部门制定的办法进行安全评估。从国际经验来看,目前仅俄罗斯一项最新法律规定所有收集俄罗斯公民信息的互联网公司都应当将这些数据存储在俄罗斯国内,该立法将于 2016 年实施。但在实践中,由于互联网的互联互通及全球性,这一规定很难实施,且会对产业带来相应损失。今年巴西曾在相关立法草案提出数据存储本地化要求,但经过激烈争论,最终删除了该规定。当前《草案》关于网络数据的概念极为广泛,网络数据是指通过网络收集、存储、传输、处理和产生的各种电子数据,此种概念各国立法并没有先例。目前即使俄罗斯的立法也仅规定个人数据的本地化,因此,建议立法对于数据限定明确范围,细化数据存储本地化要求。

建议将用户数量众多的网络服务提供者所有或者管理的网络和系统纳入关键信息基础设施的内容再加斟酌。主要原因在于,关键信息基础设施概念需明确,目前用语模糊,可能所有的网站都可被纳入关键基础设施并施加相应义务。

此外,目前《草案》在预留众多立法接口,相关概念的统一性及一致性等方面都需要进一步推敲。

实现从互联网管理到互联网治理思维的转变

蔡雄山*

2014年7月16日，习近平总书记在巴西国会发表题为《弘扬传统友好共谱合作新篇》的演讲，提出："国际社会要本着相互尊重和相互信任的原则，通过积极有效的国际合作，共同构建和平、安全、开放、合作的网络空间，建立多边、民主、透明的国际互联网治理体系。"这是国家领导人层面首次提出"互联网治理"概念。

一、单一互联网监管思维难以奏效

近年来，我国互联网产业发展取得了不小成就。总体而言，目前全球互联网产业形成了中美竞争的格局。依市值来看，全球互联网企业前十当中，全部被中国和美国互联网企业占据，包括谷歌、脸书、亚马逊、腾讯等。

随着互联网产业的发展，互联网监管也提上日程，且近几年我国互联网立法中出现互联网平台责任加重的趋势。如当前在《食品安全法》《广告法》《互联网食品药品监督理办法》等征求意见稿中，均有体现。此类立法均要求互联

* 蔡雄山，男，腾讯研究院高级研究员。

网平台方承担相应的审核、巡查、检查、安全管理等责任。如《互联网食品药品监督理办法》第三方交易平台经营者应当建立巡查制度，设置专门的管理机构或者指定专职管理人员，对发布的信息以及经营的食品药品进行检查，对发布虚假信息、夸大宣传、超范围经营等违法行为以及发现食品药品质量问题或者其他安全隐患，应当及时采取措施制止，并向食品药品监督管理部门报告，必要时可以停止提供第三方交易平台服务。可以看出，类似立法中互联网企业的责任加重，甚至承担了相应监管机构的职能。此类立法是单一互联网监管思维的体现，实践中可能难以实现立法目的。

一方面，互联网平台不具备法定监管职能，缺乏必要监管手段与监管能力，难以承担相应责任。平台作为民事主体，没有法定赋予的监管职能，且缺乏如食品安全管理等需要专业人员、专业知识及专业技术手段等。由于相关问题认定和制止缺少专业性和权威性，容易引发违约、侵权等民事纠纷和相应诉讼，难以实现立法目的。

另一方面，一味加重第三方平台责任，将加大企业运营成本，不利于电子商务及互联网产业发展。国务院今年发布《关于促进信息消费扩大内需的若干意见》，要求拓展新兴信息服务业态，丰富信息消费内容，拓宽电子商务发展空间等。加大第三方平台责任，不仅增加企业运营成本，还会对整个产业的创新与发展带来不利影响，不利于促进信息消费。

此外，加重平台责任与当前国际立法趋势及我国相关立法并不一致。第三方交易平台责任问题是当前各国互联网发展中都面临的问题，目前美欧日韩等相关立法均未要求平台承担极为严格的责任，而是要求平台履行合理注意义务，根据过错承担相应责任，而非赋予平台监管义务。这样做的立法目的在于适应互联网特性，促进互联网产业发展，同时也能保护消费者权益。

二、多元化治理思路

长期以来，我国“互联网监管”的理念深入人心。虽然互联网治理与互联网监管看着相似，但其理念却大不相同。互联网监管强调的更多的是政府单方面的管理，而互联网治理更多强调多元化的参与，不仅包括政府管理，也包括行业自律、企业参与、消费者意识提高等诸多因素。当然，企业的参与不在于承担政府职能进行相应管理，而在于发挥市场竞争的力量，不断提高产品和服务质量，加强企业自律。不仅如此，与一味强调政府监管相比，互联网治理的概念更强调市场的力量，通过市场的充分竞争，可以实现监管的目的。如用户权益保护方面，互联网行业竞争激烈，企业需要不断提高用户体验，保障消费者权益，抓住用户，从而在市场竞争中处于有利地位。

事实上，互联网治理的概念提出已久。在联合国框架下，2006 年信息社会峰会即提出了互联网治理论坛（IGF），成为全球讨论互联网治理的主要场所。

三、互联网企业的中国梦

互联网行业是国家基础性、先导性与战略性产业，近年来我国已成为继美国之后全球最重要的互联网力量，国际影响力和竞争力日益显现，对我国经济社会发展产生了巨大的辐射作用。互联网产业也带动工业、农业、服务业等实现传统产业的转型升级。总结我国互联网产业发展前 20 年的经验，与产业发展相适应的监管制度是重要因素。因此，在当前形势下，实现从互联网监管到互联网治理思路的转变，充分发挥市场力量，将为我国互联网产业发展释放更多活力，将为实现互联网企业的中国梦提供更大的推动力。

抓住域名“移权”契机，唱响国际互联网治理的“好声音”

卢　依*

根据数字地址分配机构（ICANN）官方公布消息，近日，两位中国专家当选ICANN重要机构成员。他们的入选让中国专家有机会参与互联网域名系统关键职能的“顶层设计”，也是中国为国际互联网社群作出贡献的重要标志。今年是全球互联网域名管理“移权”的尘埃落定之年，全球域名管理格局将迎来变化，我国需抓住契机，积极参与到域名管工作中，在全球互联网治理的舞台上唱响“中国好声音”。

一、管理移权，域名迎来格局转变契机

在互联网域名体系中，根服务器是互联网寻址定位的起点和用户访问互联网的入口，是实现“互联互通”最重要的基础设施。

此前，由于历史原因，互联网数字分配机构（IANA）一直负责互联网根区文件的生成。但是在交给相关机构发布该根区文件前，要获得美国电信和信息管理局（NTIA）的审核同意。正是由于这样的制度安排，美国政府对互联网

* 卢依，女，腾讯研究院研究员。

根域名的修改具有最终否决权，并对全球互联网产生影响力。因为掌管着根域名服务器，美国可以顷刻间将一个国家从互联网上“抹去”。2003 年伊拉克战争期间，美国就终止了伊拉克顶级域名“. iq”的申请和解析。值得注意的是，在目前的互联网体系中，中国并没有根域名服务器。

NTIA 在 2014 年 3 月 14 号发布的官方声明中表示其与 ICANN 之间的现有的合约关系将于 2015 年 9 月 30 日终止，此后有意将网络域名管理权力移交给由全球利益相关方组成的社群。但 ICANN 同时亦强调这一声明并不代表最终决定，如果未能达成合适的权力移交方案，美国将不会终止其监管人角色，而是将原有合同延期 4 年。

应广大社群要求，IANA 管理权移交协调小组（ICG）应运而生。同时 ICANN 设立 IANA 功能移交设计组（CWG），就 IANA 移交过程中的一些关键问题形成专家意见，提交给 CWG，以帮助 ICG 形成关于域名管理的最终移交报告。ICG 负责将最终由 ICANN 社群提交的职能移交方案和 ICANN 可信度机制设计方案进行整合，得出一个综合性的职能移交方案。

二、众口难调，移权方案未获广泛支持

2014 年 12 月，CWG 在其中一个权力移交方案中呼吁成立一个独立于 ICANN 的机构，通过跟实行 IANA 职能的其他机构签订合同的方式，取代 NTIA 原有的职能。这一模式同时也呼吁建立其他若干个支持性的机构，包括多方利益主体审核组和独立的专家审核委员会等，目的在于监督和审核执行 IANA 职能的机构。

也有提案建议采取外部信托模式，通过成立一个独立的外部信托机构监督原来隶属于 IANA 的职能机构的执行情况，并赋予这一机构采取必要措施防止失误的权力。这一权力甚至可以取消 ICANN 作为执行 IANA 职能机构的主体资格。

此外，还有一部分人支持内部解决模式，在 ICANN 内部保留多方利益主体审核机制，同时也设置效力更高的保护性章程确保 ICANN 在执行相关职能

的过程中尊重 ICANN 社群的意见。目前的权力移交方案中，并没有哪一个获得了统一的广泛支持。

美国政府自 1998 年来就以政策声明的形式承诺逐渐实现互联网的国际化与私有化。2014 年 9 月，美国国会发布一份预算提案，一年中内将约一万亿美元预算用于美国政府机构的财政支持。值得注意的是，该提案规定这部分财政支持不得用于 NTIA 移交权力的过程，而这一条款的失效日期恰恰是 2015 年 9 月 30 日，也即 NTIA 与 ICANN 的合约的终止日期。换言之，NTIA 只有选择将合同延期才能继续获得美国国会的财政资助。但这种做法将严重影响美国之前在网络管理方面扮演的中立和善意形象，也与目前移权趋势背道而驰。

2015 年 2 月，美国商业科学及交通委员会主席以“维持多方利益相关者互联网治理模式”为主题召开听证会。会上 ICANN CEO 以及其他来自 NTIA 的高级官员阐述了将 IANA 职能移交给 ICANN 的好处，并且表示互联网社群已经做好准备，避免互联网治理受到外国政府的干涉。美国方面的顾虑在于美国政府将控制权完全放开给私营领域，可能导致某些国家如俄罗斯、伊朗和中国通过政府间组织来对互联网职能关键设施产生不当影响。会议中参议员再次强调应当禁止任何由政府领导的或者政府间的解决方案，以及移权最终实现之前也必须确保独立审核环节的存在。

三、网企发声，短期内现有局面难改变

CWG 甚至预计至少要到 2015 年 6 月才能提出一致意见，而这么一来要在 2015 年 9 月 30 日 IANA 合同到期前实现权力移交几乎是不可能的。按照目前的进度，CWG 至少要在 2015 年 12 月才能够提出一个建立在合意基础上的方案。这段时间给了互联网企业以及公民机构充分游说和发声的机会。许多公民机构认为商业、技术专家以及公民社会组织应当是引领互联网治理发展方向的重要力量，联合诸如亚马逊、思科、美国电话电报公司、康卡斯特、谷歌、微软和 Verizon 等大型企业发声支持网络域名管理权的移交。

整体而言，现在仍然很难确保在2015年9月之前得出一个有效的移权方案。目前面临的一些问题包括：是否有必要设立一个外部合约机构（或信托机构），以及具体由哪些成员组成多方利益相关者审核委员会和独立的上诉机构等。而互联网域名社群仍然在对这些问题进行讨论，甚至还有一些具有一定政治敏感性的问题，如对于接管相应职能机构的管辖权应当隶属何处仍然有许多争论。这一问题也在国际外交层面上引起了许多讨论，许多政府已经向ICANN提出应当考虑建立一个专门性国际机构处理这一问题，而不是由联合国机构仅以国际法为准进行判断。

ICANN移权的最终实现将会改变联合国大会在互联网治理方面的决定。作为一直以来掌管互联网号码分配权力的机构来说，ICANN显然愿意继续维持现有的工作，认为继续在ICANN内部实现这一职能的解决方案是最理想的，并且也已经说服了互联网社群的大多数成员。对于其他成员而言，内部解决方案对于确保NTIA退出审核监督角色，并且避免2016年美国大选会带来的任何变数而言也是一个比较安全的选择。

四、契机难得，网络治理中国需积极发声

根据ICANN的消息，互联网域名系统北京市工程研究中心高级研究员张建川博士、实验室主任马迪博士分别获选成为ICANN功能移交设计组、互联网根服务器咨询委员会专家组成员。张建川博士当选的D设计组主要研究是否要继续保持美国政府对IANA根区文件的审核权。马迪博士当选的互联网根服务器咨询委员会，由来自互联网根服务器运行机构的代表组成，负责向ICANN董事会提供根服务器运行安全和管理机制方面的决策支持。

此次互联网根服务器咨询委员会专家组的成立，旨在帮助ICANN的根服务器咨询委员会进行技术研究和决策分析，特别是互联网根服务器运行机制和体系结构的演进方向。中国专家参与互联网域名系统关键职能的顶层设计，也是中国为国际互联网社群作出贡献的重要体现。

在企业层面，随着移权进程逐渐形成的互联网多方治理模式将给予各国

政府、企业更大的作用空间。我国互联网企业实力日益强大,属于其界定的“全球多方利益相关者”,有能力参与相关事务并有所作为。随着新背景下ICANN全球职能逐步向亚太地区转移,政府应吸收互联网企业参与到ICANN亚太战略的形成与合作当中。企业通过参与ICANN等相关会议活动,加入ICANN支持组织或咨询委员会并提交行业意见的形式,可以在国际层面积极发声。通过这种方式不仅形成中国互联网企业与全球互联网社群之间的良性互动,也有益于打造企业的国际影响力。

我国互联网法律政策的特点、问题和建议

杨　乐*

一、2014 年度互联网法律政策的特点和趋势

(一)优化顶层设计,加快政策转型

2014 年,十八届四中全会确立了"依法治国,建设社会主义法治体系"的总体目标,并明确了互联网领域法律政策的总体要求——"加强互联网领域立法,完善网络信息服务、网络安全保护、网络社会管理等方面的法律法规,依法规范网络行为"。

法律法规方面,2014 年国务院对《电信条例》进行了修订,对电信资费的管理实行了市场化的方式,取消了资费的政府定价和政府指导价。2014 年,工信部废止了《互联网电子公告服务管理规定》,取消了电子公告服务的专项审批。

政策方面,国务院继续推进依法行政的改革,进一步取消、精简行政审批事项,转变职能,放管结合。2014 年,国务院两次发布了《国务院关于取消和

* 杨乐,女,法学博士,腾讯研究院高级研究员。

调整一批行政审批项目等事项的决定》，取消和下放了一批行政许可。2014年7月，在《国务院关于取消和调整一批行政审批项目等事项的决定》（国发〔2014〕27号）中，将设立互联网域名注册服务机构审批下放至省级通信管理局；将电子出版物出版单位与境外机构合作出版电子出版物审批取消；将设立互联网上网服务营业场所经营单位审批由前置审批改为后置审批。10月，在《国务院关于取消和调整一批行政审批项目等事项的决定》（国发〔2014〕50号）中，与互联网业务相关的内容主要有：将设立经营性互联网文化单位审批，由以前的前置审批改为后置审批；将港、澳地区服务提供者在内地设立互联网上网服务营业场所，由以前的前置审批改为后置审批；将电子出版物制作单位设立审批、电子出版物复制单位设立审批由前置审批改为后置审批；将互联网药品交易服务企业审批、药品、医疗器械互联网信息服务审批由前置审批改为后置审批。

2015年3月，《国务院关于取消和调整一批行政审批项目等事项的决定》（国发〔2015〕11号），继续推进相关领域改革——将外商投资经营电信业务审批、电信业务经营许可、广播电视节目制作经营单位设立审批、内资电影制片单位设立审批、电影制片单位以外的单位独立从事电影摄制业务审批由前置审批改为后置审批。

互联网是具有创新活力的行业，减少行政许可事项，加强了事中、事后监管，应该是今后政府管理方式转变的重要方向。

（二）加强内容管控，肃清网络环境

2014年，国家进一步加强对互联网内容的管理。各部门先后采取“扫黄打非·净网2014”“剑网2014”等多项专项行动，加强了对网络广告、网络色情、网络暴力等互联网内容的管理和执法，依法规范了互联网产业的发展，严厉打击了各类违法违规行为。

同时，相关执法部门对严重违规的企业加大了处罚力度，对违法行为做出行政处罚，对涉嫌犯罪的移交司法机关追查刑事责任。“剑网2014”专项行动期间，各地版权行政执法部门共查处案件440起，移送司法机关66起，罚款

352万余元，关闭网站750家。“扫黄打非”专项行动收缴各类非法出版物1579万件，共查处各类“扫黄打非”案件8344起。在北京新浪互联信息服务有限公司传播淫秽色情信息案中，执法部门更是开出了508万元的天价罚单，依法吊销其“网络出版许可证”和“网络视听节目许可证”，停止其从事互联网出版和网络传播视听节目的业务。

（三）聚焦重点环节，加大企业责任

网络服务提供者是指提供在线商务、政务、娱乐以及通信服务平台的网络服务提供者，他们在网络世界中扮演着信息中介的角色，汇聚并传递信息。网络服务提供者的责任问题是网络立法和政策的核心问题之一。

从2014年出台和正在制定的法律政策来看，特别是在电子商务立法和网络安全立法领域，网络服务提供者责任有进一步加重趋势。立法秉承“谁经营谁负责、谁办网谁负责”以及“以网管网”的思路，将大型互联网平台公司当成管理抓手，以弥补行政机关自身执法能力和执法水平的不足，以简单化方式解决纷繁复杂的网络管理问题。

在电子商务立法领域，2014年新《消费者权益保护法》正式实施，第44条规定了网络交易平台的责任，明确消费者通过网络交易平台购买商品或者接受服务其合法权益受到损害的，可以向销售者或者服务者要求赔偿；网络交易平台提供者明知或者应知销售者或者服务者利用其平台侵害消费者合法权益，未采取必要措施的，依法与该销售者或者服务者承担连带责任。2014年国家工商行政管理总局发布《网络交易管理办法》，规定了提供网络交易平台服务的经营者的义务与责任，包括平台交易主体准入，商品准入，交易信息检查监控、使用、保存，注册商标专用权、企业名称权等权利保护，经营者商业秘密和消费者个人信息保护，消费者权益保护，网络平台服务合同签订，网络平台规章制度制定，协助配合工商行政管理部门查处网络违法行为等方面的义务和责任。2014年12月24日，商务部发布《网络零售第三方平台交易规则制定程序规定（试行）》（以下简称《交易规则》），规定网络零售第三方平台经营者制定或修改的交易规则，应当在网站主页面醒目位置公开征求意见，并应采取合理措施确保交易规则的利益相关方及时、充分知晓并表达意见,通过合理方式公开收到的意见及答复处理意见,征求意见的时间不得少于7日。同时,《交易规则》还指出,网络零售第三方平台经营者应当主动采取合理的方式保障利益相关方全面、方便地了解所实施的交易规则的内容,并提请其注意有关免除或限制网络零售第三方平台经营者或者利益相关方责任的内容。

在网络安全法领域,《网络安全法》被纳入全国人大常委会2014年立法工作计划,《网络安全法》将致力于解决国家间关于信息跨境流动、隐私保护、IT供应链安全等方面的争议,也将规定关键信息基础设施保护、数据留存等重要问题。从这些内容来看,也有加重网络服务提供者的责任和义务的趋势。2014年10月27日召开的第十二届全国人大常委会第十一次会议初次审议了《中华人民共和国反恐怖主义法(草案)》。草案中规定网络与信息系统运营者应当按照法律法规和国家机关标准要求,综合采取技术和管理措施,加强网络安全防护、技术检测、风险预警、应急响应和处置等各项工作,保护网络和信息系统运行安全。电信业务经营者、互联网服务提供者应当在电信和互联网的设计、建设和运行中预设技术接口,将密码方案报密码主管部门审查。在中华人民共和国境内提供电信业务、互联网服务的,应当将相关设备、境内用户数据留存在中华人民共和国境内。

我们认为,要求互联网信息服务商承担企业责任,符合经济外部性原则,具有合理性。但简单理解"以网管网",将管理责任一股脑推到互联网企业身上,就从一个极端走到了另一个极端。2015年李克强总理在政府工作报告中指出,"推进社会治理创新,注重运用法治方式,实行多元主体共同治理"。在互联网领域,也要努力形成政府、互联网信息服务提供者、用户、行业自律组织共同发挥作用的规则体系。这就应当做到:(1)善于利用互联网最新技术治网,搭建智能化监控系统,减少人力成本;(2)善于利用社会化网络治网,引入多元合作的互联网治理新模式,开放参与渠道,共同发挥网民、互联网企业、行业自律组织以及政府的优势力量;(3)提倡互联网思维治网,政府部门转变单向行政管理思路。

（四）互联网进入传统行业，困难重重尚待破冰

从金融到教育、从出行到家政、从餐饮到美甲，互联网正在渗透各个传统行业。互联网改变了政府的经济决策方式，企业的经营模式，人们的生活方式，其创新活力给社会带来巨大的福利的同时，也动了传统行业的“蛋糕”，引发了传统行业与互联网新兴应用之争，由此带来互联网新兴应用管理与传统治理、管理方式如何融合的问题，如互联网金融对传统金融经营体制的冲击、打车软件互联网创新与传统出租车行业垄断或寡头之争、三网融合对传媒行业利益的重新分配。

（五）内容产业发展，知识产权保护需加强

随着互联网特别是移动互联网的迅速发展，互联网与传统文化产业的深度融合，使互联网与内容产业成为一个有机的生态体系，释放出越来越大的市场价值，真正促进了文化产业振兴。

依托优质内容进行正版化运营，已经成为互联网行业共识，但是这一商业模式受到如下问题的制约：一是盗版问题影响产业生态；二是盗版技术不断变异；三是企业维权成本不断加大。

二、进一步完善我国互联网法律政策的展望

1. 加强各制度领域的顶层制度设计

目前，我国互联网的法律政策，在多个领域还缺乏顶层制度设计。例如，在网络安全方面目前尚未有一部统领全局的立法或战略，就网络空间的安全管理问题、基础设施保护问题，管理体制等问题作出规定。在个人信息保护方面，虽然有《全国人大常委会关于加强网络信息保护的决定》开启了个人信息保护立法的里程碑，但是人大决定的制度较为原则，并且相关的管理体制也尚未确立。在电子商务领域，电子商务已经成为战略性新兴产业，同时也是信息经济时代国家基础设施的重要组成部分。而电子商务涉及的平台主体责任、

消费者权益保护问题还需要一部统一的立法来予以规范。在政府数据开放领域,也缺乏国家层面的战略政策,推动数据开放,而目前许多发达国家已经制定了相应的国家战略。

我们认为,要依据十八大四中全会精神,加强互联网法律与政策的顶层设计。网络空间法治建设,要兼顾国家公共安全、产业健康发展和用户个人权利保护,要顺应技术发展趋势,应对新技术新业务带来的挑战,为产业运行和市场监管之间划定合理的界限。在网络信息安全、个人信息保护、电子商务、政府数据开放等方面建立基本的管理框架和管理原则。

2. 完善网络内容管理的法律标准,推动内容管理规范化

2014 年,在互联网内容管理方面,通过一系列专项行动和政策文件强化了内容管理,并且加大了处罚力度,净化了网络空间,规范了互联网市场竞争秩序,取得了较为明显的成果。

但仍存在一些问题:首先,对内容的管理和处罚依据以规范性文件为主,效力层级过于低下。其次,网络违法成本低,执法成本高,要在浩瀚的网络空间对违法行为进行追查、鉴定、认定和保全等监管工作难度大。最后,网民法律意识缺失,个人权利意识淡薄,也给网络监管带来了困难。

因此建议:第一,加快网络立法进程。要完善互联网络立法并突出重点,在网络空间普遍立法基础上对涉及国家安全、未成年人保护、遏制不良信息、公民隐私保护、打击网络交易欺诈等方面以单行法方式重点规范;尽快在网络立法方面搭建基本法的框架,为行政执法提供有力的依据。第二,构建完善的监管体系,推动网络空间的法治化。加强网络执法,依法管网,依法规范网络社会秩序与安全,加强网络空间的行政监管和行业自律,完善网络社会监督。第三,提高网民法治意识和媒介素养,倡导依法上网,加强对公民网络法律知识的普及和教育。

3. 合理确立企业责任,做到责任权利对等

提供接入、输出、传输、显示和交互功能的互联网企业既是确保网络安全的重要环节,也是互联网创新和促进经济增长的源泉。因此,政府在制定互联网政策时需要对互联网企业的网络安全责任和鼓励创新之间做出平衡。

从国际范围来看,尽管在互联网发展初期欧美国家倾向于对互联网企业采取“无知者无罪”的“避风港”原则,但是随着互联网发展的深入、参与主体的多样性以及问题的复杂化,在尽量避免对互联网企业造成负担的前提下,事前过滤、用户身份识别、用户隐私保护等义务也相应增加。

事实上,只要在一个科学合理的制度设计下,企业可以辅助政府做很多治理工作。除了对于平台中的违法行为的认定责任应交由公权力机关来解决之外,平台企业可以对涉嫌违法行为有发现、及时举报义务,对经有权部门依法认定的违法行为进行配合处理、证据保全等义务。此外,还可以建立“负面清单+黑名单”制度,由有权部门进一步明确细化违法行为和违法标准,形成负面清单,互联网信息服务提供商对照执行;对经有权部门确认违法的删除指令拒不执行,不遵守法律、法规要求的,互联网信息服务提供商要主动纳入黑名单,严格管理。此外,还可通过利用互联网最新技术搭建智能化监控平台,等等。

总之,应在立法层面建立科学合理与产业发展相适应的平台责任制度,综合发挥网民、互联网企业、行业自律组织以及政府作用,多方参与,多管齐下,共同推进互联网产业的健康发展。

4. 转变管理思路,引导新业务发展

长期以来,我国一直强调“互联网监管”的理念与思路。互联网监管强调更多的是政府单方面的管理。我国目前互联网行业监管体系沿用了传统行业监管体系,主要强调市场准入监管,以准入为“抓手”,通过牌照等方式管理。互联网+时代的到来,新业态不断出现,并呈现出平台化、融合化、自媒体化等特征,既难以预见和穷举,也难以清晰界定和分类。各级行业主管部门对互联网监管边界、监管目标和监管定位的认识存在诸多困惑与分歧。互联网与传统行业的结合已是大势所趋,传统行业在变革中阵痛不断,双方的融合需要政府的适当引导和干预。面对互联网管理新局面,迫切需要转变思路与理念。我国需要实现由“监管”到“治理”思路的转变,并倡导“包容性治理”。

第一是差异化监管。在监管过程中,坚持具体问题具体分析,根据被监管对象本身的特点,尤其是面对新生“商业物种”的商业模式、经营方式等与传统不同,不能削足适履,强迫新事物符合旧的监管框架,而应在监管中鼓励创新,宽容试错。

第二是适度监管。凡事过犹不及,监管过度可能扼杀产业的创新动力,监管不足则可能导致市场秩序的紊乱,甚至危及产业的发展。由于“互联网+”进入传统行业后对落后生产力和既得利益造成冲击,并与维护现状的法律制度发生冲突,使得“互联网+”面临体制、机制和法律制度的困境。若以工业时代的法律政策为准绳,今天很多没有实质危害性的创新事物,都难免带有灰色甚至“形式违法”的特征,此时在这种“二律背反”的困境下,适度监管就成为“互联网+”治理的理性选择。

第三是柔性监管。近年来,寻求更多协商、运用更少强制、实现更高自由的观念,日益深入人心,很多国家都在考虑如何运用诱导的方式,促使监管对象能够自发地在竞争发展中注意风险的预防和化解,这促使了柔性监管手段的兴起和运用,使政府不但是执法者,而更像是一个教练。

第四是内生性治理。与一味强调政府监管相比,“互联网+”更需要强调市场的力量,通过市场的充分竞争和鼓励更好的商业模式,实现监管的目的。比如,出租车行业长期以来管制的主要目的是保障服务质量和顾客权益,而打车软件的出现,提供了更优质、更廉价的管制解决方案。现在,无论是出租车还是专车,司机的联系方式、家庭背景等资料都被互联网详细备案,服务评价更为简单,投诉更有威慑力,司机改善服务的意愿更强,相比较之下,延续至今百年的行业准入、专营制度则显得笨拙低效。内生性治理,就是在政策制定中主动发现、充分运用这种内生动力,实现治理的目标。

第五是多元合作治理。多元合作,强调治理不仅要包括政府管理,也要包括行业自律、企业自治、消费者意识提高等诸多因素。当然,企业的参与不在于承担政府职能进行相应管理,而在于发挥市场竞争的力量,不断提高产品和服务质量,加强自治、自律和自觉。

未来在互联网新兴业务管理方面要充分发挥市场的作用,政府制定的管理政策应当以创造良好的发展环境为前提,不扼杀创新的活力。

5. 顺应技术发展,加强个人信息保护

大数据时代,个人信息保护立法成为全球热点,我国目前没有制定关于保护个人信息的专门立法，而是散见于法律、法规、规章中，缺乏体系。此外，我国对网络环境下个人信息保护相关的立法主要针对网络信息安全制定，其出发点在于网络安全。但从个人权利保护和产业发展的实际需求来看，仍存在以下问题：

一是法律制度仍停留在较为原则和抽象的阶段，缺乏细化的具体保护规则。与国外建立系统性个人信息保护制度的做法相比，我国个人信息保护法律制度仍然需要进一步完善，特别是就个人信息的界定、范围，收集、使用规则作出进一步规定，以使法律制度得到真正落实。

二是针对云计算、移动互联网等新技术新业务，缺乏具有指导意义的个人数据信息使用规则。在大数据时代，个人数据被收集、使用是不可逆转的趋势，关键是界定如何合理、合法、正当的使用规则。

三是未能跟上技术和业务发展实际，建立更富有实际保护效果的法律机制。各国在个人信息保护立法浪潮之后，为适应技术发展趋势，开始着眼于完善立法，创新法律制度，以回应新技术新业务带来的个人信息保护新问题。与国外相比，我国还没有充分关注到新的网络形势对于个人信息保护制度提出的新要求。

针对上述问题，对我国个人信息保护立法提出如下建议：

一是在国家层面推动制定专门的个人信息保护法。制定统一的《个人信息保护法》，有利于以国家法律形式确定公民个人对其信息享有的基本权利，企业收集和使用个人信息的基本规范；有利于强化企业个人信息保护制度要求，提升安全保障信誉；有利于提升我国对公民个人信息保护的国际形象，并为我国在国际舞台上参与个人信息保护政策的讨论、协调提供政策基础。

二是根据新技术、新业务各自的特点，制定更具有指导意义的个人数据使用规则指南，促进个人信息保护制度从抽象的法律规则落脚到产业实践。明确个人信息的监管机构与职责，明确个人信息处理者的权利与义务，建立与产业发展相适应的个人信息保护制度，为大数据合理运用数据划清边界。

三是与时俱进，针对信息通信技术对个人信息保护带来的新挑战、新问题、合理吸收国际制度经验，在立法中引入相关新型保护权利。

6. 构建网络安全法律体系,完善网络安全管理手段

党的十八大报告中指出,“海洋、太空、网络空间安全,是关系到国家利益的三个重要方面”。党的十八届四中全会通过的《中共中央关于全面推进依法治国若干重大问题的决定》也提出要加强网络安全方面的立法。目前我国网络安全领域的立法除了《全国人大常委会关于维护互联网安全的决定》《全国人大常委会关于加强网络信息保护的决定》和几部行政法规以外,大多数是部门规章甚至是一般规范性文件。网络安全这种需要调动多方位管理资源、调整多样化的法律关系的领域,现有的法律层级明显不够。同时,部门规章为主的立法格局,也导致部门各自为政,缺乏全盘规划,顾此失彼,制度之间缺乏协调。

从国际层面来看,从 2003 年开始,美国相继发布其《网络空间国家战略》(2003)、《网络空间可信身份标识战略》(2011. 4)及《网络空间国际战略》(2011. 5)。从欧盟来看,2005 年,德国通过了《信息基础设施保护国家计划》。2006 年,瑞典制定了《改善瑞典网络安全战略》。2007 年,爱沙尼亚在受到严重网络攻击后于 2008 年发布了欧盟第一个广泛的国家层面的网络安全战略。目前欧盟已有 10 个成员国发布了国家网络安全战略。一些成员国正在制定其网络安全战略,部分即将发布。此外,部分成员国有非官方或非正式的网络安全战略。2013 年 2 月,欧盟委员会发布了其第一个欧盟范围的《网络安全战略——一个开放、可信、安全的网络空间》。此外,韩国、日本等国也纷纷发布其网络安全战略,阐述其网络空间的相关立场、主张及措施等。

因此,建议未来要应尽快出台“网络安全战略”,加强网络安全顶层设计;完善网络安全相关立法,将网络安全问题法治化,明确网络安全管理体制、服务商责任、网络安全管理手段、安全审查、基础设施保护、网络侦听等基本法律制度。在网络安全监管方面,进一步理顺网络安全执法体制,明确执法责任,充实执法手段,规范执法行为,加强执法效果,使法律规定能够真正得到落实。同时,网络安全问题立法也应综合平衡各种需求和价值,遵循“比例原则”,避免安全问题泛化。

7. 加强网络版权保护，促进文化产业大繁荣

随着互联网特别是移动互联网的迅速发展，互联网与传统文化产业的深度融合，使互联网与内容产业成为一个有机的生态体系，释放出越来越大的市场价值，真正促进了文化产业振兴。依托优质内容进行正版化运营已经成为互联网行业共识，但是这一商业模式的有效实现受到如下问题的制约：一是盗版问题影响产业生态；二是盗版技术不断变异；三是企业维权成本不断加大。

有鉴于此，在立法层面，建议加快《著作权法》和《著作权法实施条例》的修订，进一步完善针对信息网络传播权的著作权保护制度，以降低权利人维权成本；在执法层面，建议进一步完善行政治理联动机制，包括著作权行政执法机构与网站接入电信管理机构的联动，以及行政机关和司法机关的联动，构建网络版权维权的司法、行政对接平台。同时，需要在全社会进一步营造尊重版权、使用正版的风气和氛围，为文化产业的更好更快发展营造良好的外部环境。

互联网的合作治理模式

杨　乐*

一、城市管理中的合作治理

合作治理，是指在政府主导下，通过政策创新制度安排，动员市场主体、非营利组织、市民社会，共同参与公共事务治理。合作治理思路倡导政府不应垄断公共事务管理权，公共事务的治理主体还应当包括其他参与者，多元主体之间进行对话、协商和合作，最大限度地合理利用社会资源。合作治理思路的合理性在于，我们无法返回计划经济时代，再由政府通管一切；另外，我们的公民社会组织并不发达、社会自我管理、自我监督能力不强，完全的社会自治也不现实。可行的做法就是在尊重现实国情的基础之上，强化政府依法行使社会管理职能，同时，调动社会力量加强社会管理。

城市是人类创造的最为复杂的社会系统，在我国基层社区管理和社区建设中，区政府、街道、居委会建立起自上而下的行政控制。最基层的居委会承担过多的行政负担，从反恐到计划生育，从统战到公共安全，一切事务进社区，使居委会工作不堪重负。首先，居委会人员力量、机构设置和工作机制，都无法适应来自上面千条线的工作。其次，每一个居委会治理范围受限，无法承受城市复杂社会管理的重任。最后，由于居委会在法律上属于群众自治性组织，

* 杨乐，女，法学博士，腾讯研究院高级研究员。

承担如此多的行政管理职能，与其法律地位不相符。这种制度设计的结果就是居委会工作人员工作非常辛苦，但却得不到群众的认同。

2004 年 10 月，北京市东城区摸索出一套“万米网格管理经验”。将城市划分为若干个网格，城管监督员在自己的网格内发现问题，反映给指挥中心，指挥中心确立责任单位进行现场判断、执法、处理，处理完毕后，监督员复查，并将检查结果再传回指挥中心，最终结案。这种网格管理的划定范围比社区更小更精确，责任更明确，城管监督员和责任单位形成了城市管理中德合作治理，合理分工，实现了“发现—报告—立案—处理—复查—结案”的完整工作闭环：由城管监督员负责本网格内违法与不良社会情况的发现、报告、协查，相关责任单位负责具体的执法、处理。由于监管分离、信息共享、高效快速等优势，这种网格化管理思路得到全国大范围推广，也标志着我国数字化城市管理模式正式登上舞台。

二、平台责任制度分析

当我们将这套网格管理的思路平移到网络社会中发现，一个个的网格就可以视为一个个的互联网站，互联网公司作为网格的平台方，承担着对本网格的第三方义务。行政法上的第三方义务是指政府指定的私人主体，既不是所监督行为的主要实施者，也不是违法行为的受益者，但其承担着必须将私人信息提供给行政机关，或者由其本身采取阻止性措施防止有害行为发生的义务。例如，上面提到的东城区城管监督员。互联网上的第三方义务，更多被称为平台责任。

1. 平台责任制度的缘起

我国的平台责任制度在立法中最早见于 2000 年的国务院 291 号令《电信条例》及 292 号令《互联网信息服务管理办法》。其中，291 号令第 62 条提出，“在公共信息服务中，电信业务经营者发现电信网络中传输的信息明显属于本条例第五十七条（‘九不准’）所列内容的，应当立即停止传输，保存有关记录，并向国家有关机关报告”。292 号令第 15 条中提出，“互联网信息服务提供者发现其网站传输的信息明显属于‘九不准’所列内容之一的,应当立即停止传输,保存有关记录,并向国家有关机关报告”。这一时期的平台责任可以总结为:发现后要立即停止传输、保存记录、报告(并没有主动发现的义务,也就是说,没有发现的,也不承担责任;如果是监管机关发现了,平台企业做好配合协查工作即可)。但在实践中,这种规定往往被突破和扩大。例如,新浪微博作为 UGC 的内容平台,负责主动巡查微博内容,需要通过设置大量关键词和人工审核的方式 7 ×24 小时不间断审核,而违法内容一旦漏查被监管机关发现,将被予以处罚。

2. 平台责任制度的泛化

自 2007 年《关于加强网络文化建设和管理的意见》(中办发〔2007〕16 号文件)中提出“谁经营谁负责、谁办网谁负责”后,加重网络平台责任就成为我国立法的明显趋势,这句话也成为平台责任泛化的主要政策依据。例如,国家食品药品监督管理总局提出的“以网管网”思路,正是这一政策的具体体现。

在目前的《食品安全法》《广告法》《互联网食品药品监督管理办法》《网络促销价格行为管理规定》四部法律法规的征求意见稿中,均有体现。

例如,《广告法(征求意见稿)》第 44 条规定,“公共场所的管理者或者电信业务经营者、互联网信息服务提供者对其明知或者应知的利用其场所或者信息传输平台发布违法广告的,应当予以制止”。这里增设了平台责任即要对什么是违法广告进行认定、主动制止。

发改委的《网络促销价格行为管理规定(征求意见稿)》第 21 条规定,“网络零售平台运营商应配合政府价格主管部门对网络零售价格行为进行监督,对网络零售商进行价格合规教育,发现本平台内存在价格违法行为的,应当及时向政府价格主管部门报告”。同样也是要求平台企业认定什么是价格违法行为,并主动报告。

在《食品安全法(征求意见稿)》第 73 条第 2 款中,平台责任被进一步加强。其第 73 条第 2 款规定,“网络食品交易第三方平台提供者发现入网食品经营者有违反本法规定的行为的,应当及时制止并立即报告网络食品交易第三方平台提供者所在地县级人民政府食品药品监督管理部门;发现严重违法行为的，应当立即停止提供网络交易平台服务”。这里的平台责任，除了发现违法行为应当及时制止并报告外，发现严重违法行为的，应当立即停止提供网络交易平台服务。

而《互联网食品药品监督管理办法（征求意见稿）》将平台责任进一步扩大和细化。其中第26条规定，“第三方交易平台经营者应当建立巡查制度，设置专门的管理机构或者指定专职管理人员，对发布的信息以及经营的食品药品进行检查，对发布虚假信息、夸大宣传、超范围经营等违法行为以及发现食品药品质量问题或者其他安全隐患，应当及时采取措施制止，并向食品药品监督管理部门报告，必要时可以停止提供第三方交易平台服务”。第34条规定，申请建立第三方交易平台，应当具备下列条件：“……（五）必须配合两名以上职业药师……（六）建立……药品储存和运输管理等制度”。笔者认为，第一，金象大药房、同仁堂作为药品的经营者，配备两名职业药师是理所当然的，但如果他们到淘宝、到天猫上开网店了，天猫作为一个促成合同交易、生成订单、完成支付的第三方交易平台，还有必要再配备两名药师吗？第二，我国的药品的存储运输有着严格的条件和要求，互联网企业根本无法实现，也与药品不直接接触，还有必要建立药品的存储运输管理制度吗？这种制度设计恐怕有失妥当了。这仍然是互联网单向统治监管思维的延续，相当于将政府管不了、管不好、难管理的难题，“踢皮球”一般踢给平台企业，以“谁办网谁负责、谁经营谁负责”，一推了之。

3. 平台责任制度的存在合理性

客观来讲，平台责任制度是有其存在合理性的。第一，平台责任应当与平台企业规模和增长程度成正比，要求平台企业适当承担监管责任，符合社会正义原则；第二，平台企业从事互联网信息服务，对其他个人或社会造成了影响，因而承担相应的责任或得到回报，符合经济外部性原则。应该说，合理设计的平台责任制度，以互联网企业与用户之间的民事契约化行为淡化了行政监管色彩，有利于减少社会矛盾；此外，借助平台企业的专业技术、成本优势，有利于节省国家财政支出，减少行政执法难度。

4. 设计不合理的平台责任制度导致的后果

一个不合理的平台责任制度，也会产生一系列负面的后果：

第一，平台作为民事主体，没有法定赋予的监管职能，直接判定其他民商事主体的行为违法并予以制止，于法无据。

第二，根据《行政处罚法》第 15 条、第 18 条的规定，只有行政机关才能在法定职权内实施行政处罚，不得委托其他组织或个人实施行政处罚。《行政强制法》第 2 条规定，行政机关为制止违法行为可以采取行政强制措施，且行政强制措施权不得委托。经过对我国现行法律的统计，涉及“制止”的法律共 103 部 189 处，其中行政机关作为“制止”实施者的有 135 处，私人主体的为 54 处。所以说“制止”带有鲜明的行政职权色彩。

第三，互联网企业缺乏专业人员、专业知识及专业技术手段等。例如，如何认定违法广告，仅以北京市为例，根据北京市政府法制办公布的《市属部门行政执法主体依据和职权》，北京市工商行政管理局行政处罚共 761 项，其中“广告类处罚事项”126 项，此外涉及广告问题的其他行政处罚另有数十项。除北京市外，几乎各个省市、有立法权的地方都有自己关于广告的地方性法规和规章。因此，如何认定违法广告，需要相当复杂的知识背景和专业水平，网站工作人员确实难以胜任。

第四，如何确保各个平台企业都有能力承担认定违法行为的责任？如何保障各个平台企业对违法行为认定的标准统一？如果标准不统一，如何得到社会民众的普遍认同？

第五，如果认定错误，进而引发违约、侵权等民事纠纷和相应诉讼，法律后果由谁承担？政府还是平台企业？如果法律后果都由平台企业承担的话，民事审判的压力将明显增大。

第六，对被认定错误的被侵权人，能有哪些救济措施？其合法权利能否得到有效保障？

第七，一味加重第三方平台责任，将加大企业运营成本，尤其对刚刚创业起步的中小型平台企业，不利于互联网产业的创新和发展。

第八，加重平台责任与当前国际立法趋势并不一致。第三方交易平台责任问题是当前各国互联网发展中都面临的问题，目前美欧日韩等相关立法均未要求平台承担极为严格的责任，而是要求平台履行合理注意义务，根据过错承担相应责任，而非赋予平台直接监管的义务。这样的立法才符合互联网发展特性，也能很好地保护消费者权益。

三、互联网合作治理模式

经过以上分析，我们认为，对平台责任不能一味否定或肯定。当社会处于低复杂程度时，仅依靠政府权威管理就可以有效运转整个社会。其他社会组织、社会力量相对弱小，无法参与到社会治理过程中。进入20世纪后期，世界变得不一样了，社会分工精细化，社会利益多元化，公民权利意识强化，各种社会主体都在成长，政府无力再统管一切。同样，互联网治理的复杂程度也决定了单纯依靠政府、单纯依靠平台的单向治理思维都无法满足，只能走多中心合作治理之路。多中心合作治理，就是要建立政府、市场、公民社会相互依赖与多元合作的公共事务治理模式，各个社会主体各司其职，标准明确。

1. 建立合作治理模式的基本原则

一个良善设计的制度，必须同时要符合有利于公民基本权利得到保障、有利于维护社会公共利益、有利于促进产业健康发展这三个基本原则，缺一不可。

2. 政府在合作治理中的角色定位

在这一合作治理模式中，政府：一是要对违法信息和违法行为制定明确标准；二是要在每一个具体的个案中对是否属于违法进行判定；三是要对违法信息和违法行为进行依法处理；四是要确保在以上实施过程中，坚持对公民合法权利的保障。

3. 平台企业在合作治理中的角色定位

第一，可以开放社会监督渠道，依靠网民、行业组织等各类社会主体广泛参与对违法行为、违法信息的监督举报，与平台一起承担对违法行为、违法信息的发现义务；第二，承担更多的合理注意义务；第三，对行政机关的报告义务;第四,配合调查、证据保全义务;第五,对已经认定的违法行为或违法信息,配合处理的义务;第六,引入公众力量参与纠纷裁决,使结果处理更有公信力。目前国内比较典型的有新浪微博的“社区委员会”制度和淘宝的“大众评审”制度,国外典型的有 YouTube 的“超级标记者”项目。新浪微博 2012 年建立的“社区委员会制度”,由微博用户担任纠纷裁判者,对不实信息、泄露隐私、人身攻击、内容抄袭、冒充他人、骚扰他人等信息接受举报,进行公开裁判。仅 2014 年 7 月,就接到和处理举报 41,658 个。淘宝 2013 年建立“大众评审制度”,通过公开招募,由淘宝用户担任大众评审员,重点对卖家违规行为、交易纠纷等进行评审。截至 2014 年 9 月 4 日,累计参与判定人数 642,609 人次,成功处理任务数 739,912 个。YouTube 自 2012 年起建立“超级标记者”项目,开放对极端视频的举报渠道。根据《金融时报》2014 年 3 月报道,谷歌已允许超过 200 个个人和组织,同时“标记”最多 20 条可能违反了 YouTube 网站规定的视频。在 200 个项目参与人中,大部分为个人,不到 10 家参与者是政府机构或非政府组织如反仇恨和儿童安全组织,其中还包括英国一家警察部门。此类项目的共同之处在于引入社会公众力量处理违法违规内容,淡化平台责任,增强公信力和说服力。

综上所述,笔者认为,互联网行业已经成为我国的基础性、先导性、战略性产业。全球市值排行十大互联网公司中国已经占有 4 席,国际竞争力、影响力与日俱增,互联网对传统产业转型升级影响深远。在这一关键历史时期,互联网发展的复杂程度决定了我们的治理思路需要进行从单向统治到合作治理的重大转变。构建互联网合作治理模式,设计科学合理的平台责任制度,有利于充分发挥平台企业和社会大众的作用,有利于充分释放市场活力,必将为中国互联网企业发展提供更大动力。

法国前途未卜的数据税

蔡雄山*

2013年1月,法国财政部与经济振兴部联合发布了《数字经济税收制度专题报告》,报告提出了建立适应数字经济发展的税收制度,对跟踪搜集用户数据的互联网公司征收数据税。其目的在于通过对数字经济征税,促进本土数字经济的有机发展,组织数字经济红利分配,通过数字经济发展拉动其他经济发展,加强个人数据保护。报告发布后,目前法国数字委员会正协调相关事宜。

一、数字经济创造的价值正离我们而去

报告指出,数字经济发展所创造的附加值并没有转化为国家财政收入。由于数字技术的发展,数字革命诞生了数字经济,其改变了我们对于价值创造的观念。虽然数字经济凝聚了亿万用户,但他所创造的附加值却离我们远去。其极其显著的一部分附加值由大国领土转向避税港公司设立的账户,却没有任何惩罚措施。原因在于当前的税收制度并不适应数字经济的发展。目前国际税法将征税权给予企业总部所在地国家,而不是其经营地国家。数字经济中的大企业最容易将利润转移而避税。全球数字经济的共同点在于对大企业

---

* 蔡雄山,男,腾讯研究院高级研究员。

利润征税薄弱。

同时,数字化在现实中“蚕食”所有的经济部门。数字化扩展至所有行业,不同部门的利润将转移至国外,数字经济所创造的生产力没有转化为大国的附加财政税收,该情形是史无前例的。

二、个人数据是数字经济中的关键资源

报告创造性地提出,数字经济中所有大企业的共同点在于强化利用对于用户活动常规而系统跟踪产生的数据。数据,尤其是个人数据是数字经济中的关键资源。企业可以利用数据评估及改善其运用的表现、个性化服务、向用户推销商品、支持对于其他运用的开发、作出战略决定等。数据同样在第三方有利用价值,尤其对于跨越软件平台模式。总之,数据是大型数字企业实现利润最大化的杠杆。

然而,数据的收集利用靠的是“免费劳动”。在数字经济中,所有都会留下痕迹。通过对其在线活动常规而系统的跟踪,用户运用数据的收集并没有报酬。用户由于享受了服务,变成了企业的准合作者及志愿者。收集、存储、处理并实时纳入生产链,用户“免费劳动”的数据扰乱了生产与消费的界限。受交互界面质量及网络效应的吸引,用户通过数据成为生产的附属,并在不同的商业模式下创造了价值。

因此,数字经济超越了传统的公司理论。让一个运用的用户“工作”成为可能。对于用户活动的无偿利用可以部分解释数字经济无比巨大的生产力。令人担忧的是相关企业并不通过税收回报在该国领土上用户的免费劳动。用户活动由于公共支出,尤其是教育、社会保障或全境网络覆盖而得以数十倍扩张。数字经济的发展本身呼唤志愿性的产业政策,需要额外公共资源的运用。数字经济中的大企业利用用户活动,同样需要对此有所贡献。

三、“谁使用，谁付费”

报告建议，从长期来看，应确立向数字经济企业在领土内实现利润征税的权利。这需要明确一个适应数字经济的“永久住所地”概念。建议企业在一国领土以常规系统方式跟踪用户数据而开展其活动，该国即视为“永久住所地”。但考虑到国际税法避免重复征税等自身限制，该建议不可避免地需要在欧盟及 OECD 范围内谈判以对征税权规则进行修改。

短期来看，建立与利用常规系统跟踪用户活动数据相联系的税收制度。报告建议基于企业对于数据的收集征税，其目标更在于建立一个可以促进企业更规范的收集和使用数据的税收制度。该税收涉及建立类似环境税中“谁污染，谁治理”的原则。在不减损企业个人数据保护义务的前提下，遵循“谁使用，谁付费”原则。其核心在于加强个人数据保护，对不合规个人数据收集、使用行为征税，而对合规个人数据收集、使用行为减税或免税。

具体来说，其适用范围为所有收集、使用来自在法国境内用户数据的企业，不论其注册地。将对达到一定用户数量的企业收取，避免阻碍新创企业的发展。对企业的每个跟踪用户将会适用统一税率。适用中企业一方面可在税务机关监管下自行申报数据量；另一方面可由第三方独立机构确定其数据量及纳税额。由于门槛的设立及对“用户常规系统跟踪”的要求，该税收起初可能仅针对部分大型互联网企业，包括移动运用商店等。该税收的其他细节还有待进一步明确。

四、前途未卜的数据税

不可否认，法国经济萧条是互联网数据税出台的大背景。法国政府希望在经济危机的大环境下缩减开支及增加财政收入。但由于现行的税收体制，法国难以从互联网经济上收到税收，向国际互联网巨头征税可以在一定程度上补充法国的国库。同时，通过税收杠杆向美国等互联网巨头征税，抑制跨国互联网公司的发展,扶持本土企业发展。

目前,法国政府仅发布了官方关于数据税论证的报告,征收数据税是否能进入立法程序并获得立法机构批准尚不确定。国际层面,数据税涉及各国对数据经济的立场、欧盟税收体系的调整、新税种的增加等,征收数据税能否成为全球的趋势还需要进一步观察。

五、启示:个人数据保护刻不容缓

尽管如此,法国认为个人数据已经成为数字经济关键资源的观点值得注意。随着云计算、物联网、移动互联网等产业的发展,“大数据”的概念也深入人心,个人数据越来越成为产业发展的关键资源。同样,个人数据滥用、泄露等现象也频频发生。加强个人数据保护是保护产业的关键资源,创造良好的产业发展环境。法国一向重视个人数据保护,目前提出“数据税”,通过税收杠杆刺激企业加强对于个人数据的保护力度,从而达到数据税减免,也是个人数据保护的重要举措。

2012 年 12 月 28 日第十一届全国人民代表大会常务委员会第三十次会议通过《全国人大关于加强网络信息保护的决定》(以下简称《决定》),其中包括个人信息保护、实名制、垃圾电子信息管理等内容。相比以前的《电信条例》《互联网信息服务管理办法》等互联网相关立法,这是我国在互联网领域层级较高的立法,凸显国家在互联网领域加强个人信息保护的决心。但《决定》仅对网络信息保护进行了原则性规定,个人信息保护相关细则需要相关部门规章等进一步完善,其进一步实施依然任重而道远。

关注 ICANN 互联网管理权动向，积极参与互联网国际治理

蔡雄山[*]　卢　依[**]

一、美拟将网络域名管理权力移交给由全球利益相关方组成的社群

NTIA①（美国国家电信通讯及信息管理局）在 2014 年 3 月 14 日发布的官方声明中表示有意将网络域名管理权力移交给由全球利益相关方组成的社群（Global Internet Community）。但 ICANN 同时亦强调这一声明并不代表最终决定；如果未能达成合适的权力移交方案，则美国将不会终止其监管人角色，而是将原有合同延期 4 年。

根据 NTIA 解释，Global Internet Community 指拥有将近 20 年互联网治理技术经验的互联网产业机构、相关技术组织和专家，以及公民团体。作为第一

---

* 蔡雄山，男，腾讯研究院高级研究员。

** 卢依，女，腾讯研究院研究员。

① 美国全国电信通讯及信息管理局（NTIA）隶属于美国商务部，负责就电信和信息政策向美国总统提供建议，同时也是全球顶级域名数据库的管理者和监管人。NTIA 通过外包合同将管理域名数据库这一职能交给互联网名称和数字地址分配机构（ICANN）履行，目前的合同期限是 2015 年 9 月 30 日。如不续约，则意味着 NTIA 将终结目前对由 ICANN 管理的互联网号码分配机构（IANA）的监督权，同时移交网络域名管理（DNS）权，由接手该项权利的组织管理相应的合同和具体工作内容。

步,NTIA 首先要求 ICANN 召集全球范围内的利益相关方制定相应的权力移交提案。ICANN 已经向政府、各大公司、私营机构以及公民团体发出邀请,请他们针对权力移交过程提供意见(注:目前公众意见征集阶段已经结束)。来自美国和国际上的许多相关方,包括美国商会、AT&T、Cisco、Verizon、Comcast 和谷歌都对这一过程表示强烈支持并承诺参与。NTIA 已经知会 ICANN,在制定提案的过程中应当与受这一移交过程直接影响的相关方密切合作,包括互联网工程任务组(IETF)、互联网架构委员会(IAB)、国际互联网(ISOC)、其他顶级域名运营商、VeriSign 和其他利益相关方。NTIA 要求提案必须得到全球互联网社群的广泛支持,并且符合下列四个关键原则:

1. 支持并加强多个利益相关方的模式;
2. 维护互联网 DNS 的安全,稳定以及弹性;
3. 符合 IANA 全球用户及合作伙伴的需要和预期;
4. 维护互联网开放性。

NTIA 表示提案必须符合上述要求,并且 NTIA 不会接受任何一种政府主导的或者政府间组织机制的模式。

二、当前美国牢牢掌握互联网关键资源管理控制权

作为互联网底层基础设施的互联网三大关键基础资源,IP 地址、域名和自治域号码能够标识网络及设备位置、实现网络寻址功能,是电信资源的重要组成部分,是互联网络建设、业务和市场发展的基础。

美国政府自 20 世纪 60 年代初担负互联网地址分配的主要监管职能,并由下属的互联网号码分配机构(IANA)和其他一些组织负责相应工作。互联网名称和数字地址分配机构(ICANN)是一个集合了全球网络界商业、技术及学术各领域专家的非营利性国际组织,美国商务部于 1998 年 11 月与 ICANN 签订谅解备忘录,由 ICANN 协调和管理 IANA 服务。

ICANN 的核心职能包括:(1)协调网络数据交换规则的界定,包括地址和路由参数(ARPA)顶级域名;(2)履行与互联网 DNS 根区管理有关的 gTLD 和

ccTLD 顶级域名监管职能;(3)分配互联网号码资源,以及(4)根据与美国政府签订的协议,ICANN 应当履行的其他 IANA 服务职能。ICANN 确保每个设备的 IP 地址是唯一的,而用户不用记住数字形式的 IP 地址,只需借助具有意义的文字形式的域名来辨别和使用不同的网站,如“. gov、. com、. org、. cn”等。此外,ICANN 最重要的管理对象是位于全球各地的 13 台顶级根域名服务器。根据官方公开的资料,这 13 台主服务器中,10 台位于美国本土,分别由弗里孙公司、南加州大学、美国航空航天局、美国国防部、美国陆军研究实验室等管理;两台位于欧洲,由瑞典 NETNOD 公司及伦敦的欧洲网络资源协调中心管理;一台位于日本。目前美国仍然无限期保留这 13 台服务器的监控权,并由 ICANN 对将这些根服务器进行统一管理。

在为 DNS 管理提供技术运营的同时,ICANN 也制定关于互联网域名及号码分配的政策。制定政策的过程遵循以下工作模式:

(1)自下而上:由 ICANN 的成员和次级机构(而非董事会)提出 ICANN 的工作议题,由顾问委员会和支持性机构审议,最后由 ICANN 董事会对政策建议进行投票决议;

(2)由共识驱动:ICANN 向所有的参与者提供一个探讨互联网政策的开放平台,并且在管理对于全球互联网关键资源时坚决制止由单一利益驱动的工作模式;

(3)多方利益相关者参与:ICANN 采取高度包容性的工作模式,将来自私有领域和公共领域的参与者以及技术专家都视为同等的合作伙伴。目前 ICANN 的工作社区包括互联网服务提供者、知识产权人士、商业人士、非商业机构以及非营利机构,政府代表甚至代表互联网用户的个人等。

从本质上说,ICANN 就域名系统制定政策,IANA 负责在技术层面落实这一决策。IANA 的技术指令还须经过美国全国电信通讯及信息管理局(NTIA)的首肯才能落到实处。正是通过这样的制度安排,美国政府对互联网根域名的修改具有最终否决权,并对全球互联网产生影响力。因为掌管着根域名服务器,美国可以顷刻间将一个国家从互联网上抹去。2003 年伊拉克战争期间,美国就终止了伊拉克顶级域名“. iq”的申请和解析。在目前的互联网体系中,中国并没有根域名服务器。

三、关于此次事件的几个核心判断

众多媒体有意将网络域名管理权力移交给由全球利益相关方组成的社群这一声明解读为美国政府即将放弃对互联网的监管权,这一解读并不完全准确。

1. NTIA 的声明并不意味着美国政府已经作出最终放弃互联网控制权的决定。美国方面尚未出台任何法律决议,并且明确表示若无法形成符合美国政府要求的提案,NTIA 将把原有合同续期 4 年。美国政府自 1998 年来就以政策声明的形式承诺逐渐实现互联网的国际化与私有化,但对这一承诺并未设定任何时间期限。

2. 互联网关键资源管理格局短期很难改变。美国力图主导权力移交过程;即使权力移交得以实现,美国仍然将凭借其在互联网产业方面强大的技术标准和创新实力保持在互联网治理中的一贯优势。NTIA 明确表示提案必须将域名监管权力交由"全球多方利益相关者",并且将否决任何"政府主导或政府间组织机制"的监管形势,即坚决反对在联合国框架下成立新的政府间互联网管理机构或由现有联合国机构负责互联网治理特别是关键资源管理。多方介入很可能令网络监管松散,技术实力最强的美国仍将保持最大影响力。

3. 腾讯可以积极关注并有所作为。美意将其对互联网号码分配机构(IANA)的管理职能移交至全球多方利益相关者社群,虽然 NTIA 表示新的监管模式不能由政府主导或采取政府间组织机制的形式,但可以推断,比起原先美国一国独大的管理模式,多方介入的互联网治理将给予各国政府、企业更大的作用空间。腾讯作为中国最大的互联网企业,属于其界定的"全球多方利益相关者",有能力参与相关事务并有所作为。

2014 年 2 月 27 日,中央网络安全和信息化领导小组召开第一次会议,明确了中国安全和信息化发展的重要战略定位。中国政府为在国际互联网治理中最大限度地发挥自身的影响力,多年来奔走呼吁在联合国框架下成立新的政府间互联网管理机构或由现有联合国机构（ITU）负责互联网治理特别是关键资源管理，均未见成效。

目前美国有意将网络域名管理权力移交给由全球利益相关方组成的社群（Global Internet Community），腾讯作为中国最大最具影响力的互联网企业，可考虑从以下几个方面参与到这一过程中：

1. 积极参与ICANN等相关会议及活动，主动发声，打造国际影响力。目前ICANN会议通常设有供公众发言的论坛环节，ISP和各类机构也可以加入ICANN支持组织或者咨询委员会（包括ICANN下属的通用域名支持组织GNSO，顶级域名注册组织gTLD Registries Constituency等），参与域名系统管理进程。通过参与国际互联网治理相关论坛、工作组和提交行业意见的方式，可打造公司与全球互联网行业机构和用户之间的良性互动，主动介入相关事务并打造国际影响力。

2. 参与国内网络信息安全建设，提供研究与理论支持。目前中国互联网基础设施的运行高度依赖国外的DNS系统，对这一系统中存在的隐患、漏洞缺乏全面了解造成了相当程度的安全隐患。公司可密切关注全球信息安全的动向，促进网络安全法律体制的完善；在参与国内外相关议题交流探讨的基础上，稳定地输出意见，在信息安全领域持续向政府传递声音，增强对未来相关政策的影响力。

3. 梳理内部技术资源与人才储备，确认对外参与模式。通过对内部技术和人才资源进行整合，了解域名管理相关专业团队的看法和建议，明确公司在这一领域的战略规划与可行方案，为对外参与相关的政策立法活动以及国际交流打下基础。

（1）互联网IP地址

互联网上的每台主机都有一个唯一的IP地址。IP协议就是使用这个地址在主机之间传递信息，是互联网能够运行的基础。常见的IP地址分为IPv4与IPv6两大类。

（2）互联网域名系统

域名系统由资源记录（resource record）和域名解析系统构成。

其中，域名资源是互联网的核心资源；用于互联网络上识别和定位计算机的层次结构式的字符标识，与该计算机的互联网协议(IP)地址相对应。

域名系统的域空间由根域、顶级域以及多级子域名组成，以树状层次化结构组织。根域以“.”表示，位于域名空间的最高层；顶级域主要由通用顶级域(Genetic Top Level Domain，GTLD.)和国家顶级域构成(Country Code Top – level Domain，CCTLD.)，而顶级域以下，派生出众多的子域，依次为二级域(Second – level Domain，SLD)和三级域(Third – level Dornain)等。

(3)互联网自治域号码 ASN

互联网由规模不等、性能各异的子网组成。一个子网络或一组子网组成了一个自治域(Autonomous System)，自治域号码(Autonomous System Number)是每个自治域特有的唯一标识，由 2 字节或 4 字节的自然数组成。用于在网络自治系统之间互联时，标识各种域间路由、路径标识和流量导向，实现对互联网网络的控制和管理。自治域号码 ASN 是互联网的关键基础资源，与互联网的发展息息相关。

寻求产业发展与权利保护的平衡

——评《最高人民法院关于审理利用信息网络侵害人身权益民事纠纷案件适用法律若干问题的规定》

蔡雄山*

近年来，我国互联网产业发展迅猛，互联网相关的案例纠纷等也不断涌现，互联网相关的立法也走在前列。最高人民法院于2014年10月9日公布了《最高人民法院关于审理利用信息网络侵害人身权益民事纠纷案件适用法律若干问题的规定》（以下简称《规定》），《规定》于10月10日正式实施后，引发社会舆论的广泛关注。总体而言，《规定》是一份紧密结合行业特点，研究行业特有问题，寻求产业发展与权利保护的平衡的司法解释。

一、根据情况确立删帖"及时"标准体现科学立法

以"通知—删除"的时限为例，最开始征求意见稿提出，网络服务提供者自接到被侵权人的有效通知之时起24小时内需要删除侵权内容，否则需要承担责任。听取各方意见后，《规定》改为考虑具体情况确定是否为"及时删除"。

---

* 蔡雄山，男，腾讯研究院高级研究员。

此修改体现了科学立法的思路:

首先,在实践中,互联网企业通常会收到海量的通知。据调研了解,有的企业某一业务单元一个月收到的通知就超过300份,而每一份通知要求删除的侵权链接数以百计。在实践中,网络服务提供者在处理侵权通知时,一般采取如下流程:评估律师函,做出初步判断—问讯该条链接是哪个业务单元负责并找到相应接口人—与相应接口人沟通—转发律师函并等待业务侧处理。如此烦琐复杂的处理过程,如果要求网络服务提供者在24小时内采取删除、屏蔽、断开链接等必要措施,实在难以实现。并且实践中具体情况纷繁复杂,统一规定时限没有可操作性。

其次,若统一规定删除时限,出于规避诉讼风险的需要,网络服务提供者可能对涉嫌侵权的所有链接都不加以甄别而统一删除、屏蔽或断开链接,其后果势必限制社会公众的言论自由。

最后,可能造成该通知制度被滥用。在实践中,经常出现行为人利用通知制度打击竞争对手,恶意发送通知等,加重企业经营负担,扰乱了正常的社会经济秩序。

二、明确"知道"情形是亮点

此外,《规定》还对明确了网络服务提供者是否"知道"侵权的认定问题、利用自媒体等转载网络信息行为的过错及程度认定问题等进行了明确。新出台的《规定》针对如何裁定服务商是否"知道"制定了详细的标准,包括是否对侵权信息以推荐、排名、选择、编辑、整理、修改等方式作出处理、该信息侵害人身权益的类型及明显程度、该信息的社会影响程度或者一定时间内的浏览量、是否针对侵权采取了相应的合理措施,等等。事实上,对于服务提供商"知道"等主观情形的判断,一直是网络侵权相关案件的棘手问题,由于缺乏明确细化的规则,司法实践中也并不统一。此类问题作为行业实践中的热点问题在此《规定》中明确,对相关司法实践及企业合规等具有指导意义。

三、法院要求提供用户个人信息需谨慎

这次出台的《规定》同时还对网络服务商的责任作出了明确说明。一方面,允许原告仅起诉网络用户或网络服务提供者;另一方面,人民法院可以根据案件情况和原告的请求责令网络服务提供者提供涉嫌侵权的网络用户的个人信息。服务商无正当理由拒不提供的,法院可以对网络服务提供者采取处罚等措施。《规定》为了解决实践中原告无法找到被告相关信息进而确定适格被告的问题,但在实践中可能面临相关问题而需谨慎适用。

一方面,我国目前没有实行"网络实名制",网络服务提供者并不完全掌握网络用户相关信息。2013年9月,工信部发布《电话用户真实身份信息登记规定》,对电话实名制进行了规定,但实践中开展该工作困难重重。据了解,目前全国移动电话用户11.5亿,实名登记率达到70%左右,仍有大量用户未实名登记。而在互联网领域,业务形态纷繁复杂,包括博客、微博、微信等,网络用户拥有海量注册信息,且注册信息并不一定是真实的,并未实现"实名制",网络服务提供者也难以提供涉嫌侵权的网络用户的姓名(名称)、联系方式、网络地址等信息。

另一方面,在大数据时代,个人信息保护是大势所趋,良好的个人信息保护机制是互联网产业健康发展的重要保障。按照现行法律规定,侦察机关在处理相关刑事案件时可以调取网络用户个人信息。近年来,我国互联网相关诉讼案件激增。若民事司法实践中全国各地各级法院都责令网络服务提供者提供网络用户的个人信息,一方面可能导致该权利的滥用,另一方面也可能造成"寒蝉效应",影响网民对网络环境的信心,且加重企业相应负担。因此,实践中对此需谨慎对待,平衡把握。

此外,程序方面,此次《规定》通过召开座谈会、书面征求意见等形式,听取了各方面意见,尤其是多次听取了互联网企业的意见,体现了开门立法、民主立法的思路。

互联网行业是国家基础性、先导性与战略性产业,近年来我国已成为继美

国之后全球最重要的互联网力量,国际影响力和竞争力日益显现,对我国经济社会发展产生了巨大的辐射作用。这益于我国互联网行业创造了与产业发展相适应的政策法律环境。套用一句行话:“互联网行业,未知的远远大于已知的”。因此,在立法中,需要寻求行业发展与权利保护的平衡,既加强公民权利保护,又促进产业发展,实现科学立法,民主立法。

网络犯罪的国际治理

蔡雄山*

网络犯罪即犯罪与网络结缘。犯罪通常具有社会危害性、刑事违法性、法益侵害性及应受惩罚性四个重要特征。网络犯罪，也称计算机犯罪或计算机网络犯罪，一般是指“利用电子数据处理设备作为作案工具的犯罪行为或者把数据处理设备作为作案对象的犯罪行为”。因此，广义的网络犯罪指以计算机网络作为犯罪工具的犯罪，如在网上贩卖枪支弹药，或在网络空间内实施诈骗活动；狭义的网络犯罪指以计算机网络作为犯罪对象的犯罪，如非法侵入计算机系统，传播计算机病毒等。

网络犯罪属于高科技犯罪，与传统的刑事犯罪相比较，具有主体的智能性、行为的隐蔽性、手段的多样性、犯罪的连续性、传播的广域性、犯罪成本低、后果难以控制和预测等突出特点。

当前，网络犯罪的主体及客体发生了巨大的变化。随着科技的进步，网络犯罪不再仅仅是网络精英侵入他人电脑系统进行技术炫耀，而是每个人都可以通过网络技术，达到不同的目的，获取本不属于自己的利益。恐怖组织也可以利用互联网作为链条，对组织成员进行培训和召集，实施恐怖行动，引起了国际社会对网络犯罪的新的关注。

---

* 蔡雄山，男，腾讯研究院高级研究员。

一、《布达佩斯公约》的牛刀小试

目前国际社会在网络犯罪国际治理方面达成了部分国际或区域性协议，但在实质性领域仍存在巨大差异。其中，最重要的是《布达佩斯公约》，也称《网络犯罪公约》(Cyber-crime Convention)(以下简称《公约》)，是2001年11月由欧洲理事会的26个欧盟成员国以及美国、加拿大、日本和南非等30个国家的政府官员在布达佩斯共同签署的国际公约，成为全世界第一部针对网络犯罪行为所制定的国际公约。遵循《公约》，能建立更广泛的共同打击网络犯罪的国际司法合作，对打击跨国网络犯罪具有重要作用。

《公约》规定了签署国需要对九类网络犯罪行为，可以分为纯技术类犯罪以及刑法已经规定的通过网络实施的传统犯罪。其中包括非法入侵、非法拦截、数据干扰、设备滥用以及系统干扰，利用计算机实施伪造、诈骗、儿童色情、侵犯著作权等行为。

《公约》虽然是全球第一部打击网络犯罪的国际协议，但是由于成文于2000年左右并且由西方发达国家主导签订，因此在适用性、公平性和时代性上，都面临不小的质疑和挑战。

其一，适用性不足。欧美国家订立刑事法制所规定的犯罪圈较大，其他国家的行政违法行为可能也被纳入犯罪的范畴。并且在《公约》中，很多传统的犯罪行为只不过在新时代加入了网络因素。因此问题就转向了各国对于网络犯罪的界定上，各国的界定方法是千差万别的，一部《公约》想要解决所有问题显然是不现实的。

其二，公平性欠缺。由于《公约》是欧盟发达国家所制定的，因此必然会带有其利益主张与价值诉求，如《公约》所规定的侵犯版权犯罪、儿童色情犯罪等犯罪类型都是西方国家历来最关注的。但由于世界各国发展情况不同，西方国家订立的网络犯罪框架并不能满足所有国家的要求。而发展中国家和欠发达国家在订立国际协议的时候并没有西方发达国家的发言权，因此《公约》代表的并不是所有国家的共同利益，这也是《公约》公平性有所欠缺的地方。

其三,时代滞后性。互联网在发生代际演变,网络犯罪内涵的实质也在不断变化。在互联网 1.0 时代,也就是《公约》订立的 2000 年左右,网络犯罪人员被公众誉为“技术天才”“网络英雄”,而他们的行为也多以技术炫耀以及向强大的政治和经济集团进行示威,普通公众并不具备这样的技术手段。而随着网络技术迅猛发展,犯罪主体从专业技术人员演变为任何可以使用计算机者,犯罪目的也从简单的技术炫耀演变为牟取利益为主的多种目的,犯罪性质也有个人行为转变为团伙作案甚至犯罪产业链,因此《公约》不免带有其时代滞后性。

因为《公约》面临这三个方面的挑战,不足以满足时代的需求,中、俄、巴西等国家也在不断寻求以联合国大会的方式解决网络犯罪的方案,希望通过各国不同的诉求,同时尊重各国不同意愿,订立符合各国不同国情的国际协议,有效打击网络犯罪行为。

随后国际社会陆续通过了一系列文件或协议,目的在于规制网络犯罪,包括:《阿拉伯国家联盟打击信息技术犯罪法律框架》《英联邦关于计算机和计算机犯罪示范法》《上海合作组织国际信息安全领域的协议》《刑事司法与预防犯罪北京宣言》,等等。

二、国际社会仍分歧重重

美国和西方国家主张依照《公约》打击网络犯罪,无须制定新规则。美国、西方国家认为打击网络犯罪,应坚持保护人权,强调言论自由与网络自由;在国际合作上强调跨境证据调查的时效性,削弱国家司法主权。我国等发展中国家认为应协调好网络自由与网络主权的关系,网络自由不应不受限制,网络应受到合理监管;跨境证据调查也应事先征得当事国同意,尊重国家司法主权。中国、俄罗斯等新兴国家认为欧洲《公约》存在弊端,需要在联合国框架下制定新的规则。2013 年 4 月 26 日,联合国预防犯罪和刑事司法委员会第 22 届会议在维也纳闭幕,会议的主要亮点是巴西、俄罗斯、印度、中国、南非五国以“金砖五国”的名义向联合国提出了《加强国际合作,打击网络犯罪》的决议草案,要求进一步加强联合国对网络犯罪问题的研究和应对。

在执法合作方面,国家间不同的法律制度限制了合作范围以及复杂、耗时的程序使得合作请求往往得不到及时回应。

三、网络犯罪治理何去何从?

网络犯罪终究是传统犯罪的变种。虽然目前网络犯罪的形式多种多样,越来越难以管控。但究其根本,仍然是传统的犯罪形式以网络的途径表现出来而已。如《公约》中所强调的网络伪造、诈骗、儿童色情、侵犯著作权等行为,都属于传统的犯罪形式,借助于网络的高扩散性,难以管控。因此各国也正在探寻这样一种解决方式,即以国内治理传统犯罪的法律为基础,加强国际合作和交流。既突出各国的差异性,又能有效遏制网络犯罪的迅速传播。

由于美欧主导的《公约》于十多年前制定,部分规定已明显不能适应网络技术的发展,且在电子执法取证等诸多方面存在诸多分析,建议在联合国框架下联合广大发展中国家,建立新的网络犯罪新规则。关于网络犯罪的刑事定罪问题,应当充分尊重各国刑事立法主权,同时在最大程度上开展合作。此外,明确规定网络服务商在网络犯罪中相关责任;加强网络安全环境治理,为打击网络犯罪提供技术支持等。针对目前各国关于网络犯罪概念不一的情况,建议在联合国框架下制定对核心网络犯罪行为进行刑事定罪、调查取证、执法合作等示范条款。

总体而言,网络犯罪的国际治理仍困难重重,我们拭目以待国际社会重拳出击,还网络虚拟空间一份安静。

网络交易平台理应承担过错责任

——议《消费者权益保护法修正案(草案)》征求意见稿第43条

田小军*

一、网络交易平台与展销会、租赁柜台存在较大不同

(一)网络交易平台并不直接参与电子商务交易

网络交易平台作为电子商务中的虚拟平台,不直接参与消费者和商户之间的交易,仅为消费者、商户之间的实体商品网上交易提供网络信息。网络信息是网络交易平台提供的主要对象和关键内容,展销会、租赁柜台则直接提供消费者和商户之间的交易对象,即实体商品。

网络信息和实体商品在本质上是不同的,消费者和商户之间直接交易的对象是实体商品,网络信息仅是便捷两者实体商品交易的信息媒介而已。网络交易平台只应该对其提供的交易信息承担适当责任,而无须对第三方提供的实体商品承担不合理责任。

---

* 田小军,男,腾讯研究院研究员。

（二）网络交易平台服务提供者并不从电子商务交易中直接获益

展销会的举办者、租赁柜台的出租者主要通过收取参展费或租金获得利润。网络交易平台为新型的交易场所，以中立性的网络技术服务打破了地域限制，构建的超大规模的网络交易生态体系，其商业模式完全不同于展销会、租赁柜台。网络交易平台服务提供者，如淘宝网集市市场、拍拍网等，并未向商家收取类似于参展费和租金的费用，只是收取一般性的服务费。

展销会的举办者、租赁柜台的出租者承担连带责任是由其商业模式决定的，因为其能从销售者处直接获得经济利益。而《最高人民法院关于审理侵害信息网络传播权民事纠纷案件适用法律若干问题的规定》第 11 条规定，①网络服务提供者因提供网络服务而收取一般性广告费、服务费等不属于直接获得经济利益。

二、网络交易平台服务提供者承担连带责任于法理不符

（一）消费者权益保护立法应坚持公平与效率相统一

此次消法修订草案征求意见稿通过苛责网络交易平台提供者来保护消费者权益，看似公平，实则未必。公平是相对的，公平应该坚持公平与效率相统一的原则，此次消法修改在苛责网络交易平台提供者承担更多责任的同时，并没有赋予其更多的权利。因此，这种片面追求的公平是不公正、不平衡的。而且，网络

---

① 《最高人民法院关于审理侵害信息网络传播权民事纠纷案件适用法律若干问题的规定》第 11 条：网络服务提供者从网络用户提供的作品、表演、录音录像制品中直接获得经济利益的，人民法院应当认定其对该网络用户侵害信息网络传播权的行为负有较高的注意义务。网络服务提供者针对特定作品、表演、录音录像制品投放广告获取收益，或者获取与其传播的作品、表演、录音录像制品存在其他特定联系的经济利益，应当认定为前款规定的直接获得经济利益。网络服务提供者因提供网络服务而收取一般性广告费、服务费等，不属于本款规定的情形。

交易平台提供者由于此种苛责而增加的产业成本必然会转嫁给众多商家和消费者,片面的公平不仅不是真正的公平,更可能连其最初所试图追求的公平也无法实现。

立法应兼顾公平和效率。此次消法修改让网络交易平台提供者承担连带责任可能打破既有电商生态运营的平衡,此种失衡必然导致不公平竞争案件的猛增和网络购物纠纷率的提高。加之,连带责任带来的电商产业运营成本的增加会使原本处于上升期的电子商务产业面临更严重的发展障碍,最终导致立法无法兼顾公平和效率。

(二)消费者权益保护立法应遵循权利、义务与责任相统一

"权利、义务与责任相统一"原则意味着责任与权利、义务的相适应,该原则已在多项国家法律中得到体现,《消费者权益保护法》亦应彰显该原则。如果要求网络交易平台服务提供者承担连带责任,将会突破"权利义务责任相统一"原则,同时也与促进互联网产业发展的国家政策相冲突。

在网络交易中网络用户数量庞大,法律并没有赋予网络平台服务提供者法定的监管义务。2009 年出台的《侵权责任法》在规定网络侵权时,并未为网络服务提供者设置额外的义务,相应地,也就不存在加重责任的可能。线上交易与线下交易及服务存在本质区别,即便线下交易及服务承担相应的责任也应以必要的义务为前提。2009 年出台的《食品安全法》第 52 条①在规定集中交易市场的开办者、柜台出租者和展销会举办者的连带责任时,即以赋予其法定监管义务为前提。所以,在网络交易平台提供者不负有相应权利和义务的前提下,不应要求其承担连带赔偿责任。

网络交易平台提供者所承担的赔偿责任应与其民事责任能力、民事行为

---

① 《食品安全法》第 52 条:集中交易市场的开办者、柜台出租者和展销会举办者,应当审查入场食品经营者的许可证,明确入场食品经营者的食品安全管理责任,定期对入场食品经营者的经营环境和条件进行检查,发现食品经营者有违反本法规定的行为的,应当及时制止并立即报告所在地县级工商行政管理部门或者食品药品监督管理部门。集中交易市场的开办者、柜台出租者和展销会举办者未履行前款规定义务,本市场发生食品安全事故的,应当承担连带责任。

能力相匹配,除对卖家进行资质审查外,网络交易平台提供者没有办法也不可能审查卖家的每项商品的真实性,也无法核对每个网页与商品的对应关系。数据显示,截至2012年6月,淘宝网拥有8亿多条产品信息和超过5亿名注册用户,卖家数量约为600万;即便是卖家经认证的B2C模式的“天猫商城”,卖家也高达5万名左右。网络交易平台上有数百万的卖家和数以亿计的商品信息,且网络交易平台提供者与交易双方仅进行直接的线上接触,其无义务也无能力对平台上所有卖家的所有商品信息进行实质审查。正因如此,之前我国相关立法为网络交易平台服务提供者设置“避风港”,以此为我国互联网产业的发展提供宽松的环境。

(三)消费者权益保护立法应尊重相关主体的民事行为自由

网络交易平台服务提供者在法律规定的各项最低义务标准、责任承担之外,不断探索建立多种消费者权益保障制度,以行业自律、企业自律等行为规范和消费者评价体系等为消费者提供更高的权益保护。淘宝、拍拍均为消费者提供了快捷、透明的商品服务评价体系、退款维权渠道和安全的第三方支付平台。淘宝有完善的卖家准入审核制度、商品管理措施和不良卖家淘汰机制,并携手600万卖家签署《消费者保障协议》,设立2亿元网购保障基金,推出7天无理由退换货、假一赔三、闪电发货、30天维修、第三方质检5个方面服务。拍拍同样推出了七日免邮包退、七天包退、先行赔付、假一赔三、诚保代充、快速发货等服务。

中国电子商会、消费电子产品售后服务委员会发布的《2008年度消费电子产业售后服务蓝皮书》显示:在投诉率方面,淘宝每5000万余元的交易会带来一起投诉,电视购物行业投诉率是网络零售业的20倍。根据淘宝发布的数据及媒体报道,2009年淘宝投诉率为0.06%,2010年有所下降,特别是当年4月至8月,淘宝网商加入“假一赔三”商品的投诉率仅为0.0012%。同样,拍拍的投诉率也非常之低,2010年拍拍网平台整体用户满意度高达98%,投诉率为0.05%。①

由此可见,网络交易平台服务提供者通过行业自律、企业自律等建立了多种消费者权益保障制度,网络购物纠纷率较低,并且消费者通过上述制度能够公平、高效地维护自身权益。因此,从促进网络交易平台规范化运作的角度,可考虑将成熟的行业自律规范上升为法律规范,而不是不合理地将连带责任制度从传统的线下销售行业推广适用于网络交易平台。

三、网络交易平台服务提供者承担连带责任对现行立法司法冲击甚大

(一)国内外现行立法表达对网络交易平台服务提供者侵权责任的界定

1. 国内现行立法表达对网络交易平台服务提供者侵权责任的界定

国内现行规制电子商务产业的法律法规及相关司法解释基于权利义务相统一及电子商务产业特点,均明确规定网络交易平台提供者承担过错责任。

(1)作为内容服务提供者承担直接侵权责任

《侵权责任法》第36条规定:网络用户、网络服务提供者利用网络侵害他人民事权益的,应当承担侵权责任。

《北京市高级人民法院关于审理电子商务侵害知识产权纠纷案件若干问题的解答》第3条规定:电子商务平台经营者以自己的名义向公众提供被控侵权交易信息或从事相应交易行为侵害他人知识产权的,应当承担赔偿损失等侵权责任。电子商务平台经营者未明确标示被控侵权交易信息或相应交易行为由他人利用其网络服务提供或从事的,推定由其提供或从事。

---

① 参见网易科技:《淘宝网设消保基金 降低投诉率保障消费者权益》,载http://tech.163.com/10/0126/19/5TVPB963000915BF.html;速途网:《数据显示网购投诉率低至十万分之一》,载http://www.sootoo.com/content/58562.shtml;中国电子商务研究中心:《拍拍网刘春宁:网购投诉率下降至0.05%》,载http://b2b.toocle.com/detail--5691308.html。

(2)作为信息服务提供者承担“通知—删除”义务和合理注意义务

《侵权责任法》第36条规定:网络用户利用网络服务实施侵权行为的,被侵权人有权通知网络服务提供者采取删除、屏蔽、断开链接等必要措施。网络服务提供者接到通知后未及时采取必要措施的,对损害的扩大部分与该网络用户承担连带责任。网络服务提供者知道网络用户利用其网络服务侵害他人民事权益,未采取必要措施的,与该网络用户承担连带责任。

《北京市高级人民法院关于审理电子商务侵害知识产权纠纷案件若干问题的解答》第4条规定:网络卖家利用电子商务平台经营者的网络服务提供被控侵权交易信息或从事相应交易行为侵害他人知识产权的,应当依法承担赔偿损失等侵权责任。电子商务平台经营者知道网络卖家利用其网络服务侵害他人知识产权,但未及时采取必要措施的,应当对知道之后产生的损害与网络卖家承担连带赔偿责任。

《信息网络权保护条例》第25条规定:网络服务提供者无正当理由拒绝提供或者拖延提供涉嫌侵权的服务对象的姓名(名称)、联系方式、网络地址等资料的,由著作权行政管理部门予以警告;情节严重的,没收主要用于提供网络服务的计算机等设备。

2. 国外现行立法表达对网络交易平台服务提供者侵权责任的界定

国外发达国家和地区在规定网络交易平台提供者责任时,也均采用类似于我国现行立法表达的过错责任。就网络卖家对消费者造成的损害而言,除非网络交易平台提供者存在明显的过错,否则网络交易平台服务提供者不需要承担侵权责任。

(1)美欧现行立法表达对网络交易平台服务提供者地位及侵权责任的认识

美国《正当通讯法》第230条(C)(1)规定:当第三人提供信息内容时,互联网服务商不能被视为任何信息的出版者或传播者。

欧盟《电子商务指令》第14条规定:(1)若提供的信息社会服务包括存储由服务接受者提供的信息,成员国应当确保服务提供者不因根据接受服务者的要求存储信息而承担责任,条件是:提供者对违法活动或违法信息不知情,并且就损害赔偿而言,提供者对显然存在违法活动或违法信息的事实或者情况毫不知情;或提供者一旦获得或者知晓相关信息,就马上移除了信息或者阻止他人获得此种信息。如果服务接受者是在提供者的授权或控制之下进行活动,则本条第1款不适用。

(2)日韩现行立法表达对网络交易平台服务提供者地位及侵权责任的认识

日本《特定电气通信提供者损害赔偿责任之限制及发信者信息揭示法》第3条第1项规定:经由特定电气通信传输的信息侵害他人权利时,服务提供者对于不特定人侵权信息的发送,技术上可以采取防止措施,并且无下列情形时,不负损害赔偿责任:(1)知悉传输的信息侵害他人权利;(2)有相当理由足以认为其可知传输的信息侵害他人权利。

日本《与电子商务等有关之准则》①规定:(1)平台运营者与买家之间无商品买卖的契约关系,运营者原则上不需要承担消费者损害的责任。(2)如果由于运营者的过失,使得消费者误认为运营者即是卖家,且消费者为善意的情况下,运营者按照商法第23条类推适用承担责任。运营商不承担责任的示例:如果运营者有明确的提示,消费者按照社会常识不会发生误认,则运营者不需要承担责任。(3)平台运营者知道卖家所卖商品已多次发生重大产品事故,却在合理期间内置之不理,最后买家购自该店购买该产品,发生相同产品事故,导致利益损害,平台经营者需承担侵权责任或合同之注意义务违反责任。(4)平台运营者仅单纯提供商品资讯、介绍,无须承担保证责任。如平台运营者超越单纯资讯提供,对商品品质加以判断、保证,可能需要承担保证责任。

韩国《电子商务交易消费者保护法》第20条规定:通信销售中介人在销售商品时未约定免责事由,或事先未告知属于中介通信销售的免责事由之情形时,因委托通信销售人等的故意或过失而导致消费者财产损害的,该通信销售中介人和委托通信销售人应承担连带赔偿责任。因通信销售中介人的故意或

---

① 此准则经日本经产省公布,并非法律,但代表经产省对电子商务问题的看法,经产部作为电子商务的主管行政机关,其意见具有很高权威性。

过失而导致消费者财产损失时,应当承担赔偿责任。

(二)国内外现行司法实践对网络交易平台服务提供者侵权责任的判定

在此次消法修订之前,国内外均有若干关于电子商务企业责任的判例,均明确指出:网络交易平台提供者承担过错责任,适用“避风港”规则。

1.“淘宝”提供的网络交易平台与市场内的柜台、摊位等存在区别

在刘艳君诉浙江淘宝网络有限公司买卖合同纠纷案中,杭州市西湖区人民法院认为:“‘彪马’运动衫买卖合同的双方当事人为原告与卖家,被告不是买卖合同的当事人,原告以买卖合同纠纷起诉要求被告退还货款并支付假一赔十的赔偿款,没有法律依据。被告提供的是电子商务服务平台,并不是竞拍活动的一方当事人,原告以买卖合同纠纷起诉被告,要求被告交付竞拍商品,缺乏法律依据。”

在中国友谊出版公司诉浙江淘宝网络有限公司、杨海林侵犯出版者权纠纷上诉案中,负责二审的北京市第二中级人民法院认为:“淘宝网公司提供的网络交易平台与市场内的柜台、摊位等存在区别,涉及商品类别不同,淘宝网涉及的商品数量巨大、类别繁多;涉及的卖家情况不同,网络交易平台的卖家分为个人卖家和商家卖家;应负的审查范围及审查内容不同,由于目前法律、行政法规中并未明确规定网络交易平台的提供者负有审查个人卖家经营资质的义务。”

2.“eBay”不应对其网站上销售的侵权产品承担责任

在2001年的Rolex v. eBay案中,瑞士手表制造商Rolex向德国杜塞尔多夫高等法院提起诉讼,请求法院颁布禁令禁止Rolex产品在eBay上销售并承担赔偿责任。杜塞尔多夫高等法院及杜塞尔多夫上诉法院均裁定拍卖网站不应对其网站上销售的侵权产品承担责任。判决中,法院明确eBay受到欧盟电子商务指令的保护。

四、连带责任的规定可能对电子商务行业发展造成不利影响

2012 年中国网络零售额为 13,040.0 亿元,①其中 C2C 市场占中国网络购物市场比重的 70.3%,同期社会消费品零售总额 207,167 亿元,②网络零售占比为 6.29%;GDP 为 519,322 亿元,③网络零售额占比 2.5%。而同期美国网络购物在社会零售总额的占比约 15%,其他发达经济体的电子商务产业发展情况也较好,如德国网络购物占社会零售总额的比例为 9%,英国网络购物的占比为 12%,2012 年欧洲商品和服务类贸易在线交易零售额为 3116 亿欧元,电子商务零售额约占欧洲 GDP 的 3.5%。④ 由此可见,不管是从网络零售额在社会零售总额中的比重,还是从其在 GDP 的比重来看,我国的电子商务产业有待进一步发展。相应地,其需要一个更为合理的发展法律、政策环境。

2002 年颁布的《国民经济和社会发展第十个五年计划信息化专项规划》确定中国信息化发展的四项重点中,即包括了加快发展电子商务。此次消法修订目的包括"保护消费者的合法权益""维护社会经济秩序"和"促进社会主义市场经济健康发展"。因此,关注互联网产业的发展应属"促进社会主义市场经济健康发展"的应有之义。以淘宝为代表的中国电子商务产业的发展在很大程度上得益于中国政府宽松、合理、有序的互联网政策法制环境。

连带责任严重冲击现有"避风港"规则对电子商务产业的保护,一旦实施,势必提高我国尚属脆弱的电子商务产业的产业运营成本,使其发展受阻。目前淘宝、拍拍等网络交易平台出现了一部分的非真实消费行为(包括恶意买

---

① 商务部电子商务和信息化司:《中国电子商务发展报告(2012)》,载 http://www.chnsourcing.com.cn/outsourcing-news/article/57197.html。

② 国家统计局:《社会消费品零售总额》,载 http://www.stats.gov.cn/tjzs/shxfp.pdf。

③ 国家统计局:《2012 年国内生产总值(GDP)初步核算情况》,载 http://www.stats.gov.cn/tjfx/jdfx/t20130119_402867380.htm。

④ 参见商务部:《2012 年西班牙电子商务零售额位列欧洲第四》,载 http://es.mofcom.gov.cn/article/jmxw/201305/20130500138902.shtml。

家、职业差评师)等,如果要求网络交易平台提供者承担连带责任,必然会催生更多以妨碍网络交易平台正常运营为手段来获取非法利益的新的恶意行为人的出现。并且,因连带责任引入增加的成本最终会反映到商品的价格上,最终消费者为连带责任埋单,这似乎不符合此次消法修订的初衷。

结语

以上分析认为,网络交易平台与展销会、租赁柜台存在较大不同,此次消法修订引入网络交易平台服务提供者连带责任于法理不符,对现行立法司法冲击甚大,并且不利于电子商务行业的发展。因此,此次消法修订不应引入网络交易平台服务提供者的连带责任。

互联网+时代背景下的内生性治理

司　晓[*]　赵　治[**]　柳雁军[***]

内生性治理,是指在充分竞争的市场中,各个市场主体基于市场现实需求,在发展过程中自发产生良性秩序,实现自我规范、自我完善,政府借助这种内生性的、自发秩序及其外部化实现现代化治理的治理理念和治理方法。实践中,内生性治理通过内生性规则和内生性规则的外部化来实现治理的目标。在法学领域,立法者通过规则创制者范围的扩展,越来越多的共同体能够参与规则的创制或者对规则有着制度性的影响,从而使规则更能代表他们的意愿,他们也因此能对规则采取内在观点,这个进程的目的就是达致我们所言的内生性规则。① 在互联网领域,各种新兴商业模式不断涌现,优胜劣汰之后形成了一批规模化、集约化、专业化的商业模式。为了使这些商业模式能够长远发展,各市场主体在实践中逐渐形成了一整套行之有效的管理机制,这就是内生性规则。各市场主体就是充分运用这些内生性规则,进行内生性治理,以实现互联网行业高效、有序运行的治理目标。

随着社会进入互联网+时代,内生性治理也将从互联网行业逐步辐射到社会各传统行业。李克强总理在2015年政府工作报告中提出,"要制定'互联网+'行动计划,推动移动互联网、云计算、大数据、物联网与现代制造业结合,

---

* 司晓,腾讯公司公共战略研究部总经理,腾讯研究院秘书长。

** 赵治,腾讯研究院法规研究总监。

*** 柳雁军,腾讯研究院研究员。

① 参见支振锋:《法律的驯化与内生性规则》,载《法学研究》2009年第2期。

促进电子商务、工业互联网和互联网金融健康发展，引导互联网企业拓展国际市场”。李克强总理在其后的答记者问时提到，“最近互联网上流行一个词叫风口，我想站在‘互联网 + ’的风口上顺势而为，会使中国经济飞起来”。这是一个里程碑式的事件，在互联网 + 的时代，金融、交通、教育、医疗等各传统行业都要与互联网尽情“相拥”，紧密“相伴”，以实现自身的迅速、长久发展。

一、内生性治理的核心要素

从互联网与各传统行业融合的过程中，我们可以深刻地认识到内生性治理所包括的核心要素，这可以从以下几个方面来理解：

1. 内生性是内生性治理的本质属性

内生性治理是内生的、自发的，是从内部产生，在内部发展演变的过程中不断总结并最终形成的。内生性是内生性治理的关键和核心，体现了市场主体寻求自身发展的迫切需求，是内生性治理能够具有持久生命力的基础。例如，随着我国电子商务的不断发展，各类纠纷接踵而至，网络第三方交易平台要想实现自身获利，永续经营，就必须提供一套完整、高效的平台规则，如在线纠纷解决机制和交易保障机制等，以保障买卖双方交易安全，维护各方合理利益，不断提升用户体验。其中比较有特色的就是淘宝争议处理机制，其以对支付宝平台上交易款项的控制作为后盾、围绕着支付宝平台上的交易款项归属展开、由淘宝客服担任仲裁者，有效地避免了由淘宝商家、消费者纠纷双方担任裁判者而导致结果不够客观、公正的情况，通过实现交易纠纷的公平处理客观上保障了交易的顺利实现，从而使网络交易具有了持久的生命力，得以被广泛认可。

2. 开放性是内生性治理的必然选择

相对于封闭而言，内生性治理则代表着包容和开放。内生性治理基于人们的现实需求产生，并随着人们现实需求的变化而不断调整；换言之，为了更好满足人们不断变化的现实需求，任何能够有效实现这一既定目标的方式和手段均可作为合理因素被及时、准确地吸收到内生性治理中来，成为内生性治理的有机组成部分。例如,为了满足人们便利出行、司机降低空驶率和平台软件推广的多方现实需求,滴滴打车依托移动互联网技术,将传统交通领域的出租车资源在一定程度上也逐步纳入了内生性治理的范畴。具体而言,就是滴滴打车依托打车软件平台,对传统的出租车资源进行整合,改变了传统出租车完全由出租车公司"控制"的封闭局面,将线上与线下相融合,一方面借助传统出租车的合法运营资质,另一方面通过从打车初始阶段到下车使用线上支付车费,画出一个乘客与司机紧密相连的O2O完美闭环,增强了乘客与司机的互动,节约司机与乘客沟通成本,最大化节省司乘双方资源与时间,满足了双方需求。在这个过程中,乘客可以在线发布目的地需求,司机可以根据现有位置对需求进行选择性回应,双方达成合意时交易才能实现;平台根据交易数量对司机和乘客进行返现、补贴或优惠等,对司机和乘客进行激励,以进一步提高app软件的使用率。司机和乘客均通过平台建立的信用评价机制、奖惩机制对对方行为做出评价和制约。最终,传统的出租车领域从"一元控制"变为"多元互动";除传统出租车公司外,各方主体的话语权均有所增加;在不断互动的过程中,逐步实现对内生性治理的回归,成为内生性治理的有机组成部分。

3. 创新性是内生性治理的持久动力

内生性治理在立足现有条件和需求的基础上,形成了对旧有观念和模式的突破;且在实践发展的过程中,依托其现有效用不断向社会各领域进行辐射,力图实现共同发展的良好局面。"互联网+"的时代背景下,为了满足人们的各类需求,互联网与各传统行业的紧密结合、渗透本身就是内生性治理创新性的显著体现。例如,在"互联网+金融"领域,产生了各种互联网金融形态,它们是以依托于支付、云计算、社交网络以及搜索引擎、app等互联网工具,实现资金融通、支付和信息中介等业务的一种新兴金融,是在实现安全、移动等网络技术水平上,被用户熟悉接受后(尤其是对电子商务的接受),自然而然为适应新的需求而产生的新模式及新业务,实现了传统金融行业与互联网精神的紧密结合,实现了互联网与金融行业的共同发展。

随着互联网和"互联网+"的出现,市场创新越来越活跃迅捷和大规模化,政府越来越难以跟随市场创新的节奏，难以预估，更难以深入创新的每个角落，但是我们看到，市场自身形成的内生性规则却是基本与市场创新同步的，可以说，市场创新到哪里，内生性规则就会跟随到哪里。

4. 高效性是内生性治理的显著特征

长期以来，互联网企业发展的一大特点是“迅速迭代，越变越美”，即通过对市场需求灵活敏捷的反馈，以远超传统行业的速度实现自身的进化，其中也包括基于现实情况对内生性规则的不断调整完善。

高效，不仅意味着效率高，还代表着质量高。在“互联网+”的时代，内生性规则扎根于人们现实需求的土壤，针对人们的需求敏锐作出反映并进行及时修正，最终实现科学高效的治理目标。例如，专车作为新兴事物，但却能快速得到市场的认可，就与其高效的运行模式和管理机制密不可分。众所周知，传统出租车市场的垄断、僵化已经越来越难以满足人们快捷、舒适、安全出行的需求，而专车的出现，恰好实现了这一目标。用户用手机轻轻一点，平台会智能推荐并由司机快速响应，实现快速出行，效率大大提高。此外，平台根据客户评价不断调整专车司机收入，使客户的满意度成为专车司机收入的重要因素；专车司机上岗需经过严格培训、平台对专车车辆进行实时定位以及完善的保险机制，这些因素的存在，使得专车服务的质量得以有效保证，用户安全、舒适、及时出行的初衷得以圆满实现。

二、内生性治理与互联网+时代的紧密联系

1. 互联网+时代给行政监管带来新问题

随着互联网+时代的到来，“互联网+”已然上升到国家战略高度，国家也在积极推进“互联网+”行动。互联网+时代所具有的跨界融合、创新驱动、重塑结构、尊重人性、开放生态和连接一切的特征①，使其呈现出极大的开放性和发展性，各行各业正在用自身实践为其注入新的内涵，进行更深层次的诠释。

① 详细内容参见马化腾等著：《互联网+：国家战略行动路线图》，中信出版社2015年版。

通过互联网与传统各行业融合创新,创造更多新兴产业和新兴业态,进而推动经济社会各领域的繁荣发展。

在互联网与传统各行业尚未融合的时代,互联网行业长期实践证明行之有效的一些商业模式、经营理念、运行方式、产品技术以及创新精神等,形成了所谓的"互联网基因"。"互联网+"很大程度上就是将这种基因注入传统行业,进行基因层面和生态层面的提升改造,产生大量全新的"商业物种",以及新的商业生态和利益格局。这些新生事物在焕发出强劲生机的同时,也带来前所未有的大变局,对现有的行政监管理念和思路带来巨大冲击。

长期以来,我国一直强调"互联网监管"的理念与思路。互联网监管强调的更多的是政府单方面的管理。我国目前互联网行业监管体系沿用了传统行业监管体系,主要强调市场准入监管,以准入为抓手,通过牌照等方式管理。互联网+时代的到来,新业态不断出现,并呈现出平台化、融合化、自媒体化等特征,既难以预见和穷举,也难以清晰界定和分类。各级行业主管部门对互联网监管边界、监管目标和监管定位的认识存在诸多困惑与分歧。互联网业务多重属性日益突出,"齐抓共管"中部门间职责交叉大量存在,监管越位、缺位与错位问题不断。传统的监管思路和理念已经与互联网+时代的要求不相适应,而且,随着互联网与传统各行业的深度融合,这一不适应性会不断加剧。

2. 互联网+时代需要"内生性治理"的理念

面对互联网+时代与现有行政监管思路和理念的冲突,我们迫切需要寻找解决之道。而内生性治理的理念,应是解决这一困局的一剂良药。

"互联网+"的时代,我们需要实现由"监管"到"治理"思路的转变,其中,核心就是坚持内生性治理的理念。其所具有的内生性、开放性、创新性和高效性,与互联网+时代的精神是相吻合的。我们寻求互联网+时代给行政监管带来的种种不适应的解决方法,无非是为了更好地顺应时代潮流,发挥"互联网+"的积极作用,而作为行政监管主体的政府部门,理应坚持内生性治理的理念,从而更好地与"互联网+"的时代要求保持一致,实现完美融合。

三、内生性治理的现实意义

在“互联网+”的时代,内生性治理所包含的诸多核心要素决定了其对于国家建设、经济发展、人民生活改善和社会治理优化具有非常重要的现实意义。

1. 加快建设创新型国家

建设创新型国家,是党和国家做出的事关社会主义现代化建设全局的重大战略决策。这就要求我们必须提高创新能力,形成日益强大的竞争优势。而内生性治理伴随着“互联网+”向各行业渗透、发展的过程,其天然具有的创新性影响随之扩散到各行业;各行业由此获得的“创新因子”在推动本行业不断创新发展的基础上,构成了国家的综合创新实力,成为建设创新型国家的重要前提和坚实基础。

2. 促进社会经济发展

“互联网+”概念在国家层面的正式提出,意味着政府对“互联网+”背景下内生性治理特点及重要作用的积极肯定,意味着政府与业界已形成了一种共识,即内生性治理在互联网行业发挥的基础性作用、先导性作用以及战略性地位日益提升,在其与传统行业融合创新形成新的经济增长点的过程中,发挥的重要作用已经不容忽视,必将成为促进、加快社会经济向前发展的持续动力。

3. 改善人民生活水平

随着经济社会的不断发展,人民的需求也越来越多元、多变,而内生性治理以其所具有的创新性和高效性,以移动互联网技术、云计算、大数据、物流网为依托,能够创造性地实现互联网行业与传统各行业的深度融合,并快速、高效满足人民持续的现实需求,不断增进人民福祉,成为持续推进民生改善的新途径。

4. 优化社会治理体制

党的十八届三中全会指出,要改进社会治理方式,提高社会治理水平,创新社会治理体制。在“互联网 +”的时代,内生性治理因其所具有的内生性和高效性,可以实现良性的自我治理。作为一种典型的社会自我调节模式,再通过与政府治理的进一步良性互动,便可以有效改进社会治理方式,提高社会治理水平,进而实现社会治理体制优化及创新的目标。因此,从特定角度而言,内生性治理体现了社会治理体制优化的应有之义。

四、内生性治理与政府治理的科学对接

“互联网 +”的时代,内生性治理已经发挥着越来越重要的作用,对国家、社会越来越具有举足轻重的重要意义。但是,内生性治理要更好的作用于实践,推动实践向前发展,还需要与现阶段的政府治理实现合理对接;换言之,政府还应在对其肯定的基础上重点做好以下几个方面的工作:

1. 政府要坚持有所不为

政府要继续对内生性治理保持开放包容的心态,坚持有所不为的基本思路。

第一,尊重现有规则。即尊重现有的内生性规则,不该管的不管。内生性治理不再单单指望政府去做什么和提供什么,而是希望政府能充分挖掘现有市场主体的潜力,尤其是协同创造良好秩序方面的潜力。正如李克强总理所明确提出的那样,“现代政府的职能,应该是‘把该管的管好,把该服务的服务好’,其他的都交给市场”。在“互联网 +”这一新兴领域,政府要相信市场的自治与自净能力,通过市场的充分竞争和用户的用脚投票,会诞生出更好的商业模式,也会产生一些经受住市场检验的规则,政府首先要做的就是在充分尊重这些模式和规则,以间接监管的方式,实现治理的目标。

第二,防止“一刀切”。即当新兴的商业模式和管理机制与现有的法律政策发生冲突时,不能简单的采取“一刀切”的模式。在“互联网 +”的时代,会产生许多新兴的互联网经济形态,会有多样化的商业模式和管理机制,这些模式和机制具有创新性和超前性,而现有的法律政策具有一定的滞后性,二者不可避免会发生冲突。政府在处理这种冲突时,应充分考虑这些模式和机制存

在的正当性和合理性，对其开放包容，而非简单的一味打压。

第三，开放包容足够持久。即这种开放包容要具有持久性，政府对于这些融合产生的新事物的开放宽容态度只有足够持久，方能使其充分发挥积极作用，使其更好地服务经济、社会、文化的各个领域，推动我国社会经济的可持续发展。例如，新浪成立的微博社区委员会就很好地体现了这一思路。随着微博的不断发展，网民的人数也越来越多，线上矛盾和纠纷越来越多，为了解决越来越多的矛盾纠纷，新浪本着网民自治的运营思路，成立了微博社区委员会，由网友组成的社区委员会来判定微博内的纠纷。政府有关部门对这一模式并未打压，而是持久地开放包容。经过几年发展，微博社区委员会运行良好，取得了很好的效果。

2. 政府要坚持有所作为

政府在继续保持开放包容态度的基础上，对于特定行业、特定领域的内生性治理还需要有所作为，不能完全放任不管。

第一，坚持合理引导。从某种意义上讲，内生性治理体现着从自发向自觉的不断发展过程。但发展并不总是一帆风顺的，事物发展总是螺旋式上升，伴随着高低起伏的过程。内生性治理也是如此，其自发向自觉转化的过程中，也必然存在这样或那样的不足，需要政府来进行合理引导，以保证其沿着健康的轨迹不断发展。鉴于此，政府在充分尊重内生性规则的基础上，还要以协商、建议、指导等柔性等行政指导的方法对其加以合理引导，这样才更能激发内生性治理的活力，使其更好地发挥作用。例如，政府有关部门对新浪微博社区委员会这一线上纠纷解决机制进行合理引导并将其发展为新浪人民调解委员会，使其成为政府认可的专业调解机构，从更深度和广度上对其进行了拓展，使其发挥更大的作用。

第二，坚持适度监管。对于内生性治理，政府的监管要适度，过度监管可能扼杀相关产业的创新动力，而监管不足则可能导致市场秩序紊乱，甚至危及相关产业发展。例如，在互联网金融领域，P2P 模式在前期迅速发展的过程中，存在盲目扩张、数据泄露、涉嫌非法集资等问题，此时政府的监管就显得尤为必要；但是，政府在监管时也要适度，注意方式方法，既要注意规避风险、实现规范管理，又要鼓励创新，满足人们高品质、多样化的需求。否则，管的过多、过死，则可能使得这一承载了人们现实需求的制度“胎死腹中”，“地下钱庄”大行其道，市场秩序更加混乱。

第三，坚持政策护航。科学、完备的政策规范为内生性治理长远发展提供了必要保障。针对“互联网+”这一新兴事物，政府在制定法律和政策时可以吸收其内生性治理的合理内核，以接入为考虑点，以放行为方法。在这一过程中，政府不需要另起炉灶，只需要对现有的模式和机制进行评估，将其纳入国家法律政策规范体系中去。毕竟，在商业环境中，不成功或者得不到验证，就必然会被淘汰；成功了或被市场接受了就意味着存在的价值和必然性，就会具有生命力。“这种内生规则是自然的、渐进的、普遍的，是为人类所发现而非人类有限理性所创设的”。因此，如何实现政府治理与内生性治理的科学对接是亟待思考的问题。例如，如果政府在制定法律和政策时，与互联网行业内部自身形成的内生性治理规则完美结合、与互联网行业对整个互联网秩序的内生性需求相契合、与互联网行业的发展和成长实现有机互动，则在具体法律政策实施过程中就更具可操作性，更利于实现治理的初衷。

成功的治理，不是横空出世的，不是外来植入的，不是生搬硬套的，也不是异想天开的；而应当是立足自身的现实条件，在实践中逐步发展、完善起来的。党的十八届三中全会提出，要全面深化改革，加快转变政府职能，创新行政管理方式，创新社会治理体制，推进国家治理体系和治理能力现代化。作为一种现代化的治理理念，“互联网+”背景下的内生性治理，以其内生性、开放性、创新性和高效性必将在推动社会经济发展、改善人民生活中发挥越来越重要的作用，成为实现国家治理体系和治理能力现代化建设的有机组成部分和重要实现途径。

“移动电商”模式下消费者权益保护问题研究

司　晓[*]　赵　治[**]　杨　乐[***]　彭宏洁[****]

2014年3月15日，新修订的《消费者权益保护法》（以下简称新《消法》）正式实施。在一年多的时间里，新《消法》在保护消费者合法权益方面成效斐然。但同时，在电子商务领域，随着移动互联网技术的发展，智能手机大范围的普及，广大消费者在传统PC端网购的基础上，逐渐转向在更便捷的移动端进行网购，规模化后形成了现在社会舆论关注的“移动电商”。“移动电商”这一新型电商模式的出现，在给消费者带来便捷购物的同时，也产生了侵害消费者合法权益的问题，给新《消法》的实施带来难题。

一、“移动电商”的三类模式

近几年来，随着移动互联网技术的发展，电子商务行业呈现出移动化、模块化、碎片化三大发展方向，并相应形成所谓的“移动电商”三类模式。

（一）移动化电商

随着移动互联网技术的飞速发展以及移动智能终端的大量普及，传统电

---

[*] 司晓，腾讯公司公共战略研究部总经理，腾讯研究院秘书长。
[**] 赵治，腾讯研究院法规研究总监。
[***] 杨乐，腾讯研究院高级研究员。
[****] 彭宏洁，腾讯研究院研究员。

商平台从PC端自然延伸、移植到移动端,产生了移动电商活动。其中,常见的包括手机淘宝、手机天猫、手机京东等,以及最近新兴的口袋购物等独立的APP应用,都属于这一类型。根据艾瑞统计,2014年,中国移动购物交易额在整个网络购物市场中占比33%。在具体企业份额中,阿里无线(包括手机淘宝、手机天猫)、手机京东、手机唯品会占据前三位,分别是86.2%、4.2%、2.1%。其中,阿里无线一家独大,占比86.2%,其无线端通过"淘宝+天猫"提供平台服务,再由交易入口向无边界生活圈转型。而京东仅占到了4.2%的市场份额,与阿里相去甚远。

(二)模块化电商

模块化电商,是指除了传统电商公司自己开发的独立移动应用外,其他的移动APP应用(如打车软件、影评软件等)为了充分利用其所拥有的用户资源,所做的一些商业化尝试,在其APP中嵌入电商模块,通过移动支付获取增值服务收益。这一类情况在借助LBS(位置定位服务)的O2O的商业模式中尤为普遍,充分体现了互联网的跨界融合特点;以及"基础服务免费,增值服务收费"的互联网赢利模式。类型多样,以下为几种典型体现:

1. "微信小店"。微信小店是腾讯公司基于微信社交工具的电商解决方案,①与其他公众号类似,开通微信小店的公众号页面会提供该公众号经营者的详细主体信息。但微信并未对微信小店的功能进行推广、宣传,相关业务的开展由经营者自行运营。

2. 新浪微博中的"微卖"。该产品由北京优舍科技有限公司基于新浪微博这一社交网络传播媒介而开发,为商品销售经营者提供商品售卖平台,帮助用户在微博中与好友分享自有商品,促进用户间的商品交易。任何人都可以

---

① 微信小店建立在微信公众号体系之下,公众号为开发者或经营者提供功能,在微信平台上向订阅用户发布包括文字、图片、语音、视频等多媒体信息。它又可分为订阅号和服务号:(1)订阅号,每天可群发一条信息,经认证后的订阅号有自定义菜单功能,通过对自定义菜单的设置,用户点击可跳转至对应页面。(2)服务号,申请后带有自定义菜单(同上),认证后有高级接口、支持进一步开发,每周群发一条信息。基于避免骚扰等用户体验的考虑,公众号均不可主动添加好友,需由用户主动关注后才能发送信息。

使用“微卖”平台，利用社交信息的共享优势售卖各种商品。但基于移动互联网的发展趋势，该产品限制卖家只能通过手机端应用软件进行订单等销售管理。

（三）碎片化电商

碎片化电商，是指这类电商呈现出充分碎片化状态，从货品展示、沟通、支付到物流的交易各环节，用户可以充分利用各类工具（互联网工具或线下工具），根据自身需求，自主选择、自由组合，最终完成整个交易行为。此类电商具有显著的交易流程碎片化、交易工具碎片化、交易信息碎片化和交易证据碎片化的特点。作为某一个工具提供者，它只能被动地参与到某一个或某几个环节中，无法了解交易流程的全貌。交易的证据和留存记录也是碎片化的，是互相割裂的。例如，一个卖家可以利用微博、朋友圈、淘宝、百度贴吧等进行商品展示，通过短信、电话、微信甚至线下进行议价，再通过银联、网银或者支付宝转账完成支付，通过快递完成物流。每一个环节都有若干种选择。

具体详见下表：

交易环节	可选工具
展示	线上：朋友圈、陌陌、微博、博客、论坛等； 线下：店面展示、纸质传单等；
沟通	线上：短信、电话、微信、易信、陌陌、QQ 等； 线下：当面交流；
支付	线上：支付宝、微信支付、银联、网银等； 线下：现金支付、易货；
物流	买家自提、卖家送货、快递、邮政、地铁站口提等。

二、“移动电商”模式下消费者权益保护面临的瓶颈

2015 年 1 月 5 日，国家工商总局公布了《侵害消费者权益行为处罚办法》（以下简称《办法》），对侵害消费者权益的行为类型进行了全面归纳，其第 5

条、第6条明确规定了两大类侵害消费者权益的行为，主要有10种提供商品或服务时的侵害消费者权益行为和9种提供商品或服务信息时的侵害消费者权益行为，这些行为在“移动电商”中同样存在，亦是消费者权益保护面临的主要瓶颈。具体包括以下方面：

（一）提供商品或服务时的侵害消费者权益行为

《办法》第5条规定，经营者提供商品或者服务，不得有下列行为：(1)销售的商品或者提供的服务不符合保障人身、财产安全要求；(2)销售失效、变质的商品；(3)销售伪造产地、伪造或者冒用他人的厂名、厂址、篡改生产日期的商品；(4)销售伪造或者冒用认证标志等质量标志的商品；(5)销售的商品或者提供的服务侵犯他人注册商标专用权；(6)销售伪造或者冒用知名商品特有的名称、包装、装潢的商品；(7)在销售的商品中掺杂、掺假，以假充真，以次充好，以不合格商品冒充合格商品；(8)销售国家明令淘汰并停止销售的商品；(9)提供商品或者服务中故意使用不合格的计量器具或者破坏计量器具准确度；(10)骗取消费者价款或者费用而不提供或者不按照约定提供商品或者服务。

例如，周梦晗通过社交网络售卖毒面膜一事，属于侵害消费者权益行为的典型。据公开报道，22岁的周梦晗是河南商丘人，曾赴奥地利留学，回国后通过社交网络售卖面膜，其微博账号“坏脾气公子”拥有超10万的粉丝，除了在美拍和微博上发送皮肤细腻白皙的照片外，她每天还会在朋友圈里发送关于面膜、买家好评、交易打款、支付宝大额支出的截图等多条内容。2014年11月起，陆续有买家在网络上晒出面部发红、长痘甚至长毛的照片，称使用周梦晗卖的“三无面膜”后皮肤被毁，被医院诊断为过敏性皮炎和激素依赖性皮炎。多名曾经的粉丝、买家被周梦晗在微信中拉黑或屏蔽，有买家试图通过寄货和退货地址、电话找到她本人，发现地址和电话均不属实，至今尚未找到该行为人。

再如，2015年4月1日，杭州市经济技术开发区人民法院对浙江省第一起利用微信平台售假入刑案件进行了宣判，移动电商何某以销售假冒注册商标的商品罪被判处有期徒刑一年,缓刑二年,并被处罚金人民币6万元。

（二）提供商品或服务信息时的侵害消费者权益行为

《办法》第6条规定,经营者向消费者提供有关商品或服务的信息应当真实、全面、准确,不得有下列虚假或者引人误解的宣传行为:(1)不以真实名称和标记提供商品或者服务;(2)以虚假或者引人误解的商品说明、商品标准、实物样品等方式销售商品或者服务;(3)作虚假或者引人误解的现场说明和演示;(4)采用虚构交易、虚标成交量、虚假评论或者雇佣他人等方式进行欺骗性销售诱导;(5)以虚假的"清仓价""甩卖价""最低价""优惠价"或者其他欺骗性价格表示销售商品或者服务;(6)以虚假的"有奖销售""还本销售""体验销售"等方式销售商品或者服务;(7)谎称正品销售"处理品""残次品""等外品"等商品;(8)夸大或隐瞒所提供的商品或者服务的数量、质量、性能等与消费者有重大利害关系的信息误导消费者;(9)以其他虚假或者引人误解的宣传方式误导消费者。

例如,据金山毒霸2012年发布的统计数据①,当时新浪微博上约有8万微博大号从事虚假广告营销,平均每天转发18万条,每1秒钟就有5人因为微博虚假广告而买到假货,平均每天造成网民损失高达千万元。

三、"移动电商"模式下消费者权益保护的合理路径

面对"移动电商"中存在侵害消费者合法权益的问题,我们应当按照新《消法》的有关规定,从中寻求解决问题解决路径。

（一）经营者,作为"移动电商"中的重要主体,应严格按照新《消法》规定,履行应尽的责任和义务。

新《消法》明确规定了经营者的基本义务和法律责任,尤其针对网络购物,

① 参见金山网络:《微博推广名牌90%是假货金山毒霸首创微博广告打假》,载 http://www.ijinshan.com/news/20121115001.shtml 。

还专门规定了“网购七日无理由退货”“网购经营者的特别提示义务”等。作为“移动电商”的经营者,亦应受新《消法》约束,按照新《消法》的相关规定,主动履行应尽义务,全力维护消费者合法权益。作为消费者本身,亦要提高风险意识,加强监督意识,加大对于“移动电商”中侵害消费者权益的不法经营者的举报力度,全力维护自身合法权益。作为政府有关部门,亦应适应“移动电商”经营者的新变化和新特点,主动采取有效措施,全力规范“移动电商”经营者的行为。

(二)网络交易平台提供者和碎片化工具提供者,作为“移动电商”中的重要主体,亦应在保护消费者合法权益中发挥重要作用。

在“移动电商”的主体中,除了经营者之外,还有各类的服务提供者,一类是移动化电商和模块化电商中的网络交易平台提供者;另一类是碎片化电商中的碎片化工具提供者。它们作为“移动电商”中的重要主体之一,亦应在保护消费者合法权益中发挥重要作用。但由于两类服务提供者主体性质的不相同,其承担的责任也不尽相同,简要归纳如下:

1. 第一类、第二类“移动电商”中的网络交易平台提供者,应承担网络交易平台的责任

在电商移动化、电商模块化两种类型中,存在真正意义上的“网络交易平台”,网络交易平台提供者按照《消费者权益保护法》的规定主动承担应尽责任,不容回避。《消费者权益保护法》第44条规定:“消费者通过网络交易平台购买商品或者接受服务而合法权益受损的,可以向销售者或服务者要求赔偿。网络交易平台提供者不能提供销售者或者服务者的真实名称、地址和有效联系方式的,消费者也可以向网络交易平台提供者要求赔偿;网络交易平台提供者明知或者应知销售者或者服务者利用其平台侵害消费者合法权益,未采取必要措施的,依法与该销售者或者服务者承担连带责任。”

2. 碎片化电商模式涉及多种工具提供者,其责任仍有待深入分析

(1)工具提供者具有不同于网络交易平台的特殊性

从交易环节来看,如前所述,卖家可以在微博、朋友圈中发布商品交易信息,然后引导消费者通过即时通信工具就交易进行讨价还价,再通过第三方支

付工具、银联支付甚至货到付款的方式完成支付，最后由卖家选择使用哪家快递公司发货。整个流程没有在任何一款产品中形成完整闭环。在这种交易模式中，无论哪一个单独的工具都无从了解和控制整个交易过程。

从工具角色来看，根据上述对网络交易平台提供者的构成要件分析，微博、微信、陌陌、短信、电话等设立的主观目的都不是为了促成交易和开展交易活动。此类工具提供者在某个交易所涉各个环节中，仅提供某一类别的技术服务。不能因为个别用户的碎片化使用——在信息发布空间中发布了与交易相关的信息，或利用即时通信工具进行了与交易有关的沟通，或者仅使用了第三方支付工具，就将其认定为网络交易平台，否则，包括基础电信业务经营者在内的所有线上的任何平台企业、线下的非交易场所，都会因为个别用户的个别行为而被认定为“交易平台”，这显然不合常理。就像用户利用短信、电话发布了商品交易信息，通过网银、银行柜台、银联等第三方支付进行转账，但电信运营商、银行不能被认定为交易平台一样。又如，人们经常在咖啡馆、酒店谈生意，是否就意味着咖啡馆、酒店就此变成了贸易市场，进而需承担相应责任？显然不是。同样，包括基础电信业务经营者在内的所有的线上平台企业，也不能因为个别用户的行为而被认定为网络交易平台。

从用户群体来看，使用碎片化电商模式的，往往是“熟人社会”中进行民事行为的平等主体。其中受媒体关注的微信朋友圈，就是典型的“熟人社交”。用户通过微信朋友圈从事电商活动，依托于社交人际网络，基于朋友之间的信任产生，是熟人社会体系下具有完全民事行为能力和民事责任能力的民事主体间的自由活动，且我国已经建立了完善的民事纠纷解决机制，行政机关和工具提供者无须过多干预。

①微信朋友圈是双方自愿互相添加、互相关注和取得基本认可后的结果；其内容仅可被已经加为好友的用户阅读。用户要想通过朋友圈从事“电商”活动，首先要通过对方的审核，被加为好友。而用户之间互相加为好友，需以相互了解信任为基本前提。如遭受其他用户交易信息骚扰时，还可选择屏蔽对方朋友圈、将对方加入黑名单，或者举报、删除该用户。总之，每个用户应对其线下及线上的行为具有起码的自知、自治能力，应当能够判断一般风险。这一

点与其他“移动电商”模式在陌生人之间进行有根本区别。

②作为一种熟人社会内部平等自愿的交易活动，如果发生纠纷，属于一般性民事活动，用户可采取自主协商、民事诉讼等多种救济途径。如果发生法律纠纷，可直接联系对方要求其进行赔偿，也可以通过民事诉讼的方式，追究卖家责任，维护自身权益。如果发生诈骗、售假等行为，严重的还可以向公安部门举报，追究其刑事责任。无须根据《消费者权益保护法》第44条的规定，要求“网络交易平台提供者”提供经营者的有效信息。

③微信朋友圈不是“向不特定多数人”的公共传播，而是封闭的私人空间，属于公民个人通信自由范畴，是受宪法保护的个人基本权利，是典型的私人领域。公民在微信中点对点的通信自由和通信秘密受到宪法保护，微信工具提供者无权对其内容进行检查或审核；除非有刑事案件发生，一般的行政机关也无权介入其中。

(2)工具提供者应主动履行社会责任，协助做好消费者合法权益保护工作。

目前，新《消法》中仅规定了网络交易平台提供者的责任，并未就碎片化的工具提供者的责任做出专门规定，这应属新《消法》实施过程中出现的新情况之一，但作为各类工具提供者，亦应主动履行社会责任，协助做好消费者合法权益的保护工作。

①从自身做起，建章立制，尽力保护消费者合法权益。首先，完善用户风险提示制度。为了避免用户在微信中遭受资金转账、交易受骗等各类损失，在工具软件内置风险提示模块，预设大量账号安全、财产安全等方面的相关关键词。只要用户聊天内容包括相应关键词，即自动触发该提示功能，从各个角度对消费者进行风险提示。其次，畅通用户举报渠道。广大的消费者在遭受不法侵害时，往往难以找到举报途径，作为工具提供者，可以在其工具内，提供多种举报途径，不断完善举报流程，并及时对消费者的举报进行处理回复。最后，对恶意网址进行拦截与提示。作为工具提供者，可以凭借其其技术优势，充分利用恶意网址数据库，为消费者提供网址拦截及提醒的功能。同时，还可以对在工具中将打开的链接加入了专门的安全扫描，并使用专门的恶意网址

检测系统进行风险评估,对于在数据库中已确定为恶意的网址进行阻止访问处理,对于无法确定风险的网址给予安全提示,可以有效阻止恶意网址的扩散传播。

②在主动作为的基础上,配合政府部门,探索共建长效治理机制。首先,开展专项研究合作。作为工具提供者,可以全力配合政府部门,共同开展合作研究,比如采取专项课题研究、成立专家库、召开专家研讨会等方式,形成共识,正本清源,促进产业健康有序发展。其次,建立重大专项行动联动机制。针对部分“移动电商”中存在的侵害消费者合法权益的违法行为,工具提供者应依照政府部门的统筹部署,建立起重大专项行动的联动机制。针对专项行动目标,发现疑似问题,及时向政府部门举报线索,并根据政府部门的认定结果配合执法。最后,共同加强舆论引导,提高消费者风险防范意识。共同加大舆论宣传力度,提示对网络交易固有风险予以必要防范。例如,可以提醒消费者收到网站链接时,在确认来源可靠前不要轻易打开网站地址;不要轻易在非官方网站、不受信任的网站上输入帐号密码;如若发现任何等不法行为,应第一时间进行举报等。

综上所述,“移动电商”模式下如何实现消费者合法权益的保护,已经成为摆在我们面前不容回避的问题。但就目前而言,“移动电商”模式下还存在许多传统立法所无法涵盖的问题,需要我们认真分析探讨。鉴于此,我们应当在坚决贯彻落实新《消法》规定的基础上,严格落实经营者和网络交易平台提供者的法律责任,并积极探索碎片化电商模式所涉及的多种工具提供者的社会责任承担方式,以期更好实现维护消费者合法权益的预期目标。

平衡消费者诉讼权益与互联网产业的发展

司　晓[*]　蔡雄山[**]　彭宏洁[***]　柳雁军[****]　廖怀学[*****]

2015年1月30日，最高人民法院发布新修订的《关于适用〈中华人民共和国民事诉讼法〉的解释》（以下简称《解释》），自2015年2月4日起施行。《解释》共23章，552条，6万多字，起草过程历时两年，据悉前后召开上百次座谈会、论证会，是最高法有史以来条文最多、篇幅最长、内容最丰富、参与起草部门最多、参与起草人数最多的司法解释，同时也是人民法院审判和执行工作中适用最为广泛的司法解释。

在修订过程中，各界对草案中关于消费协议格式管辖条款效力的规定颇为关注。

实践中，经营者通常拟定"如发生纠纷由公司所在地人民法院管辖"的格式管辖条款，此类条款方便了经营者诉讼，符合原告就被告的一般原则，但确也一定程度上不利于消费者。有意见认为，为了回应《民法》及《消费者权益保护法》对消费者权益保护的规定，有必要对格式协议管辖条款的效力问题进行明示，尤其是针对互联网、银行、保险、电子商务等行业中经常出现的格式条款。因此，《解释》草案曾规定，"经营者使用格式条款与消费者订立管辖协

* 司晓，腾讯公司公共战略研究部总经理，腾讯研究院秘书长。
** 蔡雄山，腾讯研究院高级研究员。
*** 彭宏洁，腾讯研究院研究员。
**** 柳雁军，腾讯研究院研究员。
***** 廖怀学，腾讯研究院助理研究员。

议，未采取合理方式提请消费者注意，消费者主张管辖协议无效的，人民法院应予支持”，同时规定，“但受理法院也可以按照便利消费者的原则进行受理”。

对此，反对声音普遍认为，该规定将可能导致原告滥用诉权，冲击现行有序的诉讼制度，实体正义将最终受到影响，进而影响我国一些新兴产业健康发展，尤其是普遍使用格式管辖条款的互联网产业，确实不宜适用便利消费者原则来进行管辖。最终，《解释》第31条删除了“但受理法院也可以按照便利消费者的原则进行受理”的表述。我们认为最终采纳的这一方案是非常恰当合理的，主要基于以下原因：

一、适用便利管辖原则，突破了“原告就被告”原则，将可能导致原告滥用诉权，不利于案件审理，冲击现行有序的诉讼制度

《民事诉讼法》第21条规定，“对公民、法人或者其他组织提起民事诉讼的，由被告住所地人民法院管辖”。该规定所体现的“原告就被告”是我国民事诉讼管辖的核心原则，是对消费者进行特别管辖保护的前提，只有在此原则之下才考虑对消费者进行特别管辖保护。如果规定便利原则，对消费者权益进行特别管辖保护，则消费者若是原告，将会明显突破“原告就被告”的原则，可能导致民事诉讼管辖体系的混乱。同时，当事人通过诉讼，最终目的是为实现一定收益，从法律心理学分析，该规定还可能导致消费者滥用诉权。而坚持“原告就被告”原则，适当保持一定起诉成本，有利于抑制滥用起诉权，保护被告免受不当诉讼的侵扰。除此之外，“原告就被告”还便利案件的审理，因为被告的人身或财产在法院管辖之下，有利于法院传唤被告参加诉讼，对诉讼标的物进行保全或勘验以及调查取证，如果消费者最后胜诉，还方便裁判的执行。约定在被告住所地管辖，往往能够满足管辖的确定性要求，给当事人双方提供一个明确的、可预见的管辖法院。

二、适用便利管辖原则，忽视程序的参与价值，《解释》预期效果难以实现，实体正义将最终受到影响

程序正义要求程序公开和参与，而程序参与的直接体现即是互联网企业在对与消费者权益纠纷管辖法院的选择上也有一定自由。虽然《解释》在一定程度上保障了消费者的诉讼权益，体现了程序的公平价值，但是直接规定“受理法院也可以按照便利消费者的原则进行受理”忽视了程序的参与价值，违背了程序的内在本质。如果忽视程序参与价值，难免造成程序制度本身的非正义，最终影响实体正义。例如，如果经营成本提高，经营者可能提高服务费用，不但没有保护消费者利益，反而损害了消费者利益，最终导致《解释》制定该条对消费者进行特殊保护管辖的目的落空，实现预期效果。必须强调的是，实体正义的实现，不仅在于有效维护消费者的合法权益，也在于维护经营者的合法权益，即在法律的框架内，各方都享有法律所赋予的权利，履行法律所规定的义务。

三、适用便利管辖原则，可能产生跨境诉讼困局，司法成本不断增加，影响我国互联网产业国际竞争力

互联网无边界性、跨国性的特点，决定了互联网用户分布的全球性。如果按照《解释》草案原规定，受理法院也可以按照便利消费者的原则进行受理，那么全球各地的消费者都可以在其所在地进行起诉，这在实践中极可能形成跨境诉讼案件管辖困局。不仅如此，该条规定还可能增加司法成本，影响我国互联网产业的国际竞争力。互联网产业是国家基础性、先导性与战略性产业，近年来我国已成为继美国之后全球最重要的互联网力量，国际影响力和竞争力日益显现，对我国经济社会发展产生了巨大的辐射作用，这得益于我国互联网行业与产业发展相适应的政策法律环境。如果一味加大互联网企业责任，可能会对整个产业的创新与发展带来不利影响。

四、互联网企业应设置合理的提示确认方式，充分履行提示说明义务，充分保护消费者合法权益

实际上，制度设计的重点应在于使经营者在订立格式管辖条款时尽到提示和说明义务。如果合同双方当事人在合同中约定了格式管辖条款，经营者未采取合理方式提请消费者注意该条款，该条款可能无效；但如果经营者已经采取了合理方式提醒消费者注意，即使造成消费者诉讼明显不便，但也不能再认定为无效。

在《解释》出台后的短短两个月内，江苏苏州和北京海淀相继发生了网购中约定管辖条款被认定无效的案例。在这两个案例中，法院均一致认定，作为格式管辖条款提供方的经营者和交易平台，未就相关管辖条款尽到充分的提示和说明义务，亦未提醒消费者注意，故相关格式管辖条款均应属无效。

因此，作为互联网企业，应该及时修改服务协议，充分履行提示和说明义务，对约定管辖条款进行加粗说明，并在格式服务协议中规定："甲方（用户）已通读上述条款，乙方已就本协议的全部条款向甲方进行了详细的说明和解释，双方对合同的全部条款均无异议，并对双方有关权利义务，责任限制，免除条款的法律含义有准确无误地理解。"

不过在具体的司法实践中，人民法院最终还是应该尊重消费者的选择，而不是一概认为格式管辖条款无效。如果消费者认可格式合同中管辖条款的效力，那么人民法院就应当认定约定管辖的格式条款有效，在此应赋予消费者对管辖法院的自由选择权。

2015年3月5日，李克强总理在政府工作报告中提到，"要制定'互联网+'行动计划，推动移动互联网、云计算、大数据、物联网等与现代制造业结合，促进电子商务、工业互联网和互联网金融健康发展，引导互联网企业拓展国际市场"。因此，在互联网+时代，随着消费者个人权利意识不断增强，为了平衡消费者权益保护与互联网产业的发展，司法实践中应该做到"尊重"与"沟通"。首先要尊重法律规定、合同约定和行业惯例，发挥审判的价值引领和规则导向

作用。同时,要加强互联网企业与消费者的沟通交流,作为互联网企业,应该重视和完善服务协议,明确格式条款内容,科学设置提示确认方式,积极履行提示和说明义务,尽力在保护消费者诉讼权益与促进互联网产业发展中寻求一致。

第三章
数据保护

网络世界里如何被遗忘?

——欧盟网络环境下个人数据保护最新进展

蔡雄山*

一、网络环境下个人数据保护问题凸显

大数据时代,个人信息保护已成为不可逆转的趋势,并成为全球互联网产业立法热点。欧美对于“被遗忘权”的争论肯定还会持续很长一段时间。俄罗斯最新法律规定,所有收集俄罗斯公民信息的互联网公司都应当将这些数据存储在俄罗斯国内。以上均体现了个人数据保护加强的趋势。

2014 年 6 月 25 日,美国最高法院裁定,在没有得到授权的前提下,警方不得私自查看被捕人员的智能手机。最高法院称,无论何种情况下,未授权就查看被捕人员的智能手机都违反了《第四修正案》。最高法院所持的态度是公民个人的隐私权优先于执法机构的执法需要,而这明确地限制公共权力对个人信息的收集与使用。而在立法层面上,2014 年 5 月,美国国会众议院通过了旨在限制美国国安局大规模收集美国人电话记录等信息的《自由法案》,这意味着美国 NSA 改革已初取成效。6 月 6 日,欧盟各国部长达成一致,欧盟以外的

* 蔡雄山,男,腾讯研究院高级研究员。

企业必须要遵守欧盟的数据保护法,尽管各国政府在如何强制这些企业遵守相关法规方面还存在一定分歧。这意味着谷歌和 Facebook 等企业必须要遵守欧盟的隐私法规。个人信息保护不仅意味着信息的安全性保障,也意味着信息的安全利用。

2014 年 7 月,俄罗斯议会通过了一项互联网监管新规,要求互联网公司所存储的俄罗斯公民的个人数据,必须存储在俄罗斯国内服务器上。该法案倡导者 Vadim Dengin 认为,这一新规将防止俄罗斯公民个人信息被传至海外进而被不法分子所利用。分析人士指出,俄罗斯立此新规,似乎主要目标针对 Facebook 和 Twitter 等境外网站,迫使它们必须使用在俄罗斯境内的服务器存储用户数据。这项法律的正式生效时间为 2016 年 9 月 1 日。

欧盟是世界上对个人数据保护最为严格的地区,在互联网蓬勃发展的今天,网络技术给个人数据保护带来了极大挑战,欧盟并没有放松对个人数据的保护,而是加强监管、积极研究相应对策。

二、欧盟数据保护指令初步应对

从 1995 年开始,欧盟议会与理事会陆续通过了《关于个人数据处理保护与自由流动指令》(95/46/EC)、《隐私和电子通信指令》(2002/58/EC)(有关个人数据处理和电子通信领域隐私保护的指令)、《与第三方国家进行个人数据转移的标准合同条款》(委员会决定 decision2004/915/EC)、《欧共体机构与团体实施的数据保护》欧盟条例(45/2001)等立法与规范性文件以加强个人数据保护。

《关于个人数据处理保护与自由流动指令》(95/46/EC)对数据和隐私保护确立了基本原则,其中包括:第一,数据必须被公平和合法地处理;第二,被处理的数据必须与目的相关,不能超出范围;第三,数据必须精确,而且如有必要必须及时更新;第四,数据的实际控制者必须采取合理措施阻止错误数据,并保护数据不被修改、清除;第五,每个成员国必须设立监督机构监控数据保护规则的应用。欧盟成员国一般都有自己的数据保护立法,该指令被欧盟成员国转化为国内法,在整个欧盟层面进一步加强了个人数据保护。

(一)专业的人做专业的事

以欧盟成员国法国为例,早在1978年,法国就通过了《信息、档案与自由法》以加强个人数据保护。其立法原则在于:信息应该为每一个公民服务。信息技术发展应该在国际合作的框架内进行,收集和处理、使用个人数据,不应该侵犯个人身份、人权、隐私以及个人与公共自由。为了适应网络环境下个人数据保护的要求,法国于2004年修订该法案,将欧盟关于个人数据保护的指令转化为法国的国内法。

根据《信息、档案与自由法》,法国成立了专门的个人信息保护机构,即国家信息与自由委员会(CNIL)。该机构为独立的行政机构,不接受任何其他机构指示,直接向议会负责。如果企业涉及个人数据处理,必须向CNIL申报。因此,当网站涉及发布或收集个人信息时,必须向CNIL申报。CNIL同样接受民众个人信息与隐私被侵犯等相关的投诉,向政府提出个人信息保护相关立法建议,接受政府在个人信息保护立法方面的咨询等。该委员会具有一系列强制措施,委员会对于违反相关法律者可以罚款最高至30万欧元。

(二)软硬兼施,立法与自律并重

除了立法之外,CNIL还特别注重通过指南、建议等方式加强个人信息保护。早在2006年,CNIL就制定了《互联网个人信息保护指南》(以下简称《指南》)。《指南》以通俗易懂的方式,引导企业及个人加强个人信息保护。如对于职业网站、社团网站及博客等,CNIL建议发布涉及个人信息之前取得权利人的同意。同样,在发布前也可以告知权利人,如果权利人一定期限内没有表示反对,则默示同意发布。也应当告知权利人其有权在任何时候要求停止发布其个人信息。如果发布个人照片,必须事先得到权利人的明确许可。发布涉及未成年人的个人信息尤其是照片时,必须得到其父母的明确许可。鉴于其敏感性,对于民族与种族、政治、哲学及宗教观点或其他与健康及性生活有关的数据不应发布在互联网上。信息发布者应告知权利人可行使其信息进入权、修改权、改正及删除的方式等。

《指南》建议,网站收集个人信息可能涉及邮箱、姓名、地址等,收集者应告知用户选择权及可行使其信息进入权、修改权、改正及删除的方式。个人信息保存的期限应根据其用途确定,在任何情况下,信息权利人有权随时要求删除其提供的个人信息。如果信息收集者计划将所收集的信息向第三方发布,必须通知信息权利人并得到其同意。

《指南》还建议对于设有讨论区的网站,网站管理者应管理讨论的主题及发言以防止部分网络用户涉及恋童癖、暴力、种族仇恨等而导致网站责任。同样,可以设置一个缓冲器,在向网上发布之前删除所有可能导致网站民事、刑事责任或侵犯第三人私生活的言论等。

通过《指南》的发布,提高了互联网企业及相关实体的个人数据保护意识,让互联网个人数据保护更具可操作性,也加强了个人数据保护。

三、欧盟个人数据保护立法动向

欧盟自1995年数据保护指令实施以来一直实行严格的个人隐私和数据保护制度。随着互联网的飞速发展,数据跨境传输大量增长,以及美国国家安全局监听项目“棱镜”事件的披露,欧盟委员会意识到更新数据保护法律、保护公民线上隐私权益和信息安全的必要性。2012年1月,欧盟委员会正式宣布进行数据保护改革,并发布新数据保护条例提案(Proposal for the EU General Data Protection Regulation)。新数据保护条例预计在2014年年底生效,并于两年缓冲期后(2016年)正式取代原有的数据保护指令。2014年第二季度伊始,经过两年多的修改和谈判,新数据保护条例的法律框架和基本原则都已经为欧盟议会所认可。若新数据保护条例提案随后获得欧盟部长理事会投票通过,则将正式成为生效法律。

欧盟部长理事会(Council of Ministers)于2014年6月就新数据保护条例召开会议,总结数据保护改革中的重要进展,并就若干重要问题达成一致,主要包括以下内容:

1. 新法管辖范围:欧盟境外的数据控制人如因向欧盟居民提供货物或服务而需要传输欧盟居民的个人信息,则该数据控制人必须遵循数据保护条例规定,无论上述服务是否属于付费性质。

2. 数据的国际传输:向欧盟境外传输个人信息的前提条件是接收个人信息的国家或地区有“程度足够的数据保护机制”。如果该国家或地区没有上述机制,则数据传输情况必须符合其他法定条件,如获得数据主体同意,出于履行合同的目的,或者数据控制人使用了其他合适的数据保护机制。如果企业或组织在传输个人数据的过程中选择使用并签订欧盟委员会发布的合同格式条款,或由其他数据监管机构发布、欧盟委员会核准的格式条款,则可以认为已经提供了合适的数据保护机制。此外,如果数据控制人选择使用格式条款且使用情况已经被认证,则不必再针对相应的数据传输申请进行其他的认证或审核程序。

3. “一站式”数据监管机构:“一站式”数据监管机构(one stop shop)是指在欧盟境内建立一个统一的数据监管机构,对企业和组织的数据合规进行监管和执法活动。欧盟部长理事会目前尚未针对这一点达成一致意见,但大多数认为应当设立一个占据主导地位的单一数据机构,在此基础上由这一主导机构与各国当地的其他数据机构进行合作与联系。

此外,新数据保护条例提案新增有关遗忘权的规定,即用户享有要求网络服务提供商将敏感个人信息从网上删除,并禁止网络服务提供商进一步散播该信息的权利。

虽然立法机构没有对这一条文进行进一步讨论,但欧盟最高法院已经通过“不可上诉判决”的形式在新数据保护条例实施之前对网络遗忘权加以确认——谷歌在搜索结果中显示一名西班牙公民的房屋被法定拍卖的信息后遭原告起诉,欧盟最高法院判定用户有权要求谷歌从搜索结果中删除与其相关的敏感信息。这一判决结果对于欧盟个人数据保护实践可谓具有突破性意义:欧盟隐私专家认为它不仅对隐私保护领域有所影响,同时也会影响信息产业的形态。对于谷歌等网络内容提供商而言,法院对于网络遗忘权的认可有可能推动大量用户要求删除相关个人信息,而使公司面临运营成本上升的情况,谷歌也因此对该判决表示不满。但法院将这一情况与网络平台移除知识产权侵权内容的义务进行类比,表示搜索引擎的运营与信息传播相关,因此必须承担应用户要求删除敏感信息的成本。在一向将隐私视为基本人权之一的欧盟地区,法院显然认为保护个人隐私远比商业利益乃至公众获得特定信息的权利更加重要。欧盟司法专员 Viviane Reding 表示欧盟各国均已同意与欧盟最高法院合作执行谷歌遗忘权一案的判决;欧盟境外的公司如果其互联网活动对于欧盟公民和欧盟商业活动有所影响,则也需要遵守遗忘权的相关规定。作为对遗忘权判决回应最早的国家,德国正考虑设立特别的“网络法庭”。德国内政部表示相关的判断不应当交由谷歌的算法程序进行,因此柏林方面正在探索解决这类冲突的机制,包括网络法庭、第三方仲裁等。网络法庭将采取特殊司法机构的模式,并赋予这一司法机构解决科技公司与用户之间冲突的权力。目前谷歌已经根据欧盟最高法院的判决开始执行被遗忘权,用户可以通过填写并提交相应的表格要求谷歌移除有关链接信息,谷歌的欧洲页面也开始在某些搜索过程中出现“部分内容已经根据欧洲数据保护法律移除”的告示。但许多有关知名人士的搜索结果页面并不会出现上述告示,意味着谷歌很可能基于公众的知情权而拒绝了这些人的内容删除请求。

四、完善数据跨境流动制度

在个人数据转移方面,欧盟成员国必须遵守欧盟数据保护指令,包括:目的确定(不得将数据转移用于收集数据时目的不一致的用途)、明确、合法,个人数据转移与目的相一致、相关、适当;通知数据所有人;合理的保存期限;保障数据所有人的接触权与修改权;采取安全技术措施等。

以欧盟成员国法国为例,不遵守相关规定可能导致 30 万欧元的罚款和 5 年的监禁。另外,CNIL(法国信息与自由委员会)同样可以采取警告或责令限期改正的措施。否则,对数据处理者处以 15 万欧元到 30 万欧元的罚款,或者营业额 5% 的罚款(最高额 30 万欧元)。其同样可以发出禁止进行数据处理的禁令或者撤销相关许可。

如果该目的国个人数据保护水平经过欧盟委员会承认已达到欧盟水平,如加拿大、瑞士、阿根廷等,则可以自由向该目的国转移数据。该目的国列表不断更新。如果目的国保护水平没有达到欧盟水平,目前有几种方式可以使目的国达到个人数据充分保护的水平:公司内部规则、格式合同及安全港认证。

1. 内部规则方式

该方式即通过集团内部规则方式确定数据向非欧盟成员国转移的规则,集团所有实体及雇员必须遵守该规则。该方式主要适用于跨国公司,将其数据转移至非欧盟成员国的第三国,而该第三国数据保护方面没有达到欧盟水平。

该内部规则可以使公司数字保护与欧盟数字保护指令相一致,在集团内部数据保护方面做法统一、防范向第三国转移数据的风险、减少集团数据转移方面的合同、向公众、雇员等阐明其数据转移方面的政策等。G29(由欧盟成员国数据保护机构组成)推出了多个内部规则范本。

2. 欧盟委员会格式合同方式

该格式合同由欧盟委员会通过,目的在于便于数据处理者数据转移。目前有两种合同:一种是数据处理者向另一个数据处理者的数据转移合同;另一种是数据处理者向另一个数据分处理者传输数据的合同。数据分处理者,指为数据处理者进行数据处理的自然人或法人,其接受数据处理者的指令,完成其数据处理任务并由数据处理者承担责任。

该两类合同主要区别在于责任条款、诉讼规则及数据主体数据进入权行使方式及与数据保护机构的合作方面。

3. 安全港方式

安全港涉及一系列由美国商务部发布的个人数据保护的原则,目的在于使美国企业可以接受来自欧盟的数据。这些原则由美国相关机构与欧盟委员会于2001年基于1995年10月的欧盟指令协商确立,包括:数据主体反对向第三国传输数据及非收集目的使用数据的权利,敏感数据须明确统一,数据进入权、修改权,保障数据安全等。对于进入安全港认证的美国企业,可以接受来自欧盟的数据。

2014年6月，经过欧盟与美国的三年谈判，奥巴马政府表示将把欧盟公民纳入美国隐私法案的保护范围，意味着欧盟公民可以向美国法院提交隐私或个人数据滥用问题的争端。这一举措是欧盟数据监管机构期待已久的一步，有助于重建美欧之间数据传输的信任问题；但外界认为在美国NSA监听政策并无实质性改变的情况下，这一做法并未能针对美国政府的信息监控行为为欧盟公民数据提供更多的保护。此前，在出于政府调查、执法或反恐原因的数据跨境传输过程中，任何遭遇个人数据被滥用的美国或欧盟公民都可以在欧盟境内将争端提交至法院系统，但美国的司法系统并不相应地受理欧盟公民提交的诉讼请求。

4. 例外情况

禁止向非欧盟成员国数据传输的例外情况包括为了数据主体生命安全、保障公共利益，保障法律权利、合同执行等，但例外情况受到了严格的限制解释。

欧盟是目前数据跨境流动机制最完善的区域，面对云计算等新技术对个人信息保护带来的挑战，欧盟也积极调整完善其数据跨境流动制度。在2010年《欧盟委员会数据保护通函》中，欧盟提出了改革方向，其中包括以下方面：

1. 进一步明确简化跨境流动规则。

(1)进一步明确“充分保护评估”要求。

目前对第三国数据保护“充分保护评估”由成员国及欧盟委员会完成，但目前成员国做法及标准不一，导致各成员国要求不一致。

(2)明确格式合同不适用于公共机构数据跨境流动。

(3)致力推出欧盟与第三国数据保护核心要素与原则。

目前欧盟或成员国与第三国签署国际数据保护协议通常包含数据保护原则与特殊条款，但表述不一致，导致文本及解释不一致。

(4)加强成员国数据保护机构合作。

2. 通函提出了欧盟将推动全球性数据保护原则：

(1)数据处理全球化，要求个人数据保护全球原则的确立；

(2)推动非欧盟成员国及国际个人数据保护法律与技术的更高标准;

(3)推行相互保护原则,尤其对于从欧盟流出的数据;

(4)加强与非欧盟成员国及国际组织的合作;

(5)密切跟踪国际标准化组织个人数据保护标准进展。

五、寻根究底——网络世界里如何被遗忘?

欧洲监管部门正着手起草指导文件,为申请删除与个人信息相关的搜索结果但被 Google 等搜索引擎拒绝的用户提供指引。该文件将对公民申请进行分类,帮助管理机构权衡用户的隐私权与公共知情权,判断某一条信息是否应该留存。具体的衡量标准包括该人的公共角色、信息是否与犯罪有关以及信息留存在网络中的时间。指导文件的出台旨在帮助 Google 等搜索引擎有效地执行于 2014 年 5 月欧盟法院要求删除相关搜索结果的判决。

Google 目前在欧洲市场占有 80% 的份额,自欧洲法院判决之后已经收到了 12 万个来自欧盟用户要求删除相关搜索结果的请求,其中内容包括犯罪记录、大尺度照片以及新闻负面报道等。欧洲法院判决的出台引起了有效的激烈讨论,支持言论自由者主张被遗忘权的引进将导致"清除所有历史",但隐私支持者则认为被遗忘权只是在一定程度上保护个人的信息。

六、对网规的启示

我国《宪法》《刑法》(包括第七修正案)、《刑事诉讼法》《邮政法》《关于维护互联网安全的决定》《治安管理处罚法》《邮政法实施细则》《电信条例》《互联网信息服务管理办法》《互联网上网服务营业场所管理条例》《人民检察院刑事诉讼规则》《计算机信息网络国际联网安全保护管理办法》《计算机信息网络国际联网管理暂行规定实施办法》《互联网电子邮件服务管理办法》《互联网电子公告服务管理规定》《非经营性互联网信息服务备案管理办法》《互联网 IP 地址备案管理办法》《电子认证服务管理办法》《互联网电子邮件服务管理办法》等法律、法规都涉及个人信息法律保护的内容。在重要行业的信息保护方面,金融、医疗等重要行业有部分个人数据保护相关法律规定。

但整体上我国并没有完整的个人数据保护法;个人数据保护规则不完善,个人数据跨境转移规范等缺乏,个人数据跨境流动问题成为当前云计算等高新技术产业发展的制约。在网络环境下,如何更好地保护公民个人信息是世界各国普遍面临的问题,而欧盟的经验具有积极的借鉴意义。

首先,互联网个人数据保护应有统一的立法、专门的机构。我国目前并没有个人信息保护的专门机构和专门立法,立法中关于个人信息保护(隐私权保护)还很薄弱。面对互联网的开放性,什么是个人数据?如何保护我们的个人数据?如何在个人数据保护与言论自由之间寻找到平衡点?法国关于个人数据保护及遗忘权的立法动向与讨论为我们提供了一个全新的视角。

从长远来看,我国有必要建立个人信息保护的专门机构和专门立法。该机构和立法不仅涉及互联网个人信息保护,还涵盖其他行业的个人信息保护,这是完善我国公民权利保障机制的必然要求。

其次,互联网个人数据保护应管理与服务并重。互联网个人数据保护与传统个人数据保护不同,互联网由于其自身特点,导致隐私容易被侵犯、侵犯频率高、方式多样、影响范围广等特点。因此,针对其特点,应该建立适合互联网环境的隐私保护机制,如通知—删除、在线投诉、个人信息收集在线申报等机制,便于投诉及处理等。管理机构,一方面监管相关企业个人数据保护情况,另一方面应做好投诉机制等服务工作,便于用户投诉及纠纷解决。

最后,互联网个人数据保护应"软硬兼施",网规也应发挥积极作用。目前我国出台统一的个人数据保护立法困难重重,个人数据保护法不可能一蹴而就。因此,结合行业自律等措施,推行行业个人信息保护宣言、建议、指南等,多种手段并用。尤其应跟踪互联网技术发展,针对新问题提出建议与指南,提供相应模板、在线投诉等便捷措施。目前在我国个人信息保护立法不完善的情况下,互联网企业应积极探索个人数据保护的网规,加强行业自律,加强个人数据保护。如参照欧盟等先进立法在企业内部设立个人数据保护负责人,建立健全企业内部个人数据保护相关规章制度。收集、保存、处理用户个人信息应限于必要的、合法的、特定的目的,征得用户许可,并对这些数据的安全性与使用的合理性负责;对法定的收集、使用个人信息情况,应及时通知用户;及时更新不准确的数据,删除过时的、不再使用或不符合使用目的的个人信息等。社交网站与搜索引擎等应积极建立用户"申诉处",处理个人用户对个人信息的删除修改需求等。

法国作家雨果曾言,"自由与责任同在"。互联网应该是开放和自由的,但不意味着是毫无责任的。欧盟互联网个人数据保护的做法与经验对我国网络环境下个人数据保护是一个启示,也应该是网规探讨的方向。

被遗忘权的国际发展与中国本土化

李汶龙*

如果言论自由是20世纪国际人权讨论的焦点主题，那么进入21世纪，隐私和数据保护无疑成为了全球焦点。2010年前后，欧盟提出了“被遗忘权”的新理念，随后就在国际社会引起广泛讨论。此后这一理念虽然没有得到普遍认可，但在不到5年的时间里已经引起了全世界所有国家对数据隐私的关注。从目前来看，各国在是否支持被遗忘权的态度上不尽相同，主要呈现出三种派别，即以欧盟为代表的激进支持派，以英美为代表的保守反对派，以及其他国家组成的中立观望派。

一、被遗忘权的国际发展

（一）激进支持派

作为被遗忘权的发起者，欧盟一直致力于将理念发展成为现实，并向全球推广。但是从实际来看，被遗忘权的国际化并不那么顺利，只有少数国家认可，并发展出了类似的制度。而其中大部分都不是欧盟法直接移植的结果，而是本国法的延伸。但是，在一定程度上欧盟的理念还是对其他国家的法律变

* 李汶龙，男，腾讯研究院助理研究员。

迁带来了积极的影响，比较显著的是日本和澳大利亚。

欧盟

欧盟作为数据保护变革的始作俑者(standard-setter)，[①]得益于具有前瞻性的规范基础。在欧洲，隐私作为人格权的一部分而被高度重视，在多数人权条约中均予以保护，并将其与言论自由等基本价值等量齐观。更为关键的是，1995年出台的《欧洲数据保护条令》[②]为欧盟的数据保护提供了法律基础。15年的实践让欧盟对数据保护有了充分的认知和经验，最终推出了数据保护改革的方案《通用数据保护条例》。[③] 不仅推出立法条例，欧盟法院的判决也在很大程度上助力了权利的落实。

虽然欧盟高层一直在强力推进权利的法律化，但成员国内部对此存在分歧，英国就曾旗帜鲜明地反对这一权利。[④] 尽管欧盟法院以判决形式承认了“被遗忘权”，但是其依托的主要法律文本《通用数据保护条例》的审议面临重重阻力，如果不在2015年生效就将面临着“破产”。[⑤]

澳大利亚并没有移植欧洲的“被遗忘权”。称其为“支持派”，是因为澳国

---

① Reding V. , The EU Data Protection Reform 2012：Making Europe the Standard Setter for Modern Data Protection Rules in the Digital Age, SPEECH/12/26, Innovation Conference Digital, Life, Design.

② Directive 95/46/EC of the European Parliament and of the Council of 24 October 1995 on the protection of individuals with regard to the processing of personal data and on the free movement of such data, Official Journal L 281, 23/11/1995, pp. 0031 – 0050, available at < http://eur – lex. europa. eu/LexUriServ/LexUriServ. do? uri = CELEX:31995L0046:en:HTML > accessed at 19 Dec. 2013.

③ European Parliament legislative resolution of 12 March 2014 on the proposal for a regulation of the European Parliament and of the Council on the protection of individuals with regard to the processing of personal data and on the free movement of such data (General Data Protection Regulation) [COM(2012)0011 – C7 – 0025/2012 – 2012/0011(COD)].

④ Lords:Right to be Forgotten is Wrong, Unworkable, Unreasonable (Wired, 30 July 2014), available at <http://www. wired. co. uk/news/archive/2014 – 07/30/right – to – be – forgotten – is – wrong > accessed 22 October 2014.

⑤ 2015年3月，欧盟委员会不得不发起紧急会议延长审议时间，以获得更多回旋的余地。EU Ministers Agree on One-Stop Shop, Plan June Lock-In (IAPP, 17 March 2015), available at < https://privacyassociation. org/news/a/no – food – no – drink – no – water – eu – ministers – agree – on – one – stop – shop – plan – june – lock – in/ > accessed 14 February 2015.

本土法律体系中发展出了一种在理念上极为类似的权利，被称为“被删除权”(right to be deleted)。[1] 这一权利是由澳大利亚法律改革委员会(ALRC)在2014年3月提出的议案。与被遗忘权类似，被删除权也赋予网络用户权利要求删除，或者使人无法识别，即便数据的收集合法的。不同的是，被删除权只限于自己上传的内容，无法要求删除别人上传的信息。虽然该权利仍在澳大利亚国会讨论之中，但权利的提出证明，两国在数据隐私保护的理念上如出一辙。

在欧盟正式确认被遗忘权不久后，日本国内也掀起了对被遗忘权的热议，原因是在日本也发生了一起相似案例。某日本公民起诉Google Japan，要求删除若干搜索结果，这些信息暗示该日本人与某犯罪组织存在联络。日本地方法院支持了这一请求，向Google Japan下达了删除链接的许可令。

在案情上，此案与欧洲的“谷歌诉冈萨雷斯案”[2]高度相似。不同的是，日本法院的判决也没有完全移植欧盟创造的权利，而是基于日本国内法的延伸。但是，日本国内普遍认为法院在审理中借鉴了欧洲判决的逻辑和语言。[3] 因此可以说，欧盟判决间接地影响到了亚洲的司法实践：两国在理念上虽然并非“同根”，但却结出了相似的“果实”。

(二)保守反对派

英美虽在欧盟内外，但却组成了反对被遗忘权的联盟。被遗忘权在美国几乎没有生存的土壤是因为被遗忘权与言论自由之间本质的冲突以及第一修正案在美国至高无上的地位。相较而言，英国则持有更为实证的立场，认为在

---

① A New Privacy Principle for Deletion of Personal Information (ALRC, 28 March 2014), available at < http://www.alrc.gov.au/publications/15 - new - regulatory - mechanisms/new - privacy - principle - deletion - personal - information > accessed 14 January 2015.

② Google Spain SL and Google Inc. v Agencia Española de Protección de Datos (AEPD) and Mario Costeja Gonzúlez (13 May 2014), available at < http://curia.europa.eu/juris/liste.jsf? num = C - 131/12 > accessed 12 February 2015.

③ Kageyama Y., Japan Court Orders Google to Remove Search Results (Yahoo News, 10 October 2014), available at < http://news.yahoo.com/japan - court - orders - google - remove - search - results - 100248499 - finance.html > accessed 15 October 2014.

形式上被遗忘权的判决实际上是对现有法律的误读，而在结果上该权利助长了英国人十分敏感的恐怖主义。①

与其他国家不同，隐私权在美国法律文化中并不受重视。美国第一修正案为表达自由提供了至高的单边保护，使其他基本权利没有一较高下的能力。在美国宪法修正案审议过程中，美国人经几番努力也没有使隐私权进入宪法文本，导致其完全失去了与言论自由抗衡的可能。在一定程度上，美国宪法第四修正案可以为公民私人生活空间提供一定保护，但宪法修正案其预设的威胁来源是政府，因此该条对私有领域的隐私冲突无法起到作用。

就欧美之间鲜明的理念差异，西方学者进行了探源，最终将其归因于深层次的社会政治环境（socio-political context）。例如，在 Whitman 看来，美国法不重视隐私的原因在于，其核心目标在于避免政府的权力集中；欧盟法将基本权利同等对待是因为受到了法国法"贵族荣耀"传统（aristocratic honor）以及德国哲学关于自治（autonomy）和自决（self-determination）理念的影响。②欧洲人信任政府，但不信任市场，而美国恰恰相反，信任市场但不信任政府。美国人认为政府获得更多的信息会导致信息滥用，而欧洲人则对于市场持更谨慎的立场。

在理论上，隐私的保护主要可以通过控制信息流动来实现，即对受信任的机构提供更多的信息，而限制对不信任机构的信息数量。因此，对于欧洲人来说，就应避免市场获取过多信息，而对美国而言应严防政府监控。这样的分歧培养了法律文化差异，使欧洲人更能忍受政府的监控和入侵，而美国人更乐意信用记录的广泛公开。③

虽作为欧盟成员国，英国在"被遗忘权"制度上与美国站在了一边，呈现出

---

① EU Data Protection Law: a Right to be Forgotten (European Union Committee – Second Report, 23 July 2014), available at < http://www.publications.parliament.uk/pa/ld201415/ldselect/ldeucom/40/4002.htm > accessed 12 November 2014.

② Werro F., The Right to Inform v. the Right to be Forgotten: A Transatlantic Clash (2009), available at < http://ssrn.com/abstract = 1401357 > accessed 13 September 2013.

③ Whitman J. Q., The Two Western Culture of Privacy: Dignity versus Liberty (2014), 113 Yale L. J., 1151 – 1204.

强劲的反对立场。2014年7月,英国国会上议院发布了对“被遗忘权”判决的研究报告中,对于该权利大张挞伐,认为这是对《欧盟数据保护条令》的误读。英国议员还认为,权利在性质上就无法实现,这让Google陷入了窘境。[①]英国文化部部长Sajid Javid也强力谴责欧盟判决,认为这是给“审查开后门”。Javid提醒人们提高意识,被遗忘权会有助于恐怖分子销毁罪证。[②]

(三)中立观望派

包括中国在内,最后一派是保持观望的多数国家。它们虽意识到了数据保护问题的重要性,但对欧盟的解决方案不置可否,因此不会贸然移植。但是中立派中有些国家或地区,比如阿根廷和中国香港,也做出了一些本土尝试。虽然没有发展出类似的权利,但他们的尝试也为未来建立相关制度奠定了基础。

在南美洲,法律与实践出现了很大的脱节。虽然至今尚未建立起数据保护制度,但有关数据保护的争议却层出不穷。比如,在阿根廷有很多明星诉搜索引擎,要求删除不利于其形象的搜索结果。在阿根廷这样的国家诉讼胜诉概率很大,很长一段时间法院都会支持明星的请求,要求搜索引擎消除影响或赔偿损失。

但是,在阿根廷具有里程碑意义的“罗德里格斯诉谷歌阿根廷案”[③]中,最高法院却改变了原来的格局,为未来的类似实践奠定了先例。该案中职业模特贝伦·罗德里格斯(Belen Rodriguez)的照片未经授权被网站使用,而她的名字也经常与性丑闻新闻相关。罗德里格斯奋起起诉阿根廷两大搜索引擎Yahoo!和Google,要求删除搜索结果。虽然地方法院依旧支持了请求,但该

---

① EU Data Protection Law:a Right to be Forgotten(European Union Committee – Second Report,23 July 2014),available at < http://www.publications.parliament.uk/pa/ld201415/ldselect/ldeucom/40/4002.htm > accessed 12 November 2014.

② Kharpal A.,Right to be forgotten helping terrorists:UK government'(CNBC,12 November 2014),available at <http://www.cnbc.com/id/102176363 > accessed 12 January 2015.

③ Rodríguez v. Google Argentina,the judgment available at < http://www.telam.com.ar/advf/documentos/2014/10/544fd356a1da8.pdf > accessed 12 November 2014.

案一直上诉到最高法院。2015 年 1 月,阿根廷最高法院作出历史性的决定,判决搜索引擎 Google 及 Yahoo! 胜诉。该案也首次认定了搜索引擎对第三方内容的责任承担原则,即我国法律中的“红旗原则”。此案对于拉丁美洲国家具有里程碑式的意义,是第一起涉及平台责任的案例,也是最高法院在这一领域作出的首例判决。[①] 该案有望在拉美成为司法范式。

2014 年,“被遗忘权”也曾一度在香港地区引发热议,这主要是因为当局最高隐私专员蒋任宏公开对被遗忘权表示支持的言论。2014 年 6 月在第四十一届亚太隐私官方论坛之前,蒋任宏表示,希望 Google 将“断链”的服务扩大适用到香港,让香港人享受到欧洲人的同等待遇。他还呼吁其他国家参与进来,共同向 Google 施压,以获得“被遗忘”的机会。

在被遗忘权的态度上蒋任宏态度鲜明,但是他主张的进路却极为微妙。虽然他支持被遗忘权的本土化,但是他也承认目前在香港没有类似的法律基础,港人也无法像欧洲人那样起诉谷歌形成先例。与其选择漫长的立法推动进程,蒋任宏选择了“搭便车”的方法,即不主张法律权利,但要求谷歌提供相同服务。因此,在本质上,香港地区政府并没有在法律层面推动被遗忘权的本土化,而只是对谷歌的权宜之计。

二、对欧盟被遗忘权的反思

欧盟在全世界首次提出被遗忘权无疑是对大数据时代隐私保护问题研究的最佳范本。这一制度的提出在一定程度上缓解了数字隐私的危机,有效地应对了科技带来的生态变革。但是,欧盟版本的被遗忘权制度本身也存在严重的漏洞,有待进一步修正。本节笔者将结合数据隐私理论的发展脉络,以及欧盟法的具体特征展开分析。首先,笔者将对被遗忘权批判的两大主要命题进行评析,并在此基础上提出被遗忘权的修正路径。

---

① Right to Be Forgotten:A Win for Argentina's Lawsuit-Happy Celebrities(Global Voice,18 September 2014),available at < https://advocacy.globalvoicesonline.org/2014/09/18/right – to – be – forgotten – a – win – for – argentinas – lawsuit – happy – celebrities/ > accessed 12 November 2014.

(一)历史清除命题

历史清除命题的提出体现了人们就被遗忘权对表达自由的威胁表示的担忧。在早期阶段,人们认为被遗忘权的适用就意味着对“历史的全面重写”(total erasure of history),①这意味着在数字时代人们可以改写历史。但是,当人们就表达自由与被遗忘权的冲突提出平衡机制之后,这一命题得到了一定程度的澄清。

笔者认为,这一命题的根源在于人们对欧盟版本的被遗忘权与法国法规定的遗忘权(le droit d'oubli)的混淆。这两个权利概念存在诸多的不同。首先,两者定义不同。法国遗忘权是指罪犯在服刑期满之后一段时间,可以主张自己的犯罪记录被封存,不让外界接触。而欧盟被遗忘权是指个人有权请求删除不必要留存的数据。其次,二者适用范围不同。前者主要适用于服刑期满的罪犯,而后者适用于所有的数据对象。最后,概念构成不同。法国法使用了主动语态的概念,而欧盟法使用了被动语态。

欧盟对法国法概念的借鉴带来了很严重的负面影响。两种权利的适用语境完全不同,法国的权利是对犯罪记录的“绝对遗忘”,而欧盟权利是对公开数据的相对遗忘。但概念的借鉴不可避免地带来了语境的迁移。法国法中被遗忘权的适用确实起到了“清除历史”的效果,但这部分历史的清除能够得到正当性证明。但欧盟的被遗忘权不能实现法国法语境下“绝对遗忘”,但语境的迁移使人们得出了“历史清除”命题这样的误解。这一命题的意义在于让我们对于被遗忘权的定义进行重新反思。概念化的问题不仅限于语义学的准确,还需考虑术语背后的理念和语境。

(二)控制遗忘命题

控制遗忘命题正是上一命题在概念化问题上的延伸。一方面欧盟希望数

① Reding V., The EU Data Protection Reform 2012: Making Europe the Standard Setter for Modern Data Protection Rules in the Digital Age, SPEECH/12/26, Innovation Conference Digital, Life, Design.

据保护变革使人们真正控制数据，另一方面又选择了“遗忘”这一术语进行概念化，这引起了控制遗忘命题的提出。控制遗忘命题对被遗忘权的批判点在于数据控制的目标与遗忘术语的不当结合。

“遗忘”是人类大脑有限机能的表现，历时久远的信息在大脑中逐渐淡忘消失是一个自然的、不受人为干预的过程。作为人为的遗忘机制，被遗忘权必须尽可能遵循人脑自然的生命周期，创造一个“类自然的”(quasi-natural)机制。但是，在提高控制力的理念影响下，被遗忘权的提出实际上是在主张意志决定的重要性，而不是基于数据科学和数据生命周期的规律。因此，“遗忘”的机制就不应该受到控制，也无法控制，因此被遗忘权的概念与其目标之间本身就存在矛盾。这也是为什么语义学批判一直具有生命力的原因。

(三)对被遗忘权的修正

对被遗忘权的修正需要回应上述两大命题，并在以下两方面展开努力：一方面是对被遗忘权概念的重铸，消除概念与目标的不一致性。另一方面是对被遗忘权目标的明确化，使其在数据保护体系中有明确的定位。

具体而言，笔者认为对欧盟被遗忘权的修正主要有以下几点：首先，承认被遗忘权在增强对个人数据控制力的有限性。过分强调被遗忘权的控制力与其运行原理相违背，会导致得出“控制遗忘”的错误结论。其次，强化个人在数据最小化方面的努力。增强个人对数据的控制力主要是在“数据最小化原则”以及在此基础上延伸出的权利层面展开。长期以来，数据最小化原则都无法遏制数据控制者的规模化数据收集。唯有个人的主动参与才能限制不必要数据的收集。个人参与是激活数据最小化原则的“催化剂”。再次，被遗忘权应当脱离原有语境，明确其运行原理。被遗忘权是相对的权利，并非所有数据对象的请求都能得到支持。实际上这一权利的运行是基于数据科学的规律。如此一来，被遗忘权的执行就不是随意的、武断的，在本质上并不会对言论自由造成威胁。最后，被遗忘权的目标应当明确化。欧盟希望通过这一新权利的提出“一劳永逸”地应对数据隐私危机，因此将加强个人控制、激活数据最小化、强化同意原则等多重目标都加于这一权利之上，但过多的目标导致被遗忘权在数据保护框架中的定位并不清晰。

三、被遗忘权的中国本土化

进入21世纪,我国对信息保护问题越发重视,虽然目前尚未出现统一的《信息保护法》,但是十几年间在不同位阶的法律中几乎都出现了对信息的保护条款。下文笔者主要对中国数据保护法律体系展开梳理。

(一)我国信息保护法律体系概况

自2003年起国务院就委托专家起草《个人信息保护法》,2005年启动了保护个人信息立法程序。但信息保护真正在法律层面开始受到重视是在2012年全国人大常委会通过的《关于加强网络信息保护决定》,首次提出对个人电子信息进行保护。早在2000年,全国人大常委会就曾通过《关于维护互联网安全的决定》,这部规定虽然没有涉及个人信息保护,但却为后来的立法奠定了基础。近年来,关乎民生的几部重要法律得到修改或解释补充,增加了信息保护的相关规定。最高人民法院发布的《关于审理利用信息网络侵害人身权益民事纠纷案件适用法律若干问题的规定》对个人信息的范围首次作出了规定,并对信息的合理性使用问题明确列举。《刑法》修正案(七)中对个人信息的非法出售、转让行为入罪化。2014年全国人大对《消费者权益保护法》的修改,也将禁止信息泄露纳入了消费者权利之中。在行政法规及规章层面,工信部2013年出台了《电信和互联网个人信息保护规定》,对信息保护进行了制度落实。我国首个个人信息保护国家标准,即《信息安全技术公共及商用服务信息系统个人信息保护指南》也于2013年实施。最后,在司法层面,我国也出现了信息保护的相关案例,比如"朱烨诉百度案"。①

① 朱烨与北京百度网讯科技有限公司隐私权纠纷民事裁定书,载 http://www.court.gov.cn/zgcpwsw/jiangsu/jssnjszjrmfy/ms/201401/t20140116_232112.htm,访问日期:2015年4月3日。

（二）被遗忘权在我国没有法律基础

在被遗忘权的语境中审视中国法律体系就会发现，现阶段我国法律重点调整的都是数据的收集、使用、存储问题，而并未涉及被遗忘权所调整的个人数据公开的问题。换言之，在理论层面，目前我国法律正处于“数据最小化”原则落实的阶段，对个人的数据控制以及数据跨语境使用的问题还未涉及。国内有学者认为，在被遗忘权的问题上应当将焦点放在“隐性数据”而非“显性数据”，①这无疑是对被遗忘权的误解。如果将数据做“显隐之分”，那么被遗忘权的唯一作用就是在于处理显性数据如何去公开化的问题，而对隐性数据的保护是通过其他的数据保护原则，如“数据最小化原则”“数据控制原则”或“同意原则”来实现的。

此外，有观点认为朱烨案是中国被遗忘权的奠基案例，但笔者并不认同。朱烨案的事实与欧盟法院的冈萨雷斯案有着极高的相似性，但两个案例还是存在本质的不同。前者是传统的隐私侵权案件，涉及数据的使用问题；而后者是数据隐私保护案件，涉及个人数据的公开问题。

因此，笔者认为目前中国并没有被遗忘权的真正法律基础。对于国内学界一些学者主张在中国既有法律基础上发展出所谓“遗忘权”，笔者对此存有异议。但不可否认的是，信息保护的大势所趋有助于人们在未来深入讨论个人数据公开这一具体问题。

（三）被遗忘权的中国本土化思考

多数国内学者对于被遗忘权本土化的问题是表示乐观的；但上文已论及，至少在既存法律体系之上不存在被遗忘权的相关规则。本文笔者讨论的中心在于路径的选择上，即能否在中国法律之上延伸出被遗忘权的权利，还是应当建立新法作为被遗忘权的依据。

---

① 朱巍：《大数据时代，被遗忘的“被遗忘权”》，载 http://www.cssn.cn/xwcbx/xwcbx_gcsy/201411/t20141125_1414903.shtml，访问日期：2015 年 4 月 2 日。

在文献综述部分笔者已经梳理出被遗忘权本土化的三条路径,即民法进路、数据保护法进路以及行政法进路。笔者认为,最后一种进路存在逻辑不清的问题,行政法修改的最优结果至多是对现有制度的完善,但中国法律中并不存在个人数据公开问题的法律基础。本节笔者主要对前两种路径展开论述。

1. 对民法进路的反思

考虑到中国特殊的政治法律环境,在民法基础上保护基础权利已经存在成功的经验,自然成为国内学者的首选。民法泰斗杨立新教授就在新作中从民法语境下为中国本土化探讨出路。① 此外,朱巍副教授也从具体的侵权法路径予以探讨。

(1)侵权法基础与"通知—删除"规则评析

朱巍副教授对被遗忘权移植入中国法律体系中可能存在的法律基础进行了检索,并认为我国《侵权责任法》第36条第2款的"'通知—删除'规则"是最佳选择。的确,通过比较被遗忘权与"通知—删除"规则可以发现,二者存在很高的相似性。首先,二者都是通过权利人的主张来实现的。其次,二者的法律效果都是数据的删除。最后,二者都适用于互联网或数字社会的语境下。但是,笔者认为,这种形式上的相似性遮蔽了二者在本质上的区别。值得一提的是,被遗忘权的提出在很大程度上是因为传统隐私保护理论的失效,其目标是要保护网络中已经公开但是并未出现侵权情形的数据。这些数据也给个人带来了尴尬的后果,但并不是因为侵权所致,而是因为数据的公开状态。但是,"通知—删除"原则却严格基于侵权法基础。只有在侵权事实确认发生的基础上,这一规则才能生效。因此,"通知—删除"规则还是传统隐私理论的体现,本质上仍属于"初级规则",而被遗忘权是这一规则的进化和延伸。

笔者认为,在大数据时代,侵权法并不能为数据保护提供充分的基础,其原因在于很多数据实践对个人的利益造成了侵害或威胁,但是却无法构成侵权行为,实际上现代数据保护理念是超越了传统侵权法所能保护的范围。更

① 杨立新、韩煦:《被遗忘权的中国本土化及法律适用》,载《法律适用》2015年第2期。

为重要的是,现代数据保护理念是建立在“同意理论”(consent theory)①的基础之上的,但是当事人同意却是侵权行为最主要的抗辩之一。② 基于同意的数据实践实际上正落入侵权法的例外范围,后者显然不能成为数据保护的基础。因此,在侵权法中延伸被遗忘权制度是不合理的。

(2)其他民法基础探索:合同法与网民协议

除了侵权法之外,是否在民法体系中还存在其他可行的基础?这一方面国内学者的研究并没有论及。在民法中,虽然侵权法将个人同意的行为排除调整范围之外,但合同法却是专门调整“合意”的法律。而在网络环境中,“网民协议”正是网站与用户对权利义务的约定。在理论上,用户在使用服务之前可以就已经公开的数据可以删除的条款规定于协议之中。

但这一做法在现实中却很难执行。一方面,用户所接触到的都是格式条款,对格式合同的认可是使用服务的前提。另一方面,用户也缺乏法律知识和经验与网站进行协商。

但在本文的语境中,更为重要的问题是,网民协议能否为被遗忘权提供法律基础?笔者不以为然。网民协议与被遗忘权虽然都基于合意,但是如果将被遗忘权建构于民法体系之中,其性质应属于“法定之债”,而非合同所代表的“意定之债”。③ 被遗忘权是法律明文规定的权利,即便在没有合同的前提下,也可以执行。因此,理论层面网民协议可以为公开数据的删除提供基础,即便实践中可以这样做,也无法为被遗忘权提供基础,二者在性质上存在差异。

2. 对数据保护法进路的论证

在西方学界,对数据保护法的进路更多地表述为“人权进路”。④ 上文已

---

① Nir E., Informed Consent (Stanford Encyclopedia of Philosophy, 20 September 2011), available at <http://plato.stanford.edu/entries/informed-consent/> accessed 1 April 2014.

② 程啸:《论侵权行为法中受害人的同意》,载《中国人民大学学报》2004 年第 4 期;叶名怡:《真实叙事的边界——隐私侵权抗辩论纲》,载《法律适用》2015 年第 2 期。

③ 杨立新:《债法总论》,高等教育出版社 2009 年版,第 118~133 页。

④ Xanthoulis N., Conceptualising a Right to Oblivion in the Digital World: A Human Right-based Approach (2012), available at <http://papers.ssrn.com/sol3/papers.cfm?abstract_id=2064503> accessed 12 September 2014.

述及在欧盟法中数据保护是作为人权予以确认的。笔者认为,相较于民法进路,数据保护法能够为被遗忘权提供完整的基础,因此在笔者看来,如果对被遗忘权予以引进,应当在数据保护法建立之后。

欧洲在1995年就建立了的数据保护体系,并在10年间经历了不断的修正和发展。被遗忘权的提出,是建立在完备的数据保护体系之上,并非无中生有。虽然中国人有"被遗忘"的需求,且法律规范表现出兼容性,但由于涉及基本权利,激进的引入这一制度可能会适得其反。在没有完备的数据保护体系支撑的情况下,被遗忘权也很难发挥保护数据隐私的效用。

(1)数据保护法建立的必要性

首先,建立统一的数据保护法是全球的趋势。鉴于数据隐私保护的重要性,建立系统的保护体系以及统筹管理的行政机关是西方法律的通例。我国法律体系习自德国、日本以及我国台湾地区,而这三地都已建立各自的数据保护法律制度。

其次,数据保护有不同于民法隐私保护的特殊面向,应予以重视。数据保护与隐私高度相关,彼此范围交叉但不重合。传统民法的隐私保护机制无法有效面对科技带来的生态变革,隐私基态的转变需要全新的保护机制。

再次,被遗忘权在性质上偏向于数据保护。这一判断是基于被遗忘权的本质及效果。被遗忘权的调整客体是数据,其效果是对数据的删除效果。虽然数据的删除可以起到隐私保护的作用,但是根据欧盟在推出被遗忘权时对"用户控制"理念的强调,可以得出被遗忘权的本质还是数据自决权。因此,这一权利的建立应在统一数据保护法的基础上,而非民法。

最后,对于数据隐私的保护,被遗忘权的作用十分有限,仅涵盖个人数据公开的问题。然而数据保护涉及很多其他复杂的面向,包括数据的收集、使用、修正、挖掘、传输、交换、售卖、存储、移除等,各层面又发展出纷繁复杂的规则。如此细致、系统的规则显然无法在囊括于民法的一般规范之下。即便勉强纳入民法体系之中,显然不能由狭义法律加以规定,因此民法进路会面临规则层级过低,而无法对数据提供充分保护的风险。

（2）对我国数据保护法建立的反思

笔者认为，在没有系统的数据保护体系时，被遗忘权的引入不可操之过急。虽然数据产业的实践对个人的数据隐私带来了巨大的威胁，但片面地引入被遗忘权“以解燃眉之急”会带来巨大的负面影响。

笔者认为，中国不宜引入被遗忘权的重要原因在于无法对表达自由提供充分的法律保护。上文述及，被遗忘权的执行是一个动态复杂的平衡过程，其与公共表达自由之间的冲突协调是重中之重。为了避免顾此失彼，基本权利的平衡是一个非常精密、审慎的过程，任何武断的结论都将导致对重要权利的侵害。因此，如果平衡弹性机制无法建立，那么被遗忘权即便植入中国，也无法有效保护公民的数据隐私。

本土化的问题，中国有美国的前车之鉴。早在被遗忘权理念提出之时，在美国就掀起了一轮讨论的热潮，此后美国学者得出了几乎一致的结论，认为被遗忘权不适宜植入美国。①

笔者认为，虽然中美都是因为无法达成两大基本权利的平衡，但两国的具体原因却正好相反。美国无法形成基本权利平衡，是因为平衡的机制会破坏美国第一修正案至高无上的地位。美国对于表达自由几乎提供完全的单边保护，这几乎抹杀了利益平衡的可能性。中国与美国正好相反，由于宪法司法化存在很大阻力，使表达自由不能得到充分的宪法保护。如果在这种情况下贸然引入该权利，数据安全问题可能会得到一定的缓解，但是却将带来更为严重的问题，即西方国家所担心的被遗忘权成为彻底的审查工具将在中国成为现实。届时，已经蜷缩扭曲的公共表达环境将进一步受挫，被遗忘权沦为为审查提供正当性的工具。因此，笔者虽然认同杨教授关于可行性的论述，但考虑到权利实施的现实环境，对于本土化问题仍持谨慎态度。

---

① Werro, F., The Right to Inform v. The Right to be Forgotten: A Transatlantic Clash (2009), Georgetown Public Law Research Paper No. 2, available at < http://ssrn.com/abstract=1401357 > accessed 14 November 2013. See also Lagone, L., The Right to Be Forgotten: A Comparative Analysis (2012), available at < http://ssrn.com/abstract=2229361 > accessed 14 November 2013.

网络信息保护——挑战中前行

蔡雄山*

一、个人信息保护——一个并非网络时代的问题

个人信息保护问题不是互联网时代特有的问题。人类历史上第一次恶意利用个人信息的事件发生在纳粹德国,德国纳粹运用 IBM 生产的电脑将人口普查中获得的有关犹太人的个人信息尤其是针对种族和宗教等敏感性信息,进行自动化处理和分类,以便准确和快速地将犹太人关入集中营。同一时期,美国政府非法利用户籍资料跟踪和调查美籍日裔,于是个人信息保护立法率先在欧洲和美国拉开帷幕。其立法不仅涉及互联网及电信行业,还包括金融、医疗、教育、公共机构等诸多社会领域。

个人信息保护法的形成受益于各种保护人权的国际公约、国家法律以及部分国家通过判决创造的规则。国际人权立法为个人信息保护立法打下了理论基础,主要的法律文件包括 1948 年的《世界人权宣言》、1966 年的《公民权利和政治权利国际公约》等。这些国际人权文件关于个人人格受法律保护的规定,是贯穿于个人信息保护法基本原则的灵魂。OECD 早在 1974 年就成立了一个关于跨国传送个人信息和隐私权保护的专家组,研究有关个人信息跨国传送中的数据保护问题。1980 年 9 月 23 日,OECD 理事会提出了《保护个

* 蔡雄山,男,腾讯研究院高级研究员。

人信息跨国传送及隐私权指导纲领》,对个人信息保护作了原则性的规定。

目前,个人信息保护方面,主要有以欧盟和美国为代表的两种模式。欧盟在个人信息保护方面选择的是通过立法来予以保护的模式。并且,欧盟是采取的统一立法模式,即通过制定统一的法律来规范公共机构和私营部门对个人信息的收集、传播和使用,设立专门的监督机构来负责该法律的实施。以欧盟成员国法国为例,早在 1978 年,法国就通过了《信息、档案与自由法》以加强个人数据保护。其立法原则在于:信息应该为每一个公民服务。信息技术发展应该在国际合作的框架内进行,收集和处理、使用个人数据,不应该侵犯个人身份、人权、隐私以及个人与公共自由。如参照欧盟等先进立法在企业内部设立个人数据保护负责人等,建立健全企业内部个人数据保护相关规章制度。收集、保存、处理用户个人信息应限于必要的、合法的、特定的目的,征得用户许可,并对这些数据的安全性与使用的合理性负责;对法定的收集、使用个人信息情况,应及时通知用户;及时更新不准确的数据,删除过时的、不再使用或不符合使用目的的个人信息等。社交网站与搜索引擎等应积极建立用户“申诉处”,处理个人用户对个人信息的删除修改需求等。

美国保护个人信息的基本立场是以自律为主,部分领域制定专门的法律来规范,政府实施轻手管制。美国的个人信息保护机制的优点在于:一方面,行业自律主要是在同行之间形成个人信息保护的共同准则,让企业自律,同行内部相互监督,争议在同行之间自行解决;另一方面,在最容易受到侵害的领域,尤其是某些高度敏感的领域,立法机构通过专门的有针对性的详尽法律予以保护,如对儿童信息、医疗档案以及金融数据的保护。

二、网络时代挑战重重

随着网络技术的发展,在世界范围内,个人信息被非法收集、泄露、滥用,网络恐怖主义等事件频繁发生。

2013 年 6 月,前中情局(CIA)职员爱德华·斯诺登将两份绝密资料交给英国《卫报》和美国《华盛顿邮报》并告之媒体何时发表。按照设定的计划,

2013年6月5日，英国《卫报》先扔出了第一颗舆论炸弹：美国国家安全局有一项代号为“棱镜”的秘密项目，要求电信巨头威瑞森公司必须每天上交数百万用户的通话记录。6月6日，美国《华盛顿邮报》披露称，过去6年间，美国国家安全局和联邦调查局通过进入微软、谷歌、苹果、雅虎等九大网络巨头的服务器，监控美国公民的电子邮件、聊天记录、视频及照片等秘密资料。

我国也不例外。2014年5月13日、14日国内漏洞报告平台乌云网连续两天曝出小米论坛用户数据库泄露事故，涉及800多万小米论坛注册用户。黑客有可能利用账户关联特点，窃取了小米用户更多敏感信息。事件发生后，已陆续爆出多起小米用户接到诈骗电话，不法分子利用用户准确的个人关键信息（姓名、购买记录等）进行产品推销和其他诈骗行为。

2014年12月19日，国外安全研究公司PaloAlto Networks发现国产手机厂商酷派在其销售的手机中安装有一个名为“CoolReaper”的后门程序，可能涉及偷偷传输超过1000万用户的信息安全。

2014年12月25日，国内漏洞报告平台乌云官网曝出，大量12306用户数据在互联网疯传包括用户账号、明文密码、身份证、邮箱等信息。

不仅如此，网络时代新业务新技术的发展也使个人信息保护面临前所未有的挑战。云计算、物联网、移动互联网等新技术新业务的快速发展，网络信息保护问题日益凸显，各国立法活动持续升温。加强网络信息保护立法，已成为国际共识。日本、俄罗斯、欧盟等国家和地区都纷纷修改其相关立法，加强对网络环境下公民个人信息的保护。

三、我国个人信息保护——困境中的突破

我国《宪法》《刑法》（包括第七修正案）、《刑事诉讼法》《邮政法》《关于维护互联网安全的决定》《治安管理处罚法》《邮政法实施细则》《电信条例》《互联网信息服务管理办法》《互联网上网服务营业场所管理条例》《人民检察院刑事诉讼规则》《计算机信息网络国际联网安全保护管理办法》《计算机信息网络国际联网管理暂行规定实施办法》《互联网电子邮件服务管理办法》《互

联网电子公告服务管理规定》《非经营性互联网信息服务备案管理办法》《互联网 IP 地址备案管理办法》《电子认证服务管理办法》《互联网电子邮件服务管理办法》等法律法规都有涉及个人信息法律保护的内容。在重要行业的信息保护方面,金融、医疗等重要行业有部分个人数据保护相关法律规定。

但整体上我国并没有完整系统的个人信息保护法,个人信息保护规则不完善。在网络环境下,如何更好保护公民个人信息是世界各国普遍面临的问题,也是我国亟须解决的问题。本次《关于加强网络信息保护的决定》规定,“任何组织和个人不得窃取或者以其他非法方式获取公民个人电子信息,不得出售或者非法向他人提供公民个人电子信息。网络服务提供者和其他企业事业单位在业务活动中收集、使用公民个人电子信息,应当遵循合法、正当、必要的原则,明示收集、使用信息的目的、方式和范围,并经被收集者同意,不得违反法律、法规的规定和双方的约定收集、使用信息。网络服务提供者和其他企业事业单位收集、使用公民个人电子信息,应当公开其收集、使用规则”等。通过较高层级的立法,确定我国网络个人信息保护的原则及个人信息保护收集、使用、转移等规则。

四、实名制与个人信息保护——一对孪生兄弟?

网络实名制方面,国际上最为突出的是韩国,韩国最早于 2003 年开始试行网络实名制。韩国政府于 2007 年 1 月 26 日修订《信息通信网络的促进利用与信息保护法》,增加第 44 条之 5 关于本人身份认证措施的规定。新规于 7 月 7 日实施,这标志着网络实名制正式拉开帷幕。

然而,其实名制并非一帆风顺,反而出现了如前所述的大规模数据泄露事件及公众相关抗议。2012 年 8 月 23 日,韩国宪法法院判决:实施网络实名制的部分法律条文违宪,予以废除。判决生效后,网络实名制的适用范围大大缩小,仅限于政府机关、公共机构或公有企业提供信息通信服务并开办信息公告板业务的情况,而对于私营性信息通信服务提供商则不再要求履行实名制义务。

2014年10月18日，发生了大量用户身份信息泄露之后，韩国考虑彻底重建国家身份证系统。韩国政府计划向年龄大于17岁的成年人发行新的身份证，这项工程可能将需要耗费数十亿美元，历时十年。

在电话实名制方面，目前全球已有相当数量的国家通过立法实施手机实名制。这些国家和地区包括新加坡、澳大利亚、德国、意大利、西班牙、日本、韩国、挪威、瑞士等。当然也有很多国家并没有在法律层面提出实名制要求。这其中有些国家是因为其电信市场上非实名的预付费用户比例较少，大多数用户为实名签约用户，如美国。手机实名制的推行同样涉及个人信息收集与保护、贯彻实施成本较高、存量用户（制度实施前的用户）难以实现实名等问题。

总体而言，电话或网络实名制的前提都是个人信息保护，二者就如孪生兄弟，在个人信息保护完善的前提下，实名制才可能很好地推行下去。

五、依然任重而道远

互联网由于其自身特点，导致隐私容易被侵犯、侵犯频率高、方式多样、影响范围广等问题；但靠原则性立法并不能解决该问题，网络信息保护应管理与服务并重。因此，针对其特点，应该建立适合互联网环境的个人信息或隐私保护机制，如通知删除、在线投诉、个人信息收集在线申报等机制，便于投诉及处理等。管理机构，一方面监管相关企业个人数据保护情况，另一方面应做好投诉机制等服务工作，便于用户投诉及纠纷解决。同时，结合行业自律等措施，推行行业个人信息保护宣言、建议、指南等，多种手段并用。尤其应跟踪互联网技术发展，针对新问题提出建议与指南，提供相应模板、在线投诉等便捷措施。

大数据时代，个人信息保护已成为不可逆转的趋势，并成为全球互联网产业立法热点。欧美对于“被遗忘权”的争论肯定还会持续很长一段时间。俄罗斯最新法律规定，所有收集俄罗斯公民信息的互联网公司都应当将这些数据存储在俄罗斯国内。以上均反映了个人数据保护加强的趋势。

我国个人信息保护的法律规定比较零散，无体系。我国目前没有制定关于保护个人信息的专门立法，现有立法中对个人信息保护的规定是分散在各个法律、法规、规章中，缺乏体系。此外，我国对网络环境下个人信息保护相关的立法主要针对网络信息安全制定，其出发点在于网络安全。

为了更好地保护个人信息，建议我国立法中建立与我国互联网产业发展相适应的个人信息保护制度，明确个人信息的监管机构与职责，明确个人信息处理者的权利与义务，建立与产业发展相适应的个人信息保护制度。此外，还应该切实提高个人信息保护的观念和意识，加强行业自律，推行行业个人信息保护宣言、建议、指南等。

欧盟：从新数据保护法到被遗忘权

卢　依*

一、新数据保护条例（General Data Protection Regulation）

1. 概述

欧盟自1995年数据保护指令实施以来一直实行严格的个人隐私和数据保护制度。随着互联网的飞速发展，数据跨境传输大量增长，以及美国国家安全局监听项目“棱镜”事件的披露，欧盟委员会意识到更新数据保护法律、保护公民线上隐私权益和信息安全的必要性。2012年1月，欧盟委员会正式宣布进行数据保护改革，并发布新数据保护条例提案（Proposal for the EU General Data Protection Regulation）。新数据保护条例预计在2014年年底生效，并于两年缓冲期后（2016年）正式取代原有的数据保护指令。2014年第二季度伊始，经过两年多的修改和谈判，新数据保护条例的法律框架和基本原则都已经为欧盟议会所认可。若新数据保护条例提案随后获得欧盟部长理事会投票通过，则将正式成为生效法律。

欧盟部长理事会（Council of Ministers）于2014年6月就新数据保护条例召开会议，总结数据保护改革中的重要进展，并就若干重要问题达成一致，主

* 卢依，女，腾讯研究院研究员。

要包括:

(1)新法管辖范围:欧盟境外的数据控制人如因向欧盟居民提供货物或服务而需要传输欧盟居民的个人信息,则该数据控制人必须遵循数据保护条例规定,无论上述服务是否属于付费性质。

(2)数据的国际传输:向欧盟境外传输个人信息的前提条件是接收个人信息的国家或地区有“程度足够的数据保护机制”。如果该国家或地区没有上述机制,则数据传输情况必须符合其他法定条件,如获得数据主体同意,出于履行合同的目的,或者数据控制人使用了其他合适的数据保护机制。如果企业或组织在传输个人数据的过程中选择使用并签订欧盟委员会发布的合同格式条款,或由其他数据监管机构发布、欧盟委员会核准的格式条款,则可以认为已经提供了合适的数据保护机制。此外,如果数据控制人选择使用格式条款且使用情况已经被认证,则不必再针对相应的数据传输申请进行其他的认证或审核程序。

(3)“一站式”数据监管机构:“一站式”数据监管机构(one stop shop)是指在欧盟境内建立一个统一的数据监管机构,对企业和组织的数据合规进行监管和执法活动。欧盟部长理事会目前尚未针对这一点达成一致意见,但大多数认为应当设立一个占据主导地位的单一数据机构,在此基础上由这一主导机构与各国当地的其他数据机构进行合作与联系。

此外,新数据保护条例提案新增有关遗忘权的规定,即用户享有要求网络服务提供商将敏感个人信息从网上删除,并禁止网络服务提供商进一步散播该信息的权利。

虽然立法机构没有对这一条文进行进一步讨论,但欧盟最高法院已经通过“不可上诉判决”的形式在新数据保护条例实施之前对网络遗忘权加以确认——谷歌在搜索结果中展示一名西班牙公民的房屋被法定拍卖信息后遭原告起诉,欧盟最高法院判定用户有权要求谷歌从搜索结果中删除与其相关的敏感信息。这一判决结果对于欧盟个人数据保护实践可谓具有突破性意义:欧盟隐私专家认为它不仅对隐私保护领域有所影响,同时也会影响信息产业的形态。对于谷歌等网络内容提供商而言,法院对于网络遗忘权的认可有可能推动大量用户要求删除相关个人信息,而使公司面临运营成本上升的情况,谷歌也因此对该判决表示不满。但法院将这一情况与网络平台移除知识产权侵权内容的义务进行类比,表示搜索引擎的运营与信息传播相关,因此必须承担应用户要求删除敏感信息的成本。在一向将隐私视为基本人权之一的欧盟地区,法院显然认为保护个人隐私远比商业利益乃至公众获得特定信息的权利更加重要。欧盟司法专员 Viviane Reding 表示欧盟各国均已同意与欧盟最高法院合作执行谷歌遗忘权一案的判决;欧盟境外的公司如果其互联网活动对于欧盟公民和欧盟商业活动有所影响,则也需要遵守遗忘权的相关规定。目前谷歌已经根据欧盟最高法院的判决开始执行被遗忘权,用户可以通过填写并提交相应的表格要求谷歌移除有关链接信息,谷歌的欧洲页面也开始在某些搜索过程中出现"部分内容已经根据欧洲数据保护法律移除"的告示。但许多有关知名人士的搜索结果页面并不会出现上述告示,这意味着谷歌很可能基于公众的知情权而拒绝了这些人的内容删除请求。

2. 英国的回应

英国政府以公布《数据保留和调查权利法案》的形式开展了紧急立法行动。法案将要求通信服务提供商保留数据长达 12 个月。这一立法的起因是欧洲议会法院曾判定《欧洲 2006/24/EC 指令》违反《欧洲联盟基本权利宪章》第 7 条、第 8 条。该指令在 2005 年后引入,此前恐怖事件频繁发生,指令旨在帮助政府应对未来的恐怖袭击。英国政府称,法案将不会授予警方以及安全部门更多的权力,也不会扩张立法;相反,法案旨在保持原有治理现状。法案也不会审查通信内容,而是规定何时何地进行通信,以及访问哪些网站的 IP 地址。该法案设有"日落条款",将于 2016 年废止。英国信息监管机构(ICO)近期发布了关于大数据和数据保护的报告。在报告中,ICO 警告企业确保他们对个人数据的处理以公正的、透明的方式进行。数据保护法专家 Kathryn Wynn 请求 ICO 解释在大数据领域"透明度"和"公平性"的含义。ICO 表示企业应当确保隐私公告更新;若出于某种在用户最初提交数据时无法预见的新目的而使用该数据,则企业应当确保用户知道实情。即使个人数据在未来的大数据项目中的使用情况尚不明确,但企业仍然有义务向用户解释可预见的数据处理。

此外，英国议会计划通过数据留存及调查权法案，要求电话公司留存顾客通话和网络活动记录。隐私维权人士认为法案“设立了一个危险的先例”。新法要求电话公司留存顾客呼叫对象记录以及网页浏览历史，留存时间不少于12个月。这一法案部分起源于美国上周表示针对西方国家的恐怖主义活动可能又重新出现，而英国正是目标国家之一。法案虽然可能获得欧盟议会通过，但劳工党及自由党人均对法案执行透明度表示担忧。英国最高法院院长 Lord Neuberger of Abbotsbury 认为，“现今信息记录、传播甚至被操纵的速度‘惊人’，这给既存法律体系带来了‘极大的挑战’。飞速发展的互联网通信已经改变世界，保护隐私的法律需要重写”。Lord Neuberger 还提到，调整通信方面的立法是必要的。英国与其他欧盟国家不同，目前尚没有单行的隐私法，相关法律实践经常以《人权法案》等法律或者合同违约为法律依据。

3. 德国的回应

德国内政部长 De Maiziere 称，目前德国的数据保护法律已经过时，无法跟上技术的发展，德国政府正在筹划对信息技术和数据保护方面的法律作出重大变革。届时欧盟的数据保护条令将会完全替代德国法律。而信息技术安全法在本周提交部门批准。该法设定了行业标准，将对能源、信息技术、电信、运输、健康、水资源、食物以及金融服务等众多领域的企业产生影响。

德国数据保护机构（DPA）首次为手机游戏及移动应用开发人员发布指导文件，说明如何解释与手机游戏、平板电脑游戏以及其他应用相关的数据隐私立法。指导文件出台起因是 DPA 发现关于移动应用收集了什么数据，为什么要收集，以及数据是否被共享等问题有待澄清。指导文件要求应用开发商保证只有在数据对于应用性能是绝对必要时才可收集个人数据，并且需要针对应用制定特殊的隐私政策，告知用户将被收集和共享的数据类型和范围。违反德国隐私法律可能会被判处高达30万欧元的罚金。

二、安全港协议进展（Safe Harbour）

根据美国与欧盟于2000年签订的“安全港协议”，只要美国企业加入安全港认证项目且遵守安全港协议条款,即可视为已经具备符合1995年数据保护指令要求的数据保护机制,可以向非欧盟地区传输欧盟公民的个人信息。目前欧盟正就是否继续执行安全港项目以及继续项目的具体条款与美国进行谈判。截至2014年6月,欧盟与美国已经达成一致的继续条款包括:安全港协议认证企业必须公布其隐私政策;允许欧盟公民将违反安全港协议的隐私争端提交到美国境内的诉讼外纠纷解决机构,认证企业的隐私条款页面必须包含指向美国商务部安全港认证企业名单和诉讼外纠纷解决服务机构的页面链接;认证企业需公布签订任何外包合同的隐私条件;加强安全港合规的执法监管力度,如在发现违规情况并进行调查或控诉一年后,应当有后续跟进调查;美国商务部对于企业的合规情况有疑问时应当及时通知相关的欧盟数据保护机构等。唯一未能达成协议的是国家安全例外条款,即允许美国国家安全机构获取安全港项目所保护的数据。欧盟认为这一条款仅可在出于严格需要的情况下适度使用,而美国国家安全机构不同意这一限制条件。

2014年6月,经过欧盟与美国的3年谈判,奥巴马政府表示将把欧盟公民纳入美国隐私法案的保护范围,意味着欧盟公民可以向美国法院提交隐私或个人数据滥用问题的争端。这一举措是欧盟数据监管机构期待已久的一步,有助于重建美欧之间数据传输的信任问题;但外界认为在美国NSA监听政策并无实质性改变的情况下,这一做法并未能针对美国政府的信息监控行为为欧盟公民数据提供更多的保护。此前,在出于政府调查、执法或反恐原因的数据跨境传输过程中,任何遭遇个人数据被滥用的美国或欧盟公民都可以在欧盟境内将争端提交至法院系统,但美国的司法系统并不相应地受理欧盟公民提交的诉讼请求。

三、欧盟实质性开展cookies清扫行动

为持续保护网络隐私,欧盟数据保护机构于9月15~19日发起了“欧盟Cookie行动”,对多家网站以及移动应用进行了审查,确保《指令2009/136/EC》(以下简称《欧洲Cookie指令》)的有效执行。

《欧洲 Cookie 指令》替代了原有的《隐私与电子通讯条令》。在原指令下,电子商务服务商在其网站上使用 cookies 功能自动存储用户信息是合法的,也无须就此征得用户(包括消费者)的事先同意,这种立法取向是建立在对 cookies 的实用性认识基础上的。

新的《欧盟 Cookies 指令》要求网站就存储 cookies 以及在电脑及其他网络连接设备上恢复信息等问题获得访问者同意。对于所有受新指令调整的网站而言,即便用户已同意,用户的 cookies 只能存储在用户自己的电脑上,也只能从用户的电脑上获取,在此之前还应向用户提供"清楚和全面的信息"。但是,新指令设置了一项例外,即如果在指令调整的 cookies 对于末端用户要求的服务条款而言是极其重要的情况下,或者信息存储只是为了进行网络沟通的目的时,可以不受指令调整。

根据 TRUSTe 的报告,前 50 的英国网站只有 12% 遵循欧盟的 Cookie 指令,有在网站上弹出窗口或挂出 Banner 或标签告知该站点上的 cookies 信息手机,而在法国和德国几乎没有网站采用欧盟的这一指导规范。该调查显示前 50 的法国网站的第三方 cookies 下降数量(434)是荷兰(237)的两倍,而英国和德国则分别下降了 406 个和 319 个。在用户对 Cookies 法案的感知方面,81% 的英国人了解浏览器的 cookies,63% 的人知道欧盟 Cookies 的隐私指南。

四、被遗忘权

1. 被遗忘权的发展历史

被遗忘权起源于欧洲大陆法。当时的含义是,社会可能会忘记一些发生过的事情,比如我某个时期在伦敦受到了一些侮辱性的话语,可能过一定的时间之后,我所受的伤害被忘记。在其他的法律中,认为每一个罪恶的人都有未来,而每一个圣徒都有过去,我们不可能记得每个人的过去所遭受的伤害。

1995 年,欧盟出台了一个有关被遗忘权的法律。放在一个更大的环境来看,那时谷歌、推特、脸书都还没有出现,大部分互联网应用都还没有出现。

最近发生了一个案件,西班牙的冈萨雷斯先生申请被遗忘权。起因是他欠西班牙政府一笔债,西班牙政府在报纸上有刊登此事。如果将冈萨雷斯先生的名字输入搜索引擎,唯一出现的结果就这则新闻。冈萨雷斯先生希望报纸撤掉此条新闻,也希望谷歌可以把这条搜索结果从网站上撤掉。最后因为一些法律的问题,他起诉报纸失败了,但是起诉谷歌成功了,搜索结果从网站上撤销。当时欧盟法庭的依据就是所有的搜索引擎都是数据的控制者,必须以一种公平的方式来处理数据。所有的不合适、不相关或者不再相关的数据,都应该从网络上清除。也就是说,已经过时的数据和当前的生活不再相关的数据是可以在网络上消除掉的。

2014 年 11 月 27 日消息称,欧盟委员会要求谷歌将“被遗忘权”延伸至全球:全球用户都有权要求谷歌删除其搜索数据库中“不相关、不吻合、不正确”的搜索项目。

2. 被遗忘权存在的问题

虽然当时法官的评判非常明晰,但是还是有一些问题。现在搜索引擎并没有很重视除掉这种被遗忘信息的义务。这与 URL 有关,在欧洲每天都会有很多将信息从网站上撤下来的要求。

(1)欺骗性问题。人们可以要求把不良的信息从网络空间清除掉。比如一个医生,可能因为自己的技术不精湛出了一些医疗事故。在一段时间之后,他也会要求把关于医疗事故的信息撤下来。这就导致在搜索好的医生和坏医生的时候,部分信息因为被撤销而具有欺骗性。

(2)影响搜索结果的准确度。被遗忘权可能会成为对过去的一种误导。报纸应该怎么办呢?报纸报道的肯定是过去发生的事情。举个例子,英国的副总理,一名伟大的政客,他在德国上学的时候犯了纵火罪,他现在就有权利撤销有关过去犯罪的信息,从大陆法系看是可以撤销。我们的想法是他是一个很好的政客,大学时候犯错是可以忽略的。这里有所谓的“重塑”概念,很多国家都有这种对于罪犯重塑再教化。我认为这是比较好的做法,但做起来非常难。如果这个人是名人,他这方面的记录和普通人相比,停留的时间就会更久。被遗忘权提供了一个在公众面前重塑形象的机会,但有时候其实是对过去的一种误导。

(3)只能从部分域名中删除信息,其他平台依然存在。这其中涉及一些实质性的问题,法律的角色是什么?法律允许人们能够改正自己的错误,有一个重新塑造的机会,让人们忘记过去。但是现在问题就是搜索引擎只是从域名上面去移除信息或者数据,比如从后缀名去除掉相关的数据,现在如果到Google. com 还是可以看到那些被要求去除的信息。

美国的隐私监管和数据保护

卢　依*

一、联邦贸易委员会(FTC)隐私监管趋势——监管标准透明化

自1990年起,美国联邦贸易委员会(FTC)就以美国贸易委员会法案(FTC Act)第五章的禁止不正当竞争条款为法律依据,对公司通过欺骗性陈述或其他手段违反隐私政策、数据安全保护条款的行为进行监管和处罚。FTC对于"可能对美国境内产生合理的、可预期的损害或者在美国境内实行重要部分的"外国商业实践也有隐私监管权限。FTC并没有公布统一的隐私合规标准,而是通过积极地监管企业的数据安全及隐私合规情况,与可能违规的企业签订和解方案来实现其监管职能。因此,FTC公布的一系列隐私和解方案实际上已经在美国国内成为最具有影响力的隐私实践准则,应用范围甚至比制定法更为广泛。同时,由于消费者的数据对于商业研究来说至关重要,因此FTC的执法重点不仅对公司合规来说意义重大,对于研究机构也具有很重要的参考价值。

尽管业界和研究机构已经习惯从FTC隐私和解方案中解读其监管标准,但要求FTC提高监管标准透明度与可预期性的呼声一直存在。2014年5月,

---

* 卢依,女,腾讯研究院研究员。

在 FTC 诉 LabMD 一案中,法官裁定 FTC 必须公开其用于衡量是否对特定机构违反隐私法律的行为采取执法行动的标准。根据法官裁决,企业或机构未必有权要求 FTC 公开法律推理过程中所使用的法律标准,但有权利知道执法机构决定是否采取执法行动时所采纳的数据安全标准,且执法机构必须标明特定的执法行动是基于 FTC 已经发布的哪些数据安全准则。许多企业机构认为 FTC 法案不正当竞争条款条文过于简单,却在隐私合规问题上给予了 FTC 相当广泛的调查起诉权,使企业在应诉时处于被动地位,并往往需要付出高昂代价达成和解。而这一裁决对致力于要求 FTC 提高隐私执法准则透明度的企业来说可谓是重要进展。

二、FTC 隐私监管趋势——社交媒体收购中的隐私合规问题

2014 年 4 月,Facebook 对外界确认 FTC 已经批准其对 WhatsApp 的收购,美国 FTC 发信要求 Facebook 和 WhatsApp 继续遵守其各自的隐私承诺。FTC 表示,Facebook 和 WhatsApp 发布的公开声明和原本的隐私政策都构成对消费者隐私保护的明确承诺。如果任何一方违反这些承诺,都将构成欺骗性陈述而违反 FTC 法案第五章的不正当竞争条款。FTC 在发信中明确指出最重要的三条准则:

(1) WhatsApp 在隐私条款中承诺不会在未获得用户同意的情况下将用户个人信息用于广告目的,或将信息出售给第三方,而 Facebook 承诺不会在收购后改变 WhatsApp 的隐私政策——WhatsApp 和 Facebook 必须严格遵守这些承诺;

(2) 当 Facebook 处理 WhatsApp 用户信息的隐私政策发生实质性改变时,Facebook 必须事先获得用户的明确同意,并最好向 WhatsApp 用户提供退出选项;

(3) Facebook 不得做出任何超出隐私承诺范围或者就隐私承诺做出有欺骗性的陈述。

FTC 以公开发信形式详细提醒社交媒体遵守其隐私义务并不常见，意味着美国监管机构在未来将更加注重社交媒体收并购带来的隐私合规问题。

三、FTC 隐私监管趋势——FTC 介入隐私调查的法律门槛

2014 年 4 月，FTC 与 Credit Karma，Inc. 和 Fandango LLC 达成隐私和解方案。FTC 认为这两家移动程序应用商未能提供 SSL 认证，这一程序漏洞明显将与程序相关的用户个人信息置于合理的安全保护范围之外，很可能导致黑客通过伪造认证的方式接入移动程序并获取未加密的敏感信息。这一和解方案之所以重要是因为 FTC 重申移动程序提供商对程序进行安全审核与测试的重要性，以及程序应当提供举报安全漏洞的渠道这一主张。最值得注意的是，FTC 在对这两家移动程序应用的行为进行定性时仅讨论其“欺骗性”，而没有评论其违规行为是否构成 FTC 法案第五章的不正当竞争行为。这意味着 FTC 对于消费者隐私保护的监管将采取更加积极的态度；即使 FTC 的隐私监管权限是基于不正当竞争条款，但在企业机构的隐私违规行为尚未构成不正当竞争时 FTC 已经有权力介入调查并提起控诉。

四、电子通信隐私法案改革进展

1986 年发布的美国电子通信隐私法案（Electronic Communic-ations Privacy Act，ECPA）规定监管和执法机构（如 FBI 和美国国税局）无须申请搜查令即可获取电子邮件、短信等私人电子通信内容。这项法案自发布以来未经任何更新，而对该法案进行改革的呼声也在 2014 年年初达到了历史最高点。2014 年 6 月 18 日，为推行电子通信隐私法案改革而出台的美国电子邮件隐私法案（Email Privacy Act）在众议院获大多数签署支持，该法案要求政府机构在查看被调查人员的电子邮件之前必须获得搜查令。但电子隐私法案在正式生效之前必须获得国会投票通过，同时也面临来自反对 ECPA 改革的司法部的压力。

2014 年 6 月 26 日,美国最高法院在 Riley 诉加利福尼亚州一案中裁决警方查看被捕嫌疑人的手机之前必须获得搜查令,只有在有限的紧急情况下方可不申请搜查令而直接查看嫌疑人手机。美国的许多执法机构,包括司法部都希望在无搜查令进行搜查这一问题上获得更多的裁量权。这一裁决无疑对此表示反对,同时也推动了美国隐私法案的改革进程。与此同时,法院在裁决意见中表示“手机即如同迷你电脑”——意味着搜查令要求的适用范围将不仅限于手机,而显然将同样适用于平板电脑和笔记本等电子设备。在未来,这一隐私保护条款也有可能从保护存储在电子设备上的信息扩展到保护所有的电子信息,如 ECPA 改革所呼吁的电子邮件等。虽然 Riley 一案的裁决对于 ECPA 改革的影响还有待观察,但法院裁决意见表明司法系统支持公民保护其个人数据和其中所蕴含的隐私保护利益。

五、移动应用成为数据隐私治理重点

鉴于移动应用服务领域发展迅猛,美国联邦贸易委员会(Federal Trade Commission,FTC)开始逐渐加强了对移动应用领域的监控、治理和指引。此前,美国消费者金融保护局(Consumer Financial Protection Bureau,CFPB)曾与 FTC 沟通,要求后者提供消费者使用移动金融服务基本情况的相关材料。10 月 10 日 FTC 发布了回复,在向 CFPB 提供情况说明的同时也表明了未来的治理重点:移动应用。在回复中,FTC 列出了其关心和重点治理的五大领域:

(1)隐性收费的相关责任;

(2)移动运营商不正当收费问题;

(3)消费者个人金融数据的隐私保护;

(4)消费者金融数据安全;

(5)数据经纪人或第三方对消费者信息的使用。

10 月 10 日,为回应的请求,联邦贸易委员会就消费者使用移动金融服务情况进行了答复,主要强调对以下五大方面进行治理:

(1)使用预付或存储价值产品的未授权支付责任;

（2）移动运营商的不正当的收费业务；

（3）消费者个人以及金融数据的隐私；

（4）消费者数据的安全；

（5）数据经纪人或第三方对消费者信息的使用。

接下来就隐私和数据安全两方面进行详述。

1. 对个人金融数据隐私的保护

美国联邦贸易委员会对金融领域的隐私保护十分看重。移动平台有其自身的特性，当消费者使用移动应用提供的支付服务时，很多公司都会参与到这一过程之中，并有很大机会接触到个人数据，了解消费者的具体信息和购物习惯。

自2012年起，FTC每年都会发布年度报告，就移动科技带来的隐私隐患为企业提供建议。在2012年度报告中，FTC催促公司在执行隐私政策过程中要更有目的性（more purposeful），并向消费者清晰准确地解释公司的政策和实践。2013年报告中，FTC要求公司在收集和分享敏感数据时，需要“及时”地告知（“just in time” disclosures），并获得消费者的明示同意（express consent）。2014年，鉴于当前各大公司的隐私政策中就数据收集和使用的权利规定得极为宽泛，并且几乎不对数据如何被处理进行澄清，FTC要求公司增强数据处理的透明度和明确性，并且建议消费者对自己使用的移动应用做出明示的选择。

2. 个人金融数据的安全性

根据FTC提供的数据，消费者将安全问题选为不使用移动金融应用的头号原因。在FTC看来，移动科技进步的同时也使移动应用保障交易安全的能力有所提升。但令人沮丧的是，目前很多公司都并没有强化安全性的考虑。比如，在2013年FTC与HTC公司进行和解，后者因“未能采取合理步骤为其设计的软件提供安全保障”而面临罚款。除了执法活动，FTC还致力于制定政策，展开教育活动，发布了若干指引文件。

六、微软案促进数据保护法修改

2014年7月31日，美国纽约地方法官裁定，微软（Microsoft）需上交存储于爱尔兰数据中心中的美国用户邮件及其他账号信息。早在2013年,美国法院批准搜查令,要求微软提供一位MSN用户的邮件信息,协助追查贩毒分子。而相关信息存储于微软位于爱尔兰的数据中心。微软拒绝履行,称政府应该遵循美国与爱尔兰的双边法律援助条约。2014年4月,地方法院判决微软败诉,后者随即上诉。

二审法院维持了原判。判决一经出台引起了广泛关注,微软等科技公司表达了强烈担忧,判决结果不仅可能引发用户恐慌,还会让国外竞争对手处于优势之中。不少公司如Apple、AT&T、Cisco、Verizon等向法院提交声明材料表示支持微软。

微软案的判决也引起了美国议员的高度重视。以哈奇(Hatch)议员为首的三位议员致力于修改已经执行了30年之久的数据保护法案《电子通信保密法》(Electronic Communications Privacy Act,ECPA)。2014年9月中旬,新法案(草案)《海外存储数据与法律执行法案》被提出,旨在替代ECPA,废除后者对政府获取海外数据的授权。ECPA授权政府在获得搜查令的情况下可以向科技公司请求获取数据,无论数据存储在何地;而新法案的提出,主要是为了废除该项规定。LEADs法案规定,美国政府在要求获取海外存储数据时首先需要获得法院批准的搜查令。其次,在法院发现搜查令的执行将导致违反其他国家法律时,可以修改或废除该搜查令。因此,新法案不仅否认了搜查令的海外效力,同时还要求美国政府遵守他国法律。新法案还增设了附件条款,要求美国政府在获取海外存储数据时需要通知相关主体。这一通知义务被视为是利益平衡中的关键一环。

2014年8月中旬,微软回应美国商务部国家通信与信息管理局(NTIA)公众意见征集,就"大数据"问题提出一系列意见。就美国政府如何展开监控,如何保护数字隐私的问题,微软列出若干变革建议,认为这有助于"云端的信任建立"。但是,其他公司对于政府监控导致大量信息泄露几乎没有做出公共回应。代表Facebook、Google等公司的互联网协会呼吁行政管理部门将重心放在自愿的隐私承诺上面。该协会主张,"先发制人"式的立法将有损经济发展。

七、加强学生隐私的保护

近年来,学生数据隐私成为全美国的热点问题,美国各州也开始有所作为。联邦层面的立法已在2014年7月下旬出台,各州也很积极地在完善学生隐私的立法。目前联邦保护学生隐私的法律有《家庭教育权利和隐私权法》(FERPA)和《儿童网上隐私保护法案》(COPPA),但是这些法律是否能够有效保护隐私,在这一问题上教育家、隐私专家、议员以及行业专家的观点出现了分歧。根据Data Quality Campaign的统计,在美国有32个州83项相关议案正在讨论或审议之中。推动学生隐私法律完善的主要原因是在美国一些科技公司收集学生的数据并使用在广告中,吸引其他同龄学生购买商品或服务以及其他非教育性的目的。Google就在今年早些时候因为收集学生的邮件信息用户广告而被曝光,此后Google修改了相关的公司政策。

2014年9月上旬加利福尼亚州有两部法案交到了州长Jerry Brown手中。其中,法案SB 1177为网站、网络服务商、网络应用以及移动应用提供了隐私保护的指引;而法案AB 1584主要调整地方教育机构与第三方技术供应商的合同关系。

法案SB 1177为互联网网站、网上服务商、网络应用商以及移动应用商列举了若干个"可以做"和"不得做"的事项。无论公司是否联络了学校,都需要遵守下述规定:

(1)不得基于K-12(十二年级以下)用户的信息在网站上发布广告;

(2)不得使用服务收集的信息为K-12学生建立账号;

(3)不得售卖学生的信息;

(4)除非有合法理由不得披露保密信息;

(5)通过充分的安全程序和实践保护学生信息;

(6)根据请求删除学校或者地区管理的学生信息;

(7)根据法律要求或者以合法的科研目的披露学生信息。

法案AB 1584则具体规定了地方教育机构在与第三方数字记录和教育软

件提供商的合同中应该规定哪些内容,包括:

(1)规定地方教育机构拥有并控制学生记录;

(2)规定学生如何控制自己的项目以及学校创设的其他内容,并规定学生如何将自己的信息转移到私人账号;

(3)禁止第三方以合同以外的目的使用学生信息;

(4)规定家长、法定监护人以及学生如何查阅、修正记录中的个人可识别信息;

(5)规定第三方保障学生数据安全保密的措施;

(6)规定通知家长、法定监护人以及其他适格学生未经许可披露学生记录的程序;

(7)规定在合同终止后学生的数据不会被第三方获取;

(8)规定地方教育机构以及第三方如何履行联邦 FERPA 法案的规定;

(9)禁止第三方在广告中使用学生的个人可识别信息。

虚拟财产继承研究

彭宏洁[*]　李汶龙[**]　蔡雄山[***]

一、背景简介

随着互联网行业的发展，各大互联网企业的用户群规模越来越大，特别是在即时通信、社交产品领域，用户规模可轻松上亿。与此同时，因时间的推移，庞大用户群中不可避免地发生个别用户去世的情况，由此，使互联网企业面临着如何处理该用户账号及账号下虚拟财产等问题。

用户去世后虚拟财产处理的问题①具有很重要的现实意义，值得行业、政府和学界重视。根据 McAfee 和英特尔在 2011 年做的数据统计显示，美国人对自己虚拟财产的平均估值为 5.5 万美元。② 这些财产包括游戏道具、照片、音乐、客户列表等。另据统计，目前有数百万死亡用户的网络账号亟待处理。③

---

* 彭宏洁，男，腾讯研究员高级研究员。

** 李汶龙，男，腾讯研究员助理研究员。

*** 蔡雄山，男，腾讯研究员高级研究员。

① 本报告为方便讨论，全文以“虚拟财产”作为讨论的对象，该词在中文文献中已广为使用。此外还有其他相关概念，如“数字遗产”“数字财产”等，多用于西方的话语体系中。至于上述概念之间的关系，详见本报告法律问题分析部分。

② Kelly Greene, Passing down Digital Assets (Wall Street Journal, Aug 31, 2012), available at < http://goo.gl/7KAaOm >.

③ Facebook of the Dead, available at <https://what-if.xkcd.com/69/>.

多数互联网企业并没有提供相关方案,目前只有少数企业的政策尝试对死亡用户的账号及账号下的虚拟财产进行处理。实践中出现了很多亟待解决的难题:虚拟财产本身的财产属性如何界定,权利归谁?用户对其享有何种权利?用户去世后,虚拟财产可否被继承?在实践中,死亡用户的家属希望能够像继承实体财产一样继承虚拟财产,但很多互联网企业出于隐私保护而予以回绝,这种回应并未被广泛认同。对此,有必要归纳出其中的问题并尝试分析解决。

本报告旨在梳理国际层面的现有立法、司法及行业实践,并结合中国相关法律规定及主流学术理论,尝试分析虚拟财产继承的相关法律问题,为处理虚拟财产及其继承的相关实践提供参考。

二、国际法律动态

死亡用户的虚拟财产处理在国际上已经得到大范围的重视和研究。但是,很多立法还处在初期的草拟和讨论阶段,司法实践的推动也相对有限。在实证法层面,美国是发起法律变革的始作俑者,虽然在联邦法层面尚无建树,但很多州已经出台了相关的前沿立法。除美国之外,欧盟的被遗忘权在一定程度上可以承担数字遗产继承的法律基础。基于目前的资料,未发现日韩等国正式出台直接相关的法律文件。① 我国法律目前并未出台与虚拟财产直接相关的法律文件,但就虚拟财产的财产属性的基础问题已有相关规定。

(一)美国法

因受到既存法律的限制,目前美国联邦层面的立法仍反对虚拟财产的继承。但是在州法变革的促进下,关于虚拟财产继承的统一法案已在起草完善阶段,各州州法不断变革的同时,也为联邦层面的统一立法起着推动作用。当然,美国州法层面的规定尤其特殊性,因其英美法系传统而在制定相关规定时显得较为零散,其相关规定可能并非严格意义上的《继承法》中规定的“继

① 本报告对法律动态的监测主要是依靠英文网络资源。

承”,在此仅供参考。

1. 联邦立法

目前美国联邦法不支持虚拟财产继承,主要是因受到两部法案的限制——《储存通讯记录法》(Stored Communications Act,SCA)以及《计算机欺诈与滥用法》(Computer Fraud and Abuse Act,CFAA)。这两部法案出台于1986年,都致力于保护用户的隐私,禁止未授权获取(unauthorized access)用户的虚拟财产;此后只做了细微改动,并深刻影响着美国关于虚拟财产继承问题的讨论及相关司法实践。目前,几乎美国所有互联网企业的服务协议都基于这两部法案的规定,限制他人获取其他用户的虚拟财产,或者禁止他人控制其他用户的账号。

尽管如此,但美国联邦法的变革已经在进行之中。美国统一法律委员会(Uniform Law Commission,ULC)于2014年通过了《受托获取数字财产统一法案》(Uniform Fiduciary Access to Digital Assets Act,UFADAA)。① 该法案旨在促进虚拟财产的移转,同时排除法律之间的冲突和矛盾。② 目前法案还处在条文完善的草拟阶段,尚没有法律效力。

《受托获取数字财产统一法案》规定,受托人不仅可以获得有形财产,也可以获得相关虚拟财产。由于该法仅涉及受托人获得虚拟财产或账号的管理权,因此,如果“受托获取”可理解为“继承”,则本质上该法仅允许虚拟财产的遗嘱继承或者遗赠,而不支持法定继承。该法案共15章。第1~2章为一般性规定,对相关概念进行了界定。第3章规定了法案的适用范围以及适用主体。第4~7章对各类主体享有的权利进行了具体规定。第8章为获取虚拟财产的基本规定。第9章为法案的执行。第10章规定了保管人的豁免权。

---

① *Uniform Fiduciary Access to Digital Assets Act*, drafted by the National Conference of Commissioners on Uniform State Laws, approved and recommended for Enactment in all the States at its annual conference metting in its 123 year, Seattle, Washington, July 11 - 17, 2014.

② 一些行业专家对这一法案表示质疑。比如雅虎就认为“这部法案未能有效地保护死者的隐私信息,并且错误地认为死者将会让继承人获取其通信记录”。See Bill Ashworth, “Your Digital Will: Your Choice” (Yahoo! Global Public Policy, Sep 15, 2014), available at < http://yahoopolicy. t > (accessed 9 December 2014).

第11～15章其他细节做出了规定，包括追溯效力、生效时间等。UFADAA法案规定了4种类型的主体有权进行虚拟财产的继承：(1)私人代表；(2)监护人；(3)代理律师；(4)受托人。本质上，该法的调整范围要超过继承法的范围，除了近亲属以外的他人也可能获得死亡用户的虚拟财产，而若近亲属并非受托人则无权获取虚拟财产。

2. 州层面立法

除联邦法的上述变革外，美国一些州在虚拟财产继承的法律制定上已经取得了长足的进步。在美国54州中，已经有8个州颁布成文法支持虚拟财产的“继承”。这8个州分别为：康涅狄格州、特拉华州、爱达荷州、印第安纳州、路易斯安那州、俄克拉荷马州、罗得岛州以及弗吉尼亚州。康涅狄格州是美国第一个通过虚拟财产继承立法的州（2005年），此后若干州纷纷效仿；特拉华州和路易斯安那州则于2014年通过了支持虚拟财产继承的法案。此外，内华达州虽然没有支持虚拟遗产继承，但允许特定人终止死亡用户的社交网络账号。

虽然上述8个州都支持虚拟财产继承，但各州的立法在细节上还是存在差异。在可继承的虚拟财产类别上，有些州只支持邮件的继承，比如康涅狄格州和罗德岛州，而有的州概括支持多种虚拟财产的继承。在继承的具体内容上，有的州允许管理账号，比如俄克拉荷马州，而有的州只支持获取内容，比如弗吉尼亚州。在开始继承的时限上，有的州作出了规定，比如路易斯安那州，而有些州并未规定（关于上述各州立法的具体情况，请参见 附录一：美国各州虚拟遗产移转立法对比表）。

在继承的形式要件上，各州的要求基本一致，通常要求申请人提交若干证明文件，包括：(1)书面申请；(2)死亡证明；(3)（死亡用户的）授权证明；(4)遗嘱认证法院出具的法令。

3. 司法判例

Ellsworth v. Yahoo！[①] 是美国虚拟财产继承问题的标志性案件。该案事

① ORDER TO PRODUCE INFORMATION, State of Michigan Probate Court, Oakland County, Circuit Court - Family Division, File No. 2005 - 296,651 - DE.

实如下:美国士兵 Justin Ellsworth 战死在伊拉克战场,Justin 的父母向 Yahoo! 主张获取 Justin 邮箱(j5ellswortyh@ yahoo. com)中的邮件。Yahoo! 企业根据该企业的服务协议拒绝了这一请求,称企业需要保障用户的隐私安全。根据该企业的服务协议,Yahoo! 账户不可转让,并且在当事人去世时该账号对应的邮件服务就已经终止。Justin 的父母向奥克兰县密歇根遗嘱检验法庭(Oakland County Michigan probate court)申诉,后该法院发布法令,要求 Yahoo! 提交 Justin 账号中的邮件。Yahoo! 执行了法院的法令,但是并没有告知 Justin 的密码,而是将邮件刻录在 CD 上交给 Justin 的父母,并承诺还将提供纸质版本。① 根据法令的要求,在死亡用户代表收到所有内容后 15 天之后,Yahoo! 需销毁账号及其内的所有内容。由此可见,在该邮件继承的案件中,法院并未要求 Yahoo! 向 Justin 父母提供邮箱的密码,Yahoo! 向其提供邮箱中的邮件内容即可,不涉及虚拟财产对应的账号的继承。

(二)中国相关立法

我国现有立法并未直接规定虚拟财产及其权利归属、继承的具体规则。整体而言,《民法通则》《著作权法》等的相关规定为讨论虚拟财产及其权利归属提供了依据,《继承法》规定了遗产继承的基本内容,但因我国的财产法体系未明确虚拟财产的权利归属,也就使虚拟财产面临着是否属于"遗产"以及如何继承等问题。

当然,对于互联网行业的重点领域,部分部门规章已尝试就特殊虚拟财产的属性及处理规则作出规定:2009 年 6 月,文化部、商务部发布《关于加强网络游戏虚拟货币管理工作的通知》,规定"网络游戏运营企业……终止服务时,对于用户已经购买但尚未使用的虚拟货币,网络游戏运营企业必须以法定货币方式或用户接受的其他方式退还用户……",对游戏终止时虚拟货币如何处理的问题进行规定;2010 年 6 月,文化部发布《网络游戏管理暂行办法》,规定

① Magnone, A. Richard, The Ellsworth Case with Yahoo! (Illinois Attorney Blog, November 9, 2010), available at < http://illinoisattorneyblog. blogspot. com/2010/11/ellsworth - case - with - yahoo. html >.

网络游戏虚拟货币“是指由网络游戏经营单位发行,网络游戏用户使用法定货币按一定比例直接或者间接购买,存在于游戏程序之外,以电磁记录方式存储于服务器内,并以特定数字单位表现的虚拟兑换工具”,对“网络游戏虚拟货币”进行界定。但这些规定仅涉及网络游戏中的虚拟货币,与广义上的虚拟货币及其他虚拟财产的处理无关,并未从根本上解决虚拟财产的权利归属及继承的问题。

三、法律问题分析

(一)虚拟财产相关概念

中国学界对“虚拟财产”的讨论相对较多,司法实践中也曾出现过这一概念。[①] 但是,美国对死亡用户的数据处理多使用“数字财产”或者“数字遗产”的概念。本报告中为方便讨论,统一使用“虚拟财产”的称谓,但三者实际上存在细微的差别。

虚拟财产(virtual property),即“依附于虚拟世界,以 0 与 1 之位元的数字化形式存在且能为人力所支配的信息资源”。[②] 数字财产(digital assets/estate)是指以二进制形式存储的各类文件,包括(但不限于)电子邮件、电子文件、照片、音视频文件等。[③] 而数字遗产(digital inheritance)是指可以被继承的数据。[④] 可见,三者主要都指向电子数据,但三者主要的区别在于数据的范

---

① 但这一概念的有效性值得商榷。“虚拟财产”的概念本身不能完全包含已故人士数据处理的所有面向:除了具有财产性的数据以外,死者留下的数据很多可能是不具有财产性的,比如邮件。此外,账号的使用权也不能包含在这一概念之中。使用“虚拟财产”的概念可能不必要地缩小了调整范围,不能完整应对法律的空白。

② John Romano, A Working Definition of Digital Assets (Digital Estate Resource Blog, Sept. 1, 2011), available at < http://www.digitalestateresource.com/2011/09/a - working - definition - of - digital - assets/ >. 林旭霞:《虚拟财产权性质论》,载《中国法学》2009 年第 1 期。

③ Van Niekerk, A. J., *The Strategic Management of Media Assets: A Methodological Approach* (Allied Academies, New Orleans Congress, 2006).

④ 同上。

围。三个概念的界限并不明显,一定程度上可以相互换用。但就范围而言,虚拟财产是范围最大的概念,数字财产其次,数字遗产最小。“虚拟财产”的称谓重点强调财产的存在状态,与“实体财产”相对。而“数字财产”在属性上就是一种“虚拟财产”,即以0和1的二进制数字虚拟而成的财产。“虚拟遗产”是在财产基础上突出了财产所有人“已过世”的因素,表明财产存在移转权利的需求。基于以上分析,虚拟财产(A)、数字财产(B)以及数字遗产(C),三者相互包含。

(二)虚拟财产继承的法律基础

我国《民法通则》第76条规定:“公民依法享有财产继承权。”《继承法》第3条规定:“遗产是公民死亡时遗留的个人合法财产,包括:(一)公民的收入;(二)公民的房屋、储蓄和生活用品;(三)公民的林木、牲畜和家禽;(四)公民的文物、图书资料;(五)法律允许公民所有的生产资料;(六)公民的著作权、专利权中的财产权利;(七)公民的其他合法财产。”根据现行法律,若要对虚拟财产进行继承,需满足如下条件:其一,虚拟财产属于财产;其二,用户死亡前,该虚拟财产的权利归用户,不存在任何限制该虚拟财产继承的情形;其三,虚拟财产的所有人已去世;其四,财产来源合法。后两者为基本条件,此处不做过多论证。本报告只就前两点展开分析:首先,“虚拟财产”是否属于《继承法》意义上的财产?也即虚拟财产是否具有财产属性。其次,该财产及其权利是否为死亡用户所有、是否存在限制继承的情形?也就是说,虚拟财产的权利究竟归谁,是属于互联网企业,还是归死亡用户,以及是否存在该虚拟财产不可继承的限制情形。

此外,在我国现有的立法进展中,虽然更高层级的财产法体系尚未对虚拟财产的权利属性作明确界定,但《继承法》的修订工作中,已开始关注虚拟财产的继承,后续有必要持续跟进。

(三)虚拟财产的财产属性

1. 学术观点

目前学界主流观点认为,虚拟财产具有财产属性。这里列出主要观点供参考：

从经济学视角来看，用户对虚拟世界的持续投入来自虚拟财产的稀缺性，这种稀缺性赋予虚拟财产以经济价值并激发了在线和离线的交易市场。任何交易都需要对买卖双方各自的权利加以厘定。若法律不承认虚拟财产，将导致网络产业增长放缓、失业增加以及创新减少等不利后果。[①]

从法哲学视角来看，首先，虚拟财产系用户参与创造、改进和丰富虚拟世界的结果，进而构成提升社会总体福利的基础，故而通过财产权维护这种对虚拟财产的"确定期待"将是效用最大化的途径之一。[②]其次，虚拟财产由用户付出努力而取得，用户的付出不但使虚拟财产增加价值，还在某种意义上令其成为一种创造物为其自己所拥有。最后，虚拟财产与用户的人格和自由不可分离，作为用户人格的延伸和自由意志的外化，虚拟财产与用户的联系远比网络服务提供者更为紧密，因此应属于用户的"外在自由"即财产权领域之内。

关于虚拟财产的财产属性主要有以下学说：(1) 虚拟财产利益说。虚拟财产在性质上并非权利，却蕴含着经济价值和精神价值，其所依托的网络环境易致其受到侵犯，虽各司法实践在保护态度和方法上的做法不一，但性质上可将虚拟财产定位为法益。"虚拟财产的利益性和社会需求证明了其具有继承的价值。"[③](2) 虚拟财产知识产权说。该说认为，虚拟财产是网络用户运用创造性智力的结果，网络用户在网络上耗费了大量的时间和精力，有智力性的劳动投入，故应该将其视为知识产权中的著作权来保护。[④] (3) 虚拟财产债权说。杨立新教授持该种观点，该说建立在网络用户与网络运营商之间签订的合同基础上将虚拟财产的取得、转让、灭失等视为一种债的关系。总而言之，无论是利益说、知识产权说还是债权说，虚拟财产都具有经济利益，具有财产

---

① 梅夏英、许可：《虚拟财产继承的理论与立法问题》，载《法学家》2013 年第 6 期。

② Van Niekerk, A. J., *The Strategic Management of Media Assets: A Methodological Approach* (Allied Academies, New Orleans Congress, 2006).

③ 李岩：《虚拟财产继承立法问题》，载《法学》2013 年第 4 期。

④ 陈旭琴、戈壁泉：《论网络虚拟财产的法律属性》，载《浙江学刊》2004 年第 5 期。

属性。①

而从行业实践来看，目前虚拟财产还可细分为游戏道具、账号、虚拟货币、社交网站中内容等，需对此做类型化研究，以解决不同类别虚拟财产的权利归属及其继承的问题。

游戏道具特指网络游戏道具，单机游戏道具仅存在于用户本地电脑中，几乎不存在与他人产生纠纷的可能。网络游戏道具是指由网游经营者开发设计产生的、存在于网络游戏中，用于改变游戏角色属性从而改善消费者游戏体验的虚拟装备。网游道具存在于线上的游戏系统中并发挥作用，具备其应有的使用价值；成熟的网游往往具备游戏交易的功能，而消费者则可采取线上甚至线下的方式进行交易。

所谓的账号，又称"网络身份标识"，主要指网络服务账号、码号资源产品，是依附于数据服务产品等其他在线数据产品而存在，用于识别网络服务对象的标识。虽然账号因其稀缺性而成为虚拟财产中的一员，但由于它本身具有极强的人身属性，能否继承、如何继承，有待进一步讨论。

关于虚拟货币，文化部《网络游戏管理办法》规定了狭义的虚拟货币："网络游戏虚拟货币是指由网络游戏经营单位发行，网络游戏用户使用法定货币按一定比例直接或者间接购买，存在于游戏程序之外，以电磁记录方式存储于服务器内，并以特定数字单位表现的虚拟兑换工具。"广义的虚拟货币则不限于此，还将包括其他各种网络系统内的虚拟兑换工具。

而社交网站中内容则包括多种子类别，包括文本类、图像类、音频类、视频类等，具体需根据该对象的情况具体分析其权利归属及继承问题，比如用户发布日志时，其中的内容属于原创类，抑或转载他人的。

2. 虚拟财产的司法认定

目前在我国司法实践中，无论是民事案件还是刑事案件，已经出现了一些认可虚拟财产的财产属性的判决，但能否将虚拟财产视为《继承法》上的财产，

---

① 杨立新：《论网络虚拟财产的物权属性及其基本规则》，载《国家检察官学院学报》2004 年第 12 卷第 6 期。

进而适用继承尚无定论。

(四)虚拟财产的权利归属

如果虚拟财产属于法律意义上的财产,若要对其进行继承还需要另一个条件:该财产为死亡用户所有。也就是说,在互联网行业中,如果用户并不对虚拟财产享有可供继承的权利,则并不存在用户死亡后虚拟财产继承的问题,这也就要解决用户是否持有权利、持有何种权利、该种权利可否导致虚拟财产可供继承的问题。由于虚拟财产本身可以分为游戏道具、账号、虚拟货币、社交网站中内容等子类别,不同类别的虚拟财产有着不同属性,所以,各自对应的权利归属情况可能有所不同。在此,先讨论虚拟财产权利归属的一般原则。

按照"谁投入,谁收益"的财产权归属基本原则,谁对虚拟财产的产生作了人力、技术、资金等各种投入的,虚拟财产的财产权应归谁;在此基础上,权利人可通过合同许可他人使用产品或服务,他人据此获得许可使用权,具体的虚拟财产属于该许可合同的债权凭证,在性质上属于一种"受限制的财产权"。因此,在互联网行业中,不能笼统地认定具体某项虚拟财产权归互联网企业或用户,而应根据实际情况区别对待:如果用户因受许可而获得某项权利,则用户仅享有该虚拟财产之上的有限权利,若用户投入智力等自行创作了专门的虚拟财产,则该虚拟财产的权利归用户所有。

因此,在互联网行业中,不同类别的虚拟财产具有不同的特性,对应着不同类别的财产权利,由此,其权利的最终归属也就存在差异。对于虚拟财产的归属,我们认为,如果用户因受许可而获得某项权利,则用户仅享有该虚拟财产之上的有限权利,若用户投入智力等自行创作了专门的虚拟财产,则该虚拟财产的权利归用户所有。对于前者我们称为"绝对财产权",后者我们称为"相对财产权"。按照"谁投入,谁收益"的财产权归属基本原则,谁对虚拟财产的产生作了人力、技术、资金等各种投入的,虚拟财产的财产权应归谁;在此基础上,权利人可通过合同许可他人使用产品或服务,他人据此获得许可使用权,具体的虚拟财产属于该许可合同的债权凭证,在性质上属于一种"受限制的财产权"。因此,在此基础上,发生继承时,则看死亡用户生前所持有的是虚拟财产之上的“绝对财产权”或“相对财产权”:若是前者,且该虚拟财产属于法定可继承的遗产,则直接按照《继承法》的规定进行继承;若是后者,则该虚拟财产可否继承、如何继承,则受此前的许可合同的限制。比如,游戏开发企业研发了网络游戏,其对包括游戏道具在内的软件享有绝对的著作权,此时,游戏道具这一“虚拟财产”其实是可适用《著作权法》的软件,附着于其上的“虚拟财产权”的权利归属、转移应按照《著作权法》的规定,予以明确;用户在该网络游戏中获得的游戏道具,实属因用户协议获得该虚拟财产的许可使用权,是否可供继承则受用户协议的限制。有观点认为:网游道具虽内置于游戏,但其在游戏中呈现并发挥功能,却是游戏消费者付出金钱、时间和一定的行为之后而产生的,因此,不论网游道具是否具有独创性,对于网游消费者而言都具有虚拟财产的性质和给予财产权保护的必要。该观点值得商榷:游戏消费者付出金钱、时间和一定的行为,获得游戏道具,是整个游戏过程的体验之一,但并非游戏的全部;消费者与游戏厂商之间的游戏服务协议(包括游戏具体规则)对消费者享受游戏过程、道具使用与转让等进行了约定,无须特别考虑从消费者的角度探讨网游道具的财产属性。否则,任何知识产权许可合同都需按此操作。

(五)虚拟财产是否可继承

在前述确定权利归属的基础上,发生继承时,则看死亡用户生前所持有的是虚拟财产之上的“绝对财产权”或“相对财产权”:若是前者,且该虚拟财产属于法定可继承的遗产,则直接按照《继承法》的规定进行继承;若是后者,则该虚拟财产可否继承、如何继承,则受此前的许可合同的限制。根据债权原理,债权可继承,虚拟财产的许可合同之债同样也可继承,但因许可合同的约定而受限。按照“绝对财产权”与“相对财产权”相分离的思路、用户因“绝对财产权”的权利人的许可而获得“相对财产权”(类似著作权许可),用户死亡时该“相对财产权”可能构成遗产,继而发生继承。

从我国《继承法》的规定来看,若虚拟财产属于死亡用户的财产,则应按照遗嘱继承、法定继承等方式进行继承。但根据前述分析,虚拟财产的继承存在其特殊之处：虚拟财产本身存在特殊性，一般而言，按照“谁投入谁受益”的基本原则，绝大多数虚拟出的“绝对财产权”归互联网企业所有，用户仅因许可合同而获得该虚拟财产的“相对财产权”，因用户死亡而发生继承时，归用户的“相对财产权”是否可继承，则因该“相对财产权”本身的来源合同的具体约定而受限。正因如此，很多互联网企业提供的服务协议中还规定，该虚拟道具的授权只对该用户有效，用户不可将其转让给他人。① 协议中规定权利的不可转让意味着在虚拟财产继承的语境下，当财产所有人过世，其与服务提供商的合同也随之终止，而后者的义务包括一些知情权对应的义务也就随之消灭。在此情形下，继承人无法主张服务提供商提供相关财产。

按照前面对虚拟财产的具体分类，这里对主要虚拟财产的继承稍作分析：(1)游戏道具、账号不存在继承问题。游戏道具由游戏运营者开发，相应的权利归属于互联网企业，用户因游戏许可协议而获得网络道具的债权。用户安装使用游戏时因用户协议而获得该网络游戏及其中的道具的著作权的普通许可，当用户死亡时按理应对该道具发生继承，但因为该著作权普通许可合同债权之源——许可合同——约定不得对该道具的许可使用进行继承，道具的使用、继承等应受用户协议的约束，故该虚拟财产不得发生继承。账号也不应发生继承，账号是网络服务的必要组成部分，作为服务的整体而提供给用户，更重要的是，它必须存在于数据服务系统中才能发挥作用，故其应和数据服务产

① 《腾讯微信软件许可及服务协议》规定：2.3.1 腾讯给予您一项个人的、不可转让及非排他性的许可，以使用本软件。您可以为非商业目的在单一台终端设备上安装、使用、显示、运行本软件。2.3.2 您可以为使用本软件及服务的目的复制本软件的一个副本，仅用作备份。备份副本必须包含原软件中含有的所有著作权信息。2.3.3 本条及本协议其他条款未明示授权的其他一切权利仍由腾讯保留，您在行使这些权利时须另外取得腾讯的书面许可。腾讯如果未行使前述任何权利，并不构成对该权利的放弃。《QQ号码规则》规定：QQ号码是腾讯创设的用于识别用户身份的数字标识。QQ号码的所有权属于腾讯。3.2 您完成申请注册程序后，依照腾讯的业务规则获得该号码的使用权。10.2 如果腾讯发现您并非号码初始申请注册人，腾讯有权在未经通知的情况下终止您使用该号码。10.3 为了充分利用QQ号码资源，如果您存在注册QQ号码后未及时进行初次登录使用，或长期未登录使用QQ号码等情形，腾讯有权终止该号码的使用。此外，在亚马逊和苹果的服务条款中也都规定了用户的有限使用权利，以及不可转让的特性。这意味着这些产品，以及产品生产出来的数据是不能够给自己以外的第三人使用的，包括用户的家人。在签订协议时，用户就已经排除了相关数字财产继承的可能。

品一起归服务运营者所有,而用户仅因协议而享有专有使用权。(2)对于社交产品中的内容,需根据该内容属于用户原创发表抑或转载他人来判断是否发生继承。若是前者,理应对其中的财产权进行继承,若是后者,则相应的著作权等并不归属于死亡用户,不应发生继承。此外,还需注意,这里的继承,仅是继承人复制获得这些日志内容即可,还是继承人必须获得该社交产品账号的控制权,后者往往还涉及人身权不可继承的死亡用户隐私权的问题。正因如此,美国已有的州法层面的"账号管理"是属于继承,还是仅属于对账号的管理,还有待进一步讨论。(3)关于广义虚拟货币的权利归属及继承,目前尚无成熟的理论来解决相应问题,留待后续讨论完善。

那么,如何具体对虚拟财产进行继承?在明确了上述思路后,关于虚拟财产的权属证明、用户是否享有权利、是否存在交付而转移等问题,则属于权利归属的具体认定的操作环节所需考虑的,这里不详细讨论。美国已有的相关立法可供参考。

(六)虚拟财产相关账号是否可继承

账号如何处理是虚拟财产继承伴随着的一个绕不开的问题。在实践中,继承的主张往往还伴有对载体的控制、管理的请求。然而,需要澄清的是,虚拟财产与账号相关联,但二者的处理却需要区别对待。由于账号之下的具体虚拟财产与账号本身并非同一范畴,因此虚拟财产的继承与账号的"继承"并非同一回事。作为网络身份标识的账号,无法与网络系统交易完全脱离、必须存在于该系统中才能发挥作用。如脱离了QQ即时通讯服务的QQ靓号,只是一串阿拉伯数字,即使再"靓"也不会具备任何价值。因此,不论是传统环境还是网络环境,账号的使用、交易等,应按照该网络系统的规则进行得到经营者(互联网企业)的许可,也就是说,用户仅因许可合同而获得账号的有限权利。此外还要注意的是,应要区分是要继承账号还是要继承账号之下的其他虚拟财产,而因账号本身具有极强的人身属性,不应认定账号可被继承(继承仅涉及财产的继承)。账号不能够被"继承"主要基于以下两个原因:首先,继承账号有可能侵犯死亡用户的隐私权。账号的"继承"曾在美国引起激烈讨论。伊拉克战争之后,很多美国战死士兵的家人主张“继承”死亡用户的网络账号,因为账号中很多图片、文字都是死亡用户的财产。但是服务提供商主张,为了保护死亡用户的隐私不得向其家人公开账号。在死亡用户没有对个人信息的公开作出表示时,我们就有理由相信,他对自己的个人信息具有隐私利益,并且这种利益可能会对抗包括近亲属在内的所有人,即不想让所有人知道。如果因为亲人主张继承就同意其支配账号,那么死亡用户就无隐私可言了。[①] 因此,账号是否是财产的问题,实际上是一种财产权和隐私权的较量。其次,账号本身具有很强的人身属性,因而不能够被继承。账号为用户自己所创,并且包含了诸多个人的信息,与用户的身份相关联,反映用户的个性。账号的人身属性不应被忽视,而这使账号的继承无法实施。前述 Yahoo! 邮箱继承案件中,法院并未要求 Yahoo! 向 Justin 父母提供邮箱密码,Yahoo! 仅向其提供邮件内容即可,即支持了账号不可继承的观点。

在此基础上,用户本身对账号无法主张权属,因而不能主张“继承”。实践中,对账号的管理和控制多是使用权,而非所有权。因此,就准确而言,用户死亡后,他人能否获得死亡用户账号的管理权或者使用权,进而对该账号进行类似“用户悼念”类的操作,实与账号继承无关、不涉及账号之上虚拟财产的继承。因此,对死亡用户账号如何处理,能否允许第三人受托管理的问题已经超出了《继承法》的范畴。因此,在账号本身具有极强的人身属性的情形下,要求对账号进行继承的主张不符合《继承法》的规定。美国相关州法规定了受托人管理死亡用户账号,可为解决此问题提供具体借鉴,但不一定属于继承法中的“继承”。

(七)虚拟财产移转的其他法律基础

除了《继承法》之外,死亡用户的利害相关人还可以通过其他法律基础来主张对虚拟财产或者账号的使用权进行处理。

---

① Ariana Eunjung Chung, After Death, Fight for Digital Memories, WASH. POST, Feb. 3, 2005, at A1.

分析美国的立法可以看出,各州关于死亡用户虚拟财产的处理围绕基于授权(意思自治)而展开,而这也可能从另外一个角度,成为未来处理虚拟财产问题的范例。基于授权的虚拟财产处理的法律意义在于:(1)从享有对虚拟财产进行处理的权利主体上看,任何他人都可,不依赖于近亲属关系,这符合虚拟财产移转的规律。因为除了近亲属之外,还有移转给其他人的可能。从继承法的角度来看,除了涉及遗嘱继承,还与遗赠有关;而采用授权他人处理的方法,可以同时包含两种情况。(2)从授权进行处理的客体上看,授予第三人的权利则不仅仅包括虚拟财产的权属,还可以包括对账号的控制和使用的权利。

四、行业实践

目前,少数企业已经在其用户协议或隐私政策中加入了虚拟财产继承条款。本报告挑选了10家企业,涉及即通应用、社交网络、邮件服务、网络视频、电子商务、门户网站等不同领域,对不同企业是否允许虚拟财产继承以及继承的方式和程度进行了对比分析,呈现出以下特点:

1. 在允许他人获取死亡用户数据方面,即通应用(LinkedIn)和社交网络企业(如Facebook)都不支持,但部分邮件服务提供商(如Gmail)则支持特定人获得邮件内容。

2. 大部分企业都允许特定人删除死亡用户的数据,或者是账号,只有少量企业不支持删除数据,如YouTube(涉及版权问题),或者不支持删除账号(如淘宝网店)。

3. 大部分企业都不支持特定人管理死亡用户的账号,但支持删除账号。允许账号管理权移转的企业包括YouTube、淘宝和AOL。

4. 除了获取或删除数据和账号,部分企业还提供了替代措施,可以通过邮件联络与企业协商,比如Instagram、Facebook以及AOL。

5. 在虚拟财产继承的程序中,多数企业要求提供申请人的相关信息(如姓名和邮箱地址),以及死亡用户的相关信息(如死亡用户姓名、死亡证明等),少数企业要求提供更为详尽的信息,比如Gmail要求申请人提供其身份证或者驾驶证扫描件，LinkedIn 要求提供死亡用户死亡时的讣告或者新闻报道链接，Instagram 要求权威结构出具的死亡证明以及财产合法证明。

（具体对比分析情况，请参见附录三：全球 10 家企业虚拟财产移转政策对比表，以及附录四：虚拟财产继承条件及要求）

五、建议与结论

从行业发展趋势来看，虚拟财产继承问题已成为亟待解决的难题。特别是，大数据时代，数据激增（data proliferation）让死亡用户的数据处理变得越来越重要，目前，平均每一个人有 25 个网络账号，每个家庭每年可能生产 5～10G 的新数据，[①]死亡用户虚拟财产处理的重要性已经丝毫不亚于实体财产。美国互联网企业的相关实践，可为我们提供参考借鉴。

目前，美国的州级立法已经出台了相关规定可作为范例，但国内立法层面还未明确解决虚拟财产继承的问题。对此，一方面，虚拟财产的继承是国际大趋势，有必要继续关注其他国际互联网企业提出的解决方案，分析其中的优劣。另一方面，我们还将持续关注虚拟财产继承的各项立法，包括涉及虚拟财产权利归属的财产法修订、与虚拟财产继承有关的《继承法》修订等的立法工作。

---

① Ariana Eunjung Chung, After Death, Fight for Digital Memories, WASH. POST, Feb. 3, 2005, at A1.

附录一　美国各州数字遗产移转立法对比表

州	法律索引	调整对象	管理账号	获取内容	其他
内华达州	Nev. Rev. Stat. § 143.18 (2013)	社交媒体、博客、微博、邮箱账号，以及其他数字财产	否	否	内华达州只允许终止账号
弗吉尼亚州	Va. Code § § 64.2-109, 64.2-110 (2013)	通信及账号记录	否	是	只规定了未成年死者的继承问题；继承手续最长不能超过60天；如果相关继承问题涉及其他诉讼，需等判决之后才能继承
康涅狄格州	Conn. Gen. Stat. § 45a-334a (2005)	邮件	是	是	
罗德岛州	R. I. Gen Laws § 33-27 (2007)	邮件	是	是	
印第安纳州	Ind. Code § 29-1-13-1.1 (2007)	存储的电子信息	是	是	
特拉华州	Del. Code tit. 12 § 5001 to 5007(2014)	数字财产	是	是	
爱荷华州	Idaho Code § 15-3-715 (28) (2011)	邮件、社交网络、微博、短信服务网站	是	—	
俄克拉荷马州	Okla. Stat. tit. 58 § 269 (2010)	邮件、社交网络、微博、短信服务网站	是	—	
路易斯安那州	La. Code of Civ. Proc., Art. 3191 (2014)	账号内的所有内容	是	—	继承手续最长不能超过30天

附录二　我国虚拟财产相关司法判例

案名	案号	案件背景	争议焦点	法院判决
李宏晨诉北京北极冰科技发展公司案	一审：(2003)朝民初字第17848号 二审：(2004)二中民终字第02877号	原告发现自己在红月优雅处女服务器的ID“国家主席”内所有的虚拟装备丢失。事后原告与被告联系，被告仅能查询装备的流向：寄给玩家SHUILIU0011。原告索要盗号者的具体情况，被被告以“玩家资料属个人隐私，不能提供”为由拒绝	网络虚拟装备是否属于合法的私人财产	玩家参与游戏需支付费用，可获得游戏时间和装备的游戏卡均需以货币购买，这些事实均反映作为游戏主要产品之一的网络虚拟装备具有价值
于静诉孙江泰合同纠纷案	一审：北京市丰台区人民法院(2009)丰民初字第14223号 二审：北京市第二中级人民法院(2009)二中民终字第18570号	原告向被告购买游戏账号价值9000元，被告承诺2009年4月1日前将钱付清。但经原告多次催要，被告始终不给，主张游戏ID在账号上已经没有该角色了。原告诉至法院要求被告给付欠款8000元并承担案件诉讼费	网络虚拟财产交易行为是否合法有效	网络虚拟财产具有财产权性质，并且在现实社会生活中具有货币价值，在我国法律未对其交易予以明确禁止的情况下，应对自愿进行交易行为的合法性予以确认
林通武盗窃案	福建省厦门市思明区人民法院(2013)思刑初字第410号刑事判决书	林通武通过测试取得厦门市华商盛世网络有限公司原职工石某的电子邮箱，以此窃取值班客服的工作账号、密码以及商务中国加密网站的登录密码，并利用这个账号在2006年6月间先后登录商务中国加密网站，窃取ebz.com,731.com等4个域名，总购入价为人民币5万多元	邮箱中的域名是否属于财产	网络域名具有唯一性、确定性、可直接支配性，能够被人们所控制和占有。网络域名的取得需交付真实的货币，并且有商业价值，符合公私财物的基本特征

续表

案名	案号	案件背景	争议焦点	法院判决
曾智峰等盗窃案	广东省深圳市南山区人民法院(2006)深南法刑初字第56号刑事判决书	被告人杨医男将随机选定的他人的QQ号码通过互联网发给被告人曾智峰,进入后台系统查询被告人杨医男提供的QQ号码密码保护资料即证件号码和邮箱,然后将查询到的资料发回给被告人杨医男,由被告人杨医男将QQ号码密码保护问题答案破解,将QQ号码的原密码更改后出售给他人	QQ号等账号是否属于法律保护的财产	财产的范围只能由立法机关确定。我国现行的法律和司法解释尚未将QQ号等网络账号纳入保护的财产之列
程××等职务侵占、销售赃物案	(2006)虹刑初字第897号	被告利用担任客户服务部组长的职务便利,将300余个"上游棋牌"用户的账号和密码复制后发送到自己家中的电脑内,程于同年2月辞职离开该公司,后将该300余个"上游棋牌"用户的账号和密码出售给被告人潘××,其中含有价值人民币3万余元的"上游棋牌"游戏金币1500余万枚	账号、密码及游戏金币是否具有财产属性	被告人程××身为公司工作人员,利用职务上的便利,侵占本单位的财物,数额较大,其行为已构成职务侵占罪;被告人潘××在明知是犯罪所得的赃物而予以销售,其行为已构成销售赃物罪
颜某盗窃案	广东省广州市中级人民法院(2006)穗中法刑二终字第68号刑事判决书	颜某伪造玩家的身份证,将假身份证复印件传真回网易公司,以安全码被盗为由,骗取网易公司修改了那些玩家的安全码,颜某拿着新的安全码在广州的数个网吧里将那些玩家的"神兽剑精灵、猴精、斩妖剑"等装备分别卖出,获利折合人民币近4000元	安全码以及游戏装备是否具有财产属性	本案涉及的装备属于虚拟财产,与有形财产一样具有价值和使用价值,具有财产属性

附录三　全球 10 家公司虚拟财产移转政策对比表

类型	公司	允许获取内容	允许删除内容	允许授权管理	允许删除账号	替代措施
社交应用	LinkedIn	否	是	否	是	
	Instagram	否	否	否	是	可联络 Instagram
社交网络	Twitter	否	是	是	是	
	Facebook	否	否	是	是	提供“纪念”服务 可联络 Facebook
邮件服务	Gmail	是	否	否	否	
	Outlook/Hotmail	是	是	否	是	邮件内容 365 天之后自动删除；账号 365 天 +30 天后自动删除
	Yahoo!	否	是	否	是	
网络视频	Youtube	是	否	是	否	死者上传的内容将修改
电子商务	淘宝	是	否	是	否	
门户网站	AOL	是	否	是	否	可联络 AOL 团队

附录四　虚拟财产继承条件及要求

类型	公司	申请人信息	申请人联络信息	死者信息	其他信息
社交应用	LinkedIn	姓名	邮箱地址	死亡日期、死者死亡的讣告或新闻报道链接	申请人与死者关系、死者近期工作的公司
	Instagram	无	无	出生证明、死亡证明、死亡讣告	权威机构出具的表明申请人是已故人士或其财产的合法代表相关证明
社交网络	Twitter	姓名	无	死亡证明复印件、身份证复印件、死者 Twitter 账号	已签名的声明
	Facebook	无	无	死者姓名、死亡时间、死亡证明	经验证的直系亲属可请求移除用户信息
邮件服务	Gmail	姓名、身份证或驾照扫描件	地址、邮箱地址	死者邮箱地址、死亡证明	从死者邮箱发出的邮件标题和内容
	Outlook/Hotmail	姓名	电话号码、邮箱地址	死者姓名	邮箱归属信息
	Yahoo!	无	无	死者 Yahoo! 账号、死亡证书副本	请求方的个人代表和遗产执行人的复印件
网络视频	Youtube	姓名、身份证驾驶证复印件	邮寄地址、邮箱地址	死者用户网址、死亡证明	
电子商务	淘宝	无	无	死者死亡证明	经过公证的遗嘱或提供遗产分割协议公证书
门户网站	AOL	无	无	死者主用户名、密码	账户安全问题

第四章

数据开放

美国数据开放战略及其发展历程

卢　依*

从传统意义上讲，人们对公共信息公开的理解主要是提高政府透明度，但实际上开放公共数据的意义远不止于此。政府所掌握数据具有规模大、持续性强、可靠程度高的特点，这些数据的流通与再利用能够给社会带来意想不到的经济和科研价值；同时对教育、医疗等社会治理和公共服务领域也有巨大的促进作用。综观全球范围内的数据开放政策，虽然历史不长，但发展十分迅猛。美国作为最早实施数据开放政策、并逐渐将其发展为治国战略的国家，许多经验都具有参考意义。

一、政策完善，助力经济发展

美国是第一个推广数据开放的国家。数据开放的说法虽然直到 1995 年才出现，但将政府数据开放给公众使用的概念在 1968 年加州的公共记录法案(Public Records Act)中已经成型。该法案要求加州内各个市政当局将政府向公众披露各类政府记录。自 21 世纪以来，随着开源运动的兴起，数据开放的重点逐渐向建立提供大量软件代码的公共数据平台发展。

2013 年，美国通过《政府信息公开和机器可读行政命令》(以下简称《行政

* 卢依，女，腾讯研究院研究员。

命令》),正式确立了政府数据开放的基本框架。《行政命令》指出,确保以多种方式将数据公开发布,让数据易于被发现、获取和利用,政府部门应当保护个人隐私、保密和确保国家安全。在此基础上,原先不易获得的数据应当能够为企业家、研究人员以及其他任何致力于开发新产品和新服务的人所使用。数据的扩大利用同时也能够创造更多的就业机会,尤其是对致力于成立初创企业的中产阶级而言,这一部分人群构成了美国经济的关键部分,政府希望借数据开放助力他们的发展。白宫表示将持续致力于实现数据的开放工作,并且力求提供一站式资源,汇总所有目前已经开放的数据和开源软件,让开发者和普罗大众能够更好地利用数据开放实现更高价值。

《行政命令》就政府数据开放确定了以下几个要点:

1. 总体原则

确保数据资源"易于寻找,便于利用,形式上具备可用性",能够真正服务于推动企业发展,创新活动和科学研究;实现优化国民生活并促进就业机会增长的目的。

在开放数据政策下,如无其他规定,默认政府信息和数据资源应当处于开放和可机读的状态。政府应当将信息作为资产的一部分由始至终进行管理,推动其互通性和开放性,在法律允许的情况下确保将数据对公众发布并且遵循"易于寻找,便于利用,形式具备可用性"的原则。在这一过程中行政机构和政府机关应当保障个人隐私,保密性和国家安全相关问题。

2. 数据开放政策

要求管理预算局在咨询首席信息官、首席技术官,以及信息监管事务局后制定并发布《数据开放政策》,协助政府部署数据开放工作。

各行政机构需落实数据开放政策中的要求,并且在涉及数据开放的整个过程中结合有关隐私、保密性和安全风险方面的考虑,避免不应公开的数据泄露,这些环节应当由隐私方面的高级管理人员把关。政府机构开放数据不可违反法律政策,或者妨害隐私保护,保密性和国家安全。

3. 数据开放政策的具体实施

为确保各个政府部门能够广泛落实数据开放政策中的具体要求,行政命令规定：

数据开放政策颁布30天内，首席信息官和首席技术官应当发布数据使用工具和最佳范例的在线数据库，协助各个政府机构将数据开放政策提倡的流程结合到本部门的日常运营中。首席信息官和首席技术官应定期更新在线数据库，确保它作为重要资源协助数据开放实践。

数据开放政策颁布90天内，预算管理局首席绩效官应当与总统的管理委员会联合成立跨部门优先目标计划（Cross – Agency Priority，CAP）以便核查各部门落实数据开放政策的情况。首席绩效管应当与各个政府机构沟通，制定数据开放的绩效目标，确保各个机构有明确的实施方法和衡量标准。具体目标和进展将由机构负责人根据有关法律进行审核。

行政命令发布180天内，各政府机构应当就CAP目标的实现情况对首席绩效管进行汇报，此后每季度进行定期汇报。

2014年5月，白宫第二次发布了有关数据开放政策的进展和下一步计划。在这次总结当中，政府表示之前的数据开放工作已经在健康、能源、气候、教育、财政、公共安全和全球发展这几个主要领域展开，数据开放项目也起到了良好成效。同时美国也与其他国家对数据开放工作进行交流。2013年6月，奥巴马与其他G7国家领导人共同对数据开放章程进行背书，美国承诺公布自己政府数据开放的方案和具体做法，以便其他国家进行参考。在上述基础上，白宫发布《美国数据开放行动计划》。

《美国数据开放行动计划》的具体举措包括：

小型商业数据：将进一步发展和加强小型商业管理局（Small Business Administration’s，SBA）相关的数据库，便于软件开发者开发相关应用，帮助生产商更容易找到合格的美国供应商，在美国境内降低寻找供货来源的交易成本。

史密森尼美国艺术博物馆：该博物馆的所有数据收藏将会开放给软件开发者用于开发与教育有关的程序和工具。目前即使是博物馆馆长也未必能够轻易获取有关馆藏的数据和信息，类似这种类型的数据开放将能把许多宝贵的艺术教育信息提供给普罗大众使用。

食品药物监管局(FDA)药物不良反应数据:每年医疗从业人员和消费者提交给食品药物监管局有关药物安全的独立报告都多达数百万。这些匿名报告所包含的信息实际上对于药物安全监测是非常关键的工具。目前这些信息只在季度报告中限量公开。但很快FDA将这些报告完全公开,以便软件开发者可以设计工具,促使危险药物尽快下架。

二、数据开放实践多样化

专门的政府数据网站data. gov:2009年,在时任联邦首席信息官Vivek Kundra带领下设立的美国政府网站,该网站目的是提供由联邦政府行政分支产生的数据,并且协助公众以可机读的形式获取这些高价值的数据。这个网站的职能是成为政府所收集数据的档案馆,只要不是私人所有或者受限于国家安全原因,所有政府收集的数据都应在这个网站上进行公开。2013年起这个网站在开放政府数据的基础上进一步加强了网站可视化,导航,以及帮助公众更好地定位和理解相关数据的工具。网站同时为开发者提供了各种API接口。

新的开源工具:成立开放数据项目(project open data),美国首席信息官和首席技术官均在Gitub(给开发者合作交流的开源社区)发布免费的开源工具。这个项目通过提供可以直接使用的工具和最佳范例,帮助数据中介更好地管理和公布数据。举例来说,有些工具能够直接将表格和数据转化成开发者可以直接接入使用的API。无论是政府机构,普通市民或企业均可以直接免费使用这些工具。

进一步打造21世纪数字政府行动:作为奥巴马数字政府战略和数据开放工作的一部分,持续与各级政府机构合作,在保护隐私和国家安全的基础上开放更多数据。

持续与企业家和创新者合作,为他们使用政府数据提供帮助:奥巴马政府将持续组织各类峰会,聚集公司,组织和社会成员,让公众更加了解创新活动如何使用开放数据形成对公众的影响力并面对不同的挑战。

美国纽约市通过的《开放数据法案》是美国历史上首次将政府数据大规模开放直接纳入立法。根据《开放数据法案》,到2018年纽约市政府及其分支机构所拥有的数据都必须实现对公众开放,并且规定使用这些数据不需要经过任何注册、审批程序,数据的使用也不受限制。旧金山也开始了类似的开放数据工作,在硅谷浓郁创新氛围的支持下,在很短的时间里就诞生了大量基于政府开放数据的新应用。

事实证明美国政府的开放数据确实为美国经济的发展起到了巨大的促进作用,最典型的例子就是气象数据的公开。美国政府公开来自政府卫星和地面气象站的数据直接推动了美国气象信息产业的形成与发展,包括气象预报,商用农业咨询服务,以及新的保险服务等。同样的例子包括美国政府公开全球定位信息GPS。之前这一领域的数据只保留给军事用途,现在已经开放给民用和商业领域,推动了一系列以GPS信息为基础发展起来的产业,包括航空器导航,精确播种和各类LBS服务等,给美国每年总的经济规模贡献多达数十亿。目前政府还在上述基础上推行医疗数据开放,即将政府掌握的有关医院,药品,健康保险等有关的数据以及其可读的形式进行公开。数百项与健康服务方案转型和患者信息有关的服务和公司已经得益于这一数据开放政策。

自从美国政府在2009年发布Data. gov站点以来,越来越多的数据被搬到了线上并开放给第三方使用。随着近年来极端气候事件频频发生,白宫在3月19日宣布来自美国国家海洋大气局、美国国家航空航天局、美国地质调查局以及其他联邦机构的气象数据也将被放在开源站点Data. gov上。美国政府希望通过这项数据开放计划能吸引更多的社会机构和研究团体参与到气候研究中来进而降低极端天气事件带来的损失。仅在2012年,极端天气事件给美国带来的损失就高达1100亿美元并造成了超过300人死亡。所以白宫想通过这项数据开放计划让研究机构和社区能更好地了解气候变化带来的影响并预防可能到来的灾害。除了基本的气象数据之外,Data. gov站点还提供了若干工具和资源来帮助参与者更好地发掘数据背后的价值。目前,第一批与沿海洪灾和海平面上升相关的气象数据已经可供公众查阅。美国海洋大气局和美国航空航天局也在借此号召研究机构和开发者创作一些数据驱动型的模型以评估未来可能会面对的困境。此外,相关机构也能够告诉公众他们的社区在海平面上升和洪灾面前是多么的脆弱。

除了政府层面的合作,若干知名企业也参与到这项数据开放计划之中。美国环境系统研究所将和12座城市合作建立免费的地图和应用来帮助政府为气候变化带来的影响做准备。Google除了捐献1000万亿字节的云存储空间来存储各种卫星观测和气候模型数据外,还在Google Earth Engine地理空间分析平台上提供了5000万小时的高性能计算能力。通过Google Earth Engine,研究者可以查阅40多年的卫星地图数据。Google希望通过这些资源,研究人员能真正解决一些气候为人类生存带来的灾害问题。

从美国的数据开放实践可以看出,数据开放早已从最早的州法层面上升到成为联邦政府治国战略的一部分。开放数据以开发者的劳动为媒介,以创新产品和服务的形式造福普通民众,对政府服务起到补充作用,同时也进一步促进民生福利和产业经济的发展。政府在这一过程中扮演着多重角色,既是原始数据的提供者,也是数据开放模式的设计者,以及使用数据的利益相关方的监管者。政府既要考虑开放数据生态环境的发展与持续活跃,同时传统的政府职能也要求政府在开放数据的过程中控制风险。美国政府对于数据开放的具体实践鼓励多样化,给予很高的自由度,但前提是通过最高立法的形式对数据开放做出原则性规定,以清晰的执行程序确保数据开放与隐私、保密和国家安全利益不相冲突。美国政府所建立的综合性数据开放机制是很值得其他国家参考借鉴的。

欧盟的数据开放政策

卢　依[*]　蔡雄山[**]

对于数据开放政策，欧盟将其定义为“对公共数据的再利用”，即将本由政府和公共机构所产生、收集或者付费获得的数据开放给公众再次使用。实行数据开放不仅能够增强执政透明化和可靠性，而且更重要的是数据中所包含的潜在效益将被开发和再利用，创造更多的经济价值，提高社会运行的效率，为消费者提供更加优质的产品和服务。欧盟数据开放政策与美国相比虽然略显保守，但体现出自己独有的特点，即数据开放紧密围绕公共服务需求，科研及民生类数据优先程度明显较高。

一、稳步推进　分类开放

欧盟委员会通过“开放数据战略”以及《公共数据数字公开化决议》（以下简称《决议》），确立了跟美国相比而言较为保守，逐步开放的政府数据开放模式。《决议》的具体政策措施包括：（1）建议重新修订欧盟于2003年制定的公共部门信息再利用指令。（2）基本通用规则是所有公共财政资助所获取的资料数据，以符合商业化或非商业化服务的方式向社会公开，除非涉及第三者的

* 卢依，女，腾讯研究院研究员。
** 蔡雄山，男，腾讯研究院高级研究员。

知识产权保护。(3)原则上公共部门不得向数据再利用者收取使用费或由此产生的成本费(边际成本)。在实际操作中,此意味着提供的绝大部分数据是免费或几乎免费的,除非过高的成本得到确认。(4)强制所公开的数据必须是社会流行的格式和计算机可读的形式,从而保证数据的有效再利用。(5)扩大公共数据公开的部门范围,公共图书馆、博物馆及档案馆将首次纳入数据需要公开的公共部门目录。(6)欧委会2011~2013年计划对数据公开的信息技术应用及研发投入1亿欧元,各成员国及公共部门均应列入必要的研发预算。建议设立专门的机构对上述政策措施的执行落实进行督促。

2012年,欧盟委员会推出公开数据门户网站测试版,为外界提供了大量来自欧盟委员会、欧盟组织和机构的数据信息,任何人均可以自由下载相关数据。这一门户网站目前拥有5811个数据集,其中大部分数据来自欧盟的数据部门Eurostat。欧盟在2014年7月公开发布建设政府数据开放平台的招标书,目标是建立泛欧盟地区统一的正式数据门户网站,而该网站建成后将超过美国的data. gov和英国的data. uk成为目前世界上最大的政府数据网站。在这些已经出现的政府数据门户网站上,重点开放的是可机读的数据集(datasets)、应用程序(APPS)等资源,有些数据门户网站上还设置了供开发人员参与和公众反馈的专栏。英国除了全国统一的数据门户网站外,伦敦、曼彻斯特等地以及索尔福德市议会等16个地方和部门还建立了独立的开放数据门户。在英国的数据开放门户网站(data. gov. uk)上,共开放了13,670个公开的数据集以及4170个非公开的数据集。

就数据开放种类而言,欧盟目前已经大量开放了科研、环境和医疗数据。在开放科研数据方面,欧委会推出的主要措施包括:(1)原则上一律公开欧盟第七研发框架计划(FP7)和未来2020地平线(Horizon 2020,2014~2020年期财政年度)科研与创新框架计划的所有科研基本数据;(2)由欧委会公共财政完全出资的科研论文与科技成果,研究人员有义务自觉、随时和立即公开科研基本数据(欧委会网站"金色"通道);(3)研究人员必须以可利用的方式公开科研论文,自然科学以6个月为期限或人文科学以12个月为期限,录入欧盟知识数据库(欧委会网站"绿色"通道)。

欧委会建议，成员国应对本国的公共科研计划积极采取类似的行动举措。其目标是到2016年，实现欧盟范围内至少60%以上的公共研发与创新数据公开。欧委会将尽快制定出科研数据公开的具体操作规范，包括投资者或私人的科研成果转化或商业化的法规准则。欧委会将采取的具体行动包括：(1)建立2020地平线研发与创新框架计划的科研成果同行评审制度；(2)理顺公共科研成果与私人商业化或技术转移之间的法律利益关系；(3)创建科研信息共享电子基础设施(e－infrastructure)平台，实现欧盟成员国之间以及全球之间的互联；(4)促进科技界树立科研公开意识、形成数据共享机制和创造人类共同财富。

二、民生类应用优先程度高，科研环境数据应用广泛

数据开放的核心目的是更好地满足公众的需求，通过直接提供大量优质数据，促进新产品和服务的发展，为社会提供更好的公共服务。与这一需求相对应，从欧盟开放数据情况来看，围绕民生需求的数据在开放数据中比重最高，也颇受用户欢迎。欧盟主要国家英国、法国、德国、意大利参与签署的《数据开放宪章》中提到的14类高价值优先开放数据中，与民生相关的多达9类(社会福利、交通、医疗、教育等)。

目前已有许多企业开发出基于政府数据的民生类应用，市场反响也相当不俗。欧盟有较多的数据开放应用是基于环保类数据的公开，例如，欧盟森林火灾信息系统免费提供在欧洲范围内的野外森林火灾信息。用户可以通过应用获取关于火灾的最新可视化信息，包括气象火灾风险地图及6天之内的预报、每日卫星图像信息、最新热点地图以及火灾范围等。此外，欧洲海图通过利用来自欧洲数据统计局的公开数据，向社会公开有关海洋气候和相关环境政策的可视化实时信息，不仅服务于普通民众，对于相关领域内的学术研究也起到促进作用。

目前欧盟也已经公开由“哥白尼”地球观测系统搜集的所有环境数据，以更好地进行环境监测，并为欧洲企业创造新的商机。消息称，研究显示，到

2030年哥白尼系统将带来300亿欧元的经济效益,并创造5万个就业岗位。此外,开放数据机制将帮助公民、企业、研究人员和政策制定者在决策和行动时更好地考虑环境因素。在医疗数据方面,随着制药公司签署信息公开计划,欧盟境内要求完全公开临床试验数据的呼声也日益高涨起来。欧盟正计划对那些促进市场应用的全欧所有临床试验数据实施强制性披露。欧洲制药工业协会联盟(EFPIA)和美国药品研究与制造商协会(PhRMA)对此作出了反应,两个单位在2015年1月实施了一项自愿行动计划,审查外部研究人员的提议,那些研究人员想获取美国和欧盟获批新药的临床试验数据、临床协议和临床研究报告。不久之后,强生公司宣布跟耶鲁大学公开数据访问项目(YODA)合作。葛兰素史克公司、罗氏公司和其他一些制药公司也成立了独立委员会,审核获取机密研究信息的请求。参与进来的公司希望这些努力能够巩固它们尽职尽责的创新研究实体的形象,同时对于哪些人可以获取病人层面的数据保留了一定的控制权,对商业秘密信息也进行了一定的保护。

与美国一开始就立法推行数据开放政策不同,欧盟的数据开放更多地始于修法和去除既有的法律障碍,鼓励科研创新,同时促进欧盟各国的协调交流以构建信息社会的战略框架,形成大环境与数据开放相辅相成、互相促进的生态系统。开放数据已经成为信息社会的基石和创新的趋势;欧盟及时响应,在政府战略上自上而下进行调整和规划的做法也为我国未来的数据开放实践提供了有价值的参考。

推动我国数据开放共享
促进“互联网 +”产业发展

蔡雄山* 卢 依**

“互联网 +”是以互联网平台为基础，利用信息通信技术与各行业的跨界融合，推动产业转型升级，并不断创造出新产品、新业务与新模式，构建连接一切的新生态。2015 年“两会”期间，“互联网 +”首次写入政府工作报告。报告指出，“制定‘互联网 +’行动计划，推动移动互联网、云计算、大数据、物联网等与现代制造业结合，促进电子商务、工业互联网和互联网金融健康发展，引导互联网企业拓展国际市场”，意味着我国将从消费互联网逐步过渡至产业互联网，互联网对传统产业进行融合，改造创新的互联网 + 时代即将来临。

在尤为注重用户体验的“互联网 +”创新领域，数据开放的作用更为明显：大量软件开发者将不再由于市场弱势地位而面临数据壁垒的困境；通过直接利用优质数据大大提高了创新的效率，在数据的支持下顺应数字化、智能化、信息化的创新浪潮。就已有互联网服务提供者而言，数据开放更有利于扩大服务范围和平台规模。

当前，我国政府数据管理呈现碎片化局面，各部门的数据资源处于闭合状态，在一定程度上不仅制约了行政效能的提升，也影响“互联网 +”产业和相应

---

* 蔡雄山，男，腾讯研究院高级研究员。

** 卢依，女，腾讯研究院研究员。

惠民措施的发展。

一、数据开放政策仍然处于起步阶段

上海、北京等部分地方政府先行进行政府数据开放的积极探索。2014年上半年，上海市政府开放了专门的政府数据开放服务平台——上海政府数据服务网，集中开放公共数据，以方便企业、个人用户开发利用。上海市政府确定了总计190项数据内容作为2014年重点开放领域，涉及28个市级政府部门，涵盖公共安全、公共服务、交通服务、教育科技、产业发展、金融服务、能源环境、健康卫生、文化娱乐等11个领域，目前围绕该网站开放的数据已经有18项数据应用产生。北京市经信委也组织各政务部门建设了“北京市政务数据资源网”(www.bjdata.gov.cn)，以汇集北京市各政务部门可开放的、有经济和社会价值的数据资源，为企业和个人提供各类实时与非实时数据的下载与服务，促进基于政务数据资源的信息服务产品开发和创新，满足社会公众的信息服务需求。目前，网站已发布了36个政府部门的306类数据。

《企业信息公示暂行条例》促进工商部门、其他政府部门、企业的信息公示。2014年8月国务院发布了《企业信息公示暂行条例》，该条例一方面可强化对企业的信用约束，另一方面也将有利于数据开发者对企业信息的再利用。被要求公示的企业信息包括企业从事生产经营活动过程中形成的信息，以及政府部门在履行职责过程中产生的能够反映企业状况的信息。

中国政府首次正式公开表态支持数据开放。2015年“两会”期间，李克强总理明确表态，政府应该尽量公开非涉密的数据，以便利用这些数据更好地服务社会，也为政府决策和监管服务。

二、数据开放规则尚未明确

中国还未推出相应的开放数据政策，而与开放数据相关联的数据所有权界定、授权、个人隐私保护等议题也都尚在讨论中。此前中国各级政府一些部门已在数据开放上有所尝试，但整体规则目前尚未明朗，如何界定数据的公共信息属性，是否构建统一的数据开放平台，以及数据开放过程中的透明化与公私合作关系，都是有待探讨的问题。

1. 数据开放过程中“公共信息”的界定及公开范围标准缺乏实践性

中国2008年5月起施行的《信息公开条例》规定，应当主动公开的信息公开范围包括：（一）涉及公民、法人或者其他组织切身利益的；（二）需要社会公众广泛知晓或者参与的；（三）反映本行政机关机构设置、职能、办事程序等情况的；（四）其他依照法律、法规和国家有关规定应当主动公开的。除行政机关主动公开的政府信息外，公民、法人或者其他组织还可以根据自身生产、生活、科研等特殊需要，向国务院部门、地方各级政府及县级以上地方政府部门申请获取相关政府信息。同时，《信息公开条例》也对明确不予公开的政府信息范围作了规定，即公开的政府信息不得危及国家安全、公共安全、经济安全和社会稳定；行政机关不得公开涉及国家秘密、商业秘密、个人隐私的政府信息。

这些规定在实践中缺乏明确的判定标准，政府也尚未出台配套的法规对数据公开的申请，获取和救济措施加以规定，可执行性有待提高。

2. 缺乏统一的数据开放平台，数据壁垒妨碍新应用和服务的开发

长久以来，各级政府对于信息化社会的认知停留在传统的软硬件基础设施投入，而忽略了对数据的开发和应用。就新应用和服务的开发者而言，公共数据资源池的缺位不仅增加了开发成本，也延长了新产品和服务的开发周期，对创新活动产生了许多负面影响。尤其在移动互联网的迅速发展催生出移动支付，位置服务，移动医疗等一批跨产业新兴民生应用，这些应用对于政府持有的民生类数据有着极大需求。在缺乏统一数据开放平台的情况下，无法高效地获取和直接利用数据集也影响了这些应用发展的速度。

3. 公开透明的原则尚未落实，未能实现数据的真正开放

数据开放的基本要义是任何人都能够不受限制地对政府开放的数据进行下载、使用或者重新发布，政府不应当对获取数据的主体进行限制甚至指定。根据食药监总局要求，所有药品批发、零售企业必须全部加入药品电子监管网，药品电子监管码搜集、产生、存储的所有数据、文档、信息和记录，都归该局

所有,任何一方都不能用于商业服务,而药品电子监管码系统由阿里与政府合作进行维护和运营。从数据开放的角度来讲,政府将相关信息交给指定企业运营并不构成真正的数据开放,更有可能造成数据垄断问题。

三、我国政府数据开放的完善策略

从国际上看,开放政府数据已经成为普遍潮流,英美等发达国家已经取得一定成效。而我国当前仍缺乏国家层面的整体战略设计与部署,政府数据开放仍处于起步阶段。在开放政府数据成为全球政府共识的背景下,我国应顺应历史发展潮流,抓住大数据背景下这一珍贵历史机遇,加快政府数据开放步伐,提升国家经济与社会竞争力。

(一)明确主管机构,加快政策法规的制定和修订工作

政府数据开放是一项长期而系统的工作,政府需要对工作的开展作出顶层设计,首要任务即是明确主管机构。虽然我国早在 2000 年就提出了信息化发展战略,但长期以来政府各部门的数据库处于割裂状态,管理体制中存在部门分割、职能交叉、协同能力较弱等问题。因此必须统一政府数据开放的主管机构,加强各部门基础数据库建设,统筹协调各部门参与制定统一的数据标准,推动各级各部门间数据收集、共享、发布机制等。

同时,在国家层面制定政府数据开放战略和开放原则,加快配套政策法规的制定和修订工作,明确数据开放的原则、边界,包括开放的内容、方式、对象等,保证数据开放的规范化、制度化。

(二)建立统一数据开放平台,缩小信息鸿沟

我国目前已上线了中国政府公开信息整合服务平台(govinfo. nlc. gov. cn),但从目前的建设情况来看,该平台仅仅是发布各级政府部门的现有政府公报等信息,与政府数据开放相去甚远。政府数据开放的关键在于为社会提供广泛的,其他途径不易获取的有价值的数据,从而更加深入地了解政府

的行政管理。因此,有必要建议统一的政府数据开放平台,在整合现有资源的基础上,逐步开放其他非涉密的政府数据,使之成为政府数据的集散地。统一的数据平台不仅有利于公众的访问查询,减少政府与公众间信息不对称的情况,同时也便于政府管理、统计数据的使用情况。

(三)借助企业力量,挖掘数据潜能

数据的价值不在于数据本身,而在于对数据的分析和利用。政府虽然掌握着大量的重要且有效的数据资源,但政府对数据资源的利用率并不高。大量数据长期被条块分割、沉睡、冰封,其价值被湮没。然而,大数据背景下,许多企业商业模式的创新需要以海量的数据资源为支撑,政府数据是其中关键的一环。如果将这部分数据开放给企业,以市场驱动开发数据资源,能够最大限度地挖掘数据价值。

借助企业力量进行数据的开发和再利用,可实现政府、企业、公众三赢的局面。首先,政府数据进行整合、活化,借助企业力量能够加快智慧城市的建设步伐,提高行政效率,完善行政管理;其次,企业要发展大数据业务必然要依靠政府集中的数据资源,通过这些数据企业利能够开发更多类型的商品和服务,增强市场竞争力;最后,企业进行的大数据业务往往在获取企业利益同时实现企业社会责任、优化城市治理的正面效应,增进公众福祉。

"互联网+"作为中国经济下一个阶段的杠杆,将结合移动互联网的普遍发展,在改善民生和推动经济转型方面发挥无与伦比的作用。数据作为这一转型过程中的关键资源,只有得到充分利用,才能破除信息孤岛,真正建立起资源共享的民生数据池,形成社会开放大数据的良性循环。尤其在"互联网+"发展最为深入的医疗、交通和教育行业,政府独有的公共数据无疑将对相关产品和服务的落地起到巨大的推动作用。在"互联网+"战略逐渐落地的同时,中国政府可适当借鉴欧美经验,在保障安全的前提下确保数据开放可靠,易于获取,充分释放经济发展的新动力。

第五章
知 识 产 权

知识产权领域“通知—删除”规则滥用的法律规制

司　晓[*]　范露琼[**]

“通知—删除”制度体现了立法者对技术中介服务正当性的肯定，立法者反复强调在任何情形下都不要求网络服务提供者对内容进行主动审查，目的在于鼓励网络服务提供者积极拓展新市场而不必担心（因他人行为）引起的版权侵权责任，以提高网络的效率、品质和范围。① 为了减少侵权行为的发生，立法者设计了一套鼓励网络服务提供者配合通知发送人维权的激励机制，激励网络服务提供者与权利人密切合作，以便于有效地制止网络侵权行为的蔓延。② 同时，立法者考虑到通知所指称的侵权行为并不一定属实，因此制定规则要求通知采取书面形式并符合一定条件，③且要求通知发送人对通知的真实性承诺并承担错误通知引起的法律责任，被控侵权的网络用户也可以通过“反

---

* 司晓，腾讯公司公共战略研究部总经理，腾讯研究院秘书长。

** 范露琼，供职于深圳市南山区人民检察院。

① See S. Rept. No. 105 - 190, pp. 2, 8.

② See H. R Conf. Rept. No. 105 - 796, p. 70.

③ 与DMCA相比，我国《信息网络传播权保护条例》第14条对通知的形式要件要求相对简单，包括“权利人的姓名（名称）、联系方式和地址”，“要求删除或者断开链接的侵权作品、表演、录音录像制品的名称和网络地址”和“构成侵权的初步证明材料”，上述三个要件是证明侵权存在并帮助服务提供者定位侵权内容的基本信息，是通知生效的必备要件。参见司晓、范露琼：《通知—删除规则的理解与适用——兼评“十一大唱片公司诉雅虎案”》，载《中国版权》2009年第3期。

通知”的方式要求网络服务提供者恢复被删除的内容或链接，并且网络服务提供者因通知而错误删除内容的行为可以免除对发布内容用户的违约责任。由此可见，该系列制度不但为版权人提供了尽快制止侵权的机会，为网络服务提供者配合版权人维权免除后顾之忧，也为普通网络用户进行申辩和要求恢复合法信息提供了机会，这种规定能够为版权人维权提供便利，也能够防止版权人滥用侵权通知，防止网络服务提供者过度删除合法信息。[①] 然而在“通知—删除”制度具体设计上，我国《侵权责任法》第36条存在明显的制度缺失，并没有相应的“配套制度”作为保障，比如通知应具备的条件、反通知制度、错误通知的责任承担制度、网络服务提供者因处理侵权通知而免除对网络用户的违约责任制度等。因此，实践中“通知—删除”制度往往成为打击竞争对手的工具。行为人滥用“通知—删除”具有多种表现形式，这种滥用现象已经具有相当的普遍性、严重性和危害性，严重扰乱了正常的市场秩序。

一、滥用通知的表现形式

滥用通知的表现形式各异，以权利客体为标准，可以分为与著作权、商标权和专利权等相关的滥用通知情形。

（一）与著作权相关的滥用通知情形

我国实行著作权自愿登记制度，登记审查仅为形式审查。在三大知识产权法中，法律对著作权的要求最低。实践中经常出现相关主体利用著作权自愿登记制度，将并没有独创性的商品照片进行登记，获得著作权登记证书，并以此投诉卖家发布与其著作权类似的商品图片，来达到打击竞争对手的目的。更有甚者，有的行为人冒充律师事务所或权利人向网络服务提供者发送通知。如2013年7月6日，腾讯开放平台收到一份通知。“权利人”委托香港地区一

① “通知—删除”规则中设计的配套制度，可以维护网络服务提供者、网络用户以及社会公众三者之间的利益平衡。参见刘家瑞：《论我国网络服务提供商的避风港规则——兼评“十一大唱片公司诉雅虎案”》，载《知识产权》2009年第2期。

家“律师行”对开放平台上的一款游戏发出著作权侵权投诉,但是投诉通知并没有合理的权利证明。而且在通知中,这家所谓的“律师行”一再声称,“我所附上的证明材料及我所的信息,仅供贵司核对,请不要泄露给侵权方”。后来与这家真正的香港律师行亲自沟通后得知,其对投诉事件完全不知情,他们认为是有人恶意冒充律师行的名义向腾讯开放平台发送通知,同时要求保留对伪造证件的投诉人进一步追查的权利。

迅雷公司曾经收到某电影协会投诉,该电影协会以连续每周一封或数封邮政特快专递的方式来向迅雷公司发送侵权通知,主张 www. xunlei. com 和搜索引擎 www. gougou. com 提供了侵权链接,前后发送的通知多达 70 余封,跨度长达几个月。每一份通知中均包含大量的具体链接,有些链接多达上千个字符,但这些通知链接仅以纸质方式提供,投诉方拒绝提供通知的电子版,因此手动输入显然不太可能。在上述通知中,某电影协会除了要求删除具体链接外,还要求迅雷公司屏蔽与作品有关的所有链接和信息。经过分析,www. xunlei. com 中的作品简介信息属于著作权意义上的合理使用,因此其无权要求删除。在 www. gougou. com 检索的多媒体链接中,除了《哈利波特》《绿巨人》等具有特定性作品名称的影视作品外,也包括《世界大战》《变形金刚》等名称非特定性的作品,如果一概屏蔽,以上述关键字命名的其他文字作品、动画作品、同名作品将会被全部删除,显然这个要求并不合理。上述通知的发送方式也涉嫌滥用“通知—删除”制度。

(二)与商标权相关的滥用通知情形

在所有的滥用通知类型中,与商标权相关的滥用通知形式表现最为复杂、多样。具体而言,有以下几种形式:

1. 以侵犯商标权为由进行渠道管理

这种滥用通知行为的典型特征是部分商标权人以侵犯商标权为由进行投诉,以达到渠道管理的目的。常见案例是某些国外大品牌商投诉在电商平台上售卖的该品牌商品为非正品。目前从电商平台的运作模式来看,比如腾讯的拍拍网等,商家入驻程序并未要求其取得品牌商授权,只要能证明出售的商品是来自正规的渠道，确为正品即可。但传统的销售模式多为区域分销，一些区域的代理商、经销商甚至是中国区总代理，以维权之名发起对电商平台商家的投诉，达到渠道管理目的。以侵犯商标权为由进行渠道管理，投诉理由又有以下几种表现形式：

(1)以“未生产”某款产品为由进行投诉

以电子商务交易平台为例，商标权人在发送通知时，往往声称其并未生产此类型产品，但实际上该款产品确由其生产。这一类型的“滥用通知”形式多集中于服饰类商品。电子商务平台在处理这类案件时，允许卖家以权利人官方网站上展现的产品图片作为反通知材料，但是部分权利人停止其官网解析，以此来阻止卖家获取官方网站上展现的产品图片，使卖家无法发送反通知。在实践中，一些专业的知识产权代理公司指导权利人进行渠道管理，并结成投诉联盟，对出售真品的卖家进行投诉，投诉理由为自己并未生产某款商品，但是卖家均能提供进货单、销售合同、购物小票、官网展示产品图片、宣传画册等材料发送有效的反通知。

(2)故意出具虚假鉴定报告进行投诉

为达到渠道管理目的，有的行为人购买虚假的鉴定报告发送通知投诉卖家侵权。如果确定卖家售假，根据电子商务平台服务协议以及商品发布管理规则等，[①]将对卖家进行非常严厉的处罚，但是如果权利人伪造鉴定报告，可能会对卖家造成非常严重的损失。

(3)权利人进行价格管控

在电商平台上，当商品的线上价格低于或者远远低于线下供应商的价格时，权利人也可能为了进行渠道管理，以侵犯其商标权为由发送通知。例如，内蒙古某粮食品牌商因电商平台上部分卖家出售的该品牌商品价格低于其线下供应商价格，在不提供任何完整投诉资料、说明投诉原因的情况下，强制要求平台方立即将所有商品下架，并要求向其提供销售此类商品的商家信息。

① 参见上海市黄浦区人民法院民事判决书(2010)黄民三(知)初字第42号，“《淘宝网服务协议》《商品发布管理规则》明确规定用户在淘宝网网上交易平台不得买卖侵犯他人知识产权或其他合法权益的物品，并设置了相应的惩罚规则”。

(4)以“非法销售”为由进行投诉

2013年10月16日,腾讯的拍拍网、QQ网购分别收到某国际知名护理产品零售商发送的通知,称5家网络商户未经授权在中华人民共和国境内以违反法律法规的方式销售未经国家进口化妆品主管部门批准的个人洗护产品。在平台方收到通知后,按照流程要求被投诉方提供相应申诉材料进行反通知,并将材料发送至权利方审核,但均未得到权利方确认。权利方认为,侵权人的侵权事实是未经国家进口化妆品主管部门检验检疫程序,非法进口并出售其品牌下的个人洗护产品。国内部分权利人直接以未经其授权销售为由进行投诉,认为即使销售的是正品,但是没有经过其授权,同样也侵犯了其商标权。

2. 以抢注商标进行投诉

这种行为的典型表现是行为人恶意抢注国内外具有一定知名度的商标,然后以注册商标权受侵害为由发送侵权通知。例如,国内某公司将国外某商标中的部分文字与该品牌下某一产品名称的部分文字进行组合并注册商标,然后以此投诉出售该品牌商品的卖家。

3. 对商标合理使用进行侵权投诉

在一定条件下,非商标权人为说明商品特点、服务的内容等可以使用他人的商标,但并不构成侵权。① 2012年最高人民法院公布的中国法院知识产权司法保护50件典型案例之一,立邦涂料(中国)有限公司诉上海展进贸易有限公司、浙江淘宝网络有限公司等侵害商标权纠纷案中,②原告认为展进公司未得到立邦涂料公司的许可或授权,使用其商标标识、平面广告来装饰其店铺页面构成侵权,于是通过电子邮件的方式向淘宝公司进行投诉。但法院认为产品的销售商在其网络商店上使用该产品的注册商标的,产品的生产商不能认为侵犯了其商标专用权而要求销售商承担责任。

---

① 商标权人以外的人在生产经营活动中善意使用商标权人的商标,构成商标的合理使用,并不侵犯商标专用权。参见杜颖:《指明商标权人的商标合理使用制度》,载《法学论坛》2008年第5期。

② 参见最高人民法院办公厅印发2012年中国法院知识产权司法保护十大案件、10大创新性案件和50件典型案例的通知,载http://www.law-lib.com/law/law_view.asp?id=416667,访问日期:2014年10月26日。

（三）与专利权相关的滥用通知情形

实用新型与外观设计专利的申请较为简单，二者均采取形式审查原则。在实践中，大量不具备专利性的垃圾专利被申请，造成垃圾专利泛滥，行为人以不具备专利性的专利受侵害为由，向网络服务提供者发送通知，对大量出售同一商品的卖家进行投诉。例如，某汽车后备箱垫实用新型专利，行为人以其受侵害为由向电子商务平台发送通知，但是该投诉涉及平台上 7000 多家卖家，总共涉及 36 万件产品。如果按照权利人的要求，对这 7000 多家卖家进行处理，删除 36 万件相关产品，将会造成难以想象的后果。实用新型与外观设计专利的申请均采取形式审查原则，也导致在同一高度类似的技术或产品上，卖家、权利人均拥有多本有效的专利证，双方或多方互相投诉。

据调查显示，国内最大的电子商务平台——淘宝网，在 2012 年第 4 季度中，平均每个月就有 1 万个“宝贝”受到专利侵权投诉，而在这些投诉中，外观设计投诉占 63.2%，实用新型投诉占 35.4%。[①] 平台方在应对专利投诉时，常常无所适从，根本没有能力做出侵权与否的判断，平台方只能履行相应的注意义务，比如事前签订知识产权责任协议，要求提供权利证明、在先销售记录或其他资料；当权利人起诉直接侵权人时，提供直接侵权人的相关信息等。

二、规制滥用“通知—删除”制度的基本思路

目前，《侵权责任法》第 36 条所规定的“通知—删除”规则过于简单。因此，《侵权责任法》中的“通知”制度有必要根据不同的权利类型以及不同的主观过错进行细化，重新定位“通知”制度的适用情形。

（一）适当限制“通知—删除”规则的适用范围

为了较好地平衡权利人、网络服务提供者与网络用户三者之间的权利义

---

① 统计数据由淘宝网资深法律顾问慎凯提供，在此表示感谢。

务关系，矫正“通知—删除”规则滥用造成的失衡，当通知发送人发送通知要求采取必要措施时，应当设置必要的“门槛”。①

首先，应该明确适用的网络服务提供者服务类型。网络服务提供者提供的技术服务可以分为：接入、缓存、自动传输、信息定位、信息存储以及开放平台六类服务。但是从服务行为和侵权内容传播的关系来看，这六种网络服务与侵权行为的联系紧密程度不一，“通知”制度并非都能完全地适用于这六种服务类型。根据《信息网络传播权保护条例》的规定，“通知”规则也仅适用于存储空间、搜索和链接等网络服务情形，同样是“避风港”制度规范下的接入、传输通道和缓存服务的免责条件中并不涉及通知规则。② 由于接入、缓存、自动传输这三种服务类型与侵权行为的联系更为松散，相应的网络服务提供者对侵权信息的识别判断能力也更弱。因此，笔者认为，通知制度不宜适用于提供接入、缓存、自动传输的网络服务提供者。从实际情况来看，即使权利人发送了符合法定条件的“通知”，这三类服务商也没有能力对侵权信息做出处理，因为它们并不具有对侵权信息进行“精准打击”的能力，无法查看侵权信息的实质内容。举例而言，网络服务提供者可以通过彻底停止某个网站接入的方式阻止侵权，但这种阻止是以牺牲整个网站合法信息为代价的，显然矫枉过正。如果“权利人”有权要求接入服务提供者以停止接入的方式阻止侵权，他也同样可以向供电局发送通知，以停电、断电方式阻止侵权行为，这显然是不合理的。因此，从适用的网络服务类型来说，通知制度仅宜适用于对具体侵权信息具有“精准打击”能力的服务类型，如信息定位服务、信息存储服务以及开放平台服务三种。

其次，从适用的权利客体来说，《侵权责任法》第36条规定通知制度能够适用于各种权利类型，包括了著作权、商标权与专利权。“通知—删除”制度本身是一种纠纷快速解决机制，是立法者对服务商的一种免责设计，制度属性决

---

① 有学者认为，通知发送人发送的通知应该符合法定的形式要件。参见杨立新：《如何理解〈侵权责任法〉中的网络侵权责任》，载《检察日报》2010年3月31日，第3版。

② 由于技术的限制，“通知—删除”规则并不适用于所有的网络服务类型。参见吴汉东：《试论网络服务提供者的著作权侵权责任》，载《中国法学》2011年第2期。

定了其不应成为不正当竞争的工具,但与商标权、专利权相关的通知滥用情况已经具有普遍性。将本身发轫于版权间接侵权的“通知—删除”制度扩展适用于比版权更为复杂的商标、专利间接侵权,这已经出现制度的不适应性。笔者认为,在网络服务提供者知识产权间接侵权语境下,也应该对“通知—删除”制度适用的权利类型进行必要的限制,从网络服务提供者对侵权信息的识别判断能力来看,当面对与著作权、商标权相关的侵权信息,网络服务提供者还能做出较为基本的判断,但是专利权本身的复杂性使网络服务提供者力不从心。因此,通知制度不宜适用于专利间接侵权。

最后,从网络服务提供者的主观过错来说,只有当网络服务提供者违反“善良管理人的注意义务”时(在此种情况下,网络服务提供者仅仅未能像一个善良管理人采取避免侵权发生的措施,主观上仅具有一般轻过失),才宜适用“通知—删除”制度。实际上,网络服务提供者并不希望,更不追求侵权行为在其平台上发生,对侵权行为是否发生也不知道,这时需要权利人发出符合条件的“通知”进行提醒,当“权利人”发出通知后,网络服务提供者即知晓了侵权信息的存在,应重点关注通知中所载明的侵权信息。但在其他情况下,比如侵权信息显而易见如同一面鲜艳的“红旗”飘扬,而且网络服务提供者易于接触,能够很容易感知,只需具有一般理性的人就能发现侵权信息时,网络服务提供者却采取“鸵鸟政策”,对如“红旗”一样飘扬的侵权信息视而不见,此时主观状态为“重过失”,已经和“故意”相差无几,在这种情况下权利人无须再发送“通知”提醒,法院可以据此直接认定网络服务提供者存在过错。同理,如果有证据能够直接证明网络服务提供者“明知”侵权行为存在,权利人更没必要发送通知。

(二)矫正“通知—删除”制度失衡的方向:以“诉前禁令”为参照

知识产权诉前禁令,是指人民法院为及时制止正在实施或即将实施的侵害权利人知识产权或有侵害之虞的行为,在当事人起诉前根据其申请发布的一种禁止行为人从事某种行为的强制性命令。① 从一定程度上来说，“诉前禁令”与“通知—删除”制度二者在功能上具有较多类似性，二者都是在权利被侵害或侵害之虞时为维护其权利“圆满”状态而设计的一种程序救济措施，在诉讼前都有救济功能，以“停止侵害”为内容，客观上能够起到“停止侵害”效果。这两种制度设计时都有偏向“权利人”之嫌，都有可能造成权利人滥用权利的现象，但是“诉前禁令”有一系列配套制度矫正制度失衡，在申请人、申请条件、审查程序以及采取的措施等方面都做出了较为完整的规定。

首先，法院在认定过程中要求申请人应当提交书面申请状，申请状应当载明申请人及其基本情况，申请的具体内容、范围和理由等事项，并且要求提交证明自己权利有效存在的证明，如权利证书、许可使用合同等。其次，申请人在提起申请时应当提供有效、合理的担保，如果申请人不提供担保的，法院应当驳回申请。例如，在全国首份针对网络侵权的诉前禁令中，法院要求权利人对该保全行为提供担保，在权利人提供担保后，法院当日即针对该网络侵权行为作出诉前禁令。② 最后，申请人在法院采取停止有关行为的措施后 15 日内不起诉的，人民法院应该解除所采取的措施。如果申请人不起诉或者申请错误造成被申请人损失的，被申请人还有权请求申请人赔偿损失。在考虑是否下达临时禁令时，法院同样也会考虑下达临时禁令是否有利于促进公共利益。

综上所述，我们可以看出，以防行为人滥用“诉前禁令”制度，法院在适用时都有严格的条件，只有符合全部条件时才能适用。由于“诉前禁令”与“通知—删除”制度二者功能上具有类似性，借鉴“诉前禁令”临时措施制度对“通知”制度进行完善，也不失为一种可行之策。

---

① 人民法院可以根据当事人的申请，在不及时制止被控侵权行为，可能给申请人造成难以弥补损失的情况下，为保护申请人合法权益，在诉讼前责令被申请人为一定行为或者不为一定行为。参见韩天岚：《知识产权诉讼中的诉前禁令适用》，载《电子知识产权》2004 年第 4 期。

② 参见新华网：《江西法院发出全国首份针对网络侵权的诉前禁令》，载 http://news.xinhuanet.com/legal/2013-03/25/c_124499108.htm，访问日期：2013 年 3 月 25 日。

三、规制滥用“通知—删除”制度的实体措施

(一)保证金

从“通知—删除”制度设立的目的来说,权利人发出通知只要符合法律法规规定的形式要件,能够准确定位侵权信息即可,不应该对其设立较高的门槛,这是其制度设计的应有之义。但是在司法实践中,恶意通知大量存在,网络服务提供者无从辨别其真伪。知识产权的海关保护中规定的保证金制度,值得借鉴。权利人申请扣留侵权嫌疑货物的,应当向海关提供不超过货物等值的担保,用于赔偿可能因申请不当给收货人、发货人造成的损失,以及支付货物由海关扣留后的仓储、保管和处置等费用。权利人未提供担保的,海关不得扣留侵权嫌疑货物。①

笔者认为,对于涉及电子商务平台商标、专利侵权等侵权判断困难,处理又牵扯到重大商业利益的侵权通知时,应该要求权利人提供一定金额的保证金作为担保,以便督促权利人更加谨慎地发送通知,也便于追究错误通知而导致的损害赔偿责任。② 在《侵权责任法》司法解释的制定过程中,也有学者提出类似的观点,“被侵权人主张屏蔽或者断开链接为必要措施的,应当承担相应的担保。被侵权人不提供担保的,网络服务提供者可以不采取屏蔽或者断开链接的必要措施”。③ 但是为了提高解决纠纷的效率,通知涉及的担保应该

---

① 参见《知识产权海关保护条例》第25条等。

② 学者也多认为,如果被侵权人发送通知要求对相关信息服务采取删除、屏蔽、断开链接等措施,有可能被该网络用户主张违约。但如果经过法院审理不构成侵权,没有侵犯通知发出人的合法权益,而因为删除、屏蔽、断开链接等措施给相关的网络用户造成了损失而需要承担违约责任的,通知发出人应当对由此造成的损失承担责任。参见张新宝、任鸿雁:《互联网上的侵权责任:〈侵权责任法〉第三十六条解读》,载《中国人民大学学报》2010年第4期。

③ 有学者也认为,可以要求通知发送人提供适当的担保。参见杨立新:《〈中华人民共和国侵权责任法〉司法解释建议稿》——“2010博鳌法学论坛暨第七届法官与学者对话民商法论坛”讨论文件,载http://www.civillaw.com.cn/article/default.asp?id=50089,访问日期:2013年10月10日。

限定为保证金方式，担保金额应与通知涉及的标的金额相当。如果是其他形式的担保，人保会涉及保证人的资信问题，物保则会涉及抵押物上在先权利问题，要求非公权力机构的网络服务商对保证人资信以及抵押物做出审查和判断显然缺乏可操作性。

（二）错误通知责任承担制度

根据《最高人民法院关于当前经济形势下知识产权审判服务大局若干问题的意见》，对滥发警告函者，可以提起侵权损害赔偿。如果诉前停止侵权申请人未在法定期限内起诉或者已经实际构成申请错误，受害人提起损害赔偿诉讼的，应给予受害人应有的充分赔偿。“权利的行使不得专以损害他人为目的”，[①]知识产权滥用在民法中的本质为“故意损害”。《信息网络传播权保护条例》第 24 条规定，因权利人的错误通知而给服务对象造成损失的，权利人应该承担损害赔偿责任。在澳大利亚 Roadshow Films Pty Limited v. iiNet Limited 一案中，澳大利亚联邦法院合议庭（由三个法官组成）驳回了版权人路展电影公司的上诉，主审法官认为，如果要 iiNet 对未来的侵权用户进行终止，版权人应当赔偿因其错误侵权通知致使 iiNet 错误终止用户所造成的损失。[②]因此，笔者认为如果通知发送人滥发通知，造成网络服务提供者及网络用户损害的，应该赔偿由此造成的损失。

（三）信誉评价机制

信誉评价，也可称为“信用评价”，以一套相关指标体系为考量基础，比如通知发送人发送通知的形式、侵权类型、投诉的准确率、是否有滥用等因素，将其信誉进行分层。按照不同信誉层级投入不同的资源处理其投诉。对于信誉较高、负责的发送人，减少其举证负担，加快处理投诉，对于信誉较低、不负责

---

① “民事主体不得以不正当的方式行使权利加害于他人。”参见《德国民法典》（第 3 版），陈卫佐译注，法律出版社 2010 年版，第 304 页。第 226 条【权利滥用的禁止】如权利的形式专以加损害于他人为目的，则不得行使权利。

② See Roadshow Films Pty Limited v iiNet Limited [2011] FCAFC 23, at 171 – 273.

的发送人,要求其提供更多证明资料并严格审核。网络服务提供者还可以建立相应的"黑名单",如果通知发送人冒充权利人或者冒用律师事务所名义发送通知,可以将其列入"黑名单",对于屡禁不止的发送者还应该追究相应的法律责任。在实践中,电子商务平台提出了一系列适应网络市场特点的治理措施,如"信用评价""店铺打分"等,[①]对一些售假卖假卖家的违规行为进行惩罚,如果扣分每累计达12分,将会同时受到"店铺屏蔽、限制发布商品、公示警告"的惩罚,持续12天。同样,借鉴"信用评价""店铺打分"机制对一些信誉较差的通知人进行扣分,采取相应的惩罚措施,这也是信誉评价的一种表现,但是惩罚机制、惩罚结果应该公示,使通知发送人获得申辩机会。笔者认为,行业规则是由网络服务提供者根据实践经验自行摸索出的一套网络市场治理措施,这些规则对维护和保障网络市场的快速稳定发展起到了积极作用。因此,可以以行业协会或者有关行政机关牵头提升相关行业规则的效力,把"网规"纳入法规监管的范畴,赋予"网规"一定的法律效力。[②]

(四)合同责任豁免

当网络用户使用网络服务提供者提供的网络服务时,二者事先都会签订服务协议,这种服务协议可以视为网络服务商与网络用户签订的合同。按照《合同法》第91条[③]的规定,当一定事由出现,可以按照法律规定终止合同关系。《侵权责任法》第36条规定网络服务提供者接到符合法定条件的通知后,可以终止网络服务,而终止合同的事由可以归为"法律规定的其他情形"。在一般的视频分享或链接服务的错误处理中,由于错误处理一般不会导致网络

---

① 商务部电子商务司有关负责人认为,"如果把这些交易规则统称为'网规'的话,把'网规'纳入法规监管的范畴,实现'网规'的规范化,就成为规范、发展我国电子商务的一个重要课题。"参见新华网:《商务部将出台我国首部规范"网规"的部门规章》,载 http://news. xinhuanet. com/fortune/2013-09/26/c_117526043htm,访问日期:2013年10月26日。

② 同上。

③ 《合同法》第91条规定:有下列情形之一的,合同的权利义务终止:(一)债务已经按照约定履行;(二)合同解除;(三)债务相互抵销;(四)债务人依法将标的物提存;(五)债权人免除债务;(六)债。

用户的经济损失,因此产生纠纷的可能性不大,但在电子商务或竞价排名服务中,错误的处理往往会导致网络用户巨额的损失。当网络服务提供者发现网络用户利用其提供的网络服务从事侵权行为时主动或者接到通知后采取删除、屏蔽、断开链接等必要措施阻止侵权行为,在主观上并没有过错,而是履行法定义务的一种表现。因此,作为"通知"规则的配套制度,网络服务提供者因错误通知而删除内容的行为可以免除对网络用户的违约责任。[①]

四、规制滥用"通知—删除"制度的程序措施

(一)反通知

《数字千年版权法》(DMCA)第 512 条第(g)条规定了"反通知"制度(counter—notice and put - back),我国《信息网络传播权保护条例》借鉴 DMCA 的相关规定,在第 15 条至第 17 条中,对"反通知"程序进行了具体规定。"反通知"制度可以避免网络服务提供者单方面删除信息,妨碍言论自由,因此,具有重要的意义。遗憾的是,我国《侵权责任法》第 36 条只规定了权利人可以发送通知,并没有规定反通知制度,这无疑是一种制度缺失。如果法律不设置反通知规则,仅凭法条本身过于简单的规则会对合法行使权利的网络用户十分不公平,对未侵权的网络用户不利,也为司法机关增加了负担。[②] 笔者认为,立法上应该完善"通知—删除"程序,规定"反通知"制度。被控侵权的网络用户可以向网络服务提供者发出"反通知"以证明其传播信息的合法性,同样如同对权利人发送"通知"提出的要求的一样,"反通知"的发送也应该至少满足下列条件:

---

① 参见上海市黄浦区人民法院民事判决书(2010)黄民三(知)初字第 42 号,"《淘宝网服务协议》《商品发布管理规则》明确规定用户在淘宝网上交易平台不得买卖侵犯他人知识产权或其他合法权益的物品,并设置了相应的惩罚规则。"另见司晓、范露琼:《通知—删除规则的理解与适用——兼评"十一大唱片公司诉雅虎案"》,载《中国版权》2009 年第 3 期。

② 学者也多认为,"反通知"规则具有积极的意义。参见李强:《网络侵权法规应进一步完善》,载《光明日报》2010 年 2 月 21 日。

第一,反通知应该以权利人发送的通知符合规定的形式条件为前提。只有权利人发送的通知符合法律规定的形式条件,网络服务提供者才能将权利人的通知转送给网络用户,合法有效的通知是发送“反通知”的基础。如果未能满足以上条件则视“通知”无效,网络服务提供者无法转送“通知”,也就无发送“反通知”之必要。

第二,反通知应该与“通知”形式相对应,具体要求是采取书面形式,同时包含下列内容:(一)网络用户的姓名(名称)、联系方式和地址;(二)要求恢复内容的名称和网络地址;(三)不构成侵权的初步证明材料;(四)反通知发送人承诺对反通知的真实性负责。① 如果网络用户的“反通知”符合以上条件,网络服务提供者应该将“反通知”再转送给权利人,如果权利人有异议,不得再次发送通知要求网络服务提供者删除、屏蔽或者断开该内容的链接,而只能向人民法院起诉。

第三,反通知的发送时间及网络服务提供者的处理。网络服务提供者收到被控侵权的网络用户发送的符合条件的反通知后,通知内容涉及著作权的,应当及时恢复被删除的作品、表演、录音录像制品,或者恢复与被断开的作品、表演、录音录像制品的链接,同时将服务对象的书面说明转送权利人。如此规定主要是因为著作权往往与热播影视剧有关,如果不及时采取必要措施,将会造成难以弥补的损失;如果通知内容涉及商标权的,网络服务提供者收到侵权通知后应该首先询问被控侵权的网络用户是否认可侵权行为,如果被控侵权的网络用户接到通知后3天内未发送反通知的,网络服务提供者方可采取相应措施。之所以如此规定是因为产品的不当下架不仅会影响商品销售本身,而且可能会带来巨大的品牌声誉损失,导致网店彻底关闭;如果通知内容涉及专利权的,被控侵权的网络用户应当提供与通知涉及的标的金额相当的保证金,在其提供保证金后,网络服务提供者可以直接恢复被采取措施的内容。

值得注意的是,2014年10月9日,最高人民法院公布的《关于审理利用信

---

① 参见杨立新:《〈中华人民共和国侵权责任法〉司法解释建议稿》——“2010博鳌法学论坛暨第七届法官与学者对话民商法论坛”讨论文件,载 http://www.civillaw.com.cn/article/default.asp?id=50089,访问日期:2013年10月10日。

息网络侵害人身权益民事纠纷案件适用法律若干问题的规定》并没有规定"反通知"制度。据该司法解释的起草者解释,之所以未规定的原因在于,"通知—删除—反通知—恢复,在知识产权领域,不仅必要,而且有效。网络服务提供者的经营自主权、网络用户的信息发布权、权利人的著作权等,能大致和谐,各有其分。但是名誉权、隐私权、肖像权等,不仅所受到的损害可能扩大,而且难以恢复"。①

笔者认为,这一观点值得商榷,诚然知识产权和人身权益虽然有所不同,人身权益受到侵害后相对更加难以挽回,但这并不足以否定信息发布者的救济权,反通知制度在人身权领域依然有其存在的积极意义,如名誉权、隐私权涉及对公职人员的社会监督,私权利和公众知情权发生冲突时,应该给予信息发布者以反通知的救济,这一点在网络反腐的社会背景下更加有现实意义。

另外,与《信息网络传播权保护条例》第 14 条②对"通知"的形式要件相比,网络人身权司法解释对通知的要求仅规定"通知人要求删除相关信息的理由",而不是条例所规定的"构成侵权的初步证明材料"。对此,笔者也有一些担忧,考虑到知识产权领域已经存在的通知滥用,如此低的门槛有可能也会导致通知在人身权领域的滥用。以名誉侵权为例,当网络用户的言论涉及对第三方的负面评价时,第三方可能会因不满负面评价而对网络服务提供者发送通知要求删除,主张自己的"权利"遭受了侵害,这是否属于"要求删除相关信息的理由"? 而如果该负面评价的内容客观真实,并且没有侮辱谩骂的情形,

---

① 有学者认为,基于知识产权与人身权的区别,在网络人身权领域,没有规定"反通知"的必要。参见姜强:《理性的谦抑,可贵的沉默》,载微信公众号 haitanlegal,http://mp. weixin. qq. com/s? __biz = MzA3MzIxODIyMg = = &mid = 200622403&idx = 1&sn = 6f40a50ace1ad443f59d6b7f1bbb4320&scene = 7#rd,访问日期:2014 年 10 月 28 日。

② 《信息网络传播权保护条例》第 14 条规定:对提供信息存储空间或者提供搜索、链接服务的网络服务提供者,权利人认为其服务所涉及的作品、表演、录音录像制品,侵犯自己的信息网络传播权或者被删除、改变了自己的权利管理电子信息的,可以向该网络服务提供者提交书面通知,要求网络服务提供者删除该作品、表演、录音录像制品,或者断开与该作品、表演、录音录像制品的链接。通知书应当包含下列内容:(一)权利人的姓名(名称)、联系方式和地址;(二)要求删除或者断开链接的侵权作品、表演、录音录像制品的名称和网络地址;(三)构成侵权的初步证明材料。权利人应当对通知书的真实性负责。

该内容则属于网络用户言论自由的范畴,那么过低的门槛就可能会侵害网络用户的表达自由和公众的知情权。因此笔者认为,为了防止通知制度被滥用,在人身权领域也应该要求通知形式要件包含“构成侵权的初步证明材料”,并同时规定“反通知”制度。

(二)诉讼时间到期自动解除

诉前禁令的申请人在法院采取停止有关行为的措施后 15 日内不起诉的,人民法院应该解除所采取的措施,①如果申请人不起诉或者申请错误造成被申请人损失的,被申请人还有权请求申请人赔偿损失。在防止滥用停止有关行为请求方面,规定权利人应该在采取措施后 15 日内起诉的规定可供防止滥用通知制度借鉴。权利人是自己权利的最佳维护者,不应该成为“权利上的睡眠者”,当权利受到损害可以寻求司法救济,权利人向网络服务提供者发出通知要求采取删除、屏蔽、断开链接等必要措施制止侵权行为。网络服务商采取必要措施后,权利人应该及时向人民法院起诉,至于何为“及时”,笔者认为参照诉前禁令的规定,15 日内较为合适,在此期间权利人有足够的时间搜集证据进行起诉。

在此,需要明确以下两个问题:

第一,是否适用诉讼时间到期自动解除还应该分析具体情况,视网络服务商提供的网络服务是否为商业性行为而定。比如网络服务提供者提供的电子商务平台,提供竞价排名服务等有关商业性的服务时,可以规定权利人向网络服务提供者发送通知,要求采取删除、屏蔽、断开链接等必要措施制止侵权行为。网络服务商采取必要措施后,权利人应该在 15 日内向人民法院起诉,否则应恢复相关措施。这样处理的原因是避免一旦网络服务提供者错误处理,

① 《最高人民法院关于对诉前停止侵犯专利权行为适用法律问题的若干规定》第 12 条规定:“专利权人或者利害关系人在人民法院采取停止有关行为的措施后十五日内不起诉的,人民法院解除裁定采取的措施”;《最高人民法院关于诉前停止侵犯注册商标专用权行为和保全证据适用法律问题的解释》第 12 条规定:“商标注册人或者利害关系人在人民法院采取停止有关行为或者保全证据的措施后十五日内不起诉的,人民法院应当解除裁定采取的措施。”

将造成被控侵权网络用户难以挽回的商业损失,尤其是电子商务平台服务。如果网络服务商提供的网络服务不具有商业性或者商业性不强,则可以不适用诉讼时间到期自动解除制度。

第二,如上所述,从网络服务提供者对侵权信息的识别判断能力来看,当面对与著作权、商标权相关的侵权信息,网络服务提供者还能做出较为基本的判断,但是专利权本身的复杂性使得网络服务提供者力不从心。因此,通知制度不宜适用于专利间接侵权。如果专利权人认为其权利受到侵害,可以直接向法院申请诉前禁令,作为专门的审判机构,法院裁定是否适用诉前禁令以停止侵害,在此也没有必要先行让专利权人向网络服务提供者发送通知,然后再在 15 日以内向法院起诉。

结语

目前,行为人滥用“通知”的现象具有相当的普遍性、严重性和危害性。“滥用通知”的表现形式各异,可将其归纳为与“著作权”“商标权”“专利权”三种权利相关的“滥用通知”情形,其中尤以与商标权相关的“滥用通知”情形表现最为复杂、多样,包括以侵犯商标权为由进行渠道管理、以抢注商标进行投诉、对商标合理使用进行侵权投诉等类型。最高人民法院最新颁布的网络人身权司法解释对通知的发送规定了较低的“门槛”,这在一定程度上可能造成“通知”制度在人身权领域的滥用。因此,为了矫正《侵权责任法》第 36 条“通知—删除”制度的失衡,应该适当限制“通知”制度的适用范围,参照“诉前禁令”,从实体以及程序两方面来规制“通知—删除”规则的滥用行为。从实体措施来说,可以建立保证金、错误通知责任承担以及信誉评价等制度,并免除网络服务提供者因“权利人”错误通知对网络用户的合同责任。从程序措施来说,可以完善“反通知”制度,建立诉讼时间到期自动解除制度。

移动视频聚合应用的法律问题

刘　青*　田小军**

2009 年与 2013 年，我国 3G、4G 牌照相继发放，移动互联网进入了高速发展的时期，①伴随着智能手机等移动终端的发展，移动互联网逐渐普及。② 由于屏幕尺寸等方面的限制，互联网行业各家公司在移动终端的竞争相较 PC 终端更为激烈。以网络视频为例，随着移动互联网的逐渐发展，用户注意力越发集中在移动终端，为了增强用户黏性，各大视频网站均逐渐加大在优质视频版权内容、服务器与带宽扩容等方面的投入。同时，以技术中立之名，"寄附"于正版视频网站资源的移动视频聚合应用亦得到了迅速发展。

一、移动视频聚合应用经营者的侵权表现

移动视频聚合软件经营者扮演了产业"黑马"的角色，其通过定向搜索聚

* 刘青，男，腾讯法务部法律顾问。

** 田小军，男，腾讯研究院研究员。

① 凤凰网：《三张 3G 牌照同时发放　中国进入 3G 时代》，载 http://finance.ifeng.com/news/industry/20090107/304551.shtml，访问日期：2015 年 2 月 6 日。199it：《工信部 2013 年 12 月 4 日发放 4G 牌照　三家运营商均获 TD－LTE 牌照》，载 http://www.199it.com/archives/177099.html，访问日期：2015 年 2 月 6 日。

② 据工业和信息化部最新数据显示，2014 年 9 月我国移动互联网用户总数达到 8.71 亿人，其中使用手机上网的用户达到 8.33 亿人。中研网：《工信部 2014 全年移动互联网流量高速增长》，载 http://www.chinairn.com/news/20150122/111819725.shtml，访问日期：2015 年 3 月 3 日。

合技术链接聚合其他公司的优质资源用以吸引用户，给“精耕细作”的正版视频网站带来了极大的困扰。①

第一，移动视频聚合应用经营者未经权利人许可擅自将各家网络视频公司优质视频资源链接聚合到自身平台中，不显示或者简单显示视频来源，在视频播放时不进行网页跳转或者进行简单跳转，如此便可在聚合软件内为用户提供完成的视频的浏览、播放甚至下载。

第二，移动视频聚合应用经营者通过深层链接方式无偿使用竞争对手的服务器与带宽资源，加大竞争对手的服务器与带宽资源成本及访问压力，并以此来获取不当利益。

第三，移动视频聚合应用经营者利用定向搜索聚合技术②无视权利人设置的限制第三方访问的 Robots 协议，违反行业性自律协议的规定，强行访问聚合权利人的视频资源。

第四，移动视频聚合应用经营者提供拦截屏蔽广告的功能，损害被链视频网站的合法利益，破坏了视频网站的商业模式。

二、移动视频聚合应用经营者的法律定性

网络服务提供者可分为网络内容服务提供者与网络信息服务提供者，网络内容服务提供者指信息内容由自己复制、选择、编辑，并通过网络向他人提供、传播。网络信息服务提供者不直接提供信息内容，其系统与平台的信息内容并非其直接提供，其仅为这些信息内容的存储、接入、搜索、链接、传输等提供技术支持与便利条件。③ 有观点认为，根据其提供的“服务”不同，网络服务提供者具体可以分为网络接入服务提供者、网络平台服务提供者、网络内容及

① 艺恩网：《国家版权局扩大监管范围　视频网站 APP 成重点目标》，载 http://www.entgroup.cn/news/Markets/1023804.shtml，访问日期：2015 年 3 月 3 日。

② 此处需要明确，视频聚合软件不同于搜索引擎，两者尽管形式相似，搜索引擎与视频聚合并不相同，其区别在于视频聚合会对搜索结果进行筛选和编辑，甚至向用户推荐内容。参见刘晓庆、万柯：《视频聚合平台的版权侵权责任》，载《中国版权》2014 年第 4 期。

③ 参见《信息网络传播权保护条例(2013)》第 20～23 条。

产品服务提供者。[①] 据此，笔者认为，移动视频聚合应用经营者显然不是网络接入服务提供者，那么究竟是网络平台服务提供者、网络内容及产品服务提供者呢？[②] 笔者更倾向于网络内容及产品服务提供者。

1. 移动视频聚合应用经营者有提供内容的主观故意

移动视频聚合应用经营者几乎均以海量视频内容为主要宣传点，用以吸引用户安装视频聚合软件。此类大多在各大移动应用市场的娱乐或者视频分类中。这样的宣传点和行业分类显然表明了软件经营者对自身软件的定位以及用户对此类软件的认知。移动视频聚合应用经营者未经允许将来自网络的视频链接定向搜索聚合到软件中，通过人工编辑和机器排序等方式对进行选择、编辑、修改、推荐，呈现在聚合软件平台中。作为专业的网络视频经营主体，移动视频聚合应用经营者定向搜索聚合与选择、编辑、修改、推荐网络视频版权内容与链接表明其对于其聚合软件内呈现的内容的权利状态及权利归属是明知的，对于网络视频内容的来源与使用是完全可控的，有提供网络视频内容的主观故意。

2. 移动视频聚合应用经营者有传播视频内容的客观事实

不同于搜索引擎，移动端视频聚合是在对于链接内容已知的情况下，将链接聚合到软件中，聚合的链接是特定的，其并非是网络的广义搜索。在传统的PC端，网络服务提供者对于链接其他网站的视频内容会采取跳转链接或者深层链接的方式，视频聚合播放的行为相比较来看更加类似于深层链接的方式，深层链接行为的法律定性虽有争议，但涉嫌侵权的案件已经在互联网视频维权工作中屡见不鲜。[③] 另外，网民可以通过一些移动视频聚合应用进行视频内容下载，而目前视频网站若要实现视频版权内容的下载需要特定的PC或者手

---

① 姚建军：《网络服务提供者侵权行为探讨》，载《中国知识产权报》，转载自国家知识产权局官网，http://www.sipo.gov.cn/yl/2011/201102/t20110222_580220.html，访问日期：2015年3月3日。

② 如无特殊说明，本文主要采用姚建军法官的分类。

③ 2014年5月在上海市普陀法院审理的1000影视网站经营者张某侵犯著作权一案，这是我国司法实践中，首次认定深层链接行为构成信息网络传播行为，同时予以刑事规制。参见杨勇：《深度链接的法律规则探究》，载《中国版权》2015年第1期。

机软件，基本均为其自家开发的软件，显然，移动视频聚合应用经营者主动绕开或者破坏视频网站的版权技术保护措施以实现下载或者缓存。

3. 移动视频聚合应用经营者对于作品的传播构成实质替代

视频网站的搭建除了需要前端的展示平台，还需要部署大量的节点服务器并购买相应的带宽资源，这样才能够提供完整的网络视频内容服务，而用户能够接触的只是前端的展示平台，后台的服务器、带宽资源用户无法直接感知。在一个完整网络视频传播过程中，服务器和带宽资源难以直接呈现，只有前端的展示平台会被直接呈现且有被替代的可能，如果前端的展示平台被替代，拥有网络视频版权、服务器、带宽资源的正版视频网站即被实质替代。移动视频聚合应用经营者将本应在权利人展示平台呈现的内容，转而在其自身平台中呈现，切断了用户与视频网站的关联，增加了自身软件的用户黏性，此种行为显然构成对于视频网站的实质替代。

4. 移动视频聚合应用经营者通过聚合内容的播放获得经济收益

实践中，网络视频内容的浏览、播放、下载多数在移动视频聚合应用的平台内进行，用户甚至看不到来自被聚合视频内容的来源网站标识、网址，被聚合网站的广告也大多被“替换”。因此，移动端聚合软件的经营者未经许可，擅自通过定向搜索链接技术免费“使用”被聚合网站的视频版权内容、服务器以及带宽资源，吸引并分流被链网站的用户流量，并通过广告联盟或者自“自主招商”等形式的广告直接获益。被聚合网站的视频资源的“被动”呈现多数未给其带来广告主流量，并因被“实质替代”而导致用户流量流失，直接减损其通过商业广告及版权运营获取收益的能力。

三、移动视频聚合应用经营者的法律责任

视频聚合并非是一般的搜索链接服务，而是定向搜索与深层链接，尽管理论研究与司法实践对于移动视频聚合应用经营者的法律定性存有争议，但其均应对其于法无据、于理不通的侵权行为承担法律责任，差别仅在于侵权认定的路径与承担责任的方式有所不同。

1. 根据“提供”标准承担直接侵权责任

从保护著作权人权利的角度出发,《最高人民法院关于审理侵害信息网络传播权民事纠纷案件适用法律若干问题的规定》(以下简称《信息网络传播权司法解释》)明确了侵害信息网络传播权案件司法适用的“提供”标准。《信息网络传播权司法解释》第3条规定,“通过上传到网络服务器、设置共享文件或者利用文件分享软件等方式,将作品、表演、录音录像制品置于信息网络中,使公众能够在个人选定的时间和地点以下载、浏览或者其他方式获得的,人民法院应当认定其实施了前款规定的提供行为”。第4条规定,“有证据证明网络服务提供者与他人以分工合作等方式共同提供作品、表演、录音录像制品,构成共同侵权行为的,人民法院应当判令其承担连带责任”。

移动视频聚合应用经营者未经许可将其他视频网站的版权资源链接聚合在其平台内,并对视频内容与链接进行选择、编辑、修改、推荐,供用户在选定时间和地点对视频内容进行在线浏览、播放、下载,构成对权利人作品的提供,直接侵犯了权利人的信息网络传播权。早在2008年,某网络公司因深层链接侵权而被诉。法院对该案件经审理后认为从涉案影片链接设置的内容上来看,该网络公司特别进行了相关编辑行为。在对第三方网站链接的过程中,该网站实施了“嵌入式框架技术”,使第三方网站的内容直接为该网站所用,即进行了“深度链接”,其行为构成了侵权。①

从合同法与著作权法交叉研究的视角,我们认为,实践中,版权人在进行视频版权内容的信息网络传播权许可时,一般会限制被许可版权内容的使用平台和终端,合同授权以外的平台或者终端通过移动视频聚合软件“提供”版权内容的。如果与被链接聚合网站进行合作,则被链接聚合网站经营者的行为构成违约与侵权的竞合,聚合软件经营者应当与被链接聚合网站经营者承担共同侵权责任。如果聚合软件经营者未经版权人许可且未与独家被授权网站经营者进行版权合作,则其将因未经许可擅自通过信息网络传播他人版权

① 参见上海市浦东新区人民法院(2007)浦民三(知)初字第69号民事判决书,此案二审以法院调解结案。

作品而承担信息网络传播权侵权责任。

2. 违反公平竞争,扰乱社会经济秩序,承担不正当竞争责任

目前,互联网不正当竞争案件已经成为网络侵权高发案件,①且具有行为隐蔽、行业影响大、涉及事实及法律问题新的特点,给相关经营主体及市场竞争秩序带来严重损害。根据《反不正当竞争法》第2条的规定,"经营者在市场交易中,应当遵循自愿、平等、公平、诚实信用的原则,遵守公认的商业道德"。笔者认为,移动视频聚合应用经营者承担不正当竞争的责任主要有以下三个方面:

第一,通过深层链接方式未经许可使用竞争对手的视频版权内容、服务器及带宽资源。正版视频网站的视频版权内容、服务器和带宽的投入是非常巨大的,特别是视频版权内容采买动辄数以亿计,而移动视频聚合应用经营者未经许可模拟第三方网站或者用户获得视频内容,除却版权侵权因素之外,给被链接聚合网站带来了巨大的服务器及带宽压力,且其未获得任何收益补偿。相反,移动视频聚合应用经营者借此吸引用户流量,并从广告联盟或者"自主招商"等形式获得不当利益。

第二,破坏正版视频网站版权技术保护措施抓取视频内容。Robots 协议作为行业"君子协定",已经成为互联网行业的共识,正版视频网站如果不愿意其自有视频资源被搜索引擎访问抓取,会在网站站点设置 Robots 协议来明确告知限制搜索引擎的访问。同时正版视频网站的网络服务器并非对任意访问开放,其通过身份验证等技术限制非合作网站与非"正常"用户读取视频服务器中的视频资源。移动视频聚合应用经营者通过伪装或者破解加密等方式访问抓取视频网站服务器上的视频资源,违反公认的商业道德,破坏视频网站行业规则,此行为已在百度诉360 违反 Robots 协议案中被司法判决明确禁止。②

第三,移动视频聚合应用具有屏蔽视频广告的功能设置。由于我国特殊

---

① 中国法院网:《北京一中院召开"涉互联网不正当竞争案件审理情况通报会"》,载 http://www.chinacourt.org/article/detail/2014/06/id/1321230.shtml,访问日期:2015 年 3 月 5 日。

② Techweb:《百度诉 360 违反爬虫协议案宣判:360 赔偿 70 万元》,载 http://www.techweb.com.cn/internet/2014-08-07/2062133.shtml,访问日期:2015 年 3 月 5 日。

的互联网消费环境，网络视频点播付费在网络视频行业并非最主要的盈利方式，国内视频网站的收入主要依靠网络广告。但长期以来，广告拦截等形式的软件干扰一直是我国互联网不正当竞争案件的主要集中领域。各级法院在司法裁判过程中，结合对互联网行业发展模式以及竞争特点的分析，以及对反不正当竞争法一般条款的理解，逐渐确立了针对广告拦截行为的明确认定。在腾讯诉奇虎360扣扣保镖案、①合一诉金山猎豹浏览器案、②爱奇艺诉极路由广告屏蔽案③等案中，人民法院通过司法判决明确，“屏蔽广告”看似合理，实则损害相对人的合法利益，且长此以往必将导致“免费+广告”商业模式难以为继，最终也将损害消费者的长远利益。

3. 根据“避风港”规则承担间接侵权责任

从技术中立保护创新的角度出发，美国于1998年在DMCA(《千禧年数字版权法》)第512条中始设“避风港”规则用以在互联网产业发展与权利人利益保护之前寻求平衡。④ 我国于2006年公布的《信息网络传播权保护条例》第23条规定，“网络服务提供者为服务对象提供搜索或者链接服务，在接到权利人的通知书后，根据本条例规定断开与侵权的作品、表演、录音录像制品的链接的，不承担赔偿责任；但是，明知或者应知所链接的作品、表演、录音录像制品侵权的，应当承担共同侵权责任”。一般认为，网络接入服务提供者、平台服务提供者在符合法定“通知—删除”条款的情况下可以适用“避风港”规则，而网络内容及产品服务提供者则不能借由“避风港”规则免责。如前所述，笔者认为作为网络内容及产品服务提供者的移动视频聚合应用经营者不能适用“避风港”规则免责，但理论研究与司法实践关于移动视频聚合应用经营者的法律定性多有争议，因此，本文也就其根据“避风港”规则承担间接侵权责任的问题做一探讨。

“避风港”规则司法适用的前提在于判断网络信息服务提供者是否明知或

---

① 参见广东省高级人民法院(2011)粤高法民三初字第1号民事判决书。

② 参见北京市海淀区人民法院(2013)海民初字第13155号民事判决书。

③ 参见北京市海淀区人民法院(2014)海民(知)初字第21694号民事判决书。

④ Digital Millennium Copyright Act § 512.

者应知信息网络传播权侵权行为存在。最高人民法院在《信息网络传播权司法解释》第9条至第14条明确了认定一般网络服务提供者应知侵权行为存在的因素，包括网络服务提供者提供服务的性质、方式及其引发侵权的可能性大小，应当具备的管理信息的能力；提供内容的知名度；是否对内容进行了选择、编辑、修改、推荐等；是否积极采取了预防侵权的合理措施；是否从内容传播中直接获得经济利益；是否“合格”执行通知—删除规则等。

影视剧、电视剧、大型综艺节目等视频内容具有巨大的市场潜力，是移动视频聚合应用传播的核心资源。因此类视频内容的制作与运营投入巨大，权利人普遍会通过广告投送、权利申报、侵权通知等多种方式宣示版权权利，而移动视频聚合应用的商业模式，如定向搜索聚合、软件内“直接呈现”视频内容、对视频内容的选择、编辑、修改、推荐、通过广告直接获益等，均不同程度地强化其经营者的审查注意义务，也即降低了认定其应知和明知侵权行为存在的证明标准，①在司法诉讼中，此类经营者亦多因未尽到合理的审查注意义务、“合格”通知删除义务或者未能证明其为网络平台服务提供者而承担责任。

结语

“技术中立”的本意是为保护技术发展以促进行业进步，其平衡了产业发展与权利保护的冲突，使互联网企业的发展免受滥诉之困，促进了当前全球互联网产业的繁荣。当今，越来越多的侵权者以“技术中立”之名，实则背离了行业规则与司法原则的本意。移动视频聚合应用在技术上并无太多创新，多数的互联网企业基于保护正版的理念谨慎约束自我行为，或许会被看作“作茧自

① 举证责任、证明评价、证明标准这三个概念的内涵泾渭分明而又相互关联。举证责任要解决的问题是当案件事实真伪不明时，由谁承担不利后果。而证明评价就是检验证明的程序，即法官对事实主张是否已经得到证明做出判断。证明标准就是证明评价的一把尺子，用以衡量和检验什么时候证明成功了，证明标准应当由法律规定。参见北京市高级人民法院知识产权参阅案例：电子游戏攻略中未经授权使用游戏画面的行为构成侵权。

缚”,或许会演变成劣币驱逐良币,但其却是我国网络版权产业发展的中流砥柱。我们认为,移动端视频聚合并非不可行,但应尊重行业正版秩序规则与版权人合法权利,应在法律框架内协商获得许可,从而实现利益双赢而非“不劳而获”。

网络云盘版权侵权问题及规制对策

司　晓[*]　刘政操[**]

随着互联网技术的发展和演变，侵权手段和模式不断花样翻新，从盗版网站，到P2P分享和下载，再到盗链、深度链接；近期随着云计算技术的兴起，使提供分享、搜索、读取、下载等开放服务的网络云盘成了版权侵权的新方式。[①]然而，在现行法律体系之下，云盘服务商即使放任、帮助、唆使或者引诱用户侵权，乃至于与他人分工合作、共同提供侵权作品，只要形式上符合避风港规则之要求，仍然有可能获得避风港之庇护，从而免于承担版权侵权责任，这造成了版权保护的失衡。

一、网络云盘成为新侵权模式的中心

网络云盘（以下简称云盘），是互联网云技术的产物，通过互联网为用户提供信息存储、下载、读取、下载、分享等服务，具有安全稳定、海量存储的特点。国内云盘产品大都具有前述功能，本质上属于网络信息存储空间服务。然而，正是由于具有这么多的快捷功能，云盘已经沦为侵权重灾区。近两年来，通过

* 司晓，腾讯公司公共战略研究部总经理，腾讯研究院秘书长。

** 刘政操，腾讯公司法务综合部视频维权总监。

① 云盘问题成为全球性问题，在美国已经出现云盘运营商承担刑事责任（获刑3年，支付罚金和赔偿共计约10万美元）的判例，如RockDizMusic.com将服务器先后设在法国和加拿大，用户可通过该网站免费下载版权音乐单曲和专辑的侵权电子复本，Rocky Ouprasith通过收取高级用户订阅费和广告费获取收益，并无视版权人的投诉。See Michael Cooney. music cyberlocker downloads 36 months of jailtime [EB/OL]. Network World, Nov 17, 2015.

云盘实施盗版侵权、传播侵权作品的现象越来越严重,大量盗版视频、音乐、小说等内容被非法上传至各大云盘,供网络用户观看、下载以及转发、分享。

在国家新闻出版广电总局出台《关于进一步落实网上境外影视剧管理有关规定的通知》(新广电发[2014]204号,俗称"限外令")之后,利用云盘侵犯著作权的现象更是肆无忌惮。"限外令"明确视频网站引进境外影视作品须遵守"数量限制、内容要求、先审后播、统一登记"四项主要原则①,这一规定使境外首播与国内视频点播上线的"空窗期",给了侵权人以可乘之机。在"空窗期"内,追剧的影迷们可以通过云盘、小网站、论坛、微博、贴吧等搜寻境外影视作品,大量未经授权的境外影视作品通过云存储空间进行分享和传播。

以搜狐视频享有独家信息网络传播权的海外剧《纸牌屋》第三季为例,在该剧在美国Netflix网站全集播出而尚未在搜狐视频上线的两个月时间内,国内盗版肆意横行,云盘侵权链接累计近400条。② 再比如,自2015年4月13日HBO《权利的游戏》第五季上线起,在不到一个月的时间内,国内独家版权方腾讯视频共计发现和处理云盘侵权链接826条。又如,优酷视频独家版权电视剧《海德哲基尔与我》,该剧自2015年1月21日在韩国SBS点视频上线播出起,截至2015年3月26日,国内盗版愈演愈烈,其中云盘类网站盗版最为严重,此类侵权链接606条,占各类侵权链接总数的52%。③

国内热播影视剧也没有幸免于难。今年国庆档,国产电影《港囧》上映第二天,云盘中就出现了高清盗版影片,导演徐峥发文怒斥盗版,引发业界关注。④ 国产动漫片《西游记之大圣归来》在狂揽8亿票房的同时,盗版资源也在各大云盘遍地开花。根据第三方监测机构提供的数据,仅在2015年7月13

---

① 参见《国家新闻出版广电总局关于进一步落实网上境外影视剧管理有关规定的通知》,载http://dy.chinasarft.gov.cn/html/www/article/2014/01493bffdb6528a0402881a7470edaf0.html,最后访问时间:2015年11月3日。

② 参见《云盘成打击盗版下一风口 版权局界定明知应知规则》,载http://www.51ad.com/xinwen/hangye/index1398.html,最后访问时间:2015年11月4日。

③ 参见《云盘成打击盗版下一风口 版权局界定明知应知规则》,载http://money.163.com/15/1028/18/B71JVQ0O00253B0H.html,最后访问时间:2015年11月4日。

④ 参见《如何规范云盘服务版权秩序?》,载http://www.dhipr.com/DH/detail2/12670.aspx,最后访问时间:2015年11月4日。

日至16日三天间,《西游记之大圣归来》的侵权链接就达333条。[①] 冠勇科技的监控数据显示,在2015年上半年监测的大部分院线大片中,网络云盘的侵权量占各类传播渠道侵权量的10%到20%,有的甚至超过20%。[②]

由上可见,以云盘为中心的新侵权模式给整个正版视频市场带来了前所未有的挑战,导致正版视频网站用户流失严重,形成了劣币驱逐良币的恶性循环。

二、现行版权法体系下网络云盘侵权规制困境

(一)网络云盘侵权的主要模式

总体来看,利用云盘侵权主要有两种模式。一种是直接侵权。云盘对他人上传的侵权内容提供搜索、播放服务,实施直接侵权。更有甚者,云盘利用社交网络等网络渠道向关注者推广、推荐盗版内容,支持离线下载功能,可以实现一键存储和在线播放。通过相关小网站获得的URL或BT种子,也可以通过云盘的离线下载功能瞬间实现在线下载和在线观看。第二种是共同侵权。云盘与小网站、播放器分工合作、共同实施侵权行为。在这种侵权模式下,视频网站(展示端)由三无小网站或网友通过网页、微博、论坛、贴吧等形式来完成,对外展示侵权作品,吸引用户和流量;由指定的播放器(工具端)隐藏侵权链接和侵权作品存储位置并提供解码服务;服务器(存储平台)由云盘来完成。三者共同完成了一个侵权环节,具有隐秘性,很难搜集到共同侵权的证据。同时,云盘为用户提供多种分享入口帮助侵权。云盘不仅具有存储功能,也具有分享功能。例如,部分云盘为分享者提供积分或者奖励,鼓励用户上传并分享侵权内容,甚至对用户上传的内容进行编辑、推荐、排名等加工。

---

① 参见《云盘成为盗版视频资源的"灰色伊甸园"》,载http://tech.sina.com.cn/i/2015-08-10/doc-ifxftvni8877736.shtml,最后访问时间:2015年11月4日。

② 参见《云盘传盗版电影时代或将终结》,载http://finance.eastmoney.com/news/1360,20151029560516523.html,最后访问时间:2015年11月3日。

（二）网络云盘侵权规制的法律困境

我国2006年《信息网络传播权保护条例》引进了美国《数字千年版权法》（DMCA）中的避风港规则，其中第22条规定："网络服务提供者为服务对象提供信息存储空间，供服务对象通过信息网络向公众提供作品、表演、录音录像制品，并具备下列条件的，不承担赔偿责任：（一）明确标示该信息存储空间是为服务对象所提供，并公开网络服务提供者的名称、联系人、网络地址；（二）未改变服务对象所提供的作品、表演、录音录像制品；（三）不知道也没有合理的理由应当知道服务对象提供的作品、表演、录音录像制品侵权；（四）未从服务对象提供作品、表演、录音录像制品中直接获得经济利益；（五）在接到权利人的通知书后，根据本条例规定删除权利人认为侵权的作品、表演、录音录像制品。"

云盘在根本意义上是信息存储空间，尽管很多云盘除了方便用户存储信息，也会提供下载、转码、在线播放、分享等多项技术支持，但这些技术支持是否侵犯版权难以认定。此外，云盘服务商在一些服务中指定的播放器本身提供的就是解码等技术服务，可以通过技术中立原则进行抗辩，从而免责。所以，在我国现行版权法律体系之下，云盘可以享受避风港待遇。

（三）网络云盘侵权规制的维权困境

云盘利用他人上传的内容实施侵权行为，不管是提供具有直接侵权性质的搜索、播放、下载服务，还是提供分享入口、帮助侵权，抑或与三无网站分工合作、共同侵权，在实践中都可能引用避风港规则来免责；其他侵权主体也可能因为侵权环节分散、证据难以搜集而免于承担责任。这给权利人维权提出了很大一个难题。云盘下的维权困境主要表现在：

第一，云盘一般只要求用户利用电话号码、QQ号码、电子邮箱等进行注册，未采取实名制，也不要求提供地址、联系方式等信息，所以即使发生侵权也可能无法找到具体的侵权人。因此，一方面云盘可以借助避风港的免责条款来逃避法律责任，另一方面侵权人也可能因为无法找到而不被追究。此外，即使权利人发出通知并且云盘服务商惩处了某个账号的持有人，然而该账号持有人可以很轻易地重新申请一个新账号，重新上传、分享侵权内容，而云盘服务商根本察觉不到，使通知—删除规则流于形式。

第二，小网站一般都未进行实名登记，也没有进行备案，所以即使认定小网站侵权，也很难找到侵权人，即使找到侵权人，其也没有赔偿能力，维权成本巨大，维权效益却很低。

三、构建网络版权和产业良好秩序的建议

“剑网2015专项行动”将规范云盘服务版权秩序纳入其中，有业内人士表示，“原因在于这两年云盘服务上的盗版现象越来越严重，甚至有产业化的形式，特别是对于境外视频影视剧，由于国内‘先审后播’的规则限制，大量未经授权且未经审查删改的境外影视作品会通过云盘进行分享及传播”。[①] 作为“剑网2015”专项成果之一，2015年10月14日，国家版权局下发《关于规范云盘服务版权秩序的通知》（以下简称《通知》），明确了云盘服务商的义务、通知—删除规则、注意义务等方面的规定，对于云盘侵权和盗版起到了一定抑制作用，结合这一规定以及当前的版权产业形势，笔者提出以下几点建议。

（一）完善避风港

首先，在通知—删除程序方面，此前的版权法律并没有对通知—删除做出细化规定，只要求网络服务商在接到权利人符合要求的侵权通知之后及时屏蔽、断开、删除侵权内容或者侵权链接。《通知》第4条要求云盘服务商在云盘首页显著位置表明投诉方式，并在接到权利人侵权通知后24小时内移除侵权内容，这保证了通知—删除程序的时效性，可以及时防止侵权扩大化。

其次，信息存储避风港的要件之一就是不知道也没有合理的理由应当知

① 参见《国家版权局界定“明知”与“应知”规则》，载 http://www.legalweekly.cn/index.php/Index/article/id/8821，最后访问时间：2015年11月5日。

道用户的侵权行为,或者在知道用户的侵权行为之后,及时采取措施移除侵权内容。《通知》更加明确了云盘服务商的明知、应知义务,所以在明知、应知义务方面,云盘服务商应当主动履行其注意义务,不能对用户的侵权行为视而不见,更不能为之提供帮助或者教唆,否则就不能获得避风港庇护。

最后,建立对重复侵权用户的惩处机制。《信息网络传播权保护条例》并未要求网络服务商建立类似的机制,但是依照 DMCA,网络服务提供者获得避风港庇护的一个前提就是建立重复用户惩处机制。《通知》第 10 条要求云盘服务商建立侵权用户处置机制,给予列入黑名单、暂停或者终止服务等处置。

(二)规范网络云盘功能和使用

云盘本身并不是违法产品,但是,云盘最核心的功能是供用户上传、存储数据,然而在云盘发展过程中,出现了很多云盘不应当有的功能,比如为用户上传的内容提供在线播放、转码、解码、分享、BT 下载、URL 下载等功能,甚至有些云盘还对用户上传的内容分门别类地进行编辑、推荐、排名,甚至进行推广,这已经超出了单纯的信息存储服务,而且云盘的大部分用户是个人,这些多出来的功能往往和侵权相挂钩,其目的难谓正当。所以,《通知》第 7 条禁止云盘对用户上传、存储的作品进行编辑、推荐、排名等加工,不得违法分享作品。

另一方面,《通知》第 2 条要求云盘服务商建立必要的管理机制,运用有效技术措施,主动屏蔽、移除侵权内容,防止用户违法上传、存储并分享他人作品。其一,云盘服务商应当要求用户提供必要的个人信息,并保存用户姓名、账号、网络地址、联系方式等注册信息,并采取措施防止同一侵权用户再次上传侵权内容。其二,采用技术化手段移除、阻止侵权内容的传播。例如,国外知名的云盘 Dropbox 就采用“文件哈希值匹配黑名单 ”技术来检查共享文件的哈希值是否匹配到禁止清单,如果匹配,就阻止文件的上传或者分享。[①] 这

---

① 参见《云盘如何知道你在分享侵权文件》,载 http://www. ithome. com/html/soft/79885. htm,最后访问时间:2015 年 11 月 5 日。

样既可以防止侵权内容被传播、分享，又不会查看用户私人文件夹，不会侵犯用户隐私。国内公司也推出了云盘 UGC 内容版权过滤系统，此外，也可以利用关键词、md5 码、头文件识别、数字指纹识别、抽帧识别比对等技术手段识别、移除侵权内容。正如熊琦副教授所言，要求网络服务提供者首先自查和自我监管不但有助于节省版权监管部门有限的执法资源和成本，更能够有效减少云盘服务商日后在司法上面临的诉讼压力。

(三)加强行政保护和版权行政执法

司法、行政双管齐下是中国特有的执法机制。行政执法相较于司法具有快速、成本低的特点，能够及时有效地遏制盗版。2010 年 7 月，国家版权局、公安部、工信部等联合发起“剑网行动”方案，雷厉风行地打击网络盗版。2010 年 11 月，国家广播电影电视总局印发《广播影视知识产权战略实施意见》，宣布实施打击侵犯知识产权的专项行动。在行政执法的巨大压力下，主流视频网络服务商被迫对网站内容进行审查，差不多在一夜之间删除了绝大部分盗版视频。仅在“剑网 2014”专项行动期间，各地就共查处案件 440 起，移送司法机关 66 起，关闭网站 750 家。当下我国网络视频价格不断快速增长，也充分验证了行政执法对恢复健康网络版权交易市场的积极作用。因此在未来一段时期内，在互联网版权行为规则的建设方面，行政执法仍将发挥巨大作用。尤其是在云盘执法方面，考虑到云盘侵权往往举证难度大，维权周期长，但云盘侵权传播快、规模大，如果不及时加以制止，势必给权利人带来难以弥补的损失，所以版权行政执法就显得尤为重要。

“通知—删除”规则的理解与适用

——兼评“十一大唱片公司诉雅虎案”

司　晓*

一、“通知—删除”规则及构成要件

为更好的处理网络环境下的利益冲突，协调服务商、权利人和网络用户的权利义务关系，我国《信息网络传播权保护条例》（以下简称《条例》）在吸收借鉴美国《千年数字版权法案》（Digital Millennium Copyright Act，以下简称 DMCA）的基础上引入了“通知—删除”规则①，网络服务提供商如果希望享有避风港保护，免除损害赔偿责任，就应该按照通知的要求对可能存在的侵权内容进行及时的处理。

《条例》第14条明确要求，侵权通知应当同时包含三项内容，并且要求“权利人应当对通知书的真实性负责”。如果通知包含三项内容，符合形式要件，服务商收到通知后没有删除、断开链接，而事后法庭判定通知所主张的直接侵权行为成立的，毫无疑问，服务商就不能援引避风港条款免责，而应承担损害赔偿的责任。

但现实状况却远没有那么简单，不符合形式要件的侵权通知比比皆是，当

* 司晓，腾讯公司公共战略研究部总经理，腾讯研究院秘书长。在此对北京市立方律师事务所合伙人汪涌律师和中国人民大学史学清博士对本文提出的有益建议表示感谢。

① 刘波林：《关于〈信息网络传播权保护条例〉的几点感悟》，载《电子知识产权》2006年第8期。

服务商收到了不符合第 14 条规定的侵权通知,应否处理,以及如何处理才能免除损害赔偿责任,是一个对司法实践有重大意义、非常值得研究的问题。

在通知的形式要件问题上,立法者使用了“应当”一词,从词义来看,此规定更像是指导性法律规范,但果真如此吗? 通过分析,我们就可以发现这种观点并不成立。

通知的第一个形式要件为“权利人的姓名(名称)、联系方式和地址”,如果通知不具有上述信息,则通知发送人的身份根本无法核实,第 14 条第 2 款“权利人应当对通知书的真实性负责”就成为一句空话,也更谈不上服务商根据第 24 条的规定让权利人承担错误通知引起的错误删除或阻断的法律责任。因此,权利人的姓名(名称)、联系方式和地址实为通知所必须。

通知的第二个形式要件为“要求删除或者断开链接的侵权作品、表演、录音录像制品的名称和网络地址”,该条款要求通知发送人给出两个要素,即“名称”和“网络地址”。名称即作品的名称,按常理推断,权利人希望服务商配合删除和屏蔽,自然需要给出涉嫌侵权作品的名称。但在现实情况中,通知发送人仅列出公司名称或者旗下艺人的名称,而要求服务商对其公司或相关艺人的作品进行全部删除或屏蔽的处理要求大量存在,在这种情况下,通知显然不符合形式要件。该要件中第二个要素“网络地址”则更为复杂,在司法实践中引起的纠纷和争论也最多。网络地址简称网址,即 URL,是 Internet 上一个文件区别于其他文件的唯一地址标识,因此,存放于计算机上的供公众访问的任何文件都有其唯一的网络地址。《条例》未对网络地址进行明确的说明,但使用了“要求删除或者断开链接的侵权作品、表演、录音录像制品的”定语进行限定。意即要求发送的网络地址能够帮助服务商锁定在其网站上存储的侵权作品或指向侵权作品的具体链接,因此这种网络地址应是具体的,而不应是不加甄别的网站首页或搜索结果页的网络地址①。作为“通知—删除”规则范式立法的 DMCA 在“网络地址”要素上也有着比《条例》更为明确的规定,其明确

① 《互联网著作权行政保护办法》第 8 条也有类似的规定,要求通知书“应当”包含“涉嫌侵权内容在信息网络上的位置”。国家版权局 2007 年公告颁布的《要求删除或断开链接侵权网络内容的通知》指导性格式范本也要求通知发送人必须提供“侵权内容网页地址”。

要求通知发送人应给出“合理充分”(reasonably sufficient)信息以使服务商能够锁定被诉侵权的材料①。因此通知发送人不给出具体网络地址或将服务商网站首页的网络地址或搜索结果页的动态网络地址发送给服务商,显然不符合“要求删除或者断开链接的侵权作品、表演、录音录像制品的”这一限定条件,也不符合国家版权局的指导性规范,此种情形的通知也不符合形式要件。

通知的第三个形式要件为“构成侵权的初步证明材料”,此项要件是要求通知发送人对自己权利人的身份和其主张的行为为侵权行为做出初步的证明,由于侵权与否的法律判断是一项非常复杂、专业的工作。因此,立法者在此仅要求通知发送人提交初步证明材料,而并非法庭举证的以证明权属和侵权的所有证据材料,而服务商在收到“初步”证明材料后,只需审查其形式合法性,就可以对通知所述的“侵权行为”进行处理而不用考虑错误删除的法律责任。因此,未包含“构成侵权的初步证明材料”的通知无法证明通知发送人的身份和侵权行为的存在,应属不符合形式要件的侵权通知。

二、“通知—删除”规则的法律性质:“法定义务”还是“免责条件”

以上分析了通知的形式要件和种种不符合形式要件的情形,对于符合形式要件的通知,服务商收到后即对侵权行为的存在产生了“明知”,为了免除责任,其自然应当进行处理,此处不需赘述。因此下文将重点分析不符合形式要件通知发送的法律后果。我国《条例》对此问题并没有明确规定,服务商应否处理以及如何处理才能免责,在司法实践中也存在较大争议。在对上述问题进行分析和论述之前,我们首先需要对“通知—删除”规则的法律性质进行探讨。

“通知—删除”规则为美国于1998年颁布的DMCA所首次创立,此机制由于结合网络传输的特点合理地设定了服务商、权利人以及服务对象三方的

① See*Copyright Law of the United States of America*. §512(c)(3)(A)(iii).

权利义务关系,而被欧盟、亚洲等国家和地区的立法广泛借鉴,成为相关立法的范式和国际标准。[①] 我国《条例》"通知—删除"规则在制定时也吸收和借鉴了美国 DMCA 的相关规定,因此对其条文和立法理由进行分析,会更加有助于对"通知—删除"规则的理解。

DMCA 的立法者为表明其制定该规则的目的,"通知—删除"规则以及避风港条款所在章节(该法案的第二部分)的名称就被明确命名为"在线版权侵权责任的限制法"。美国参众两院就 DMCA 的立法报告更是明确指出,DMCA 规定"通知—删除"程序的首要目的在于鼓励网络服务商积极拓展新市场而不必担心因此承受的著作权责任,以提高网络的效率、品质和范围。[②] 立法者更进一步指出,制定"通知—删除"及避风港规则的目的在于:第一,建立一种激励机制,激励网络服务商与权利人密切合作,以便于有效地制止网络侵权行为的蔓延;第二,明确网络服务商可能的版权侵权责任,使网络服务商可以在准确预测法律风险的情况下,正常经营和发展网络信息产业。[③] 由此可见,DMCA 的立法者设计"通知—删除"规则及避风港条款的目的在于促进服务商产业的发展,引导服务商专注于"提高网络的效率、品质和范围",而不必卷入侵权内容的甄别和承担不可预知的版权侵权责任。因此,DMCA 中的"通知—删除"规则从性质上来讲是立法者为服务商设计的自我保护以免除赔偿的手段,而绝非一种法定的义务。

从《条例》"通知—删除"规则与避风港条款以及错误通知责任承担规则的行文[④]和法条的逻辑结构来看,我国立法者设计"通知—删除"规则和 DMCA 中"通知与移除规则"一样,并非为服务商创设一种义务,而在于希望

---

① 梁志文:《数字著作权论—以〈信息网络传播权保护条例〉为中心》,知识产权出版社,2007 年第 1 版,第 258 页。

② 参见 S. Rept. No. 105 - 190, p2, p8.

③ 参见 H. R Conf. Rept. No. 105 - 796, p70.

④ 我国《条例》与 DMCA 相关条款一样,立法者在表述"通知—删除"与免责的关系问题上,均采用了"条件"式的表述方式,即"满足下列条件,不承担赔偿责任:接到通知后……根据条例规定删除的",参见《条例》第 22 条、第 23 条,DMCA512(c)(1)、512(d),"条件式"而非"义务式"的行文方式在一定程度上体现出了立法者对"通知—删除"规则性质的态度。

建立一种行之有效的激励机制以鼓励服务商配合权利人维权以防止损失的扩大，换言之，““通知—删除””是立法者为服务商与权利人之间设立的纠纷快速解决机制，是为服务商设计的“免责条件”，而不是一项“法定义务”。[①] “通知—删除”规则的上述性质决定了在处理机制中，服务商对通知的审查只是形式上的审查，而并非判断侵权与否的实质性审查。服务商对通知内容的实质审查是服务商对服务对象行为性质的法律判断，即服务商判断其服务对象的行为是否构成对通知发送人的版权侵权。具体来说该种判断包括以下两个方面：

一是权属判断，即服务商需判断通知发送人是否享有相关作品的信息网络传播权。由于现代社会文化产业发展带来的版权贸易繁荣，作品的权项被拆分进行销售，单个或多个权项进行多次转手的情况已屡见不鲜，再加之一些作品原始权利人众多、权属标记不规范、不同法域对同一权利表述的不同以及转授权是否合法等问题，作品授权链条是否完整与合法，通知发送人是否享有信息网络传播权的判断成为了一项非常艰巨和复杂的工作。司法实践中多次出现的二审法院与一审法院对权属做出完全相反认定的情形更加清晰地说明了这一问题。

二是侵权判断，即服务商需判断服务对象使用作品的方式是否构成侵权。此项判断涉及作品的使用是否为授权范围内的使用，或者使用是否属于法律规定的对著作权限制的合理使用或法定许可，这无疑也是一项专业而复杂的工作。

当作品的原始权利人单一，并且没有进行过任何网络传播权授权时，侵权判断相对容易，但在多数情况下，侵权的法律判断毫无疑问是一项复杂、艰巨而专业的工作。对作为版权领域外行的服务商来说，对通知的内容进行实质审查并做出准确判断几乎是一项不可能完成的任务。

正因如此，立法者设计的“通知—删除”规则并非是对通知内容侵权定性

---

① 王迁：《荒谬的逻辑　无理的要求——评2008年度美国〈特别301报告〉要求我国政府对网络服务商施加的“强制移除义务”》，载《中国版权》2008年第3期。

的裁判程序，而只是一项成本更低效率更高的纠纷快速处理程序。在此程序中，权利人作为内容的创作者，对其作品和授权情况最为熟悉，因此立法者将其作为"通知—删除"程序的发起者，要求其承担判断作品是否侵权以及承担错误通知引起的法律责任。服务商作为技术提供商，其并非版权内容或侵权认定的专家，不具备判断链接或存储作品是否侵权的能力，但却具有控制涉嫌侵权作品在其网站传播的技术和方法，因此立法者鼓励其配合权利人而获得免责。①

而在通知的处理过程中，无论是通知发送人主张的侵权行为还是服务商对侵权行为的判断都可能出现与司法机关裁判不一致的情形，这种不一致可能是通知发送人根本就不具有主张作品的信息网络传播权，也有可能是权利人主张的侵权实际上是授权行为或者是对作品的合理使用或法定许可，甚至还有可能链接指向的内容根本就不是权利人主张的作品。如此也就不难理解为什么立法者在"通知—删除"程序中只要求权利人提供"初步"的版权证明材料，服务商收到材料后只需形式审查后删除就可以免除责任。同时立法者也正是考虑到错误通知出现的极大可能性，才制定了错误通知的责任承担制度。

三、不合格通知的法律后果："明知"、"应知"还是"不知"

在明确了"通知—删除"规则是免责条件而非法定义务的法律性质之后，我们将继续对不合格通知法律后果进行探讨。

《条例》第23条规定了搜索和链接服务提供商的免责条件，但同时又对此进行了明确限制，即颇受争议的但书条款——"(服务商)明知或者应知所链接的作品、表演、录音录像制品侵权的，应当承担共同侵权责任"。关于该但书

① 史学清、汪涌：《避风港还是风暴角——解读〈信息网络传播权保护条例〉第23条》，载《知识产权》2009年第2期。

条款与最高人民法院颁布的《关于审理涉及计算机网络著作权纠纷案件适用法律若干问题的解释》(以下简称《网络司法解释》)第3条所规定的共同侵权的主观状态之间的关系,目前很多学者都认为是相互补充的关系。[①] 简言之,他们认为,《条例》第23条与《网络司法解释》同为判断搜索服务商侵权的一般判断规则。如此一来,只要服务商对侵权行为存在“明知或应知”,服务商就无法享有避风港豁免,将要对间接侵权行为承担共同侵权责任。那么,此时讨论不合格通知所引起的法律后果实际上就是讨论不符合形式要件的通知是否能引起服务商对侵权的“明知或应知”问题。

首先,我们假设不符合形式要件的通知能够导致服务商的明知或应知,那么《条例》第14条关于通知形式要件的规定就会成为一纸空文。因为任何具体的侵权通知都可能挂一漏万,作为“理性经济人”的权利人与其费心的制作合格的侵权通知,倒不如通过发送概括性极强的不合格通知来使服务商产生明知或应知。如此一来,最“有效”的通知一定是不提及发送人身份、不涉及作品名称和网络地址的三无通知,即“请删除贵网站的一切侵权内容”。服务商收到此类通知肯定是一头雾水,他根本无法知晓其网站上什么样的作品涉嫌侵权,也根本无法根据通知进行处理以免除责任。如此一来,立法者为服务商精心设计的避风港条款倒成了权利人“陷害”服务商的最佳手段,这显然不符合立法者设计“通知—删除”规则的初衷。因此,《条例》第14条所规定的通知形式要件是立法者对权利人发送通知的最低标准,不符合形式要件的通知不能用于证明服务商的明知或应知,而应视为通知未发送。

上述三无通知应属于极端情形,退一步讲,即使通知发送人提供了要件一和要件三的材料,但并未给出要件二中的具体“网络地址”,如“请删除贵网站关于我司**作品的全部侵权内容”,此时通知发送人虽然告诉服务商涉嫌侵权的具体作品名称,但实际上却是把甄别与通知相关作品是否侵权的义务推给了服务商,要求服务商来判断其网站上与该作品名称相关的所有信息是否

① 王迁:《再论“信息定位服务提供者”间接侵权的认定——兼比较“百度案”与“雅虎案”判决》,载《知识产权》2007年第4期。

侵权。这时服务商就处于两难的境地:一方面必须逐项地去审核与该内容相关或可能相关的所有内容,删除其认为侵权内容,以享有避风港抗辩;另一方面要保证不错误删除非权利人主张的内容和对该作品合理使用或法定许可的作品而避免对服务对象承担违约责任。当类似通知泛滥时,服务商会因对通知内容的实质审查而不堪重负,而且他也会因为自身的判断错误而频繁地承担不可预知的侵权或违约责任。如此一来,"通知—删除"规则设定的平衡机制就完全不复存在。因此,形式要件部分不合格的通知应和上述三无通知一样,也不能用于证明服务商对侵权的明知或应知,也应当视为通知未发送。①

DMCA 对此也有着更为明确的规定,DMCA 第 512(c)(3)(A)明确规定了侵权通知应具备的六个要素,立法者为了表明其对通知要素的态度,一开始就明确指出,为了使通知有效(To be effective under this subsection),通知就必须实质性(substantially)地同时满足六个要素。更进一步地,512 条(c)(3)(B)明确规定未能实质性满足(A)项中列明要素的通知将不能用来证明服务商明知或意识到明显存在的侵权事实或情况②,意即不合格的通知不能用于证明服务商的主观过错。

因此,从我国《条例》法条之间的逻辑关系及范式立法的相关规定中,我们不难看出,通知的形式要件是立法者对通知发送人的最低要求,不合格的通知不能用于证明服务商对侵权的主观过错,也无法启动"通知—删除"程序,应当视为通知未发送。

备受关注和争议的十一大唱片公司诉互联网搜索巨头雅虎侵权案也涉及到了这一问题。该案中原告国际唱片公司向被告雅虎中文网站经营者发送了侵权通知,通知中列举了 34 名演唱者以及 48 张专辑的名单,并同时提供了 136 首歌曲的具体侵权 URL 地址各一个作为示例,法院认为虽然被告雅虎公司按照权利人的"通知—删除"了通知涉及的具体链接,但却怠于删除与涉案歌曲有关的其他侵权搜索链接具有主观过错,应承担帮助他人实施侵权的共

---

① 和三无通知有所不同,此时服务商知道通知发送人的联系方式,因此,服务商可以主动联系发送人要求其提供具体链接,权利人拒绝提供的,应视为通知未发送。

② *See Copyright Law of the United States of America.* §. 512(*c*)(3)(*B*).

同侵权责任。

该案中原告发送的通知包含了部分具体"网络地址",因而其符合通知的第二个形式要件,但从通知的要求来看,原告要求被告"删除与上述演唱者和专辑有关的所有侵权链接"。[①] 而该通知显然没有对所有涉嫌侵权的链接和搜索结果进行列明,从这个意义上来说,通知又不完全符合第二个形式要件。而法院认为"被告收到上述函件后,即可以获取原告享有录音制作者权的相关信息及被控侵权的相关歌曲的信息",进而在此基础上认定被告"应知其网站音乐搜索服务产生的搜索链接结果含有侵犯原告录音制作者权的内容",而最终判决其承担侵权责任。

上述推理的逻辑是通知虽然缺乏其他具体"网络地址"的要素,但由于服务商已经知道原告对哪些作品主张权利,因此就应对其网站所能检索到的所有侵权结果进行处理。这实际上是要求服务商对通知未列明的其搜索引擎抓取的所有关于涉案作品的内容进行主动审查和处理。不可否认,除原告就每首音乐作品列出的一条具体链接外,在雅虎以音乐作品关键字进行检索的结果中,还存在大量侵犯原告权利的侵权链接,但从另一方面讲,该案涉及的是音乐作品的录音录像制作者权,那么,在现有技术条件下,不对链接指向内容与涉案作品进行音源同一性[②]的比对,仅从链接名称根本无法判断链接所指向的内容是否就是权利人主张的作品,更无法判断所涉内容是否为合理使用、法定许可或张冠李戴的情形,因此任何人都无法在进行逐个比对之前就对链接指向内容的性质进行准确判断。该案判定服务商怠于删除与涉案歌曲有关的其他侵权搜索链接存在主观过错,就是将甄别搜索结果具体链接是否侵权的义务分配给了服务商。如果权利人仅列出音乐作品的一条具体侵权链接就能引起服务商对自己网站所有可能侵权内容的审查和处理义务,那么权利人再也没有必要去发送可能会挂一漏万的带有具体"网络地址"的侵权通知,仅给出音乐作品名称或者旗下艺人的姓名就足够了。因此该案的判决和认定标准

---

① 参见北京市第二中级人民法院(2007)二中民初字第02626号民事判决书。

② 录音录像制作者仅对其录制的音乐版本享有专有权利,如果链接指向的作品虽然是同一首歌曲,但表演者、伴奏或者其他因素不同,录音录像制作者是不能对该音乐作品主张权利的。

实质上是对《条例》第 14 条规定的通知形式要件的否定，是对权利人不发送具体网络地址的鼓励和认可。

在此种服务商处理标准下，权利人向服务商发送作品名称后，服务商的搜索引擎就不应再出现任何侵权链接。由于现有搜索引擎为通过匹配关键字的技术方式来实现网页或文件搜索，即被检索内容如有和提交关键字相同或存在包含关系时，被检索内容就会出现在搜索结果中，那么服务商就根本无法通过技术手段直接识别或控制被检索内容。因此要避免侵权，服务商就不得不去对已经存在的和将来可能被检索到的链接指向的文件进行逐个审查和核对，而且由于判断能力问题，他将不得不面对频繁出现的错误判断所带来的风险。因此，对服务商来说，最佳的方法也就莫过于将所有与作品名称关键字相关的信息屏蔽，那么其他作者同名或包含该作品名称关键字的作品，以及对争议作品合理使用或法定许可的作品和信息将被错误删除而无法传播。显而易见，在这种处理标准下，合理使用和法定许可的大门将被彻底关闭，版权法所精心设计的保护版权人独占性权利与维护公共利益之间的协调与平衡机制将被不复存在。所有与作品名称关键字相关的信息将无法通过搜索或链接得到传播，公众和社会再也无法从作品的创作和传播中获得合理的收益。

四、服务商接到通知后的处理方案分析

综上，基于“通知—删除”规则性质和不合格通知法律后果的分析，我们可以得出如下结论：“通知—删除”规则并非侵权裁判规则，而是一种纠纷的快速解决机制；通知应符合《条例》规定的形式要件标准，服务商收到通知后应按照《条例》要求进行形式审查，不合格的通知不能用于证明服务商的主观过错，应视为通知未发送。因此，服务商收到通知后可以根据自己的判断进行处理。如果服务商对符合形式要件的通知进行处理，事后证明通知是错误的，由于错误的判断由通知发送人做出，并且形式要件中通知发送人已承诺对其通知的真实性负责。因此应由通知发送人而非服务商承担对服务对象的法律责任。

如果服务商选择进行实质审查，并且认为通知主张的“侵权行为”不成立

进而未做处理，事后法庭证实其判断正确，即服务商帮助他人实施的并非侵权行为，服务商当然不用为合法行为承担共同侵权责任。如果判断错误，服务商属于收到通知而未处理，具有主观上的过错，因此无法享有避风港的豁免，应承担损害赔偿责任。因此，具体来说，服务商对通知的处理方式以及可能出现的后果包括以下八种情形：

方案一：收到通知——形式审查合格——直接删除——免责；

方案二：收到通知——形式审查合格——不删除——可能承担共同侵权责任；

方案三：收到通知——形式审查合格——实质审查合格——直接删除——免责；

方案四：收到通知——形式审查合格——实质审查合格——不删除——极大的可能承担共同侵权责任；

方案五：收到通知——形式审查合格——实质审查不合格——直接删除——免责（事后证明删除错误，由通知发送人承担责任）；

方案六：收到通知——形式审查合格——实质审查不合格——不删除——如判断正确则服务商不侵权，如判断错误则承担共同侵权责任；

方案七：收到通知——形式审查不合格——删除——可能承担对服务对象的法律责任；

方案八：收到通知——形式审查不合格——不删除——不导致对侵权的明知或应知，不承担责任。

由此可见，服务商为了免除责任，对待侵权通知最明智的处理方式应该是方案一和方案八。即按照《条例》要求仅对通知进行形式审查，而不进行实质审查。当然，服务商也可以按照方案三到方案六的方式选择进行实质审查，从而防止错误删除而给产品带来的影响，但此时他就必须承担方案六中所述自身判断错误而引起的共同侵权责任。

互联网自由与版权

——一场硝烟弥漫的战争

蔡雄山*

一、引起互联网大佬抗议的法案

2012年1月,美国各大互联网公司纷纷以黑屏及声明等多种形式抗议美国国会两项限制网络内容的法案。到底是什么法案让大佬们如此愤怒呢?这两项法案分别是阻止在线盗版法案(Stop Online Piracy Act,SOPA)以及保护知识产权法案(Protect Intellectual Property Act,PIPA)。

阻止在线盗版法案(SOPA),由美国众议院议员Lamar Sminth于2011年10月26日提出。该法案将美国执法部门的权利扩张到在线版权侵权及假冒商品。该法案允许美国司法部及版权人对盗版网站向法院申请禁令,随后采取包括阻止该网站广告网络、阻止金融机构对侵权网站交易、阻止搜索引擎提供侵权网站链接及要求网络服务提供商封锁该网站的措施。根据该法案,检察总长(Attorney - General)可以要求相关网络服务提供商如谷歌、PayPal、Visa停止与相关侵权网站进行交易,并采取合理措施封锁侵权网站。

法案还对通过自愿措施切断与侵权网站联系的广告和支付提供者规定了

* 蔡雄山,男,腾讯研究院高级研究员。

豁免制度。法案同样还对在线盗版视频、销售假药、军事用品等加重了处罚。PIPA法案则是由福蒙特州联邦参议员、民主党人帕特里克·李希(Patrick Leahy)起草,其主要内容与SOPA类似。

该两项法案支持者认为法案加强了网上知识产权保护,将更有力地促进产业发展,创造更多就业机会及利润。法案自然不乏坚定的支持者,他们大多是以好莱坞、美国电影协会等为代表的音乐、影视产业。但反对者认为该法案违反美国宪法修正案关于言论自由的规定,实质上是互联网审查,将影响互联网的根基、限制言论自由等。

二、版权与新技术——一场由来已久的战争

版权制度从诞生起就是和新技术相联系的。版权的起源在于15世纪欧洲印刷术(古登堡印刷机)的发明。欧洲印刷术的发明是一个划时代的标志,它以史无前例的方式改变了印刷品传播的环境。1710年4月10日,世界上第一部具有现代意义的版权法《安娜法》获得通过,第一次明确了作者个人权利应受到的保护,尽管只是对他们著作的保护。在随后的约300年时间里,版权制度随着每一次新技术革命不断演进,其中包括录音机、照相机、摄像机、计算机的发明与应用,等等。自20世纪90年代以来,对传统版权制度带来最大挑战的技术莫过于计算机技术。

美国是数字化技术和网络方面的领头军,同时又是知识产权的大国。因此,在立法解决数字化技术和知识产权保护之间的冲突方面,也走在世界的前列。1998年美国颁布《数字千年版权法案》(Digital Millennium Copyright Act, DMCA)。该法通过国内立法的方式,对网上作品著作权的保护提供了法律依据。这一法案是数字时代网络著作权立法的尝试,亦是网络初期著作权利益冲突各方折中的产物。其主要特点体现在以著作权人为中心,加强对其权益的保护,同时又对网络服务提供商(Internet Service Provider, ISP)的责任予以限制,以确保网络的发展和运作。该法确立了限制网络服务提供商责任的"避风港"原则。该原则指在发生著作权侵权案件时,当ISP(网络服务提供商)只

提供空间服务，并不制作网页内容，如果ISP被告知侵权，则有删除的义务，否则就被视为侵权，即“通知—删除”制度。如果侵权内容既不在ISP的服务器上存储，又没有被告知哪些内容应该删除，则ISP不承担侵权责任。

但该法没能够为大多数软件、电影和音乐等行业的公司提供有效支持。随着计算机技术的发展，网络侵权盗版加剧，该法所设立的“避风港原则”限制了互联网企业的版权侵权责任，给电影、音乐等版权产业造成了较大冲击。

为了应对网上盗版，世界许多国家纷纷通过新的网络版权保护立法。其主要措施在于以法国为代表的“三振出局”渐进反应机制，即网络服务提供商对网上重复侵权者在警告后以“断网”制裁。在该措施下，网络服务提供商对非法下载者发出通知，告知其侵权事实并停止侵权，并建议其使用有版权的作品。该通知逐渐升级，重复侵权人最终将被处以断网的处罚。该措施虽然争议不断，但已得到多国响应。2009年法国、韩国和我国台湾地区适用立法采纳了“三振出局”的反盗版机制。虽然类似立法在其他国家的实际执行效果还有待进一步观察，但可以肯定的是，网络环境对传统版权制度造成了一定冲击，国际社会也在立法层面不断修改立法以适应网络环境中著作权保护、监管执法、司法等的需要。在此背景之下，为了打击网上盗版，促进美国版权产业发展，美国众议院议员Lamar Sminth于2011年10月26日提出阻止在线盗版法案。

三、网络自由与版权——鹿死谁手?

如今互联网技术的发展势不可当，各种新技术、新运用层出不穷，技术发展势头不可阻挡，版权与互联网的冲突已经不再是技术与版权保护的冲突，而已经实质转化为互联网自由与版权的冲突。这个冲突因两个版权保护法案再一次被推到了风口浪尖。这场网络自由与版权的角逐最终谁会是赢家？扼杀版权以实现网络自由？扼杀网络自由以保护版权？答案恐怕不是这么简单。

历史有时惊人地相似。1984年的“索尼”一案中，被告索尼美国公司制造并销售了大量家用录像机，而原告环球影视城就一些电视节目拥有版权。由于购买家用录像机的一些消费者用录像机录制了原告的电视节目，原告于1976年在地方法院起诉索尼侵犯其版权。原告主张被告制造和利用了家用录像机，构成了帮助侵权。美国最高法院认为，索尼提供的录像机可以复制所有的电视节目，包括无版权的、有版权而权利人不反对复制的以及有版权但权利人不愿让复制的。而索尼的录像机主要用于非侵权用途，落入了合理适用的范围。最高法院最终以微弱多数支持了索尼，从而迎来了录像机技术的迅速发展。试想如果当年最高法院的大法官们稍稍一动摇，似乎这一先进技术的前途就不会像今天那么明朗，甚至有被扼杀的危险了。

目前由于巨大的争议，美国也推迟了该法案的议会表决。从各方的反应来看，法案的支持者与反对者背后都是利益，而利益集团通过游说从而影响政治。

可以肯定的是，人们无法回到没有互联网的时代，版权制度经过几百年的发展也日益完善，目前需要做的是在版权保护与互联网自由之间找到平衡点，这将是博弈的结果，也是政治的艺术。对此我们拭目以待。

电子商务平台服务提供者商标间接侵权责任研究

——论《侵权责任法》第36条在电子商务商标侵权中的适用

司　晓[*]　费兰芳[**]

一、问题的提出

互联网大大改变了人们的生活方式。其中非常典型的改变之一就是购物方式的革新。[①] 在我国,淘宝、拍拍、京东等一系列购物平台的出现为人们提供了全新的购物模式。这种新的购物模式为相关公司带来了巨大的经济利益,也给消费者带来了极大的便利。然而,这些电子商务平台同时也为销售假冒、侵权产品提供了简易畅通的途径,淘宝等平台一度被外界描述为知识产权侵权的重灾区,电子商务平台的知识产权侵权问题日益受到人们的关注。

电子商务虽然已经成为人们购物的重要方式,然而关于网络平台服务提

* 司晓,腾讯公司公共战略研究部总经理,腾讯研究院秘书长。

** 费兰芳,女,法学博士,澳门科技大学讲师。

① 中国互联网络信息中心(CNNIC)发布的《2010年中国网络购物市场研究报告》的数据显示,截至2010年12月,网络购物用户规模达到1.61亿人次,用户的网购频次达到半年平均网购次数10次,载 http://www.cnnic.cn/research/bgxz/dzswbg/201106/P020110602594116726720.pdf,访问日期:2011年10月5日。

供者应当承担的侵权责任却不甚清晰。《侵权责任法》的出台填补了这一空白,为互联网侵权责任的判断提供了若干标准。

该法第36条根据为自己行为承担责任和还是为他人行为承担责任对侵权责任进行了划分。其中第2款和第3款是对他人侵权行为承担责任的规定,有学者将其总结为两项规则:其一,提示规则或者“通知与取下”规则。只要网络服务提供者在接到投诉后采取了及时和必要的措施,就能避免承担责任。其二,知道规则,即网络服务提供者知道网络用户利用其网络服务侵害他人民事权益,未采取必要措施的,与该网络用户承担连带责任。①

两项规则虽为判断网络侵权责任提供了原则性指导,但短短一条三款的规则显然并不足以应对复杂多变的网络侵权责任。何为知道?何为及时?何为必要措施?诸如此类的问题都需要法官在司法实践中去做个案的解读。目前,网络平台的知识产权侵权已经引发了一系列的诉讼,而法院在解释相关法律条文时也出现了不同的倾向,因此有必要对该法第36条在电子商务领域的适用加以探讨。

电子商务平台为自己的行为承担责任,如京东商城要为以自己销售的侵权产品承担责任毫无争议,这与传统领域商家售假应承担侵权责任并无二致,因此本文不予讨论。我们需要重点讨论的是淘宝、拍拍等C2C模式下电子商务平台服务提供者因其卖家销售侵权产品而应承担的责任。

在一些案件中,法院在认定网络服务提供者的过错时较为谨慎。例如,在2010年广州市芳奈服饰有限公司起诉淘宝网及武汉籍卖家刘某侵犯“芳奈尔”商标权一案中,原告指控淘宝网为卖家刘某销售假冒产品的行为提供了空间和帮助。武汉市中级人民法院经审理认为,电子商务交易平台是新兴经济事物,淘宝网作为网络交易平台提供者,应该履行必要的监督和管理职责。但

① 有学者将此条款解读为美国前年数字版权法案的“避风港”原则,但也有学者指出美国的“避风港”原则仅限于版权侵权,且立法模式与侵权责任法不同,不宜将侵权责任法的规定认定为“避风港”原则。杨明:《〈侵权责任法〉第36条释义及其展开》,载《华东政法大学学报》2010年第3期。司晓、范露琼:《评〈侵权责任法〉互联网专条——以版权侵权制度为视角》,载《知识产权》2011年第1期。

是这种管理职责如果以要求其对网络环境中数量巨大且不断变动的所有交易信息进行合法性审查,则显得过于严苛,且可能超出网络交易平台提供者的管理能力和技术能力。从技术和成本上讲,不具可实施性。本案中,虽然客观上淘宝网为刘某的网店的侵权行为提供了网络虚拟空间,但是淘宝网及时删除了涉案商品所在网页,履行了适当的事先审查和事后补救措施,与刘某不具有侵权上的共同故意,也不存在单方过错,不应承担侵权责任。①

在上海市黄浦区人民法院衣念诉华倩、淘宝侵犯商标专用权纠纷一案中,法院认为被告淘宝公司收到原告的侵权投诉后,对原告提供的证据进行了初步审查,根据原告的要求暂时保留了涉嫌侵权的商品信息链接,并提供了被告沈某的身份信息。待原告提起诉讼后,被告淘宝公司即删除了相应的商品信息链接。被告淘宝公司还通过淘宝网公开发布了《淘宝网服务协议》《商品发布管理规则》等,明确规定用户在淘宝网网上交易平台上不得买卖侵犯他人知识产权或其他合法权益的物品等,并设置了相应的惩罚规则。因此,被告淘宝公司作为网络服务提供者已经尽到其应负的合理注意义务,不承担共同侵权责任。②

然而,在另一些案件中,法官则倾向于对网络服务提供商是否知道侵权和必要措施做出扩大化的解释,如衣念与淘宝、杜某等商标侵权纠纷案,淘宝就被判承担连带侵权责任。法院认为,淘宝公司作为国内最大的网络交易平台服务提供商,完全有能力对网络用户的违规行为进行管理。淘宝公司虽然删除了被投诉的商品信息,但除此之外没有(按照其用户协议)采取其他任何处罚措施,杜某仍然可以不受限制的发布侵权信息。其故意为杜某某销售侵权商品提供便利条件,构成帮助侵权,具有主观过错,应承担连带赔偿责任。③ 在衣念与淘宝、钱某案终审判决中,法院更进一步认为,尽管淘宝已按照其用户规则对钱某进行了扣分等相关处罚,但由于多次处罚后,钱某依然有侵权行为

① 广州市芳奈服饰有限公司起诉淘宝网及武汉籍卖家刘某,具体参见 http://www.hljtv.com/2011/0512/19848.shtml,访问日期:2011 年 10 月 5 日。

② 参见上海市杨浦东人民法院(2010)杨民三(知)初字第 57 号判决书。

③ 参见上海市浦东新区人民法院(2010)浦民三(知)初字第 426 号判决书。

的存在,因此未采取必要措施,应按照《侵权责任法》第 36 条第 3 款的规定承担连带责任。①

从上述案件来看,法院在处理相关案件时表现出了明显不同的态度和倾向。法官对平台服务提供者应当承担的注意义务和接到侵权投诉后应当采取的必要措施有着截然不同的观点。一些案件中法院认为电子商务平台只要在接到投诉人通知后采取措施删除侵权页面即可免责,另一些案件中判定平台服务提供者不仅应当删除投诉人通知书中列举出的侵权产品及其链接,而且应当对多次销售侵权产品的侵权人进行限制,这种限制并不限于按照用户规则进行处罚,而是侵权不能再次出现。

上述何种解释才是侵权责任法的立法本意,如何分配权利义务才能有效地平衡电商平台、商户和权利人的利益,相关问题的回答及司法判决导向对我国电子商务产业发展意义重大。

二、电子商务平台法律性质的探讨

分析上述问题之前我们首先需要对提供电子商务平台(以下简称电商平台)的网络服务提供者的身份特征进行探讨。C2C 电子商务模式下,电商平台本身并非卖家,而是为卖家和买家提供一个交易的平台和场所,卖家通过在平台上开设虚拟店铺销售商品给买家,淘宝、腾讯拍拍是这种模式的典型代表。多数观点都将电子商务平台类比为商场和市场,在此基础上以管理者的角色对平台服务提供者提出要求并分配责任。但笔者认为,虽然电子商务平台为买家和卖家提供了交易的场所,但其角色和传统的商场还是有着显著的区别。这体现在商场是有形物品的集散地,而电商平台从本质意义上只是信息的集散地,它所处理和接触的是“信息流”而非“物流”。电商的本质特征或者说其区别于传统交易的根本优势就是卖家和买家不用见面就可以完成交易,买家是根据商品信息而非商品实物做出交易判断的。因此,从这一点来说,电商平

① 参见上海市第一中级人民法院(2011)沪一中民五(知)终字第 159 号民事判决书。

台和专门用于发布购物信息的 BBS 并无实质区别。其仅是一个信息的发布渠道,只不过电商平台提供了第三方支付工具、商品分类排名、推广等服务从而使其与交易的结合更为紧密。但这里没有从本质上改变其和商场的区别,即自始至终电商平台都没有机会接触到实体商品。

另外,商品数量和虚拟的上架方式也是电商平台和商场的区别所在。传统的商场即使再大,也不过几千家商户、数万件商品,但电商平台则可在虚拟空间提供无限的柜台和货架。因此,电商平台不可能对所有的商品信息进行事先的核实和检验,这一点前述判决也都予以了明确。面对如此多的信息和只见信息不见实物的现状,任何赋予电商平台事前审查义务的要求都是不切实际的,将会对整个行业造成毁灭性的打击。

三、电商平台“明知”的判断

电商平台虽不承担事先的主动审查义务,但应对其存在过错时的第三方侵权行为承担间接责任。依据第 36 条的规定,电商平台的过错存在于如下两种情形中,即第 2 款规定的接到通知未处理和第 3 款虽未接到通知但对侵权“知道”的特定情形。

一般情况下,收到侵权通知可以证明电商平台对侵权知情,即其对第三方利用其平台从事侵权行为实际知晓的主观状态。在司法实践中,除电商平台自认外,一般情况下难以证明其明知,而依据第 2 款证明电商平台接到了通知无疑是证明其明知的主要途径,司法实践中,两个问题导致了“通知—删除”规则的复杂化,第一个问题是何为有效通知,《信息网络传播权保护条例》对通知的内容和程序作了详细规定。① 实践中,电子商务平台一般都参考制定了一套类似的流程

① 《信息网络传播权保护条例》第 14 条规定:“通知应当包含以下内容:(一)权利人的姓名(名称)、联系方式和地址;(二)要求删除或者断开链接的侵权作品、表演、录音录像制品的名称和网络地址;(三)构成侵权的初步证明材料。”

规定,要求通知有基本的权利证明、侵权信息的地址,以及侵权的基本证据。[①] 但侵权责任法对此并没有明确的规定,使平台的内部规定有效性欠缺一定的法律基础。笔者认为一方面应尽快出台相应的司法解释明确侵权通知的必备要件,另一方面司法机关应参照《信息网络传播权保护条例》规定尊重和鼓励认定这类内部规则效力,除非规则明显恶意地为权利主张制造门槛。否则,侵权通知必将演化为无主体、无对象、无具体信息的“三无”通知而失去实质意义,变成“陷害”电商平台的工具。[②] 第二个问题是通知的处理标准问题,即电商平台是否需要处理通知未明确列举的链接,是否需要对重复侵权的用户采取措施,这些问题在唱片公司与搜索引擎关于 MP3 的系列诉讼中都曾出现过。相关问题和电商平台的注意义务紧密相关,将在下文中一并讨论。

四、“应知”的判断规则

第三款的“知道”一词在侵权责任法制定过程中几经反复,有学者将其解读为明知,更多的学者和官方解释将其解释为明知或应知。笔者认为,纯粹地讨论“知道”一词的字面含义并无实际意义,更重要的意义在于对应知以及其对应的注意义务的解读和诠释。如果对电商平台设定非常高的注意义务,即扩大化的解释应知,无疑相当于让其承担无过错责任,如果设定极低的注意义务,明知和应知实际上等同于明知。

如前文所述,未收到通知时的明知是很难证明的,那么如何判断应知将是判断电商平台过错的关键。有学者认为,应知是“推定知晓”,是对主观过错的

---

① 例如,淘宝网规定,发起投诉须提供:投诉方身份证明与联系方式;投诉方为个人,请提供身份证或护照投诉方为企业,请提供经年检的营业执照;权利证明:投诉方为知识产权人本人,请提供专利证书、商标注册证、著作权证书等;投诉方非知识产权人本人,请提供专利证书、商标注册证、著作权证书,以及知识产权人授权投诉方进行投诉的证明文件;(须有知识产权人签字/盖章);承诺函/专利侵权投诉通知函(专利权投诉使用)及涉嫌侵权产品链接,具体参见淘宝规则,http://a.taobao.com/detail/2011/08/04/497500/1.php,访问日期:2011 年 10 月 6 日。

② 司晓、范露琼:《通知—删除规则的理解与适用——兼评“十一大唱片公司诉雅虎案”》,载《中国版权》2009 年第 3 期。

法律推定,即虽无充分证据证明网络服务提供者对于具体侵权行为存在实际认识,但基于其应具备的预见、判断和控制能力的注意义务,且违反注意义务与造成损害结果之间有因果关系,法院可以认定其主观上存在过错。① 那么应知判断的关键就在于电商平台应对第三方侵权行为承担何种注意义务。前述个案中法官的不同观点实质分歧也在于对电商平台注意义务的不同设定。

虽然笔者认为商标侵权与版权侵权的判断标准不同,不应简单照搬。但我们可以参考美国千年数字版权法案(以下简称 DMCA)对服务提供者主观状态的认定思路即需要同时满足主客观的两项标准。

第一,从客观要件来讲,需侵权行为本身的违法性明显,以电商平台的一般认知就可以非常容易地做出判断。如果商品名称中出现了“高仿”“A 货”,或产品说明中含有模仿品牌产品的说明信息,可以认为符合显而易见的标准。但如果只是一般性或需要经过调查取证才能判断构成侵权的不宜认定违法性明显。在欧米茄公司告淘宝网一案中,价格本身是否是侵权产品的判断标准就是案件的焦点之一。实践中,很多商标权人主张价格过低是判断侵权的充分条件,进而提出电商平台应对低价的名牌产品进行主动处理,或者在收到侵权通知后电商平台服务提供者应根据给定价格对涉及商品进行一并删除,但笔者认为将价格作为唯一标准并不合理。

首先,同一品牌下存在不同型号的商品是非常普遍的现象。虽然多数商家都会将产品型号作为产品关键字,但也存在大量产品详情页面中才有具体型号的情形,因此依据高端型号的价格进行批量删除会导致正品低端商品受到无辜的牵连。

其次,商标权制度的重要特点之一就是按注册类别进行保护(驰名商标除外),因此同一商标被不同权利人同时占有是非常普遍的现象,如果一个商标权人有权依照价格因素对平台所有商品进行价格标准的屏蔽,导致的结果极有可能是他人合法权益的侵害。

再次,单一的价格标准还可能导致商标权的滥用。商标权权利穷竭是平

① 参见吴汉东:《试论网络服务提供者的著作权侵权责任》,载《中国法学》2011 年第 2 期。

衡权利人和社会公共利益的重要工具,其含义是商标权人将含有注册商标标识商品第一次投入市场后,就不能够对该商品再流通的过程主张权利,该制度是为了协调知识产权和物权的冲突,以保障商品的正常流通。因此,即使商标权人声明自己从未授权网络销售,也并不意味着网络销售都是侵权行为。在商品的第一次流通环节中也同样存在类似的问题,厂家为了维护其产品的区域价格政策和渠道管理通常会对其经销商采取严格的管控措施。例如,A 地的经销商不得向 B 地客户销售,否则就会取消其经销商资格或返点红利等优惠。经销商如果违背销售渠道政策到网络上销售正品,厂家虽然可以根据一纸合同追究经销商的违约责任,但对于其已授权生产的正品,虽属首次销售也无法主张商标侵权。

最后,对于鲜活、积压商品进行折价销售也是常用的销售策略,并不涉及侵权,因此,对商品进行以价格为标准的"一刀切"显然并不合理,会导致严重的商标权滥用。

第二,从主观标准来讲,电商平台尽到一般的注意就能意识到该信息的存在,如该信息应存在于平台服务提供者可以明确感知的位置,如长期处于网站首页显著位置或电商平台主动推介的位置等。如果信息处于深层子页面或者必须经过输入关键字检索数据库才能获得,则不符合该要件,不应视为平台服务提供者知道。之所以要同时采用主观标准,原因在于电商平台上商品信息的海量性,客观上网络服务提供者无法预测商户下一秒上货的内容和用户在搜索框里输入的信息。因此,如果侵权信息并不存在于显著位置,不宜认定电商平台存在过错。

笔者认为,上述两个要件必须同时满足才能证明电商平台的"知道"。如果信息的违法性明显满足要件一,但信息存在于网店的深层子页面,由用户在搜索框主动输入通过检索方式实现,平台服务提供者一般情况下不可能发现该信息,不可就此认定平台服务提供者侵权。同样如果仅满足要件二,即证据证明平台服务提供者看到过该信息,但信息的违法性并不明显,不做深入或实地性调查不可能判断是侵权信息,也不能认定为其"知道"。同时,兼顾上述两个要件才能合理地设定平台服务提供者的注意义务。

五、“必要措施”的判断标准

接到侵权通知后采取必要措施是网络服务提供者免除侵权责任的另一个条件。那么何为必要措施，判断必要措施的标准是什么？从上述判例来看，网络服务提供者有可能采取的措施包括以下几种：第一，删除侵权通知列明的特定链接；第二，进行全站的检索，信息的逐条比对删除所有侵权信息；第三，将投诉商品的名称进行屏蔽；第四，封停提供侵权商品的商户的账户。上述何种方式为必要措施也是“通知—删除”制度能否发生作用的根本，如果仅按照第一种方式删除具体链接，权利人往往就会像上述衣念诉淘宝案陷入“通知—删除”的拉锯战中，无法取得实质的维权效果，反复发送的通知也加大了电商平台的工作量。如果要求进行全站的逐条核对，平台网络服务提供者将面对海量的动态信息，而且也无法仅根据信息本身做出准确判断，还有一个致命缺点是再有同类信息上传，侵权又会发生，显然第二种方法也不可行；第三种方法是一种矫枉过正的方法，会导致严重的商标权滥用；而第四种方法可以制止同一店铺的重复侵权行为，并且警示其他经营者，笔者认为将其与第一种方案结合是综合比较后的最佳方案。

淘宝和拍拍等知名C2C网站均建立了自己的管理规则，通过规则对其平台上的商户进行管理，①规则从法律属性上来说是电商平台和商户订立的格式合同，也是电商平台的市场管理规范，其建立是电商平台自治的典范模式。电商平台通过设立一定的扣分机制，对违规商户采取店铺屏蔽、限制发布商品、关闭店铺直至查封账户的处罚，如能将其与权利人的投诉结合起来可以有效地打击重复的侵权行为，并且体现出惩恶扬善的平台管理导向。但由于目前规则仅以合同的形式出现，其效力还欠缺一定的法律依据。笔者认为，一方面，工商管理机关应出台相应的规定提升规则或认可规则的效力；另一方面，

---

① 《淘宝规则——严重违规行为定义和处罚规则与解读》，载 http://a.taobao.com/detail/2011/01/18/437599/1.php，访问日期：2011年11月4日。

司法实践应鼓励和认可以规则为基础的电商自治管理模式，将管理规则的执行和平台服务提供者的过错认定挂钩，鼓励大家参与规则的制定和执行，以内部治理的最低成本来化解商标侵权问题。上述衣念诉淘宝、杜某侵权案体现出了这一思路。法院虽然判决淘宝承担责任，但判决中却有大段的篇幅论述规则的正面作用，认为规则"可增加网络用户侵权的难度，从而达到减少侵权的目的"，并将依规则处罚商户作为平台过错判断的依据。虽然在个案注意义务的设定上笔者存在不同意见，但此种鼓励电商平台自治的司法判决导向值得肯定，而衣念诉淘宝、钱某案中法院不认可电商平台依规则管理的行为，而仅以不再出现侵权内容为判断依据值得商榷。

结语

综上所述，我国《侵权责任法》并未赋予电商平台主动审查的义务，但平台服务提供者对其商户的商标侵权行为需承担一定的注意义务。因此，在判定电商平台商标侵权责任时，应当坚持审慎的原则。既不能放纵电商平台成为制假贩假的大本营，也不能对其赋予过多的义务而阻碍电子商务产业的发展，已有的个别案例中体现出要求平台服务提供者进行主动审查的倾向。这种义务设定是对法条的不当解读，从长远看不利于我国电子商务产业的健康发展。

此外，我们应当看到在世界范围内，各国基于不同的利益角度和现实国情，在立法和司法实践中体现出了不同的法律价值取向。

美国作为互联网领域的头号强国，其立法和司法一直限制对网络平台赋予过重的知识产权保护义务。在 Tiffany (NJ) Inc. v. eBay Inc. 一案中，Tiffany 指控 Ebay 在广告和拍卖模式中涉及虚假 Tiffany 产品的行为构成对 Tiffany 的商标侵权、商标稀释和虚假广告。法院认为 Ebay 已经建立了严格措施打击假冒产品的销售，没有证据显示 Ebay 有能力知道或者应当知道哪个拍卖具体卖的是侵权产品。另外，法官还驳回了 Tiffany 商标稀释的请求，认为 Ebay 的销售行为并没有危害 Tiffany 这一驰名商标的价值，从而认定了 Ebay

不承担商标间接侵权责任。①

相对而言,欧洲法院的相关判决则更为多样。在一些案件中,英国和法国的法院都支持了 Ebay。但在另外一些案件中,欧洲法院却倾向于保护一些奢侈品公司的利益。例如,在 Louis Vuitton v. Ebay 的案件中,LV 在法国法院起诉 Ebay 没有及时制止未经授权销售路易威登产品的行为构成侵权,并判决 Ebay 向路易威登支付40 万欧元的赔款。② 而在另一起 L' Oreal 及其关联公司诉 Ebay 的案件中,法院也基本认定 Ebay 应对其网站上出现的假冒产品承担侵权责任。③

上述判例反映了各国不同的产业政策导向。美国作为互联网产业的发源地和头号强国,对互联网产业一直采取较为宽松的政策以促进其充分发展,而欧洲作为奢侈品牌的聚集地,更加倾向于对知名品牌的保护。事实证明,在网络立法的各个层面美国似乎都比欧盟各国要更为宽松,笔者认为,这种不同的政策导向正是导致两者互联网产业发展水平迥异的重要原因之一。

我国的互联网产业经过十余年的发展,已走在当今世界的前列,出现了百度、阿里巴巴、腾讯等国际知名的互联网公司。这些公司在自身发展的同时,也带动了相关产业的发展,给人们的生活带来了巨大便利,已成为中国经济发展的重要引擎之一。不可否认,电子商务的发展带来了大量的知识产权侵权问题,但网络平台通过建立投诉、处理机制和基于规则的平台治理模式已对侵权形成了有效的遏制,这个方向无疑是正确的。电商平台的商标侵权责任的认定和划分应充分考虑产业发展和知识产权保护的平衡原则,过多地要求平台服务提供者承担第三方的商标侵权责任,不利于网络产业的进一步发展。这种方向对于中国这样一个网络经济发达而驰名品牌相对缺乏的国家而言不是一种正确的战略选择。具体到本文探讨的电商平台的商标间接侵权责任,

---

① Tiffany(NJ) Inc. v. eBay Inc. ,600 F. 3d 93(2d Cir. N. Y. 2010).

② Louis Vuitton v. Ebay, http://www. managingip. com/TopicList/141/Trade – marks – topics/Louis – Vuitton – v – eBay. html,访问日期:2011 年 11 月 4 日。

③ L' Oreal, Lancome and others v. eBay International, eBayEurope and eBay (UK) Ltd. and others, (2009) EWHC 1094(Ch.).

其重要目标就是达到知识产权保护和网络产业发展之间的平衡。在对网络商标侵权进行打击的过程中,应当严格适用《侵权责任法》的相关规定,对相关条文进行合理的解读和适用,统一裁判标准,实现知识产权保护和促进网络产业发展的双重价值目标。

评《侵权责任法》互联网专条
——以版权侵权制度为视角

司　晓*　范露琼**

一、互联网专条概述

《侵权责任法》已于2009年12月26日第十一届全国人民代表大会常务委员会第十二次会议通过,于2010年7月1日起正式施行。该法第36条①被称为互联网专条,旨在规制网络侵权行为。该条款从制定以来就受到广泛的关注,部分学者肯定了其制定的积极意义,更多的学者表达了对其负面效果的担忧。②

最终通过的法条和之前的三读草案相比,增加了一款"网络用户、网络服

* 司晓,腾讯公司公共战略研究部总经理,腾讯研究院秘书长。

** 范露琼,女,供职于深圳市南山区人民检察院。

① 《侵权责任法》第36条规定:"网络用户、网络服务提供者利用网络侵害他人民事权益的,应当承担侵权责任。网络用户利用网络服务实施侵权行为的,被侵权人有权通知网络服务提供者采取删除、屏蔽、断开链接等必要措施。网络服务提供者接到通知后未及时采取必要措施的,对损害的扩大部分与该网络用户承担连带责任。网络服务提供者知道网络用户利用其网络服务侵害他人民事权益,未采取必要措施的,与该网络用户承担连带责任。"

② 高明勇:《专家点评〈侵权责任法〉:互联网专条弊大利大》,载http://tech.sina.com.cn/i/2009-12-05/03363652144.shtml,访问日期:2009年12月5日;《新〈侵权责任法〉网络侵权条款保护谁》,载http://news.xhby.net/system/2010/01/14/010666351.shtml,访问日期:2010年1月30日。

务提供者利用网络侵害他人民事权益的,应当承担侵权责任"。该条款的增加吸收了部分学者的批评和建议,首先根据对自己行为承担责任和还是对他人行为承担责任将网络侵权进行了划分,该款仅针对自身提供内容的侵权行为,无论是网络用户还是网络服务提供者因自身提供内容导致侵害他人人格权、知识产权等合法权益的,原则上应承担侵权责任。

与三读草案相比,原第2款内容不变,但位置前置。该条款的前置体现了立法者对中立信息传播技术的保护,对网络信息中介服务行业意义重大。由于侵权内容并非服务提供者提供,其对侵权行为不具有预见、识别和控制能力,加之信息的动态性和海量性,一般而言,只有向服务提供者发送通知,他才可能知晓侵权行为的存在,才可能采取措施帮助被侵权人维权。因此,原则上不要求服务提供者对内容进行主动审查,而是要求他按照被侵权人通知进行处理。

第3款内容不变,但顺序后置。应理解为通知规则的例外,该条款体现了立法者对服务提供者注意义务的设定。对于明显存在的侵权内容,服务提供者虽未收到通知,但对侵权行为存在明确知晓的,也应主动采取措施减少损害的发生,否则就应与直接侵权人承担连带责任。

二、互联网专条存在的问题分析

总体来看,互联网专条三款条文的设定区分了内容提供行为和服务提供行为,并分别规定了不同的责任承担模式,对界定服务提供者的民事侵权责任意义重大,但该条款由于未能充分考虑侵权行为不同类型的特点和服务提供者在中介服务中的角色,也存在较多的问题。

(一)通知适用范围问题

首先从服务类型来讲,服务提供者的中介技术服务可以分为接入、传输通道、缓存、存储空间、搜索、链接等类型。在版权侵权制度中,由于复制权是权利人的专有权,因此一旦在中介服务中产生了对版权内容的复制,就必须存在正当的理由。这种理由可以是合理使用、法定许可也可以是"避风港",[①]但在其他侵权类型中,并不存在这种未经授权复制即侵权的大前提,大多数中介技术服务不会导致向第三方的信息传播,因此并不会独立构成侵权。

而且在版权侵权制度中,"通知—删除"规则也并非对所有服务类型普遍适用,根据《信息网络传播权保护条例》(以下简称《条例》)的规定,仅有第22条和第23条规定提供存储空间、搜索和链接服务才涉及处理通知而免责的问题,而同样是"避风港"的制度的第20条、第21条规定的接入、传输通道和缓存服务的免责条件中并不涉及"通知—删除"规则。究其原因,在于接入、传输通道和缓存等服务均无法识别与根据通知去处理具体的侵权内容,[②]而只有存储空间、搜索和链接服务的提供者才能采取措施去处理侵权的具体内容或链接。

因此,在版权侵权以外的其他民事侵权中,通知规则也仅应针对存储空间、搜索和链接服务,不对"通知—删除"规则适用对象做出合理限制将在实践中对接入、传输通道和缓存等服务造成不当影响。[③]

(二)通知配套制度缺失问题

首先需要明确,虽然互联网专条规定的通知制度类似于版权法中的通知制度,但二者在性质上却存在根本性的区别。在版权侵权以外的其他民事侵权中,由于不存在未经授权复制即侵权的大前提,因此从逻辑上来讲,互联网专条的规定对于服务提供者来说并非免除赔偿责任的"避风港",而是服务提供者仅在特定情形下对他人侵权行为承担责任的归责制度。立法者从"归责"的正向角度而非"责任限制"反向角度规定通知规则,体现了其对版权侵权和

---

① 合理使用和法定许可均是法律对版权专有权利的限制,二者均不构成侵权,但"避风港"的抗辩有别于二者。在"避风港"抗辩成立的情况下,侵权是成立的,只是法律出于对正当技术的保护而免除了损害赔偿责任。因此合理使用和法定许可的情形下无须"停止侵权",而"避风港"成立的情形下,服务提供者依然要删除内容,断开删除链接以"停止侵权"。

② 客观来讲,接入、传输通道及缓存等服务可以通过对网站拒绝服务的方式来"控制"侵权,但它不具有网站经营者对具体侵权内容处理的能力,如某网站被投诉存在一些侵权内容,接入服务提供者可以通过停止提供接入服务的方法让网站彻底关闭进而停止侵权,但显然这是一种矫枉过正的处理方法,正是基于这种原因法律才不要求此类中介服务提供商根据通知去处理侵权。

③ 王胜明主编:《中华人民共和国侵权责任法解读》,中国法制出版社2010年版,第193页。

其他民事侵权区别与对服务提供者中介服务定位的准确把握，在版权侵权以外的民事侵权中，服务提供者在特定情形下承担责任相对于仅在特定情形下免除赔偿责任来说无疑更为宽松，也更加合理。

在“通知—删除”规则的具体制度设计上，互联网专条的规定存在明显的缺失，“通知—删除”（Notice and take down procedure）规则及针对技术中介服务的“避风港”制度为美国数字千年版权法案（DMCA）所首创，我国《条例》也借鉴了该制度，其具体包括下列系列内容：侵权通知应具备的条件，服务提供者免责的条件，反通知制度，错误通知的责任承担制度，服务提供者因处理侵权通知而免除对用户违约责任的制度。

该系列制度体现了立法者对技术中介服务正当性的肯定，立法者反复强调任何情形下都不要求服务提供者对内容进行主动审查，而创设该制度的目的在于鼓励网络服务提供者积极拓展新市场而不必担心（因他人行为）引起的版权侵权责任，以提高网络的效率、品质和范围。① 为了减少侵权行为的发生，立法者设计了一套鼓励服务提供者配合通知发送人维权的激励机制，激励网络服务提供者与权利人密切合作，以便有效地制止网络侵权行为的蔓延。② 同时，立法者考虑到通知所指称的侵权行为并不一定属实，因此制定规则要求通知采取书面形式并符合一定条件，③并且要求通知发送人对通知的真实性承诺并承担错误通知引起的法律责任，被指称侵权的用户也可以通过“反通知”的方式要求服务提供者恢复被删除的内容或链接，并且服务提供者因通知而错误删除内容的行为可以免除对发布内容用户的违约责任。

由此可见，该系列制度不但为版权人提供了尽快制止侵权的机会，为服务提供者配合版权人维权免除后顾之忧，也为普通网络用户进行申辩和要求恢

---

① See S. Rept. No. 105 – 190, pp. 2, 8.

② See H. R Conf. Rept. No. 105 – 796, p. 70.

③ 与 DMCA 相比，我国《条例》第 14 条对通知的形式要件要求相对简单，包括“权利人的姓名（名称）、联系方式和地址”，“要求删除或者断开链接的侵权作品、表演、录音录像制品的名称和网络地址”和“构成侵权的初步证明材料”，上述三个要件是证明侵权存在并帮助服务提供者定位侵权内容的基本信息，是通知生效的必备要件。参见司晓、范露琼：《通知—删除规则的理解与适用——兼评“十一大唱片公司诉雅虎案”》，载《中国版权》2009 年第 3 期。

复合法信息的提供了机会，这种规定能够为版权人维权提供便利，也能够防止版权人滥用侵权通知，防止网络服务提供者过度删除合法信息。[①] 在系列制度下，服务提供者对通知只需进行形式审查，不需对通知主张的内容是否侵权做出任何判断，而是中立的配合第三方进行删除或恢复。因此，从性质上来讲，通知并非被侵权人的“权利”，对通知的处理也并非服务提供者的“义务”。“通知—删除”规则是一套旨在解决纠纷，降低（可能发生的）损害的快速处理机制，是服务提供者积极主动减少损害后果而避免承担赔偿责任的工具。[②]

立法者之所以如此设计规则在于网络版权侵权中，侵权判断有时比较容易，有时非常困难，有时服务提供者甚至根本没有能力进行判断。这种情况在其他知识产权侵权中也大量存在。

在商标侵权问题上，由于商标数量众多并且授权使用情况大量存在，服务提供者对侵权的判断能力也相对有限，尤其涉及不知名商标的侵权判断就更加困难，关于竞价排名的两个案情相似却结果相反的判决就反映了这一问题。[③] 专利侵权判断是一项专业性更强的工作，涉及对专利权利范围和被诉产品特点的比对和专业判断，因此网络领域的专利侵权判断就更是一项专业而非一看便知的问题。广义知识产权范畴的商业秘密、域名等权利的侵权和上述情形一样也都具有隐蔽性、一般人难以识别的特点，这也是知识产权审判较为专业化的原因。

人格权侵权的判断也存在类似的情况。以名誉侵权为例，侮辱较易识别，这时候只需要考虑到服务提供者能否根据一般人的注意义务就能非常容易地注意到他人在其网站上发布的侵权内容，如果侵权信息非常明显，非常容易就可以看到，服务提供者应当主动删除。诽谤则不然，诽谤有一个真实或虚假的问题，只有虚假的内容才可能构成诽谤，而是否虚假往往只有了解背景情况的

---

① 转引自刘家瑞：《论我国网络服务提供商的避风港规则——兼评“十一大唱片公司诉雅虎案”》，载《知识产权》2009 年第 2 期。

② 司晓、范露琼：《通知—删除规则的理解与适用——兼评“十一大唱片公司诉雅虎案”》，载《中国版权》2009 年第 3 期。

③ 《谷歌百度“商标门”调查：京沪穗法院判定不一》，载 http://news.163.com/08/0710/08/4GFQL7D700011229.html，访问日期：2010 年 1 月 22 日。

当事人才知晓。

再如隐私权,公众人物的隐私权保护范围有别于普通公民,[①]如果网民检举揭发贪污腐败、违法乱纪行为涉及个人信息,而公务人员以隐私为由要求删除,服务提供者是否应该不分青红皂白地一概删除?这里的“隐私权”与公众的知情权、舆论监督以及公民对国家机关及其工作人员的批评权、建议权密切相关。

互联网专条将通知作为“被侵权人”的权利,要求服务提供者收到通知就处理,实际上没有考虑到通知存在大量错误的可能性,也没有考虑到由于服务提供者不了解信息相关的背景情况,在很多情形下对通知指称侵权行为是否成立根本不具有判断能力。根据目前的规定,由于没有错误通知的责任承担制度,任何人都可以不负责任地通过通知的方式要求服务提供者删除和屏蔽一切对自己不利的信息。由于没有反通知制度,信息发布者也没有机会就自己信息的合法性进行举证和抗辩。服务提供者收到通知后就会陷于两难的境地,一方面要删除被诉侵权内容防止侵权,另一方面又要防止错误删除而对用户承担违约责任。[②] 而从成本角度考虑,服务提供者与其花费大量的时间去做不确定能否得到结果的调查还不如直接删除该内容。当类似的不负责任的通知泛滥时,必然的结果就是服务提供者大量删除用户发布的信息。如此一来,公民的网络言论自由、舆论监督权就会名存实亡。因此,互联网专条的规定已不仅仅涉及民事领域,很大程度上已涉及了公民的基本宪法权利。[③]

---

① 顾乐勇、王爱春:《公众人物隐私权的限制及司法保护》,载 http://www.chinacourt.org/public/detail.php? id=228491,访问日期:2010 年 1 月 23 日。

② 这一担忧已成为现实,笔者经过对几家互联网公司进行调查,在侵权责任法颁布后,各家均出现了(非版权侵权的)侵权通知数量明显上升的情况,很多通知从内容上看仅是负面信息,通过通知本身根本无法判断是事实陈述还是侵权行为,以某医院侵权通知为例,该院指出某搜索引擎检索到的某患者实名所写关于该院乱收费、出现医疗事故推脱责任的文章侵犯了该院的名誉权,要求该搜索引擎断开并屏蔽链接,类似的大量通知已经给服务商的正当的业务开展造成了较大影响。

③ 参见《侵权责任法(草案)网络侵权立法问题研讨会》,载 http://www.chinaelections.org/NewsInfo.asp? NewsID=165185,访问日期:2010 年 1 月 23 日。

（三）"屏蔽"一词使用不当的问题

互联网专条第 2 款中将"屏蔽"作为和断开、删除并列的必要措施显属不当。网络领域的"屏蔽"，是指就匹配关键词的所有信息进行删除或断开，使其不能出现。由于关于关键词的信息可能是非法的，也可能是合法的，甚至可能和权利人完全无关。因此，在版权法的"通知—删除"规则中仅要求对侵权内容"删除或断开"，而没有使用屏蔽一词，就笔者视野所及，也没有任何一个国家在网络立法中将屏蔽设定为服务提供者的义务。[①] 在其他民事侵权中，围绕关键词的合法和非法的信息同样同时存在，难以通过技术手段进行精确区别和处理。[②] 以网络上广为流传的"春哥""春哥纯爷们"等信息为例，作为一名女性，全国知名的"超级女声"，相关信息的存在对李宇春可能构成侮辱。如果李宇春发出通知要求网站屏蔽所有关于"春哥""春哥纯爷们"的信息，先不讲"春哥"二字本身并不一定都和李宇春相关，就算是相关的内容，就关键词的评述既可能是正面的也可能是负面的。例如，网络上同样存在大量的"谁敢说春哥纯爷们"等带有关键词的她的"玉米"进行反击的信息，或评论家就此所反映的社会现象进行评论的信息。如果一概对关键词屏蔽，必然的结果就是关于该词所有的信息都无法传播，而考虑到用户在服务提供者平台发布和服务提供者通过搜索技术检索和链接到的内容是海量和动态的，逐一地对含有关键词的内容进行审查并确定是否合法显然是不可能的，因此，将"屏蔽"作为必要措施之一明显不当，合理的做法应是通知发送人给出侵权信息的具体地址，服务提供者做出删除和断开的具体处理。

---

① 《条例》第 21 条的缓存"避风港"条款存在将服务提供者根据自动技术的"屏蔽"作为免责条件之一，但这里显然与服务提供者的主动屏蔽并非同一概念，在此，服务提供者的"屏蔽"只是延续原网络服务提供者屏蔽措施，是根据自动技术安排实现的，参见《条例》第 21 条（三）。

② 对于搜索引擎服务这一问题就更加明显，搜索引擎的工作原理是通过蜘蛛技术抓取网络上的相关信息，其检索到的信息取决于其他服务提供者提供的内容，这些信息显然是杂乱和海量的，就算服务提供者能够对之前关键词关联的所有信息进行甄别和删除，它也无法保证处理以后别的服务提供者不发布同样或相似的信息，而要想实现屏蔽，唯一的做法就是不提供该关键词的检索服务，无疑这样就会导致所有关键词关联的信息无法传播。

三、互联网专条适用及未来司法解释应关注的问题

(一)专条适用的逻辑关系

已颁行通过的《侵权责任法》和三读草案相比最大的特点就是“通知”条款和“知道”条款位置的调换。这一适用顺序的调整意味着,一般情况下应将“通知”作为认定服务提供者过错的前提,而“知道”未主动处理仅应作为过错认定的例外。这一调整充分反映了立法者对中立技术服务的保护和对其行为特点的准确把握。

首先,中介技术服务具有显著的中立性,其存在对互联网信息服务具有不可或缺的重大意义。以搜索和链接服务为例,如果没有它,互联网的信息将因繁杂无序而无法被有效获取。① 以存储空间服务为例,如果没有它,用户就不能通过互联网表达自己的观点或与其他用户分享信息。②

其次,从行为特点来看,服务提供者的行为不同于传统期刊的审查编辑模式。服务提供者并非侵权行为的直接实施者,而是其提供的服务客观上便利或扩大了侵权行为的发生。服务提供者的行为与损害结果虽然有客观上的联系,但在对损害结果的主观状态上,服务提供者不存在侵权的故意,与直接实施侵权行为的人也不存在共同的意思联络,二者仅因不同的主观状态分别实

① 搜索引擎的工作原理在于通过蜘蛛技术抓取其他网络内容提供者提供的信息,向用户提供关键词匹配的尽量丰富的关联信息,那么关于关键词检索到的信息既有可能是正面的,又有可能是负面的;可能是正确的,也可能是错误的,具体由用户根据需要进行甄别和筛选。由于关键词匹配的信息是动态的和海量的,服务提供者没有能力对信息的真伪好坏进行判断和甄别,也不知道用户需要的到底是哪个方面的信息。那么显而易见,任何要求服务提供者对检索到的搜索结果的真实性和合法性承担责任的做法都违背了搜索引擎存在的基本价值。

② 因此从本质上说,他提供的是信息发布的空间,是信息的自动发布系统,而不同于传统报纸期刊的先审后发机制。从数量上来讲,每天通过服务提供者发布的信息数以十万计,客观上服务提供者无法进行逐项审查,即使服务提供者愿意去逐项审查,他也没有能力去分辨所有信息的合法性。

施不同行为而共同导致了某一损害结果的发生。而且客观上，每天通过服务提供者检索或其平台发布的信息既是数以万计的，也是动态的。每个人都是网站的“编辑”，可以随时发布信息并且也可以随时删除信息。因此客观上服务提供者不可能也没有能力对大量繁杂而且缺乏背景信息的材料进行合法性判断，非法信息的法律责任理应由发布者自己承担。

正因如此，美国1996年通过的《通讯正当行为法案》(Commun-ications Decency Act，CDA)明确规定对于第三方发布的信息，任何为之提供技术服务的网络服务提供者都不应被视为信息的发布者，①一般情况下也无须为用户言论承担责任。

在Zeram v. AOL一案中，联邦地区法院判决指出“AOL作为网络服务提供者不必为其BBS上的名誉毁损性信息承担任何法律责任”。联邦第四巡回上诉法院也认同了这一观点。法院指出“被追究侵权责任的结果会令网络服务商陷入显著的恐慌之中，会出现噤若寒蝉的效应”，②这显然不是立法者所希望看到的。

即便是存在有偿合作关系的专栏作家侵权中，美国法院的判决也倾向于对服务商的保护，在Blumenthal v. Drudge and AOL案，“Drudge Report”是AOL支付稿酬发表的专栏(类似blog)之一，Drudge在AOL专栏上发表文章称白宫雇员Sidney Blumenthal有家庭暴力前科，原告遂起诉了两被告。法院根据CDA第230条驳回了原告对AOL的起诉，因为AOL在法律上并不被视为专栏作家所撰写的侵权言论的出版者或发布者对待。③

显而易见，美国的立法和司法实践均对网络服务提供者因其用户言论侵权作出了责任豁免。这种豁免即使在网络服务提供者付费使用作者作品的情况下仍然适用。

---

① CDA明确区分了一般民事侵权与知识产权侵权，排除了第230条对知识产权侵权的适用，CDA § 230。Protection for Private Blocking and Screening of Offensive Material(c)(1)，(e)(2). http://www4. law. cornell. edu/uscode/47/230. html. CDA, last visited Jan. 23,2010.

② Zeram v. AOL,129F. 3d 327,328(4th Cir. 1997).

③ Sidney Blumenthal and Jacqueline Jordan Blumenthal v. Matt Drudge and AOL, 992 F. Supp. 44(D. D. C. 1998).

我们在立法上赋予了服务提供者更多的注意义务，但在法律适用过程中应注意将其设定在合理的范围之内，以防止对信息服务行业的正常发展造成阻碍。原则上，服务提供者不应对其平台检索和发布的信息承担主动审查义务，除了侵权信息非常明显，服务提供者对此明确知晓外，其仅在通知发送人明确指出信息违法并且给出信息存放的具体地址时进行及时处理以防止损失扩大。

（二）归责原则

针对内容提供行为，互联网专条第1款并没有对侵权认定的归责原则进行明确界定。但“利用”一词通常具有主动、故意的含义，而且无故错责任的适用需基于法律的明确规定，因此原则上对利用网络侵害他人民事权益的认定应采用过错责任原则。① 由于用户或服务提供者是内容提供者，对内容进行了编辑和审查，在具体的实现方式上可以采用过错推定的方式：如果有侵权内容存在，则推定服务提供者存在过错。如果服务提供者能够证明自己尽到了合理的审查义务，则可以依据其过错程度减轻或免除赔偿责任。

这一点也与版权法对内容提供者侵权责任的归责原则相符，我国版权法在出版物版权侵权时对出版者采取过错责任的归责原则，即出版者举证证明自己尽了合理注意义务，著作权人也无证据证明出版者应当知道其出版涉及侵权的，服务提供者不承担损害赔偿责任。②

第2款和第3款的规定也明确体现出了过错责任的归责原则，第2款明确规定了服务提供者对侵权通知未及时处理的仅对损害的扩大部分承担责任，说明立法者明确区分了通知发送前后服务提供者的过错状态，服务提供者

---

① 王利明主编：《中华人民共和国侵权责任法释义》，中国法制出版社2010年版，第158页。

② 《最高人民法院关于审理著作权民事纠纷案件适用法律若干问题的解释》第20条规定：出版物侵犯他人著作权的，出版者应当根据其过错、侵权程度及损害后果等承担民事赔偿责任。

出版者对其出版行为的授权、稿件来源和署名、所编辑出版物的内容等未尽到合理注意义务的，依据著作权法第四十八条的规定，承担赔偿责任。

出版者尽了合理注意义务，著作权人也无证据证明出版者应当知道其出版涉及侵权的，依据民法通则第一百一十七条第一款的规定，出版者承担停止侵权、返还其侵权所得利润的民事责任。

出版者所尽合理注意义务情况，由出版者承担举证责任。

仅在其过错范围内对损害扩大的部分承担共同侵权责任。第3款中,服务提供者对用户利用其服务侵权明确知晓,不作为存在明显的过错,理应与用户就所有损害后果承担连带赔偿责任。

（三）“知道”的适用和解释问题

在互联网专条第3款关于服务提供者主观状态的规定中,立法者使用了“知道”一词。根据已有的立法例,“知道”一词一般和“有合理的理由应当知道”并列出现,①证明“知道”和“应当知道”并非同一含义。“知道”一词偏客观判断,描述行为人对侵权行为客观上是否知晓。有学者将其解释为已知,②其一般应对应“明知”,即行为人对侵权后果是明确知晓的状态,而应当知道一般应对应“应知”。前者是一种对过错的事实认定,它需要原告用证据证明被告事实上知道他人利用其服务实施侵权行为而放任不管。后者则是一种法律的推定,法律根据行为人的预见、判断和控制能力预先设定相应的注意义务,一旦行为人违反了注意义务造成了损害结果,不管其事实上对侵权行为是否知道,均认为其存在过错。③

在司法实践中,明知和应知的证明一般都是通过证据推定来实现的,服务提供者接到符合条件的通知可推定其对侵权“明知”,同时并非只有通知才能证明服务提供者的明知,如果有其他各种事实表明,服务提供者对侵权是明确知晓的,法官可以推定当事人明知。④ 但是明知的推定必须是非常谨慎的,应建立在证据充分证明服务提供者主观状态的前提下。笔者认为,在服务提供

① 参见《民法通则》第137条的规定:“诉讼时效期间从知道或者应当知道权利被侵害时起计算。”《条例》第22条;《计算机软件保护条例》第30条。

② 杨立新:《〈中华人民共和国侵权责任法〉条文解释与司法适用》,人民法院出版社2010年版,第220页。

③ 刘德良:《对“《侵权责任法》第36条——网络侵权”的解读》,载 http://www.fengxiaoqingip.com/ipteseluntan/luntan3/lt3zeren/zrzonglun/20100104/5359.html,访问日期:2010年1月30日。

④ 最高人民法院《侵权责任法》释义中,提到了“推定知道”的概念,其认为“推定知道”不同于应知。参见奚晓明主编:《中华人民共和国侵权责任法条文理解与适用》,人民法院出版社2010年版,第265页。

者未接到通知的情况下,明知的推定应是侵权行为的加害性非常明显,从信息本身就可以轻易判断是否侵权,而且同时还需有确实的证据证明服务提供者看到了侵权信息并且不作为。这里可以参考 DMCA 中对服务提供者主观状态的认定方法,即需同时满足主客观的两项标准:第一,从客观要件来讲,需侵权内容本身的违法性明显,如采用谩骂的方式进行侮辱,一般人一看便知是侵权内容。第二,从主观标准来讲,服务提供者明确知晓该信息的存在。一般情况下,该信息应存在于服务提供者可以看到的位置,如榜单、推荐标题等。上述两个要件必须同时满足才能证明服务提供者的“知道”。如果信息的违法性明显满足要件一,但信息的获取是用户在搜索框主动输入通过检索方式实现,服务提供者一般情况下不可能发现该信息,不可就此认定服务提供者侵权。如果仅满足要件二,即证据证明服务提供者看到过该信息,但信息的违法性并不明显,不了解背景情况不可能判断是侵权信息,也不能认定为其“知道”。这里过错的判断必须平衡权利人和信息传播服务提供者的利益,不可对服务提供者赋予过多的审查义务,否则服务提供者就会被卷入不确定的侵权或违约责任之中,信息服务行业的正常发展就会受到不应有的阻碍。

(四)侵权责任的范围

互联网专条第 2 款和第 3 款分别规定了服务提供者与直接侵权人的共同侵权责任,但两种责任范围有所不同。

第 2 款中服务提供者承担的是“扩大部分的连带赔偿责任”。一般情况下,服务提供者接到通知前,其对侵权内容的存在并不知晓,对于侵权结果的发生并不存在过错,因此无须对他人行为承担侵权责任。但当服务提供者收到通知后,未采取或未及时采取措施导致侵权内容传播范围扩大的,服务提供者对扩大的侵权结果存在过错,因此应在扩大部分的过错范围内与信息发布者承担共同侵权责任。

第 3 款中,对于明显存在且易于辨别的侵权行为,可以推定服务提供者对侵权行为存在是明知的主观状态,如果服务提供者未采取措施而是放任侵权行为的发生,显然对损害结果的发生存在过错,因此应与发布信息的网络用户承担连带赔偿责任。

(五)屏蔽的适用和解释问题

从词义来讲,删除多针对内容发布行为,断开多针对搜索和链接行为,而屏蔽可以理解为删除和断开所有相关的内容与链接,以使其不能出现,因此三种必要手段针对不同的产品形式,在程度上也存在明显的区别,立法者将三项措施并列作为必要措施,应是一种选择而非并列适用的关系。如前所述,“屏蔽”一词的使用具有非常明显的弊病,因此在实践中,应尽量多地将删除和断开作为必要措施,限制“屏蔽”一词的使用范围,屏蔽的使用应仅限于不会造成合法信息的删除或断开的情形,如果屏蔽的结果是关键词所有关联信息的删除,就不能认定为必要措施。在未来的司法解释中,也应对此进行明确规定。

四、通过司法解释完善专条的建议

综上所述,从保护公民表达自由、舆论监督权以及促进信息服务发展的角度,在未来的司法解释里,应该明确通知适用对象,配套建立通知要件、反通知、错误通知等制度,并对屏蔽等处理手段进行适当限制。具体建议如下:

(通知适用对象)

第36条第2款　所称的网络服务提供者是指供信息存储空间或者提供搜索、链接服务网络服务提供者。

网络服务提供者接到符合本法规定的书面通知书后,应当及时删除涉嫌侵权的内容,或者断开与涉嫌侵权的内容的链接,并同时将通知书转送提供内容的网络用户。网络用户网络地址不明无法转送的,网络服务提供者应当将通知书的内容在信息网络上公告。通知所述侵权行为属实,网络服务提供者接到通知后未及时删除该内容或者断开与该内容的链接的,对损害的扩大部分与该侵权的网络用户承担连带责任。

(通知的构成要件)

前款所称的通知书,应当包含下列内容:

(一)通知发送人的姓名(名称)、联系方式和地址;

(二)要求删除或者断开链接的内容的名称和具体的网络地址;

(三)构成侵权的初步证明材料;

(四)通知发送人承诺对通知书的真实性负责。

(反通知制度)

相关的网络用户接到网络服务提供者转送的通知书后,认为其提供的内容未侵犯他人权利的,可以向网络服务提供者提交书面反通知,要求恢复被删除的内容,或者恢复与被断开的内容的链接。

前款所称的反通知,应当包含下列内容:

(一)网络用户的姓名(名称)、联系方式和地址;

(二)要求恢复的内容的名称和网络地址;

(三)不构成侵权的初步证明材料;

(四)反通知发送人承诺对反通知的真实性负责。

网络服务提供者接到网络用户的书面通知后,应当及时恢复被删除的内容,或者可以恢复与被断开的内容的链接,同时将网络用户的反通知转送通知发送人。通知发送人不得再通知网络服务提供者删除该内容或者断开与该内容的链接。

(错误通知造成损失的责任)

网络服务提供者因通知发送人发出侵权通知而采取删除内容或断开被控侵权内容链接等措施给网络服务提供者或网络用户造成损失的,通知发送人应当承担赔偿责任。

(屏蔽的适用)

第36条第2款所称的删除、屏蔽、断开等必要措施应根据服务提供者的服务形式具体选择适用,但必要措施的选择不应对合法信息的传播造成阻碍。

(网络服务提供者明知侵权情况下的连带责任)

第36条第3款所称的知道,是指服务提供者对侵权明知,一般情况下同时符合下列两个要件可以视为服务提供者知道:

(1)网络用户的侵权行为具有显著的违法性;

(2)服务提供者意识到了该信息的存在。

搜索类新闻聚合 APP 的侵权认定分析

张钦坤[*]　孟　洁[**]

互联网使新闻信息的数量和传播速度大幅度提升，颠覆了传统媒体新闻的传播模式和渠道。互联网用户在受惠于这种变化而获得充足新闻信息的同时，也普遍产生了一种焦灼感。用户难以从海量的信息中及时、高效地获其所需，还要对各独立新闻媒体网站进行逐个浏览。这种情况类似于前大卖场时代，工业革命带来物质的极大丰富，但是商品类型化的割裂导致消费者购物的不便。而随着消费者的需求催生出的大卖场模式，使一站式购物成为可能。只要市场上存在种类多、数量大的产品和服务，聚合就成为不可避免的产物。互联网时代也不例外，视频网站的发展催生了“搜兔”等视频聚合平台，电商的突起催生了“蘑菇街”“etao”等电商聚合平台，同样在新闻领域，美国有“谷歌新闻”（Google News），媒体大亨鲁伯特·默多克在与谷歌之争中曾指责搜索巨人谷歌通过将用户吸引到聚合类新闻的方式，从地方媒体偷取用户，使用户离开了地方媒体网站。与之类似的是，国内也出现了“百度新闻”“今日头条”等新闻聚合 APP。近日，刚刚获得新一轮高额估值的移动互联网新秀“今日头条”受到了包括腾讯、搜狐、新京报在内的内容提供方的“口诛笔伐”。互联网信息聚合可以总结为对互联网海量信息进行内容挑选、分析、归类，最后为用

[*] 张钦坤，男，腾讯研究院副秘书长。

[**] 孟洁，女，腾讯公司法务综合部高级法律顾问。

户提供有用的更具针对性的信息。然而，在这种新的产品形态下，不同的模式、不同的展示机制下的法律问题也不尽相同。

一、新闻聚合 APP 的模式分析

目前新闻聚合模式主要有两类：一类是 RSS（Really Simple Syndication）聚合，[①]如 Google reader、鲜果等；另一类是搜索式聚合，如百度新闻、Google news、今日头条等。

最早的新闻聚合概念起源于 1997 年 Netscape（网景）公司开发的 RSS。用户可以按照自己的需求订阅站点信息源（RSS Feeds）。站点内容更新时，RSS 通过 XML 标准定义内容的包装和发布格式，将内容按照用户的要求推送到 RSS 阅读器或者 RSS 页面，使用户可以实现一站式地便捷阅读。[②]

自 1998 年谷歌推出搜索引擎服务之后，基于 Roberts 协议的搜索引擎成为互联网用户获取目标信息的主要入口。使用关键词进行通用搜索的结果杂乱无序，仍然无法满足用户及时获取信息的需求。因此，搜索引擎服务商推出分类搜索聚合服务，新闻聚合 APP 从新闻信息源抓取信息在其平台上聚合后进行再细分，将新闻标题链接分门别类地展示以供用户直接浏览。目前存在两种聚合形式：一是网页端聚合，利用搜索引擎抓取新闻信息源的信息后，将其标题作为链接分类展示，用户点击新闻标题后，网页会自动跳转至信息源网站；二是移动端聚合，此类聚合形式又分为以下几种情况：第一种是新闻聚合 APP 其采取同网页端聚合相同的方式将新闻标题链接以及新闻摘要进行展示，用户点击新闻标题后，新闻原文和图片仍然在 APP 端展示，未实现真正的跳转，只有用户点击页面下方的“阅读原文”，方可跳转至被链新闻网页；第二种是利用搜索引擎抓取新闻信息源的信息后，将新标题链接以及新闻摘要进行展示，用户点击新闻标题后，跳转到经过适配转码处理后呈现出来的页面，

---

① 简易信息聚合：除 RSS 之外，还存在 Atom 聚合技术，其实现效果无差异，两种技术标准目前存在融合统一的趋势。两者的上位概念为扩展性标识语言 XML 应用。

② 易晓阳：《RSS：含义、本征与应用》，载《图书馆学研究》2006 年第 8 期。

在下方标明诸如“已经经过转码或者优化并点击跳转到原网站”。

上述移动端聚合中的第二种情况，也即移动端未跳转的情形实际上是由深层链接技术导致的。搜索引擎的搜索结果最终均是以链接的形式呈现的，链接分为浅层链接和深层链接。[①] 浅层链接，即用户点击链接之后，直接跳转至被链网站，完全脱离设链网站。深层链接，即用户点击链接之后，可以直接在设链网站上浏览相关内容，此时的网页及其域名均显示为设链网站，从用户角度而言，未实现真正的跳转。[②] 虽然从形式上看，设链网站是将被链网站内容直接复制和上传，但实际上这种效果是通过深层链接技术实现的，被链的网站内容从未进入设链网站的服务器中。

由于搜索类聚合平台客户端的深层链接对被链网站产生了不同程度的替代效果，引发了诸多著作权纠纷。在著作权法维度中判断是否构成侵权需要考虑的要件包括：维权方是否享有著作权；被控侵权者是否未经许可实施了著作权人控制的行为；是否构成合理使用。下文将从这三个方面对搜索类新闻聚合 APP 涉及的著作权问题做进一步分析。

二、新闻及新闻摄影的著作权分析

搜索类新闻聚合 APP 展现的是被链网站的新闻文字和摄影，因此在侵权纠纷中，首先需要判断的是被链网站对于新闻报道文字和摄影是否享有著作权。

对于文字报道而言，《著作权法》第 5 条已明确将时事新闻排除在保护范

① 浅层链接与深层链接实际上是法学界对于链接技术的概括和称谓。严格从链接技术角度来讲，链接包括了普通链接、加框链接（Frame links）、嵌入式链接（Embedded links）或内链接（Inline links）。普通链接等同于浅层链接，其余链接形式虽然技术上有差异，但其最终呈现效果在法学层面上的争议是相同的，可以统归至深层链接类型。

② 参见王迁：《网络环境中的著作权保护研究》，法律出版社 2012 年版，第 336 页。

围之外。[1] 著作权仅限于保护表达,不延及事实,作为著作权理论基础并无争议。但是,新闻是一种对事实的记录,这种特性导致其表达和事实混同,更难以区分。新闻版权诉讼中,被告也多以此作为抗辩理由。南方都市报与搜狐版权纠纷案中,针对搜狐提出的时事新闻抗辩,法院判决指出"所谓事实新闻,其内容是由时间、地点、人物、事件为要素组成,具有时效性和客观性,不带有报道者的主观色彩、评论和修饰。而涉案文章,从其文字叙述、篇幅布局、素材内容等,都反映出作者的智力创作,不属于著作权法中单纯事实消息的时事新闻"。[2] 该判决对时事新闻概念的释义,实际可以用新闻报道的基本要素5W+1H[3] 来更准确地概括。新闻以真实为准绳,新闻中抽象出来的5W+1H并未留给作者发挥的余地,属于事实部分,不受著作权保护。但作者基于事实如何叙述、如何阐释因果、如何予以评论是其个性化的表达,如果该等表达是对客观事实的独创性表达,这种在实务当中,通常被称为"新闻信息",那么应该给予著作权法的保护。

对于新闻摄影,在讨论其是否属于时事新闻之前,应首先讨论的是摄影作品著作权的问题。实际上,我国著作权对于摄影作品的独创性要求较低。一方面,我国目前的司法实践中尚未出现由于摄影独创性过低而不予保护的案例;[4]另一方面,不同的摄影师因为对摄影角度、光线等因素的选择,导致拍摄出的照片并不完全一致。虽然摄影水平可能也影响照片的观赏性,但是艺术性并不等同于独创性。摄影过程给每一位摄影者都留下了发挥个性的空间,因此摄影作品所要求的独创性较低。按照这种标准,新闻摄影本身即应受到著作权的保护,无须再进一步讨论是否属于时事新闻的问题。因此,一般来讲,被链网站对于新闻报道文字和摄影享有著作权。

---

① 《著作权法》第5条规定:"本法不适用于:(一)法律、法规,国家机关的决议、决定、命令和其他具有立法、行政、司法性质的文件,及其官方正式译文;(二)时事新闻;(三)历法、通用数表、通用表格和公式。"

② 广州中级人民法院(2011)穗中法民三终字第112号民事判决书。

③ 5W:何时(When)、何地(Where)、何事(What)、何因(Why)、何人(Who),随着调查性报道的发展,基本要素中又衍生出"H"如何(How)。

④ 王迁:《论著作权法中时事新闻的含义》,载《中国版权》2014年第1期。

三、搜索类聚合行为的性质界定及其侵权分析

新闻聚合产生于互联网,可以使用户在个人选定的时间和地点浏览新闻信息。从其特点来看,与《著作权法》中规定的信息网络传播权定义最为接近,如果新闻聚合未经权利人允许,则可能侵犯其信息网络传播权。《著作权法》中对信息网络传播权的定义为:以有线或者无线方式向公众提供作品,使公众可以在其个人选定的时间和地点获得作品的权利。根据上文分析,深层链接技术移动端聚合可以理解为两个部分,搜索结果(新闻标题 + 内容摘要)是对原作品的部分复制,点击之后的全文展示是经过适配转码处理的深层链接。仅对搜索到的新闻信息进行即时格式转换,并不在搜索引擎服务器中保存转换处理后的网页,也即仅属于"临时复制",将该种复制行为认定为合理使用并无争议。①

但是,目前司法界和学术界对于深层链接的法律性质仍未达成共识。认定深层链接的性质,关键在于对其中"提供作品使公众获得"的解读。由于服务器标准能够提供更为客观和明晰的依据,我国早期司法界和学界均以作品未实际上传至被告服务器为由拒绝将聚合行为定性为信息网络传播,而是归类为普通链接行为。② 但从实际来看,聚合行为的确对被链网站产生了替代作用,造成了用户的流失,在某些环境下,坚持服务器标准的做法需要重新进行梳理和思考。

---

① 例如,王莘诉北京谷翔技术著作权纠纷案,北京市高级人民法院(2013)高民终字第 1221 号民事判决书中认定,图书搜索结果中对图书部分内容的引用并未对原作品产生实质替代作用,未影响市场价值,未损害著作权人利益。

② 例如,泛亚电子诉百度著作权纠纷案、上海步升音乐文化公司诉百度、正东唱片等七大唱片公司诉百度、华纳等三大唱片公司诉百度案中法院判决均认为百度抓取第三方网站播放音乐的这种深层链接行为,因未将作品上传至服务器,不属于信息网络传播;学术界如王迁教授在《网络环境著作权保护研究》一书中认为服务器标准符合我国的立法思路,利于维系利益平衡,同时也得到多个国家的认可。

（一）服务器标准与利益平衡原则

利益平衡作为知识产权的基础理论，在网络著作权领域具体指的是维系作者权利和公众获得作品以及维护技术创新之间的平衡。[①] 若适用服务器标准，设置深层链接者仅为网络服务提供者，对于链接享有版权的作品的行为不承担侵权责任。首先，从公众利益而言，深层链接是公众二次性获得作品的方式，但深层链接不存在，公众获取作品的范围并不受到影响。因此，公众利益并不影响深层链接性质的界定。其次，就被链网站而言，[②]其著作权价值最终体现在订阅费用、广告收入和授权许可。对于内容提供媒体来说，写原创内容是有成本的；尤其对于发布独家信息的竞品新闻 APP 媒体来说，其还要有人力、物力运营、推广等成本。他们的运营模式为提供免费新闻信息吸引用户，通过投放广告或收取订阅费等方式收回成本甚至盈利。深层链接对于作品的呈现方式与被链网站无异，用户直接阅读深层链接内容实际上会减少被链网站的访问量，内容提供方的订阅者和网站访问都会减少，订阅收费和广告收入都会减少，其收入来源会被掏空。同时，深层链接实际上架空了被链网站对外的授权许可，在服务器标准下，任何网站都可以未经许可再现设链网站的作品，而无须承担侵权责任。因此，深层链接最终损害了被链网站的利益。最后，从设链网站而言，深层链接与直接提供作品并无区别，但因为无版权许可和服务器运行成本而更加经济，这实际上是免费利用他人的财产来实现自身利益。

从立法的进程来看，将网络服务提供商界定为间接责任承担者经历了一个发展过程，[③]这个过程的并非基于法律逻辑，而是维护互联网技术发展的政策考量。[④] 该制度设计的本质在于在对著作权人利益牺牲最小化的前提下，避

---

① 《最高人民法院关于审理侵害信息网络传播权民事纠纷案件适用法律若干问题的规定》第1条规定：“人民法院审理侵害信息网络传播权民事纠纷案件，在依法行使裁量权时，应当兼顾权利人、网络服务提供者和社会公众的利益。”

② 此处假设被链网站对于其刊登的新闻享有著作权。

③ 王迁：《网络环境中著作权保护研究》，法律出版社2012年版，第208～216页。

④ 孔祥俊：《论信息网络传播行为》，载《人民司法》2012年第7期。

免对网络服务商苛责过重义务,阻碍技术创新和发展。但是,若以服务器为标准来界定深层链接的性质,在增进设链者利益的同时,会对著作权人利益产生根本性威胁,消解了著作权法对作者的激励作用,造成利益的严重失衡。同时,若抛弃服务器标准而将深层链接界定为直接侵权,并非必然加重设链者的责任。从实践角度来看,深层链接目前多用于聚合平台,以本文讨论的新闻聚合 APP 为例,其搜索的目标网站多为对所发布新闻享有著作权的知名媒体,若通过取得授权的方式设置深层链接,既维护了著作权人的利益,又不会阻碍链接技术的发展。至于许可费用,只是设链者为获得利益而必须付出的成本而已。

(二)“提供”行为的再解读

从我国著作权立法来看,《著作权法》和《信息网络传播权保护条例》中并未将“提供”限定于将作品上传至服务器方式。法规内容的概括化,即要求以更切合实际为标准进行合理解读。我国流行的服务器标准继受于 WCT 中“提供”(making available)的概念以及 WCT 外交会议中“初始行为”的概念。[①] WCT 第 8 条议定声明中指出:“仅为促成或者进行传播提供实物设施不致构成本条约(WCT)或者伯尔尼条约意义下的传播。”[②]从该条内容推知,首先,WCT 中对于“提供”的界定采取的是排除法,将为传播提供便利和设施予以排除,而未从正面限定服务器标准;其次,WCT 对“提供”行为的界定落脚在公众可以获得(available)。对于“获得”的界定,笔者认为只要公众在首次接触作品之后,无须也无动力在别处寻找相同作品时,即可以认定为“获得”状态,而非死板套用服务器标准。纯粹的网络服务提供商,因为技术本身无法使公众获得作品,因此其提供网络服务的行为不属于作品提供行为。但是,对于深层链接而言,由于其呈现作品的方式与原网站无异,用户在浏览完相关作品之后

---

① 芮松艳:《深层链接行为直接侵权的认定以用户标准为原则——以技术标准为例外》,载《中国专利商标》2009 年第 4 期。

② “Intellectual property in the New Millennium”, edited by David Vaver and Lionel Bently, Cambridge University, pp. 242 – 243.

不会再进入设链网站重新浏览，可以认定为“提供”作品使公众“获得”的方式。结合上文对WTC的分析，抛弃服务器标准，将深层链接认定为直接提供作品的行为，与WCT立法并无冲突，反而是对WTC立法更准确的理解。

我国著作权立法对于“提供”行为性质的界定已经为司法者留有一定余地。就目前来看，司法者同样也做出了积极的回应。最新出台的最高人民法院关于信息网络传播权的司法解释中已经明确将作品提供的方式突破了服务器标准，并更强调使公众能够直接获得。①《最高人民法院关于审理侵害信息网络传播权民事纠纷案件适用法律若干问题的规定》第3条规定：“通过上传到网络服务器、设置共享文件或者利用文件分享软件等方式……或者其他方式获得的，人民法院应当认定其实施了前款规定的提供行为”。最高人民法院知产庭王艳芳法官在对该司法解释制定过程的介绍中讲道：“经过调研，最高人民法院认为，随着技术的发展，不经过服务器的存储或中转，通过文件分享技术等方式也可以使相关作品置于信息网络之中，以单纯的‘服务器标准’技术标准界定信息网络传播行为不够准确，应将信息网络传播行为作广义的理解。”②

同时，我国目前在司法判例中法官已经意识到适用服务器标准界定深层链接行为的缺陷，开始尝试做出突破。一种是利用举证责任分配来实现“曲线救国”，原告证明被告未经许可在网站上呈现作品即完成举证责任，接下来要求被告证明这种呈现方式仅为链接，内容并不存储于服务器中。但是，完成证无的责任困难较大，被告难以直接证明自己只是进行了转码优化处理而没有将内容储存在自己的服务器中。因此，如果法院根据优势证据规则判断盖然

---

① 《最高人民法院关于审理侵害信息网络传播权民事纠纷案件适用法律若干问题的规定》第3条规定：“通过上传到网络服务器、设置共享文件或者利用文件分享软件等方式，将作品、表演、录音录像制品置于信息网络中，使公众能够在个人选定的时间和地点以下载、浏览或者其他方式获得的，人民法院应当认定其实施了前款规定的提供行为”。

② 王艳芳：《〈最高人民法院关于审理侵害信息网络传播权民事纠纷案件适用法律若干问题的规定〉的理解与适用》，载《中国版权》2013年第1期。

性,并作出适当的判断,被告通常被判定承担侵权责任。[①] 另一种方式是直接认定深层链接构成信息网络传播权的直接侵权。例如,在上海汉涛诉爱帮聚信案中,法官在对深层链接行为界定时指出,搜索引擎的使用系帮助互联网用户在海量信息中迅速地查询并定位其所需要的信息,引导用户到第三方网站浏览搜索内容,不应代替第三方网站直接提供内容。[②]

最后需要指出的是,我国目前有一种说法,即以用户感知标准来取代服务器标准,笔者认为用户感知标准同样存在缺陷。除了其过于主观以外,用户感知标准实际上也并未真正解决问题的要害。如果设链者在设链网页中明确标注作品来源,甚至添加跳转链接,[③]用户可以明确知晓该内容来自第三方网站,司法判决中即认定该行为仅为普通链接,不构成直接侵权。[④] 但是,实际上无论设链网站是否做出明确标识以使相关用户知晓该内容来自被链网站,其已经完整提供并实质替代了被链网站作品,损害了著作权人的利益。因此,无论是服务器标准还是用户感知标准,均非法律的概念,定性深层链接的性质需要回归著作权法的语义体系中去,因其对作品向公众实质性提供,都构成直接侵权行为。

四、搜索类新闻聚合 APP 的"合理使用"分析

我国《著作权法》第 22 条对合理使用做出列举式规定,其中第(三)、(四)

---

① 例如,乐视网诉暴风影音著作权纠纷案,参见石景山区人民法院(2010)石民初字第 03751 号民事判决书;央视国际诉百度网络著作权纠纷案,参见北京市第一中级人民法院(2013)一中民终字第 3124 号民事判决书;慈文诉中国网通著作权纠纷案参见最高人民法院(2009)最高民提字第 17 号民事判决书等。

② 上海汉涛诉爱帮聚信侵犯著作权纠纷案,参见海淀区人民法院(2008)海民初字第 16204 号民事判决书。

③ 在视频聚合网站中均会使用被链网站的播放器,标注被链网站水印并加入链接;在新闻聚合平台中,均会在正文下放添加"阅读原文"的跳转链接。

④ 例如,在搜狐诉芭乐互动著作权纠纷案,参见石景山区人民法院(2013)石民初字第 1529 号民事判决书,法官即因被告未在网页中标注搜狐视频链接,才认定其构成直接侵权。

类与新闻作品相关。[①] 首先,其中的“不可避免”的前提是“为报道时事新闻”,但是新闻聚合 APP 开发者的目的并非是报道新闻,而是打造整合新闻资源的产品,以便用户阅读,不存在“不可避免”之情形。其次,对于政治、经济、宗教类报道的引用,存在例外情形,即作者声明不许刊登、播放的除外。以我国目前新闻门户网站为例,其多数会在网站版权页声明未经本网站允许不得擅自刊登、转载,[②]如果存在声明,新闻聚合无法使用合理使用做抗辩。

对于合理使用而言,随着作品传播技术和手段的更新,这种列举式规定的滞后性逐渐凸显。立法和司法也逐渐寻求突破,通过对合理使用概括性地理解来弥补法律规定的缺陷。构成合理使用,需满足的条件:(1)使用行为不影响相关作品的正常使用,即产生实质性替代;(2)未损害权利人的合法权益。[③]

具体到新闻聚合 APP,首先,其未经许可使用报道文章的目的在于商业化盈利,本身已经背离合理使用制度的初衷。合理使用旨在促进知识传播,如果合理使用人以商业为目的,那么必然侵占权利人所控制的市场。其次,从作品提供方式来看,新闻聚合 APP 采用与原发媒体相同的方式,将全文予以展示。根据上文的分析,这种方式使用户在平台阅读完新闻后,即不再进入原发媒体网站,导致用户群体的流失,进而损害到原发媒体网站的营销收入,同时也影响其对外授权许可的收入,对原发媒体网站刊登的新闻作品产生了实质性替代作用。

综上而言,搜索类新闻聚合 APP 未经许可对其他新闻网站进行深层链接的行为,不构成合理使用,需要承担侵权责任。

---

① 《著作权法》第 22 条规定:“在下列情况下使用作品,可以不经著作权人许可,不向其支付报酬,但应当指明作者姓名、作品名称,并且不得侵犯著作权人依照本法享有的其他权利:……(三)为报道时事新闻,在报纸、期刊、广播电台、电视台等媒体中不可避免地再现或者引用已经发表的作品;(四)报纸、期刊、广播电台、电视台等媒体刊登或者播放其他报纸、期刊、广播电台、电视台等媒体已经发表的关于政治、经济、宗教问题的时事性文章,但作者声明不许刊登、播放的除外。”

② 以腾讯网版权声明为例,即要求未经许可不得对其信息进行使用和传播,http://www.tencent.com/zh-cn/lecopyrightstatement.shtml,访问日期:2014 年 3 月 6 日。

③ 在王莘诉谷歌、北京谷翔侵犯著作权纠纷,北京市第一中级人民法院(2011)一中民初字第 1321 号民事判决书及其二审判决中,法院均以该标准进行了合理使用认定。

结语

除了单纯对事实消息报道的时事新闻以外，新闻网站对于其发布的新闻信息以及新闻摄影均享有著作权。对于信息网络传播权中的“提供”行为，我国应该抛弃生硬套用服务器标准的做法，而应是以是否实质性使用户获得作品来界定。搜索类新闻聚合 APP 利用深层链接技术直接再现新闻作品，用户可以直接通过深层链接接触作品而无须再进入被链网站。深层链接可以使用户获得作品，为作品提供行为，若未经著作权人许可，则构成直接侵权。同时，搜索类新闻聚合对著作权人作品产生了实质性替代作用，不构成合理使用。

第六章
网络中立

网络中立:互联网的未来要义之所在

蔡雄山[*]　卢　依[**]

“网络中立性这一原则之所以重要,正是在于它关乎互联网的未来。”——互联网创始人 Tim Berners - Lee。

网络中立,指所有电子通信网络都以中立方式提供数据流,而不论其性质、内容、发送者与接收者。该原则适用于任何网络,但尤其与互联网相关。理论上,网络中立原则禁止运营商阻止、减缓任何数据流,同样也禁止给予其他内容数据流优先权。网络中立涉及运营商,网络服务提供商、用户、内容及应用提供商等,未来还可能涉及设备制造商等。北京时间 2015 年 2 月 27 日,美国联邦通讯委员会(Federal Communications Commission,FCC)以 3 票赞成 2 票反对的结果通过了网络中立新规则,这项规则的通过具有重要的里程碑意义。

一、源起

“网络中立”问题起源于传统 PC 互联网,随着技术和产业的发展成为移动互联网同样面对的问题。在光纤普及之前,带宽有限,但是特殊软件或服务

---

* 蔡雄山,男,腾讯研究院高级研究员。
** 卢依,女,腾讯研究院研究员。

(如P2P软件或YouTube视频服务,以下以“软件”代指PC互联网的软件与服务,与移动互联网的“应用”相对应)对带宽需求较大,运营商认为这些应用占用太多带宽资源,影响其他用户对网络的使用,从而提出要求对此类软件、应用作限制或另行收费。

二、演进

(一)美国路径

美国FCC在2010年颁布《网络开放指令》(Open Internet Order),以“维持网络的自由与开放”为目的,规定了“透明性”“禁止歧视”“禁止封锁”“合理管理”等原则,以保护网络开放带来的创新、投资、就业、经济增长、竞争与言论自由等正面效应。

1. Verizon坐不住了

2011年1月,美国最大电信运营商Verizon指控FCC推行上述网络中立原则的行为超越法定的FCC立法权限。该案最终以美国上诉法院于2014年1月判决Verizon胜诉终结,同时FCC也开始对网络中立进行重新立法。从立法程序的角度讲,法院认可美国电信法案第706条赋予FCC采纳《网络开放指令》的积极立法权,认可《网络开放指令》的规则属于第706条所赋予FCC立法规制权力的范围之内。但问题在于《网络开放指令》要求作为信息服务提供商的宽带运营商履行基础电信运营商义务,违反通讯法案的明确禁止条款,因此《网络开放指令》的相应部分无效。

2. 史无前例的游说

代表互联网用户利益、中小企业和初创企业的各类团体对FCC进行了猛烈游说,要求实行重新分类的立法模式。主流网络运营商如Comcast、AT&T和Verizon等强烈反对通过重新分类的立法制定网络中立规则,认为将导致费用监管(rates regulation)和其他应用于传统电信网络的规定适用于宽带运营商,将对运营商和创新造成沉重负担。2014年年底,索尼、思科、英特尔、高通等企业也联名上书 FCC,表示重新分类这种政策上的重大转变不仅对维护网络开放性而言并非必要,还会对原有的数据自由流动、宽带网络投资、互联网服务和在线言论表达造成不利影响。

Netflix 作为内容商的代表明确表示支持重新分类,而基于业务形态发展,Google 对于网络中立问题的立场有微妙的变化。从 2006 年到 2010 年,FCC 出台《网络开放指令》时,Google 是网络中立规则的坚实拥护者;但 2010 年之后 Google 产品逐渐走向多元化,包括 YouTube 业务的发展和与无线运营商的合作使 Google 对网络中立原则的坚持有所放松,并倾向于无线运营商应当对网络中立原则拥有豁免权。2014 年年初,当 Verizon 案判决宣布《网络开放指令》无效时,Google 并未在网络中立新规制定的游说浪潮中表态;到 2015 年年初,与直接倡导网络开放中立相比,Google 转而要求 FCC 保证在将信息服务提供商重新分类为基础电信运营商进行规制的同时,应当确保信息服务提供商能够像基础电信运营商一样接入任何由公用事业控制的电线杆、电缆管道、中转站以及拥有相应设施的通行权。

3. 史上最严网络中立规定

就在 FCC 承诺的法案公布时间一拖再拖,而各个利益相关主体持续进行猛烈游说的时候,美国总统奥巴马在 2014 年 11 月的发言对网络中立政策走向产生到了重大的影响。奥巴马明确支持严格网络中立,倡导将宽带运营商重新分类为 Title Ⅱ 基础电信服务运营商,并且在发言中提出了相当详细的相关规定。此后 FCC 主席在 2015 年 1 月表示将考虑以重新分类为基础的新网络中立规则。2015 年 2 月 6 日,FCC 正式发布网络中立提案,并已经在 2 月 26 日以 3∶2 投票通过新的法案,确立重新分类的严格网络中立模式。

作为 FCC 有史以来最为严格的网络中立规定,新提案明确了以下若干要点:

(1)宽带网络接入服务将重新分类为公共服务,宽带运营商接受与基础电信运营商类似的法律监管。

(2)新提案确立了网络中立的明线规则,包括:

禁止屏蔽:宽带运营商不得对合法的内容、程序、服务以及设备进行屏蔽;

禁止流量调节:宽带运营商不得对合法的网络流量进行基于内容、程序、服务或设备的流量调节措施;以及明确地禁止付费优先待遇,即禁止创设网络"快车道",宽带运营商不得在收受对价的基础上给予特定的合法网络流量以优先待遇,也禁止宽带运营商对其关联公司的内容或服务提供优先待遇。

(3)尊重宽带运营商对于网络管理在技术和工程方面的需求,允许合理的网络管理措施的存在。但必须确保管理措施确实出于合法的网络管理目的,而不是商业目的。

(4)为鼓励和保护宽带运营商持续投资网络基础设施的热情,新法制定了促进投资和自由竞争的条款。具体包括:杜绝价格管控和关税,不在网络连接的"最后一英里"进行分类计价,以及杜绝给信息服务提供商(Information Service Providers,ISP)造成沉重负担的行政管理程序或者财政标准等。

(二)欧盟路径

2015 年 3 月初,欧盟政府承诺采取较为宽松的网络中立立法,允许电信运营商针对特定的互联网服务(如线上电视等)收取额外费用以保证连接质量,但前提是这一部分服务并不影响大多数用户对于互联网的正常使用。拉脱维亚目前担任欧盟委员会轮值主席国,针对网络中立起草了新的规则,并已经获得 28 个成员国合意。这份草案中提出,作为一般规则,法律保障终端用户对于网络的接入权,以及在网络分发内容中的权力,同时要求提供网络接入服务的公司不得对网络流量采取歧视性措施。草案允许签订要求获得特定网络接入质量的协议,前提是网络运营商必须确实保障相应的网络接入质量。此外,草案也提出各国的监管机构应当是确保电信公司和网络运营商遵守网络中立规则的关键机构,并接受欧盟电信监管机构(Body of European Regulators of Electronic Communications,BEREC)的统一管理。目前尚在讨论中。

三、分歧

综观欧美网络中立政策争议及发展演变,可以将其归纳为以下几个焦点:

1. 互联网 vs. 移动互联网

网络中立最早是在互联网领域提出的,后来扩展到移动互联网领域。在移动互联网领域,FCC 早在 2010 年颁布的《网络开放指令》中明确表示移动互联网同样适用"透明性原则"和"禁止封锁原则",但将"禁止歧视性待遇"原则替换为"持续监测"(Ongoing Monitoring)原则,意味着网站可以向移动网络提供商支付更高费用,以便用户在移动设备上更快地浏览和接入他们的网站。

考虑到科技的发展,以及无线网络接入的普遍性,2015 年 2 月 26 日 FCC 通过的网络中立规则将一致适用于固定宽带网络和无线移动网络。目前有 55% 的网络流量都是通过无线移动网络传输的,而 FCC 认为,不管用户使用何种方式或设备接入网络,网络中立都应当对他们提供同等保护。

2. 信息服务提供商(ISP)vs. 基础电信运营商

网络中立规则也从基础电信运营商扩展到 ISP(这里 ISP 美国语境下也包括宽带运营商)。在美国,FCC 对所有州内和州外的通过电缆或无线电通讯的通信网络均有管辖权,并立法将上述范围分为两类电信服务。一类是基础服务(Basic service),这类服务通过通信路径仅提供数据传输,与用户之间的信息互动几乎是显而易见的。它代表的是一种数据通过实体网络进行流通的传输能力,包括计算机传输、协议转换、安全性能以及存储,根据网络之间的协议进行界定而非与终端用户签订协议。基础服务提供者被归类为一般电信运营商(common carriers)受 1934 年通讯法案 Title Ⅱ 规制。另一类是加强型服务(Enhanced Service),这类服务通过一般电信运营商的传输设备进行数据传输,但利用计算机程序针对订阅者所订阅信息的格式、内容、协议或者其他类似方面进行处理,向订阅者提供了额外的、不同的或经重新构建的信息,或者在数据传输过程中涉及订阅者与已经存储的数据之间的互动。服务需要将终端用户连接到互联网以构成增值服务。加强型服务不属于一般电信运营商,不受 Title Ⅱ 规制。

在此基础上,1996 年通讯法案定义了两类机构,基础电信运营商(Telecommunications Carrier)所提供服务等同于基础服务;以及信息服务提供商 ISP,所提供服务等同于加强型服务。根据 Title Ⅱ 规定,被归类为一般电信运营商的机构需遵循“经合理要求需提供通讯服务,禁止在费用、做法、分类、规制、设施或服务中采取不公平或不合理歧视待遇”的一般电信运营商义务(Common Carriers Obligation)。2000年起,FCC陆续通过法条和案例将有线宽带(Cable Broadband)、数字用户线路(DSL)和无线网络,包括手机宽带服务提供者等定义为信息服务提供者,免受通讯法案Ⅱ规制,但新的网络中立规则通过后,这一局面已经根本改变,即宽带运营商等也需要遵守基础电信运营商相关规定。

3. 网络vs. 软件及设备

随着对网络中立的进一步探讨,未来网络中立的概念和相关规则很可能延伸到软件和设备方面,尤其是物联网和与物联网相关的服务程序。一方面网络中立对于物联网和相关设备的发展有促进作用,包括简化服务部署,降低运营费用等。但另一方面,网络中立规则的不完善也有可能影响下一代网络服务的推广和在关键基础领域中的部署,尤其是需要优先传输路径的领域,如医疗急救、公共安全警报等。从网络服务质量的角度来说,有许多物联网的数据流量确实需要更高质量、更稳定的数据连接性。

如在美国,适用于传统电信业的Title Ⅱ规则在适用于一般互联网之后,应当如何适用于与传统互联网接入服务性质和形式均有所不同的物联网,以及在物联网服务中如何界定公平合理标准,都有可能需要更多的探讨和司法实践进行界定。以公平合理标准为例,美国现行新规禁止任何形式的网络优先待遇,但在物联网环境下,对于包含敏感信息的健康监测程序,或者与公众安全相关的程序,适配以优先待遇显然是有其公平合理性的,但具体应当如何衡量和界定,是一个尚未确定的领域。

此外,据国外媒体报道,黑莓CEO程守宗(John Chen)日前向美国总统奥巴马及联邦通信委员会(FCC)主席汤姆·韦勒(Tom Wheeler)发出公开信,指出当前备受政府和网民关注的“网络中立性”的争辩,事实上应该被进一步拓展——不仅仅是互联网、移动互联网要保持开放和自由的态度,设备及应用程序也同样应该如此。

4. 网络开放 vs. 合理限制

网络中立是否允许合理限制的存在?在网络开放中立的语境下,"合理限制"指是否允许非歧视性、合理的流量管理措施的存在,以保持网络连接服务的质量和市场的有效性。

在对流量的合理限制方面,FCC 在 2014 年 4 月表示网络服务商可以基于与内容商之间的"商业合理条款"提供差异化服务,前提是由 FCC 分析并审核具体的做法是否符合"商业合理标准"(commercially reasonable)。违反商业合理标准的行为包括但不限于:损害消费者(如以降低服务质量为代价建立新的网络通道)或损害市场竞争的行为;向关联公司提供排他性的优化服务以及有损言论自由的行为。但这一做法的问题在于,实践中很可能从对宽带网络运营商而言是否合理的角度进行审核,而不是对于消费者和创新者是否合理的角度,因此对于保障消费者和创新者能够接入开放网络的目标而言,该做法并无益处。美国最新的网络中立规定实际上推翻了该标准,而要求禁止流量调节及禁止屏蔽。

同时,就美国而言,FCC 享有 Title Ⅱ 赋予的制定、实施网络开放规则的法律权限;法律允许 FCC 对宽带网络接入服务实施监管的同时,也意识到对这一权限应当实施一定的限制,即要求 FCC 同时遵循权力节制原则(Forbearance),避免将 Title Ⅱ 中过时的或者并不适用于现代网络服务的规定适用于宽带网络运营商。就权力节制原则的应用而言,FCC 将避免执行不符合公共利益的条款,避开 Title Ⅱ 中规制传统电信业的价格管控,特殊费用和准入方面的规定。

就欧盟而言,在网络中立的前提下,欧盟电信监管机构 BEREC 认为合理的流量管理本身并不会损害竞争或者消费者的利益,但重点是流量管理的真正目的,具体影响以及是否会影响创新。BEREC 提出流量管理措施应当有合理清晰的界限,不得损害网络互通性、终端连接性,并且不得影响一般用户所需的网络服务水平(Best - effort internet)。

5. 网络开放 vs. 优先待遇

网络中立是否应禁止优先待遇?美国的网络中立新法实行严格的网络中

立,原则上禁止任何一种形式的付费优先待遇。但是美国并没有对“零流量服务”(Zero Rating)进行相关规定。Zero Rating 指的是对于特定程序或内容的使用,运营商不收取任何流量费用或仅象征性收费的做法,实际上由程序或服务提供者本身进行补贴,典型例子包括 Facebook 和流媒体音乐服务 Spotify 等。这种做法实际上吸引用户只使用特定的服务,构成正向价格歧视,对于竞争有一定的损害,也被认为与网络中立的要义相悖。

欧盟目前正在讨论是否应允许优先待遇的存在。

四、未来

网络中立,将保障互联网成为创新的平台,保障言论自由及经济增长。美国新的网络中立规则秉承三个原则,即保障美国宽带网络的快速、公平及开放。正如奥巴马在一封给网络中立支持者们的公开信中谈道,“FCC 今天的决定将保护创新,并为新一代的企业家创造公平的竞争场地。如果没有像你们一样的美国,这将无法发生”。

开放的互联网保证消费者能够自由地选择接入合法的内容、程序和服务,免受宽带网络提供商的限制和干扰。网络开放通过确保企业家开发的新产品或服务能够为用户所选择和使用,避免宽带网络提供商将自己的商业利益置于公共利益之上而对新产品和服务进行节流或屏蔽措施;开放的网络环境有利于言论自由,避免宽带网络提供商成为言论的守门人,并且为新产品和服务的发明与发展提供更具有可预见性的规则和环境。

斯坦福大学法学院的 Marvin Ammori 教授在《网络中立影响未来》的演讲中则更为具体地谈到网络中立对未来经济的意义,包括五个方面:第一,网络中立可以保证网络保持当前的开放状态,互联网本身运用广泛,人们通过互联网进行交友、学习等各类活动,这不应当被电话、电缆公司所阻碍;第二,网络对教育、金融意义重大,电话或者电缆公司不应该通过创造一些所谓的“快车道”去屏蔽部分公司;第三,网络中立能够提供成本低廉的创新机会,如 Facebook、Google 等企业都是因为有良好的网络环境才能够得以创办和发展的;第四,网络中立能够保证互联网的基本技术和功能,促进创新,就像无人驾驶汽车,需要通过互联网进行控制,这些新的工具都需要互联网的支持;第五,网络中立将保证市场的健康发展,使全球性公司能够在美国市场竞争。如果对竞争者收取高额费用的话,国外的竞争者可能就无法进入美国的市场。

网络中立是互联网发展的根本性问题,的确值得讨论,因为这关乎互联网的未来。

互联网开放的里程碑：解读美国最严网络中立规则

蔡雄山* 卢 依**

美国网络中立重新立法经过一年峰回路转的发展，美国联邦通信委员会（FCC）终于在2015年2月27日通过新法案，实现了重新分类的做法。这意味着网络服务提供商（ISP）将由原本的信息服务提供商被重新划分为具有公共设施色彩的基础电信运营商，接受严格的法律规制：付费的网络快车道将被明令禁止，而移动网络也将被要求遵守同样的网络中立要求。鉴于网络基础设施的使用和收费问题对互联网业的所有参与者乃至任何一名网络用户都有重大影响，这次立法不仅被认为对互联网法律有里程碑式的意义，也是公民网络权利和公共利益的一次巨大胜利。

2014年1月，华盛顿上诉法院的判决使FCC对网络中立进行重新立法，业界和舆论均认为重新分类的做法几乎没有可能。从立法程序的角度来看，法院认可美国通讯法案第706条赋予FCC采纳《开放网络指令》的积极立法权，认可《网络开放指令》的规则属于第706条所赋予FCC立法权限范围之内；但问题在于《网络开放指令》要求作为信息服务提供商的ISP履行基础电信运营商义务，违反通讯法案的明确禁止条款，因此《网络开放指令》的相应部

---

* 蔡雄山，男，腾讯研究院高级研究员。

** 卢依，女，腾讯研究院研究员。

分无效。当时 FCC 表示将制定宽带运营商信息传输的最低标准,并采取具体情况具体分析的原则来判断运营商是否符合该标准。这类规则在 FCC 认为不损害竞争的情况下,允许网站向宽带运营商支付较高价格获得差异化服务,实际上为宽带运营商提供了一些余地。但宽松的网络中立原则并没有从本质上改变付费优先待遇的可能性:网络运营商仍然享有操控网络接入服务的优势地位——这意味着消费者对于产品和服务的自由选择仍有可能受到限制,而资金有限的中小企业也会在利用互联网进行创新时遭遇无形的门槛,对于初创企业而言更是事关生死。

代表互联网用户利益和中小企业的各类团体对 FCC 进行了猛烈游说,要求实行重新分类的立法模式。主流网络运营商如 Comcast、AT&T 和 Verizon 等则强烈反对重新分类,认为将导致费用监管和其他应用于传统电信网络的规定适用于 ISP,对 ISP 和创新造成沉重负担。2014 年年底,索尼、思科、英特尔、高通等企业联名上书 FCC,表示重新分类这种政策上的重大转变不仅对维护网络开放性而言并非必要,还会对原有的数据自由流动、宽带网络投资、互联网服务和在线言论表达造成不利影响,长远来讲,将影响美国一直领先世界的互联网经济。美国第四大运营商 Sprint 赞同重新分类的做法,并认为相应的立法应当同等适用于有线和无线网络。Sprint CTO 表示重新分类并不会影响公司推出和投资宽带服务,但重点是 FCC 的立法应属于"轻度规制"(Light Touch of Regulation)并确保权力节制原则得到遵守,从通讯法案中去除大量已经过时的法律规定。重新分类对 Sprint 而言利大于弊:Sprint 并没有任何有线宽带基础设施,完全只经营无线网络业务;重新分类意味着拥有大量有线宽带基础设施的竞争对手将受到更严厉的管制,反而为类似于 Sprint 的无线网络运营商带来许多竞争优势。

Netflix 作为内容商的代表明确表示支持重新分类,其内容分发副总裁通过企业博客表示,快车道的存在将会影响网络动态的平衡,从网络架构的角度而言快车道并不十分有效,而从市场营销的角度来说,快车道很可能被用作向内容提供商兜售"优先接入渠道"的工具。基于业务形态发展,Google 对于网络中立问题的立场有微妙的变化。从 2006 年到 2010 年 FCC 出台《网络开放指令》时,Google 是网络中立规则的坚实拥护者。2010 年之后,Google 产品逐渐走向多元化,包括 YouTube 业务的发展和与无线运营商的合作使 Google 对网络中立原则的坚持有所放松,并倾向于无线运营商应当对网络中立原则拥有豁免权。2014 年年初当 Verizon 一案判决时,Google 并未在网络中立新规制定的游说浪潮中表态;到 2015 年年初,与直接倡导网络开放中立相比,Google 转而要求 FCC 保证在重新分类的同时,应当确保 ISP 能够像基础电信运营商一样接入任何由公用事业控制的电线杆、电缆管道、中转站以及相应设施的通行权。Google 去年起在美国堪萨斯、奥斯汀等城市建设 Google Fiber 宽带服务,同时也面临着设置新的光缆等基础设施的高昂成本,因此希望通过将 ISP 重新分类的规则确保 Google Fiber 在顺利铺设的同时也能够接入相关基础设施。如果新规定真的赋予 Google 接入电信基础设施的权利,将对宽带网络服务的法律基础产生重大影响。

就在 FCC 承诺通过法案的时间一拖再拖,而各个利益相关主体持续进行猛烈游说的时候,美国总统奥巴马在 2014 年 11 月的发言对网络中立政策走向产生到了重大影响(奥巴马发言原稿见附件)。奥巴马明确支持严格网络中立,倡导重新分类,甚至在发言中提出了相当详细的原则。此后 FCC 主席在 2015 年 1 月表示将考虑以重新分类为基础的新网络中立规则。2 月 6 日,FCC 发布网络中立提案;26 日,FCC 以 3:2 投票通过新法案,确立重新分类的严格网络中立模式。

作为 FCC 有史以来最为严格的网络中立规定,新提案明确了以下若干要点:

1. 强调开放的互联网对保护消费者和创新活动的必要性。FCC 屡次强调网络开放性对于保护消费者选择权,鼓励和促进创新活动,以及保护言论自由的重大意义。互联网的开放能够确保消费者自由接入内容和服务,同时避免网络服务商为追求商业利益而对新的产品或服务进行节流、屏蔽措施。对言论自由而言,网络开放避免 ISP 成为言论的守门人,也为新产品和服务的发明发展提供了更具可预见性的环境。

2. 宽带网络接入服务将重新分类为公共服务,接受与基础电信运营商类似的法律监管。FCC 享有美国通讯法案赋予的立法权限,对宽带网络接入服务实施监管;同时也将遵循权力节制原则(Forbea-rance),避免将通讯法案中过时或并不适用于现代网络服务的规定适用于宽带网络服务商。无论网络接入服务的对象是终端用户或内容分发商,该网络接入服务提供商都将被视为重新分类的对象。

就权力节制原则而言,FCC 将避免执行有违公共利益的条款,避开规制传统电信业的,如价格管控,特殊费用和准入方面的规定。

适用于 ISP 的主要 Title Ⅱ条款则包括:

· ISP 实践需遵循公平合理原则;

· 在消费者投诉的情况下监管机构有权进行调查,并采取相应的执法行动;

· 保护消费者隐私;

· 对于电缆和光纤等基础设施保障公平接入,促进新的宽带网络服务的发展;

· 保护残疾人利益;

· 促进发展对宽带网络服务未来的资金支持。

3. 确立明线规则,包括:

禁止屏蔽:宽带服务提供商不得对合法的内容、程序、服务以及设备进行屏蔽;禁止流量调节:宽带服务提供商不得对合法的网络流量进行基于内容、程序、服务或设备的流量调节措施;禁止付费优先待遇即禁止创设网络快车道,宽带服务商不得在收受对价的基础上给予特定的网络流量以优先待遇,也禁止 ISP 对其关联公司的内容或服务提供优先待遇。

4. 新法尊重 ISP 对于网络管理在技术和工程方面的需求,允许合理的网络管理措施的存在。但必须确保管理措施确实出于合法的网络管理目的,而非商业目的。对此 FCC 并没有披露详细文本,因此 FCC 对于网络管理措施是否合理的判定仍可能享有许多自由裁量空间。

5. 为鼓励和保护宽带运营商持续投资网络基础设施的热情,新法制定了促进投资和自由竞争的条款,包括杜绝价格管控和关税,不在网络连接的“最后一英里"进行分类计价,以及杜绝给ISP造成沉重负担的行政管理程序或财政标准等。

美国网络中立规则虽然已经通过,但立法文本至今没有全文公开,上述解读均来自非常有限的公开信息。立法文本在最终公布之前仍可能有所变化,但提案要点中明线规则的实现已经得到严格保障,对于网络中立立法来说是一个重大进步。除了重新分类之外,对于移动互联网的适用也是新规的亮点。随着移动端的普及和移动网络流量日渐增加,要求移动运营商同样遵守网络中立显然符合市场趋势,但FCC目前尚未将移动互联网的后向收费模式,如赞助数据(Sponsored Data)等纳入网络中立的监管范围。

欧洲数字经济改革对 OTT 发展的影响

李汶龙[*]　蔡雄山[**]　卢　依[***]

在数字经济时代,OTT 与运营商的竞争愈演愈烈,竞争格局发生深刻变化。欧盟多个成员国在不同层面掀起对 OTT 服务的限制浪潮,而在欧盟层面,相关的数字经济改革也在酝酿之中。

一、OTT 与运营商竞争格局发生深刻变化

OTT 的快速发展给基础运营商的服务带来了强有力的挑战,使二者的竞争格局发生了深刻的变化。对于基础运营商而言,首先是逐渐失去对用户的黏度。OTT 运营商的大行其道和对用户的掌控,使传统运营商很难有效管控用户接入,获利也成为泡影。用户一旦无法获得需要的特殊内容和应用,离网也就成为必然。其次是各种业务收入出现下降。OTT 运营商的应用对运营商的核心业务产生的冲击在加剧,如 VoIP、网络视频、微信等,直接结果就是导致运营商的收入下滑。数据显示,2012 ~ 2020 年,传统运营商的话音收入将平均下降 2.4%,收入将从 9704 亿美元下降到 7996 亿美元,累计收入损失达到

* 李汶龙,男,腾讯研究院助理研究员。
** 蔡雄山,男,腾讯研究院高级研究员。
*** 卢依,女,腾讯研究院研究员。

4790亿美元，占总的累计话音收入的6.9%。OTT的VoIP对固定话音收入的影响也非常大。移动运营商也受到了这种影响，Tellabs的研究则显示，2013年，传统的无线运营商将不再盈利。再次是消耗网络资源。随着社交网站、无线网络视频等移动互联网业务的普及，越来越多的内容、应用提供商在快速吸引用户的同时，正以低廉的成本不断和大量消耗运营商的网络资源。最后是业务产生分流。YouTube、Skype、Facebook、WhatsApp Messenger、Viber和Netflix都是人们熟悉的OTT业务，许多人相信，移动运营商将让位给它们，事实是，它们分流了传统运营商的业务。数据显示，YouTube占全球移动流量达24%；聊天消耗了所有即时通信相关带宽的22%；WhatsApp占用全球信息流量的5%；Netflix的流媒体用户近3000万。Portio Research公司数据显示，全球OTT短消息量2011年达到3.5万亿条，2016年预计达到20.3万亿条，复合增长率为42%；全球运营商短信2011年发送量为7.8万亿条，预计2016年达到9.6万亿条，复合增长率仅为4%。Ovum估计，2012年，电信运营商因为WhatsApp、KakaoTalk等OTT短消息服务的原因，损失230亿美元收入，预计到2016年，将会损失560亿美元的收入。

二、英国强力推行谷歌税　抑制OTT公司合理避税

（一）谷歌税概述

2014年4月1日，“谷歌税”正式在英国推行。这一税法改革在英国酝酿了很长时间，很多科技公司都竭力阻止这一法案的生效。英国政府认为对国外公司（主要是美国）避税做法的容忍并没有换来本国经济的进步，同时限制了本国科技公司的发展，因此决定开始征税。在英国，国际科技公司的避税情况十分严重。2013年，谷歌只向英国支付了1160万英镑的税费，苹果为1100万英镑，Facebook仅有3169英镑。更令人惊讶的是，星巴克在2009年到2012年未向英国政府支付任何企业所得税。

这一新税种具有以下特点：

1. 主要针对国际避税行为。所谓“谷歌税”，本质上是“转移利润税”（Diverted Profits Tax），主要针对利用复杂业务结构将利润转移国外以实现逃税的行为。

2. 税率高于公司所得税。在英国“转移利润税”的税率为 25%，远高于英国“公司所得税”的 20%。

3. 目前只适用于大型企业。目前这一新税只适用于总营收超过 3.76 亿美元（约合 23.6 亿元人民币）的企业。英国税法改革将直接影响谷歌、苹果、亚马逊在内的多家跨国公司。

（二）谷歌税在欧盟的进展

谷歌税的推出有望改变英国国民经济的利益格局，促进本土科技企业的发展，同时限制跨国公司普遍的避税行为。目前为止，除了英国之外，还有一些国家也建立了类似的税制。

1. 法国。2010 年，法国文化部曾出台报告，主张向谷歌及其他互联网企业的在线广告业务征税，用所得税收扶持受互联网非法下载等行为影响的文化创意产业。2011 年 6 月 10 日，法国人民运动联盟（UMP）议员 Laudre de Raudière 提出的预算法案修正案得到了法国议会的通过，从而宣告了“谷歌税”的结束。

2. 德国。为了保护传统出版行业，德国议会于 2012 年 11 月 30 日通过了“谷歌税提案”，要求谷歌在网站上摘引或链接新闻媒体内容时付费。目前该提案完成了一读，已提交专家委员会进一步审议。

3. 意大利。2014 年意大利参议院也通过了“谷歌税”的提案，要求谷歌等跨国公司必须通过意大利本土公司购买网络广告位（不能从在爱尔兰、卢森堡、百慕大等“避税天堂”注册的企业购买），再由政府向这些公司收税。

三、数字经济政策向运营商倾斜 OTT 发展或面临制度阻力

欧盟相关法律改革主要有两个大的方向:其一是提高 OTT 购买网络资源的成本,保障服务商获取融资;其二是降低欧盟竞争法的标准,使基础运营商进入 OTT 市场当中,有机会并购 OTT 服务商。

首先,提高资源购买成本是欧盟调整 OTT 与运营商竞争格局的重要手段之一。OTT 的实践受到运营商的主要指责是其以低廉的成本使用网络资源,却赚取了大多网络服务的利润。由于 OTT 服务商主要依托于互联网,大量使用网络服务但是对于网络维护成本的贡献却不够(主要由基础运营商来承担)。欧盟委员会强调此举是为了"刺激基础设施方面的投资"。可见,欧盟此次有可能会在融资方面向运营商倾斜,这是因为在数字政策"欧盟化"的影响下,欧盟希望将所有相关服务都纳入网络价值链中,并加强消费者对网络服务的信任,提高透明度。

其次,从更宏观的视角出发,欧盟可能会在竞争规则方面做出调整,降低收购 OTT 公司的法律门槛。这种做法有助于化解两大领域的利益冲突,形成更为多元且深入的利益格局,促进更公平的市场竞争。此次,欧盟数字经济变革也旨在打破目前 OTT 与基础运营商之间的平衡。在二者的较量之中,欧盟在政策上倾向于后者。欧盟的立场很明确,现在 OTT 与基础运营商的格局并不公平,称此次变革的目的是"应对新的挑战",而将这个"挑战"定义为语音通话的普及使用以及新服务商的兴起。可见,欧盟实际上是站在基础运营商的角度说话,希望通过政策的修改打破现有的平衡,帮助基础运营商应对来自 OTT 的冲击和挑战。

四、数字税提案提出　营造公平数字经济环境

数字税是一种新型税种,征税对象是个人数据,其提出主要是对新型避税

行为的回应。由于谷歌、Facebook 等 OTT 服务提供商的业务主要是基于在网络上对数据收集、存储和出售,其商业所得都由高税收管辖地转移到了避税地,即使这些数据是从高税收管理地获取的。

2013 年 1 月 19 日,法国财政和经济部专家委员会提交了一份官方报告,拟对数字经济征税。法国提议建立欧盟关于数字平台与应用的管理机制。在提案中,法国提出对数字公司征税,保证这些公司在欧盟获取的利润纳入征税范围,为欧盟各成员国共享。在欧盟层面,法国希望联合所有欧盟国家共同创造一个"公平的数字经济环境",而改革的直接结果是扶持欧盟本国的科技及电信公司能够在国际市场中与美国公司一较高下。虽然此次欧盟税法改革没有明确表示针对美国科技公司,但也承认美国公司"占据统治地位"。通过改革,欧盟希望能够限制一些大型国际平台服务商的垄断能力,保障中小型的服务公司能够有生存余地。目前,数字税相关制度仍处于讨论阶段。

具体而言,法国税法改革主要有这样几方面特点:

1. 将数据收集纳入征税范围。法国首创了所谓的"数据税",对在法国境内通过网络获取数据并加以利用进行征税。

2. 将研发税收抵免用于数字经济。目前研发抵免还没有被用于数字经济,因此建议合并研发税收抵免和新建或创新型公司税收抵免用于数字经济。

3. 推动市场为数字经济融资的作用。获取风险资本是发展数字经济的关键因素。为鼓励风险资本投资,报告提出了鼓励这类公司进行权益融资的四种方案。

4. 对数字经济中的常设机构进行重新定义。为了更有效地将利润分配给常设机构,报告提出如下措施:引入网络用户的"自由工作"概念,这些用户在提供数据时必须被认定为是网络公司的收入来源;对在法国境内使用从网络收集到的个人数据提供服务的公司,应视为虚拟常设机构。

欧盟立法确立“网络中立”原则

蔡雄山[*]　李思羽[**]　罗治兵[***]

一、网络中立在欧盟成为共识

2015 年 10 月 27 日，欧洲议会投票通过了欧盟理事会一项有关确立互联网接入服务的“网络中立”（net neutrality）原则的提案，并否决了数项针对该提案的某些不足、进一步强化网络中立原则的提案修正案。这个投票结果一方面意味着“网络中立”原则已在欧盟层面以法律形式确立，另一方面，也说明欧盟相关方面就“网络中立”原则的具体规则内容尚存争议。

新通过的提案并未明确对“网络中立”进行定义。参照被欧洲议会否决的提案修正案观点，“网络中立”是指互联网流量应被平等对待，无论发送人、接收人、类型、内容、设备、服务或应用为何，均不得对之采取歧视、限制或干涉措施。另外，欧盟电信监管委员会（Body of European Regulators of Electronic Communications，BEREC）在其对欧盟委员会就有关在欧洲开放互联网和实施网络中立的咨询意见中提出，“网络中立”指所有通过网络传输的电子通信应当被平等对待，无论其内容、应用、服务、设备或收发地址为何。可见，网络中立原则是一项关于禁止歧视性的互联网服务的原则，它一方面赋予互联网接

---

* 蔡雄山，男，腾讯研究院法律研究中心首席研究员。
** 李思羽，女，腾讯研究院法律研究中心助理研究员。
*** 罗治兵，男，腾讯研究院法律研究中心助理研究员。

入服务商以平等对待互联网用户的义务，另一方面给予互联网用户获取平等的互联网接入服务的权利。虽然就何为“歧视服务”问题，在欧盟立法层面尚在某些方面存在争议，然而网络中立原则作为一项统一的互联网接入服务业务原则已在欧盟确立下来。

二、应时之举

网络中立原则之所以能在欧盟立法中得到确立，一方面是为了解决在欧盟日益增长的互联网使用需求和互联网通信基础设施发展相对滞后的紧张关系，另一方面，是为了对欧盟市场中普遍存在的流量限制行为进行规制，以及对互联网服务管理进行统一规范的需要。

1. 日益增长的网络需求

固定和移动网络流量的大幅增长，新的“数据密集型应用”（data-intensive applications）和“时间敏感型应用”（time-sensitive applications），如网络电话（VoIP）、网络电视（IPTV）、在线游戏、远程医疗等新应用的涌现给网络流量带来巨大负担。根据思科公司于 2015 年 3 月做出的一份有关视觉应用联网指数的报告，在全球范围内，互联网流量在过去 5 年增长了 5 倍以上，并将在未来 5 年中增长近 3 倍；并且由于通过点对点（P2P）文件传输的视频文件的流量增加，思科公司预测到 2019 年各种视频（包括电视、视频点播、点对点文件等）将占全球因消费者应用产生流量的 80% ~90% 。而在西欧，到 2019 年互联网流量将达每月 24.7 艾字节，年复合增长率将达 21% ，其中因视频应用产生的流量将达到每月 20.8 艾字节，占总流量的 84.2% 。

2. 刺激互联网基础设施建设的需求

欧盟各国互联网基础设施发展相对滞后，难以满足激增的互联网流量需求。根据欧盟委员会的报告，要达到欧盟“数字议程 2020 年”的目标，即所有欧盟的带宽达到 30Mbps 以上、50% 的带宽达到 100Mbps 以上，需要更多私人投资投入高速带宽基础设施建设中。欧盟委员会希望通过推进网络中立的确立，促进欧盟互联网接入服务市场竞争，进而促进高速通信网络的建设。

3. 遏制流量限制行为、统一互联网服务管理标准的需求

(1)遏制普遍的限制流量行为

欧盟电信监管委员会和欧盟委员会曾在2012年3月共同完成并发布了一项有关互联网流量管理的调查报告,该调查报告以欧盟境内超过400家固定和移动互联网服务商(ISP)的网络流量管理实践为样本,调查结果显示服务商对用户的接入实施屏蔽或流量限制是一种普遍行为,而移动服务商的限制行为比固定服务商更为频繁,限制措施的主要对象是点对点传播技术和网络电话应用;同时,为了保护网络安全性和完整性以及管理网络拥堵,服务商也经常采取相关的网络保护行为;为此,服务商通常采取的业务模式包括,针对特定种类的网络流量设置数据上限,为特定种类的应用(主要是网络电话、网络电视、视频点播等)提供优待的"专业服务"(specialized services)。基于这份报告,欧盟委员会认为当前在欧盟各国的开放互联网实践中存在无法否认的互联网服务不平等问题,必须采取行动予以制止。

(2)统一互联网服务管理标准

在互联网基础设施资源相对短缺,网络流量剧增而相当一部分流量并非基本互联网通信所必需的情况下,如何对互联网流量实施管理以保证网络服务质量,成为互联网接入服务商共同面临的问题。在网络中立原则未在欧盟立法中确立之前,并在没有相应强制性业务标准的情况下,欧盟互联网接入服务商主要依其公司政策实施业务管理,具体而言,他们主要依据以下三种服务标准实施管理:

①开放型或公共型互联网服务标准:也称"尽最大努力"服务标准,在该标准下,任何网络用户都可以接入任何内容或应用提供商,或运行任何应用。所有子网络服务商承诺"尽最大努力"无歧视地转发所有数据包,但是他们并不提供传输担保,这意味着在网络拥堵情况下,数据包可能被延迟或丢失。

②"价格歧视"的服务标准:在该标准下,互联网服务商专注于为支付不同费用的用户提供不同的数据传输量,以及不同的连接速度,但并不关注服务质量。这种服务方式,可能对未支付特别费用的互联网用户产生歧视,使之无法获得合理的互联网服务。

③中立的网络服务标准：中立标准曾一直是互联网接入服务市场中的主导标准，它并不要求服务商尽最大努力提供服务，但也不允许其对用户采取歧视措施。这种服务标准的困境在于，对普通邮件数据的传输，即使有几秒延迟也不会造成实质影响，但是对于“时间敏感型”的声音视频等数据的传输，在没有互联网通道优先权的情况下，哪怕有几秒的延迟都将带来极差的用户体验。

在互联网接入服务商享有较大的流量管理权，而网络基础设施资源相对短缺的情况下，互联网服务商将更倾向于对网络资源占用量大、要求优先接入的互联网用户征收额外的服务费用并为其提供优待服务，而这很可能导致对普通互联网用户产生歧视，使之获得的服务质量降低。对于这种互联网服务管理标准不统一的局面，也需要制定法律予以规范。

三、网络中立原则的正式确立及相关争议

1. 欧盟数字单一市场大战略下网络中立原则的确立

网络中立原则的确立，是欧盟建立电信单一市场，并进而构建数字单一市场这一大战略的重要步骤。

信息技术在现代社会发挥了巨大的辐射作用，然而欧盟面临着各国数字市场间堡垒林立、缺少投资等信息技术发展障碍。为消除这些障碍，2010 年 5 月 19 日欧盟正式发布欧洲数字议程（Digital Agenda for Europe），提出建立一个新的数字市场、加强全体欧洲人的数字技能以及可接入的在线服务等七个方面的优先行动。同时，为了打破欧盟境内的数字市场壁垒，欧盟委员会于 2015 年 5 月 6 日公布欧洲数字一体化市场（Digital Single Market）战略的详细规划。

而建立欧盟电信单一市场，是欧盟实施数字单一市场大战略的前期步骤。欧盟电信监管框架（The EU's Regulatory Framework for Electronic Communications）——《连接（欧洲）大陆电信一揽子计划》及其涵盖指令和规定——的提出，明确了鼓励竞争、激发市场机制作用和保证用户基本权利等发展目标。为此，欧盟委员会提出了几大步骤推进电信单一市场，其中就包括了

在欧盟范围推进以网络中立为导向的互联网电子通信服务。为此，2015 年 6 月 30 日欧洲议会、欧盟委员会和欧盟理事会三方达成协议，就保证一个开放的网络达成共识，即实施网络中立规则以保护每一个欧洲人无歧视地接入网络内容的权利。该协议被欧盟理事会于2015 年10 月1 日正式接受，欧盟理事会在此基础上提出一项确立网络中立原则的提案，如上文所述，该提案于2015 年10 月27 日经欧洲议会投票表决通过。

因此，根据欧洲议会所通过提案的第 3 条“保障开放的互联网接入”(Safeguarding of Open Internet Access)，在欧盟：

(1)互联网最终用户享有平等的接入、分发信息和内容的权利，使用和提供应用与服务的权利，以及依其选择使用终端设备的权利，而不论其自身或其服务商的位置，或传输的信息、内容、应用或服务的位置、发出地或目的地为何。另外，在不减损最终用户上述权利的前提下，互联网接入服务商与最终用户可以就服务的商业和技术条款，以及诸如价格、数据流量或速度等互联网接入特性达成协议。

(2)互联网接入服务商在提供互联网接入服务时，应当平等对待所有互联网流量，无论收发信息方、所接入或分发的内容、使用或提供的应用或服务为何，均不得实施歧视、限制、干涉；但是最终用户享有的平等接入互联网的权利不得妨碍互联网接入服务商实施合理的流量管理措施。如果这些措施是透明、非歧视和适当的，并且不是基于商业考虑，而是仅基于对特定种类的网络流量其不同的服务质量技术要求的客观考量，那么这些管理措施就是合理的。

(3)向公众提供电子通信的服务商，包括互联网接入服务商，内容、应用和服务提供商，可以在网络能力充足的情况下，在提供任何的网络接入服务之外，为那些对质量水平有特殊要求的网络服务提供优化处理服务(optimisation)，但是这种优化处理服务不得被用于或替代互联网接入服务，也不得减损向最终用户提供的互联网接入服务的一般质量(general quality)或可获得性(availability)。这些内容都将最终被纳入正式的欧盟法规。

可见，欧盟的网络中立原则，禁止互联网接入服务商依据网络流量类型的不同提供歧视性的互联网接入服务，也即不得对诸如互联网资源占用量较大的视频流量采取限制措施,但同时允许服务商在网络拥堵等情况下实施透明适当的流量管理措施。另外,它也允许互联网接入服务商与其用户就服务条款进行协商,并在网络资源充足的情况下,可以提供优化处理服务。

2. 网络中立原则的相关争议

2015 年 10 月 27 日欧洲议会的投票还否决了一系列有关互联网流量管理具体规则、加强网络中立原则的修正案,这说明欧盟相关方面就网络中立原则的具体规则内容尚存争议。许多评论者认为,目前通过的提案中有关保护网络中立的条款过于模糊,这为互联网接入服务商签订特殊服务条款留下许多空间,并进而导致互联网用户实际上无法获得公平的服务。另有人认为,在已经确立的规则下,只要不用尽用户的数据配额(如在用户资费套餐之外),就可以创设“快车道”和“慢车道”或订立“零费率”协议,如此互联网接入服务商就可以规避网络中立原则下的相关义务;这虽然对那些希望获得优惠或免费服务的用户有利,但最终很可能遏制创新。由于目前确立的网络中立相关规则可能无法规制一些法律规避行为,许多人表示应当按照提案修正案的内容对网络流量管理进行更具体的规定。

对于互联网接入服务商是否能进行差别收费以提供不同优先级的服务这一问题,一直也是各方长期争论的焦点。支持严格意义上的网络中立原则的人士认为,由于面临网络需求剧增的情况,执行“无歧视规则”,可以通过市场竞争激励网络运营商增加对网络基础设施的投资以满足市场需求;然而支持灵活的网络中立原则的人士则认为,允许互联网接入服务商针对“数据密集型应用”和“时间敏感型应用”提供更优质的服务并收取费用,这种财务激励更能促使服务增加对网络基础设施建设的投资,从而最终使广大用户受益。然而,究竟哪种观点更具有说服力,还有待实践检验。

四、网络中立原则在欧盟和美国的异同

网络中立原则可谓是在大西洋两岸竞相确立,美国联邦通信委员会(FCC)制定的《网络开放指令》在 2015 年 2 月通过并于 6 月正式生效。无论

在美国还是在欧盟，网络中立原则的确立都经历了较长时间的争论，其中主要涉及不同利益团体（主要包括网络接入服务商和网络产品提供商等）在网络接入的控制和开放问题上的博弈。目前，网络中立原则的基本内容已在欧美得到广泛认同，即坚持一般意义上透明、无歧视的网络接入服务，目的在于促进竞争和创新，构建更加开放、自由、平等的网络。

经过对比分析，我们可以看出欧美在网络中立方面还存在以下差异：美国的《互联网开放指令》是美国通信市场监管机构制定并实施的，其规则制定主体层级较低。该指令的制定也是为了应对网络流量剧增而网络基础设施资源相对不足的困境，然而美国的网络中立原则具体规定则比欧盟的更加严格：它对互联网接入服务商提出了禁止屏蔽、禁止流量控制、禁止付费者优先（即禁止创设网络快车道）三条“明线”原则；同时，提出了判定相关网络管理行为是否合理时所应考察的各项因素，严格禁止互联网接入服务商对其用户采取歧视措施。相比之下，欧盟虽然在更高的欧盟统一立法层面确立了网络中立原则，然而其规则内涵与美国的相比更宽松，如上文所述，它允许互联网接入服务商提供优化处理等服务，同时放任了在一定条件下创设“快车道”、订立“零费率”协议等潜在的法律规避行为。

此种规则宽严之异，其中很大一部分原因在于，美国联邦通信委员会在其几十年的通信市场监管实践中积累了丰富经验，能够及时应对互联网市场的发展变化，面对大型互联网接入服务商的异议采取毫不退缩的强硬态度，积极推进开放互联网政策。而在欧盟，欧盟委员会和欧盟理事会在推进网络中立原则的确立过程中，不仅需要面对互联网接入服务商的阻力，更重要的是还需要在欧盟各成员国之间进行合理的利益协调。

结语

通过上述分析，我们认为网络中立原则是为了解决网络需求剧增、网络服务管理模式不统一问题而采取的应时之举，该原则旨在构建开放、自由、平等的网络环境，要求互联网接入服务商为其用户提供无歧视的网络接入服务。

有关网络中立原则重要性及其基本内涵,已经在欧盟达成共识并被纳入欧盟立法。目前,有关网络中立的具体规则目前还存在许多争议,相对宽松的欧盟模式与较严格的美国模式相比,在促进互联网市场的基础设施投资和互联网用户福利的增加究竟利弊如何,还有待实践的检验。可以断定的是,欧盟网络中立原则的具体内涵将在推进欧盟数字单一市场大战略下,在提升欧盟整体网络服务质量、激励竞争、促进创新的共识下,不断丰富发展。

法国网络中立进展与启示

蔡雄山*

网络中立，指所有电子通信网络都以中立方式提供数据流，而不论其性质、内容、发送者与接受者。该原则适用于任何网络，尤其与互联网相关。理论上，网络中立原则禁止运营商阻止、减缓任何数据流，同样也禁止给予其他内容数据流优先权。

网络中立涉及运营商，尤其网络服务提供商、用户、内容及运用提供商等，此外，还可能涉及设备制造商等。网络中立的讨论最初始于美国，目前欧洲一些国家正在积极推行，其中法国也进行了有益的尝试与探索。

一、发布关于网络中立建议

从2009年9月开始，法国开始关于网络中立的内部讨论与思考。2010年4月13日举行了关于网络中立的国际研讨会，5月开始公众征求意见程序。2010年9月30日公布了网络中立的十条意见和建议。其主要内容包括：

1. 网络接入自由与质量保障；

2. 网络数据流非歧视；

3. 流量管理遵守相关性、比例性、有效性及非歧视原则；

---

* 蔡雄山，男，腾讯研究院高级研究员。

4. 运营商不减损服务质量条件下推广“被管理类服务”；
5. 对终端用户加强透明性；
6. 监管机构监控流量管理实践；
7. 监管机构监控网络接入服务；
8. 监管机构监控数据互联互通市场；
9. 网络中立中考虑网络销售商角色；
10. 加强设备中立。

二、建立网络接入及服务质量评价体系

2011 年 4 月，欧盟委员会发布关于网络中立的通函。2012 年 6 月 1 日，法国监管机构对其网络接入与固定电话服务质量指数及相关措施项目启动公开征求意见程序，该项目将使消费者掌握网络服务提供商服务质量的清楚信息，并可做比较。此为法国监管机构掌握网络接入服务质量的重要举措，为网络中立工作一部分，2013 年将公布第一批结果。

三、推动电信与广播视听监管机构融合

随着业务融合的发展，法国目前也在讨论并积极研究监管机构的融合问题。2011 年，法国人民运动联盟议员向议会提交报告，建议将法国电信与邮政管理局、高级视听委员会、互联网作品传播及权利保护高级公署三个机构合并，以适应目前监管融合的需要。此建议得到了法国工业部部长的支持，但法国文化部表示坚决反对，认为这几个机构的目的、所保护的利益及所拥有的手段等都不相同，很难合并。

法国高级视听委员会主席也在不同场合表示支持监管机构的融合，认为可以通过将于 2013 年新修订的视听节目法确定此项内容。如果目前不进行改革，可能需要等到 2018 年或 2019 年。其初步设想机构融合后一个机构拥有两个委员会，一个负责内容，另一个负责网络，同时保持机构独立。

2012年8月,法国总理要求法国文化部等于2012年11月底向其提交关于法国电信与邮政管理局与高级视听委员会融合的建议,其中包括业务融合发展对经济、社会、文化方面的影响及在相关立法等方面的必要改进措施等。目前监管机构融合问题正在研究中。

四、进一步探讨数字经济发展前沿问题

网络中立仅是数字经济发展中的一方面。法国政府近期公布了其2013年数字经济路线图。其中强调,数字技术的发展与变革深刻影响法国社会,国家的现代化及企业的革新。数字技术无论是在日常生活还是在职业生活中都不可或缺。2013年重点工作包括法国目前正在试点全境覆盖宽带,让所有国民,不论年龄、地域等都有机会享受数字技术。

数字技术的发展也给法国社会个人信息保护带来挑战,法国政府将协调言论自由及隐私保护与数字技术发展的关系。

数字技术发展同样涉及国家主权,包括网络安全、系统及数据、技术独立、司法与行政能力。同样需要考虑对于在线经济活动进行征税,法国将与欧盟数字议程相关问题一同推进。同时,法国将进一步推动数字经济领域发展。巴黎或郊区将建设数字区,致力于将巴黎打造成"数字首都"。

法国网络中立的推行中也出现了相应的困难或问题,提供了有益的启示。

首先,网络中立需要法律保障。总体而言,从立法上看,法国网络中立并没有专门特定的立法,仅在《法国邮政电信法典》L32-1中规定,"对信息传输内容保持中立"。另外,在消费者权益保护及互联互通等立法中涉及。因此,法国也在探讨进一步完善相关立法的问题。

其次,网络中立政策涉及众多监管部门,须明确职责。目前法国网络中立问题涉及众多监管部门,对于网络中立问题各自职责界限也并没有清晰的划分。其主要涉及的监管部门为:电信与邮政管理局(ARCEP),主要负责电信市场监管、网络服务提供商及互联互通等问题;视听高级委员会(CSA),该机构负责法国视听内容的监管,实践中目前包括回放电视、视频点播等;法国公

平竞争局，主要职责在于保证内容或网络提供者遵守法国竞争立法；国家信息与自由委员会，其为法国个人数据保护机构，主要职责在于个人数据及隐私保护；互联网作品传播及权利保护高级公署（HADOPI），该公署职责在于网络版权保护；法国竞争、消费及反欺诈司，主要职责在于消费者保护等。网络中立中各监管部门职责需要进一步明确，同时适应技术发展，对监管机构进行调整，如建立融合性监管机构。

最后，网络中立须出台具体建议或保障措施。实践中，网络中立在法国乃至欧洲获得了越来越广泛的关注，但仍不是绝对的规则。在固网领域，由于法国目前宽带及超宽带零售市场竞争状况良好，且不存在网络拥堵情况，网络中立情况较好。但在移动市场上，网络中立仍没有成为规则。法国监管机构下一步将督促其网络中立十建议尽快落实，必要情况下引入更多具体性措施。

第七章

竞 争 规 制

论互联网不正当竞争中的消费者利益保护

谢兰芳*

竞争具有双重属性，一方面表现为勇于进取、开拓市场、努力提高产品质量与生产效率，促进经济发展；另一方面表现为尔虞我诈、弱肉强食，为谋求私利不惜牺牲其他经营者的利益。① 在互联网领域，竞争的双重性表现得尤为明显。因为有了充分自由的竞争，我国现在已发展为仅次于美国的全球第二大互联网力量，但是当前互联网不正当竞争行为频发，②消费者利益得不到保障，公平的竞争秩序遭到破坏，最终又可能阻碍我国互联网产业的发展。我国《反不正当竞争法》于1993年12月1日正式实施，至今已逾二十余年，虽然这部"前互联网"时代的竞争法开篇即阐明保护消费者利益，但从司法实践来看，消费者利益保护现状不容乐观。本文试图从互联网不正当竞争中消费者利益保护的基础入手，进而对侵害消费者利益的互联网不正当竞争行为的典型表现进行类型化研究，最后提出规制建议。

---

* 谢兰芳，西南政法大学知识产权法博士研究生。

① 参见中国法律年鉴1993年分册：《反不正当竞争法实用全书》，中国法律年鉴社1993年版，第1页。

② 根据北京市第一中级人民法院的统计，互联网领域正成为不正当竞争纠纷的多发地带——在该院2010年到2013年审结的110件不正当竞争案件中，就有33件涉及互联网领域，占到全部案件的30%。

一、问题的提出

(一)互联网不正当竞争中消费者利益的实质是什么

互联网竞争是用户竞争、注意力竞争,面对竞争激烈的市场,互联网公司不断更新产品功能或者推出新产品吸引用户。竞争法鼓励竞争者以正当的竞争手段争夺用户,并保护消费者利益。但是在一些不正当竞争案中,经营者以"维护用户利益"之名行不正当竞争之实,认为其是在通过技术创新保护消费者利益。例如,在"扣扣保镖"案中,奇虎360公司称,"'360扣扣保镖'修改自己电脑中的QQ软件,是用户不可剥夺的权利","'扣扣保镖'的选择、安装和使用都是在用户充分知情和充分选择的情况下主动完成的,这正是尊重用户、保护用户权益的最大体现"。[①] 又如合一信息有限公司诉金山软件公司一案[②]中,猎豹浏览器开发设置了过滤视频广告的软件。从表面上看,"360扣扣保镖"帮助用户屏蔽QQ弹窗广告行为以及猎豹浏览器的广告过滤行为,确实都是为了"维护用户利益",迎合了消费者不希望过多浏览广告的需求。有学者也认为,浏览器开发商并未强迫用户在线观看视频时必须使用拦截或快进功能,而是赋予其选择权。[③] 然而最后法院却都判定这类行为构成不正当竞争。那么,在互联网竞争中消费者利益的实质是什么呢?

---

① 参见信息时报:《扣扣保镖案终审宣判360致公开信"坚守用户至上"》,载和讯网:http://news.hexun.com/2014-02-25/162459874.html,最后访问时间:2015年6月24日。

② 参见(2013)海民初字第13155号民事判决书;(2014)一中民终字第3283号民事判决书。

③ 参见董慧娟、周杰:《对浏览器过滤视频广告功能构成不正当竞争的质疑》,载《知识产权》2014年12期。

(二)是否可以将侵害消费者利益作为认定互联网不正当竞争行为的重要标准

从《反不正当竞争法》对不正当竞争行为的定义[①]来看,判定不正当竞争行为的标准是该行为是否损害其他经营者的合法权益,扰乱公平的竞争秩序。而且有学者认为,某个行为即使损害了经营者的权益,或者消费者的权益,但如果没有对公平竞争秩序构成损害,则不是不正当竞争行为。[②] 在司法实践中,法院确实多以竞争行为是否侵害其他合法经营者利益,扰乱公平竞争秩序作为判断是否构成互联网不正当竞争的标准。但是《反不正当竞争法》第1条[③]开宗明义地指出,制定《反不正当竞争法》的目的不仅仅是保护经营者利益,维护公平的竞争秩序,制止不正当竞争行为,还有保护消费者的合法权益。[④] 互联网竞争行为又与消费者利益息息相关,所以除将直接侵害其他经营者合法权益,扰乱市场竞争秩序作为判断竞争行为是否具有正当性的标准之外,是否可以将侵害消费者利益作为认定互联网不正当竞争行为的重要标准?

(三)《反不正当竞争法》修法中消费者利益如何体现

作为一部调整市场竞争秩序的重要法律,《反不正当竞争法》自1993年颁布实施以来,时隔22年即将迎来大修,而且此次修法主要针对互联网不正当竞争。[⑤] 不正当竞争行为的最终目的是争夺市场优势,获得更多的用户。消费者作为竞争行为的承受者,处于互联网竞争生态链的最末端,一旦发生不正当竞争行为,消费者利益势必受到影响,消费者根本没有能力应对。因此,消费

---

① 参见《反不正当竞争法》第2条第2款:本法所称的不正当竞争,是指经营者违反本法规定,损害其他经营者的合法权益,扰乱社会经济秩序的行为。

② 参见孙琬钟主编:《反不正当竞争法实用全书》,中国法律年鉴社1993年版,第27页。

③ 参见《反不正当竞争法》第1条:为保障社会主义市场经济健康发展,鼓励和保护公平竞争,制止不正当竞争行为,保护经营者和消费者的合法权益,制定本法。

④ 参见全国人大常委会法制工作委员会民法室:《〈中华人民共和国反不正当竞争法〉释义》,法律出版社1994年版,第7页。

⑤ 参见法治周末:《反不正当竞争法大修剑指互联网》,载和讯网:http://tech.hexun.com/2015-06-17/176785400.html,最后访问时间:2015年6月25日。

者需要与诚实经营者一道受到《反不正当竞争法》保护。① 消费者利益如何在修法中得到体现？在不正当竞争行为损害消费者利益时，消费者是否可以依据《反不正当竞争法》提起诉讼，值得探讨。

二、互联网不正当竞争行为侵害消费者利益的典型表现

目前，无论是互联网行政管理的部门规章②还是互联网业界公认的商业道德，都禁止互联网信息服务提供者欺骗、误导或者强迫用户使用或者不使用其他互联网信息服务提供者的服务和产品。③ 由于互联网不正当竞争行为具有"隐蔽性""技术性""复杂性"等特点，往往难以被察觉，加之用户基数巨大，互联网不正当竞争行为侵害消费者利益的现象又具有"普遍性""严重性"。

（一）侵害消费者的决定自由

根据德国《反不正当竞争法》第 4 条第 1 项，行为人实施商业行为，该商业行为以运用压力、蔑视人的尊严的方式或通过其他不客观合理的影响，足以损害消费者或其他市场参与者的决定自由，构成不正当商业行为。④ 而我国《反不正当竞争法》并没有对侵害消费者的决定自由进行直接规定，不过在总则一般条款中，"经营者在市场交易中，应遵循'自愿'原则" ⑤的规定包含了保护消费者的决定自由。笔者认为，消费者的决定自由是指消费者可以根据自己的判断放弃或继续使用某种互联网产品或服务的自由，既包括使用自由，也包括不使用自由。在百度诉奇虎 360 一案中，法院就认为，"网络用户有自愿选

---

① *See* "Protection Against Unfair Competition", presented by the International Bureau of WIPO (Geneva 1994), pp. 11 – 12.

② 参见《规范互联网信息服务市场秩序若干规定》(中华人民共和国工业和信息化部令第 20 号)第 5 条，互联网信息服务提供者不得欺骗、误导或者强迫用户使用或者不使用其他互联网信息服务提供者的服务和产品。

③ 参见广东省高级人民法院(2011)粤高法民三初字第 1 号民事判决书。

④ 参见范长军：《德国反不正当竞争法研究》，法律出版社 2010 年版，第 215 页。

⑤ 参见《反不正当竞争法》第 2 条第 1 款　经营者在市场交易中，应当遵循自愿、平等、公平、诚实信用的原则，遵守公认的商业道德。

择是否使用互联网产品或服务的自由，有自愿选择使用哪一种互联网产品或服务的自由。网络服务提供者不得强制网络用户使用其提供的或放弃使用其他网络服务提供者提供的互联网产品或者服务”。①

1. 直接干扰消费者选择

早期较为常见的互联网不正当竞争案多表现为“同业软件之间的不兼容”，这类行为直接侵害了消费者选择自由，具有“直接”“野蛮”的特点。例如，在百度搜霸案中，一审法院认为，“3721 的行为，使本可以在用户计算机中同时存在两个不同功能软件的状况，变成用户在获取一个工具栏搜索功能软件——‘百度搜霸’时，必须以卸载另一个地址栏搜索功能软件——‘3721 网络实名’为条件。‘3721 网络实名’中的 cnsminkp 文件使‘百度搜霸’不能正常下载、安装，为用户的正常使用设置了不必要的技术障碍，使用户有可能放弃对‘百度搜霸’的使用，进而使用户的需求得不到满足”。② 实践中，直接干扰消费者选择的行为甚至还表现为干脆“剥夺消费者选择权”。例如，在奇虎 360 诉阿里巴巴一案中，法院就认为，“雅虎助手在用户未选择的情况之下，删除 360 软件，剥夺了用户的自主选择权”。③ 在近期的搜狗公司诉奇虎 360 公司一案中，法院认为，“奇虎软件公司强行将 360 安全浏览器篡改为默认浏览器，其行为构成不正当竞争”。④ 从消费者利益保护的角度来说，篡改用户设置的默认浏览器直接剥夺了用户的选择权。

2. 间接干扰消费者选择

当互联网不正当竞争发展到第二阶段（2006 年—2011 年），安全软件评测行为所引发的复合型不正当竞争行为逐渐增多⑤，通常表现为竞争者并不直接干扰消费者选择，而是充分利用消费者对网络的无经验、轻信、甚至恐惧达到

---

① 参见北京市高级人民法院（2013）高民终字第 2352 号民事判决书。

② 参见北京市朝阳区人民法院（2003）朝民初字第 19753 号民事判决书；北京市第二中级人民法院（2004）二中民终字第 2388 号民事判决书。

③ 参见北京市海淀区人民法院（2007）海民初字第 387 号民事判决书。

④ 参见陕西省西安市中级人民法院（2013）西民四初字第 00529 号民事判决书。

⑤ 参见张钦坤：《中国互联网不正当竞争案件发展实证分析》，载《知识产权》2014 年第 10 期。

不正当竞争目的,具有相当的"隐秘性"。在百度诉三际无限公司一案中,"三际无限开发的安全卫士涉案版本以及网址为 www. 360safe. com 的网站将超级搜霸和搜索伴侣描述为'恶意软件',将超级搜霸描述为'低危险级别',将搜索伴侣描述为'高危险级别',将超级搜霸和搜索伴侣描述为'强制安装、浏览器劫持、干扰器他软件运行和无法彻底删除'"。① 在此,不正当竞争者发布一系列令消费者"恐惧"的词语,充分利用消费者对"恶意软件"②宁可信其有不可信其无的心态以及对安全软件的信任,一步步引导消费者卸载竞争对手产品。在某些情况下,不正当竞争者看似充分给予了消费者自由选择权,但实际上也还是限制并间接干扰了消费者选择。例如,在金山诉奇虎 360 案中,"奇虎 360 公司设置的'卸载 360 安全卫士'选项与'卸载金山网盾'的选项不同,其并非让用户自由选择,带有明显的倾向性"。③

（二）误导消费者

"使他人上当、受骗的阴谋、诡计和骗局"④应该是法律对"误导消费者"的最早确认,在很多国家,误导消费者都是一种典型的不正当竞争行为。欧盟《不公平商业行为指令》明确禁止误导性商业行为(misleading commercial practices)和误导性的省略行为(misleading omissions)。⑤ 我国《反不正当竞争法》第 9 条⑥对误导消费者做出了原则性规定,在"引人误解的虚假宣传"不正当竞争行为中,"人"可以理解为"消费者",不正当竞争者的虚假宣传行为给

---

① 参见北京市海淀区人民法院(2007)海民初字第 17564 号民事判决书。

② 中国互联网协会于 2006 年公布了"恶意软件"的定义,其主要特征是"强制安装、难以卸载、浏览器劫持、广告弹出、恶意手机用户信息、恶意卸载、恶意捆绑"等。

③ 参见北京市第一中级人民法院(2010)北京一中民初字第 10831 号民事判决书。

④ 参见[意]桑德罗·斯契巴尼选编:《契约之债与准契约之债》,丁玫译,中国政法大学出版社 1998 年版,第 39 页。转引自谢晓尧:《竞争秩序的道德解读——反不正当竞争法研究》,法律出版社 2005 年版,第 321 页。

⑤ 参见李小年、查拉·艾薇丝:《欧盟〈不公平商业行为指令〉对中国完善消费者权益保护机制的借鉴意义》,载《政治与法律》2009 年第 9 期。

⑥ 《反不正当竞争法》第 9 条:"经营者不得利用广告或者其他方法,对商品的质量、制作成分、性能、用途、生产者、有效内容、产地等作引人误解的虚假宣传。"

“消费者”造成了某种与事实不相符的理解，最终影响其决定自由。在互联网领域，误导消费者的行为多是传统的误导消费者行为向互联网领域延伸，实质上与传统误导消费者的不正当竞争行为并无二致，“是否如实反映商品或服务的客观情况，是否造成用户的误解并产生不适当的联想，是判断其行为正当性的关键”。[①] 通常在互联网环境下，误导消费者包括以下几种情形：

1. 对商品做片面化的宣传或对比

在司法实践中，一些竞争者将竞争对手的商品信息作片面化宣传或对比，进而误导消费者。在我国并不禁止比较广告的情况下，这类误导消费者的行为更为普遍。例如，在腾讯诉搜狗一案中，法院认为，“被告使用的‘当前网上最流行、用户好评率最高、功能最强大的拼音输入法’，‘搜狗输入法在词库的广度、词语的精准度、高级功能、易用性设计、外观上远远领先于其他输入法’等宣传内容，没有以相应的客观调查、统计数据为依据，采用大量的绝对化的表述，将被告输入法描述成本领域最好的输入法软件，属于虚假宣传，足以使消费者产生误解，构成不正当竞争行为”。[②] 在汉涛信息咨询诉爱帮聚信一案中，二审法院认为，“二上诉人均认可自己是使用最高级形容词进行自我宣传的经营者，就应分别就其宣传所述事实提供充分的证据，否则其宣传行为就是以间接方式对他人的服务进行了贬低，容易引起广大网络用户的误解，从而构成不正当竞争行为”。[③] 因此，在市场竞争中，相关竞争者在宣传本企业以及相关产品时，不应作过分夸大的描述，禁止使用“最高级别”[④]的形容词误导消费者。

2. 将科学上未定论的观点、现象等当作定论的事实用于商品宣传

实践中，还有一些竞争者将科学上未定论的观点、现象当做定论的事实用于商品宣传，让消费者产生不合理的联想。此类行为充分利用消费者对相关机构的信任，夸大自己产品优势，贬低竞争对手产品。因此，在误导消费者的

---

① 参见北京市第二中级人民法院(2011)二中民初字第12237号民事判决书。

② 参见北京市第一中级人民法院(2009)一中民初字第16849号民事判决书。

③ 参见北京市海淀区人民法院(2010)海民初字第24463号民事判决书；北京市第一中级人民法院(2011)一中民终字第7512号民事判决书。

④ 参见新《广告法》第9条，广告不得有下列情形：(三)使用“国家级”“国家级”“最高级”“最佳”等用语。

同时,还可能构成商业诋毁。例如,在奇虎360诉瑞星一案中,瑞星公司于2010年2月2日在其官方网站上公开发表的《瑞星揭露黑幕:奇虎360给用户装"后门"》①。法院认为,"'360安全卫士软件存在私下开设后门存在巨大安全隐患'这一判断的依据是瑞星互联网实验室所进行的相关检测,但是瑞星公司始终未能提供证据证明其在《瑞星揭露黑幕:奇虎360给用户装'后门'》一文中的相关判断来源于具有定论的科学判断,即除瑞星公司自身外,并没有任何一家具有资质和权威性的国家或部门主管机关在此之前曾就'360安全卫士'软件的安全性问题作出与瑞星公司相同的判断"。② 最后法院从维护社会公众利益和公平的市场竞争秩序角度出发还重申了竞争规则,进一步强调,"有关的市场主体在从事市场经营活动的过程中,在国家有关主管机关或具有相应资质的权威机构未对需要运用专门知识进行分析、判断的专业技术问题发表具有科学依据的定论性意见之前,均不应仅凭一己之见即对其他市场主体特别是竞争对手的商业行为或产品质量等问题向社会公众发布具有倾向性的评述,从而通过使消费者对其他经营者的产品或服务产生先入为主的印象等不正当手段获取竞争优势"。

3. 以歧义性语言进行商品宣传

如果一种信息能够导致消费者产生两种或多种以上的理解,就会产生歧义,而产生歧义的原因是经营者对相关信息进行隐瞒或者提供不清楚、不明确、模凌两可的信息。例如在腾讯诉奇虎360不正当竞争一案中,"360隐私保护器"对QQ2010软件监测结果使用"可能涉及您的隐私"的表述。法院认为,

---

① 具体的文字表述:"瑞星互联网攻防实验室发现,360安全卫士在安装进用户电脑时,会私下开设'后门',更为可怕的是此'后门'存在巨大安全隐患。黑客可以利用此后门对系统注册表和用户信息(文件)进行任意操作,例如读取、修改、删除等……而360安全卫士通过安装'后门',绕过了windows系统的安全检查机制,从而使用户隐私面临极大风险……从奇虎公司的历史看,这种'给电脑装后门'的方式,也是3721等流氓软件通常采用的方式……瑞星公司呼吁:希望奇虎公司尽快公开给用户安装'后门'的源代码,说清楚此'后门'的真正用途,并尽快进行改正。我们真心的希望,原来制造流氓软件的公司,能够投身到安全行业中来,而不要试图用'免费的流氓软件'来侵犯用户隐私。"

② 参见北京市西城区人民法院(2010)西民初字第3570号民事判决书;北京市第一中级人民法院(2011)一中民终字第12521号民事判决书。

“在这里尽管使用了‘可能’的表述,但会使用户产生一种不安全感,导致用户放弃使用或避免使用QQ2010软件的结果,从而使‘可能’变成是一种确定的结论”。[1] 在实践中,经营者还故意省略相关信息,即使提供的信息都是真实的,但是也可能导致消费者出现理解的偏差,进而误导消费者。例如,在腾讯诉搜狗公司一案中,虽然被告辩称用户可以将QQ拼音输入法的选项选实,并可以点击该窗口右上角的关闭键,但法院认为,“该窗口的对话框有‘上移’、‘下移’、‘全选’、‘反选’、‘高级管理’和‘确定’按钮,却没有按照一般规则设置‘取消’按钮,本身就会对消费者产生误导”。[2] 在该案中,经营者故意省略相关信息误导消费者,影响其选择使用QQ拼音输入法。

(三)搭便车行为对消费者利益的侵害

搭便车的本质是“不付成本而坐享他人之利”[3],我国《反不正当竞争法》并未明确规定“搭便车”行为,但是“搭便车”行为与《反不正当竞争法》的立法精神背道而驰,消费者的利益也容易受到此类不正当竞争行为的侵害。通常,此类不正当竞争行为往往利用消费者对相关产品和服务的误认、混淆以达到“搭便车”之目的。

目前,法院在分析“搭便车”问题时,比较注意竞争行为是否造成消费者的混淆和误认,如果超出合理的限度(造成消费者混淆误认),即构成“搭便车”行为。例如,在百度诉奇虎360一案中,“奇虎360擅自改变百度在其搜索框上的下拉提示词并且采用增加文字介绍、设置背景颜色等方式,在用户设置了其他搜索方向,依然插入了与用户设置的搜索方向关联性很小的下拉提示词,改变用户的搜索结果,在点击奇虎360擅自插入的下拉提示词后,并没有进入百度的搜索结果页面,而是直接引导用户进入360的影视、游戏等界面”。一

---

① 参见北京市朝阳区人民法院(2010)朝民初字第37626号民事判决书;北京市第二中级人民法院(2011)二中民终字第12237号民事判决书。

② 参见北京市第一中级人民法院(2009)一中民初字第16849号民事判决书。

③ “搭便车”(free rider)理论首先由美国经济学家曼柯·奥尔逊于1965年发表的《集体行动的逻辑:公共利益和团体理论》(The Logic of Collective Action Public Goods and the Theory of Groups)一书中提出的,其基本含义是“不付成本而坐享他人之利”。

审法院认为,“奇虎 360 搭便车的意图明显,其行为属于搭便车行为”。[①] 这种搭便车行为利用消费者对百度搜索服务的信任,不正当地获得获取竞争优势,最终可能使消费者误以为百度公司提供的搜索服务与奇虎 360 的影视、游戏具有某种联系,使消费者产生混淆。

三、规制互联网不正当竞争行为侵害消费者利益的建议

现代市场经济条件下,消费者具有以下典型特征:一是信息不充分;二是处于弱势地位;三是容易受到欺骗;四是受到损害后救济困难。信息技术和互联网的发展使消费者的以上几个特征在互联网环境中被无限放大,竞争秩序混乱与消费者利益受损是当前互联网市场上的两大突出问题。因此,有必要在规制互联网不正当竞争行为,维持公平的竞争秩序时,加强对消费者利益保护。

(一)在立法上,赋予消费者集体诉权

在消费者利益受到不正当竞争行为侵害时,是否应该赋予消费者诉权争议较大[②],而争议的焦点是在《消费者权益保护法》已经赋予消费者诉权的情况下,《反不正当竞争法》是否还应再赋予消费者诉权。现行《反不正当竞争

---

① 参见北京市东城区人民法院(2013)东民初字第 08310 号民事判决书;北京市高级人民法院(2013)高民终字第 2352 号民事判决书。

② 有学者认为,应该赋予消费者诉权,如黄武双教授认为,“我国《反不正当竞争法》第 1 条虽将‘消费者合法权益’也纳入立法目的,但其后未见技术性条款,连消费者的诉权都难以保证,未规定消费者可以采取的民事救济。”参见黄武双:《消费者保护:互联网立法之道》,载《方圆律政》2014 年 4 月;但是也有学者认为,不应该赋予消费者诉权,“《反不正当竞争法》并没有为消费者直接创设民事上的权利,也不存在救济上的诉权,不具有确保特定消费者权利的管道。”转自谢晓尧:《在经验与制度之间:不正当竞争司法案例类型化研究》,法律出版社 2010 年版,第 6 页。需说明的是,谢晓尧教授认为,“老虎不能没有牙齿”,消费者应该享有诉权。还有学者认为《反不正当竞争法》没有赋予消费者诉权,也没有进一步评论是否应该在修法中赋予消费者诉权,如孔祥俊庭长认为,“我国另有消费者权益保护法律,消费者可以依据消费者权益保护法律对于虚假宣传等同时侵害消费者权益的行为提起诉讼……,即便反不正当竞争法未赋予消费者诉权,不影响将是否损害消费者权益作为判断经营行为是否具有不正当性的重要标准……”参见孔祥俊:《反不正当竞争法的创新性适用》,中国法制出版社 2014 年版,第 86 页。

法》第四章有关“法律责任”没有涉及消费者的诉权问题，第20条仅规定了经营者的诉权。[①] 最高人民法院《关于审理不正当竞争民事案件适用法律若干问题的意见(试行)(意见稿)》认为，消费者不能依据《反不正当竞争法》第20条第1款的规定提起诉讼，但是可以依据《消费者权益保护法》的有关规定向人民法院提起有关诉讼。[②] 从立法规定与司法态度来看，消费者还是不能在受到不正当竞争行为侵害之后向人民法院提起诉讼，而只能依据《消费者权益保护法》寻求救济。例如，在黄金假日旅行社与携程公司不正当竞争一案中，法院认为，“由于消费者并不属于《反不正当竞争法》所规定的经营者范畴，消费者的权益受到侵害应当由其他法律关系调整，因此，黄金假日旅行社以消费者合法权益受损为由对携程公司提起的不正当竞争诉讼，没有法律依据，在本案中亦不做审查”。[③]

笔者认为，虽然《消费者权益保护法》已经规定了消费者的诉权，但是其并不能囊括所有侵害消费者利益的行为。[④] 随着《反不正当竞争法》社会化功能凸显，保护消费者利益成为《反不正当竞争法》的独立价值之一，两部法律可以从不同角度为消费者提供保护。在立法目的明确保护消费者利益的情况下，建议《反不正当竞争法》赋予消费者诉权，否则在立法目的中规定“保护消费者利益”仅是一种空想，对消费者利益的保护仍停留在纸面上。WIPO的一份

---

① 参见《反不正当竞争法》第20条：“经营者违反本法规定的，给被侵害的经营者造成损害的，应当承担损害赔偿责任，被侵害的经营者的损失难以计算的，赔偿额为侵权人在侵权期间所获得的利润；并应当承担被侵害的经营者因调查该经营者侵害其合法权益的不正当竞争行为所支付的合理费用。”“被侵害的经营者的合法权益受到不正当竞争行为损害的，可以向人民法院提起诉讼。”

② 参见最高人民法院《关于审理不正当竞争民事案件适用法律若干问题的意见(试行)(意见稿)》：“……不正当竞争行为同时也是侵犯消费者合法权益的行为，其损害的对象可能是广大消费者。鉴于消费者不是经营者。因此，依照《反不正当竞争法》第20条第1款规定，消费者不能提起本款规定的不正当竞争诉讼，但是可以依据消费者权益保护法的有关规定向人民法院提起有关诉讼。”

③ 参见上海市高级人民法院(2005)沪高民三(知)终字第36号民事判决书。

④ “问题在于，我国的消法能否将所有侵害消费者合法权益的行为一览无余地尽收其下？其他相关法律也为消费者提供保护？事实上，就我国市场行为法或市场规制法而言，除消法外，我国产品质量法、广告法、商标法以及反垄断法和反不正当竞争法均能为消费者权益提供不同程度的保护。”参见郑友德、伍春艳：《反不正当竞争法修订十问》，载《法学》2009年第1期。

调查报告指出,“《反不正当竞争法》不仅符合竞争者的利益,也符合消费者的、公众的利益。所以起诉权不应仅局限于竞争者,这对于不公平竞争法的有效操作至关重要”。[①] 因此,在消费者利益受到不正当竞争行为侵害之后,消费者可以依据《反不正当竞争法》进行起诉,将纸面的权利转变为实际的权利。但是有以下两个问题需要注意:

第一,消费者分布广泛分散,且数量巨大,特别是互联网环境中的消费者更是如此,经营者的一项不正当竞争行为往往涉及数以亿计的消费者。因此,为了节省司法资源,提高纠纷解决效率,防止诉权滥用,规范诉讼秩序,消费者诉权的赋予应该仅限于集体诉权。德国2004年修改后的竞争法加大了对消费者利益的保护,规定了消费者团体享有排除性请求权、损害赔偿请求权和利润剥夺请求权[②],但是仍没有确立消费者的个体诉讼地位。德国反不正当竞争法仅赋予消费者集体诉权而非个体诉权,应该就是考虑到节约司法资源、防止滥诉等因素,虽然这遭到了一些学者的强烈反对。对于利润剥夺请求权,德国《反不正当竞争法》从侵权行为构成要件角度还规定了消费者组织对经营者提起诉讼的条件,必须证明以下三种事实:经营者有非法所得;众多消费者因此受到了损失;损失与经营者获取非法所得的行为之间存在因果关系。[③]

第二,如何协调《消费者权益保护法》和《反不正当竞争法》对消费者的保护?也即当同一行为同时独立构成不正当竞争行为和侵害消费者利益的行为,出现了请求权竞合时,应当如何适用《消费者权益保护法》和《反不正当竞争法》的问题。笔者认为,可以让消费者组织根据“利益最大化原则”选择以何种诉由进行起诉,既可以选择《消费者权益保护法》进行起诉,也可以根据《反不正当竞争法》进行起诉,但是只能二选一。因此,《消费者权益保护法》和《反不正当竞争法》的协调可以通过法律的适用技术得以解决。

---

① 参见世界知识产权组织国际局:《世界反不公平竞争法的新发展》,郑友德译,载漆多俊主编:《经济法论丛》(第1卷),中国方正出版社1998年版,第331页。

② 参见郑友德、万志前:《德国反不正当竞争法的发展与创新》,载《法商研究》2007年第1期。

③ 参见全国人大常委会法制工作委员会民法室编:《消费者权益保护法立法背景与观点全集》,法律出版社2013年版,第281页。

（二）在司法理念上，以是否侵犯消费者利益作为判定互联网不正当竞争行为的重要标准

是否构成不正当竞争归根结底还是要从《反不正当竞争法》的目的上进行界定和衡量，立法目的决定了认定不正当竞争行为的根本定位。[①] 我国《反不正当竞争法》第1条在立法目的中直接规定“保护经营者和消费者的合法权益”。[②] 但是第2条又仅将不正当竞争行为界定为“经营者违法本法规定，损害其他经营者的合法权益，扰乱市场竞争秩序的行为”，未规定损害消费者利益也是不正当竞争行为，这缩小了法的保护范围，显然有悖于该法的立法宗旨。[③] 在司法实践中，法院也多以是否侵害了其他经营者的合法权益来认定是否构成不正当竞争，而较少纳入消费者保护因素。现代竞争法的价值是保护竞争者、消费者和社会公众利益，保护消费者利益具有独立的价值，而且“保护消费者合法权益”这一目标相对于“制止不正当竞争行为”和“保护经营者的合法权益”更具有根本性。[④]

因此，在依据一般条款认定不正当竞争行为时，应当将是否损害消费者利益作为重要判断标准。[⑤] 在腾讯诉奇虎360反不正当竞争案中，最高人民法院详细论述了反正不正当竞争行为中的消费者利益保护，“是否属于互联网精神鼓励的自由竞争和创新，仍然需要以是否有利于建立平等公平的竞争秩序、是否符合消费者的一般利益和社会公共利益为标准来进行判断，而不是仅有某

---

① 参见孔祥俊：《反不正当竞争法的创新性适用》，中国法制出版社2014年版，第73页。

② 值得注意的是，2007年1月最高人民法院发布《关于审理不正当竞争民事案件应用法律若干问题的解释》（以下简称《解释》）并没有的目的条款中明确对“保护消费者”，《解释》开宗明义写到，“为了正确审理不正当竞争民事案件，依法保护经营者的合法权益，维护市场竞争秩序，依照《中华人民共和国民法通则》、《中华人民共和国反不正当竞争法》、《中华人民共和国民事诉讼法》等法律的有关规定，结合审判实践经验和实际情况，制定本解释”。与《反不正当竞争法》第一条相比，《解释》仅规定“依法保护经营者的合法权益”，而忽略了“保护消费者的合法权益”。

③ 参见郑友德、伍春艳：《反不正当竞争法修订十问》，载《法学》2009年第1期。

④ 参见石必胜：《网络不正当竞争认定中的公共利益考量》，载《电子知识产权》2015年第3期。

⑤ 参见孔祥俊：《反不正当竞争法的创新性适用》，中国法制出版社2014年版，第85页。

些技术上的进步即应认为属于自由竞争和创新”。[①]该案将消费者利益作为不正当竞争行为认定的重要标准之一，对互联网不正当竞争中消费者利益保护起到了示范作用。

值得注意的是，在不正当竞争行为的具体认定过程中，仍需要把握消费者利益的实质，平衡消费者利益与经营者利益。从表面上来看，很多竞争行为确实提升了消费者福利，例如安全软件、浏览器屏蔽过滤其他经营者的广告，这类行为迎合了消费者觉得广告过多、过长等不良体验的需求，用户显然希望其使用的互联网服务不附着任何广告，这在一定程度上有利于消费者，也可以说竞争者“利用用户的需求和创意进行创新”，[②]但这种创新也可能违反诚实信用原则以及公认的商业道德，实质侵害了消费者与其他经营者的合法利益，构成不正当竞争行为。

在 Zango，Inc v. Kaspersky Lab，Inc. 案[③]中，Kaspersky 将 Zango 提供的软件定性为恶意广告软件，Kaspersky 抓住了弹窗广告以及广告软件在互联网用户中不受欢迎的事实，向消费者提供广告过滤软件，随后遭到 Zango 的起诉，Kaspersky 便寻求 CDA（Communications Decency Act of 1996）§230（C）（2）（B）[④]“good samaritan”[⑤]保护。虽然最后得到地区法院和巡回法院的认可而免于承担责任，但巡回法院的 FISHER，J. 法官也表达了担忧：CDA §230（C）（2）（B）适用过于宽泛，广告屏蔽软件提供者可能为了限制竞争，滥用“好撒玛利亚人”条款免责，同时在过滤竞争者的内容时，消费者自己并不知情，这可能

① 参见中华人民共和国最高人民法院（2013）民三终字第 5 号民事判决书。

② 参见朱理：《互联网领域竞争行为的法律边界：挑战与司法回应》，载《竞争政策研究》2015 年第 1 期。

③ *See* Zango，Inc v. Kaspersky lab，Inc.，D. C. No. CV07 – 0807 – JCC（9th Cir.，2009）.

④ *See* 47 U. S. C. § 230（c）（2）（B） provides：（c） Protection for “good samaritan” blocking and screening of offensive material，（2） Civil Liability：No provider or user of an interactive computer service shall be held liable on account of —. . .（B） any action taken to enable or make available to information content providers or others the technical means to restrict access to the material described in paragraph （1）.

⑤ “Good Samaritan”（好撒玛利亚人）出自《圣经．路迦福音》，是基督教文化中一个著名成语和口头语，意为好心人、见义勇为者。参见徐国栋：《人性论与市民法》，法律出版社 2006 年版，第 105 页。

剥夺了消费者的选择权。在合一信息技术公司诉北京金山安全软件公司一案中,法院从消费者短期利益与长期利益的关系角度,把握了消费者利益的实质。使用被诉浏览器的视频广告过滤功能虽然可以使得用户在观看视频前不再观看广告,但是这一使用行为并非毫无代价,就短期来看,视频网站的主要商业模式从“免费加广告”变为“收费”模式,这一变化使得用户观看视频所支付的对价由原来的可选择性支付时间成本或经济成本变为只能支付经济成本,这一变化很难说对用户有利。从长远来看,这一情形可能导致视频网站丧失生存空间,必然导致用户在互联网上获得视频内容的机会大大减少,从而客观上导致消费者利益受损。[①] 这一点在腾讯诉360不正当竞争一案中也得到了体现,从长远来看,只有广告业务发展得越好,研发资金越充裕,则提供给用户的免费服务将越优质和越持久。[②] 因此,互联网环境下消费者利益的实质是消费者的整体利益、长远利益,而不应着眼于眼前利益,局部利益。

(三)具体认定是否侵害消费者利益时,引入消费者测试[③]

互联网技术的快速更新迭代,互联网新产品、新服务不断涌现,不正当竞争行为表现出较强的技术性、专业性等特点,对于相关竞争行为是否正当,是否侵犯了消费者利益难以定夺,常常陷入技术创新和不正当竞争的二难境地。《国家知识产权战略纲要》第46条明确指出,要针对知识产权案件专业性强等特点,建立和完善技术调查等诉讼制度。笔者认为,司法实践中,针对技术性较强的不正当竞争行为,在认定其是否侵害消费者利益时,可以进行消费者测试。调查能提供反映消费者认知的客观证据,以科学控制加以衡量,且具有数

① 参见北京市海淀区人民法院(2013)海民初字第13155号民事判决书;北京市第一中级人民法院(2014)一中民终字第3283号民事判决书。

② 参见最高人民法院民事判决书最高人民法院(2013)民三终字第5号民事判决书。

③ 相关制度设计参见万勇、刘永沛主编:《伯克利科技与法律评论:美国知识产权经典案例年度评论(2012)——限制“初始兴趣混淆”原则在关键词广告中之适用》,知识产权出版社2013年版,第149~160页。

据的精确性。①

大多数情况下,互联网不正当竞争行为不仅直接侵害了竞争者的权益,也侵害了消费者的利益,但被告往往以消费者利益作为重点的抗辩事由,声称其行为有利于消费者利益。如在百度诉上海很棒信息技术有限公司案中,被告辩称,"针对很棒小秘书软件和很棒 Rich Media 软件,用户可以自主决定安装和卸载,下载安装上述软件时会出现许可协议,通过该协议用户可以了解该软件的状况,用户的知情权、选择权得到了充分的保障。"②

但是消费者的知情权和选择权是否真正得到了保障呢?为了提高案件审理的科学性、合理性,法院可以运用个案调查的方式找到侵害消费者利益的证据。具体而言,可以从以下两方面进行调查:第一,消费者的选择权,包括消费者的选择自由是否受到影响?消费者是否能不受限制地放弃或继续使用该种互联网产品或服务?如果受到影响,影响程度如何?影响的因素包括哪些?第二,消费者的知情权,包括经营者是否向消费者提供了充足的信息让其充分理解自己在使用相关互联网产品或服务时的每一步操作?经营者向消费者提供的信息是否真实可靠?消费者是否受到经营者的误导?误导的程度如何?消费者接受经营者不恰当的"说法"后,对相关产品或服务的评价是否受到改变,使用相关产品或服务的意愿是否受到影响?在经过这一系列调查后,消费者的知情权和选择权是否得到充分保障就会更加清晰。

在调查过程中,可以围绕以上问题设计消费者调查问卷,开展消费者测试。但是如果需要消费者个案调查证据被采纳,仍需要满足一定的条件,例如调查问卷问题设计应该清晰合理,并对样本选择、计算进行解释。根据《美国联邦法规》第 39 编第 3001 条第 31 款第(k)项第(2)项第(ⅱ)分目的规定,个案调查如果要得到司法认证,应该包括(1)对研究设计的清晰描述,包括对研究领域的定义,抽样范围及抽样单位,总体预测的有效性和置信区间;(2)对于

---

① *See* 2Richard L. Kirkpatrick, Likelihood Confusion Trademark Law §7:10(2012). 转引万勇、刘永沛主编:《伯克利科技与法律评论:美国知识产权经典案例年度评论(2012)——限制"初始兴趣混淆"原则在关键词广告中之适用》,知识产权出版社 2013 年版,第 157 页。

② 参见北京市第一中级人民法院(2006)一中民初字第 11337 号民事判决书。

样本选择方法、特征测量及计算的解释。① 需要说明的是,由于互联网用户基数巨大,不可能对消费者进行完全取样,但是通过部分消费者测试还是能够得出消费者利益受不正当竞争行为侵害的相关数据,这些数据可以帮助法官更深入理解消费者行为,为案件的审理提供参考。

结语

2015 年 6 月 24 日,李克强总理在国务院常务会议上表示,当前"中国有近 7 亿网民,互联网市场巨大",应该"通过改革引入市场竞争,让消费者有更多选择,这是中国发展的成功经验之一"。② 但是我国互联网行业现尚处于竞争规则匮乏和竞争秩序混乱的一个时代,互联网不正当竞争案频发,几乎每一种互联网不正当竞争行为都会涉及消费者利益,消费者的选择权和知情权难以获得保障。因此,在立法上,建议在《反不正当竞争法》修订中赋予消费者集体诉权,因为无救济则无权利;在司法上,将是否侵犯消费者利益作为认定互联网不正当竞争行为的重要标准,同时在具体的个案中,引入消费者测试,通过客观调查形成对消费者认知的客观证据,提高法院审判的科学性和合理性。只有消费者能够自由选择,自主消费,消费者利益得到保障,我国才能形成统一开放、竞争有序的市场体系。

---

① 参见万勇、刘永沛主编:《伯克利科技与法律评论:美国知识产权经典案例年度评论(2012)》,知识产权出版社 2012 年版,第 157 页。

② 参见李克强:《"互联网+"的发展应该大众来选择》,载新浪网:http://tech.sina.com.cn/i/2015-06-25/doc-ifxehfqi8283848.shtml,最后访问时间:2015 年 6 月 24 日。

互联网领域反垄断规制的新趋势

曾　雄*

在我国，互联网行业处于快速发展时期，互联网产业形成于实体经济，但具有知识产权密集型的特征。在互联网行业，各个市场参与者之间竞争激烈，各个互联网企业各种创新产品和新颖的经营方式层出不穷，这体现出互联网领域动态竞争、不断创新的行业特性。对于一个具有颠覆性特征的行业来说，是否真正存在垄断的问题人们还存在争议，但是需要明确的是反垄断法具有普遍适用性，根据反垄断法的相关规定互联网行业并不受到豁免。虽然反垄断法适用于互联网行业，但是依据反垄断法条文对不同行业的个案到底如何具体适用存在差异，互联网行业作为新兴产业，与传统的产品经济不同，具有独特的行业特征，对互联网行业出现的新问题不能按部就班地套用传统的方法进行分析。

反垄断法作为“舶来品”，国外经验的借鉴是我国反垄断执法的重要参考，作为重要的反垄断司法辖区的美国和欧盟，在互联网反垄断执法实践方面走在前面，过去几年美国反垄断执法机构在互联网领域中有多个重要的案例，同时欧盟也在互联网领域积极开展反垄断执法活动，特别是最近欧盟轰轰烈烈地开展电子商务行业的调查，将反垄断矛头直指互联网巨头谷歌公司。通过对这些重要案例的梳理和分析，能够了解世界上主要反垄断司法辖区对互联

---

* 曾雄，男，腾讯研究院研究员。

网领域中出现的垄断问题的基本态度和反垄断执法机构的执法思路，对于如何正确看待互联网领域中的竞争执法问题以及互联网企业如何更有效地在日常经营活动中合规以避免反垄断风险方面具有重要意义。此外，我们还应认识到反垄断法应扎根于中国法律本土环境中，中国互联网行业发展迅猛，出现了各种新型的竞争问题，有一些问题甚至在国外也找不到相应可借鉴的经验，因此需要我们自己的探索，通过对近几年来我国国内的几起典型的互联网垄断案件的梳理和总结，我们能够获得一些反垄断法执法和司法的本土经验，这些经验甚至在国际互联网反垄断领域中都具有标杆性意义。

一、互联网行业的特性与反垄断分析方法的修正

（一）互联网企业的双边市场模式

互联网行业的盈利模式比较特殊，用通俗的话讲就是“羊毛出在猪身上”，具体表现为互联网企业在两边实施不同的价格策略，在一边采取较低收费甚至免费的策略以吸引眼球或注意力，而在另一边获取利润。正因为互联网平台型企业采取这种非对称的定价模式，加上双边市场相互影响，大量免费用户产生的交叉网络外部性吸引商业广告在平台上的投放，因此，双边市场具有交叉网络外部性和非对称价格结构的特征。①

在这种特殊的市场结构下，界定互联网领域中的相关市场比较困难，具体体现在以下几个方面：首先，相关产品或服务受到的竞争约束更复杂，对互联网双边平台型企业的案件进行界定相关市场时，需要先将能约束涉案企业及其他策略的各种潜在竞争者都纳入考虑范围之内，否则将使相关市场的界定得过窄。其次，相关产品或服务的价格与成本之间的关系更复杂，在双边市场中，企业的利润来源于相互关联和相互影响的双边，互联网企业在选择利润最

---

① Evans, David S. and Schmalensee, Richard, *Markets with Two - Sided Platforms*, Competition Law and Policy (ABA Section of Antitrust Law), Vol. 1, Chapter 28, 2008. Available at SSRN: http://ssrn.com/abstract = 1094820，访问日期：2015 年 6 月 2 日。

大化的价格时,既要考虑双边的需求弹性和边际成本,也要考虑双边需求之间的关系和平台运行的成本。最后,免费产品使得一些传统评估方法不适用,如以价格分析为基础的相关市场界定方法 SSNIP 测试就难以直接适用于双边市场中。

在双边市场中,依赖传统的相关市场界定方法容易将两个相互联系和相互影响的市场隔离,而单独考虑其中一边,这种方法界定出的相关市场范围不够准确。对于双边市场而言,相关市场界定必须关注市场的两边。如在奇虎360 诉腾讯垄断案中,最高人民法院在终审判决中充分借鉴了双边市场理论,认识到其中一边的产品或服务是免费的,因而在界定相关市场时,最高人民法院认为在以互联网为基础的即时通信服务上采用传统的"假定垄断者测试"是有局限性的。最高人民法院没有完全考虑价格上涨的影响,而是变通为考虑质量显著变化的影响,可以称为 SSNDQ 方法,但又考虑到质量下降难以评估,并且质量数据难以获取,最高人民法院建议在运用质量下降的测试方法时,进行定性而非定量分析。

(二)互联网行业的网络效应

网络效应指一个网络的价值与联网的用户数的平方成正比,也就是每位用户所获得的效益并非常数,而是大约随着网络用户总人数成线性成长。这就意味一个互联网产品或服务的用户越多其所具有的价值越大,而且将吸引更多的用户使用这种产品或服务。网络效应促使互联网产业的服务对象在选择互联网服务时,不仅考虑该服务的自身特性而且会关注其他用户的选择,互联网产业的某一种服务被选择越是广泛,那么该服务就越有利用价值。网络效应在一定情形下对 SSNIP 的市场界定方法提出质疑。[①]

网络效应的一个明显特征在于消费者与经营者之间形成了一定的依附关系,如果这种黏性作用大,则即使实施一个非临时的微弱的涨价,用户可能也

① 杨东:《互联网信息服务市场支配地位的认定及法律调整》,载《政法论坛》2012 年第 1 期。

不会选择其他替代产品,因为现有的产品已经能够满足用户需求的条件下,转换至其他产品可能造成使用不便甚至成本增加。因此,SSNIP 的市场界定方法无法真实测试出产品之间的替代性。越来越多的人也意识到 SSNIP 运用于互联网行业的市场界定中存在局限性,因而提出 SSNDQ 的界定方法,将价格因素替换为质量因素。但是因为网络效应的存在,SSNDQ 的方法也并非一定准确,正如最高人民法院在奇虎 360 诉腾讯垄断案中提出,在运用质量下降的测试方法时,进行定性而非定量分析。

(三)互联网行业的市场无边界性

互联网具有开放性和互通性的特征,经营者与用户均无国界。互联网行业提供的无形服务打破了传统产业产品的空间分割,同时克服了经营者与用户之间互动的时间局限,网络用户可以通过互联网实现实时的信息交互。因此,互联网行业的服务市场具有无边界性,不存在时间和空间的约束。

反垄断法中的相关市场界定包括相关产品市场界定和地域市场界定,结合互联网行业的市场无边界性特征,人们通常会认为涉及互联网产品的地域市场应该界定为全球市场。但是由于各个国家或地区的互联网管制条件的差异、用户使用习惯的不同以及用户语言的不通等因素制约,互联网行业相关产品的地域市场不一定必然界定为全球市场。如在奇虎 360 诉腾讯垄断案中,最高人民法院认定该案相关地域市场为中国大陆市场,主要基于四个方面的考虑:首先,中国大陆境内绝大多数用户均选择使用中国大陆地区范围内的经营者提供的即时通信服务。其次,我国对即时通信等增值电信业务实行行政许可制度,外国经营者通常不能直接进入我国大陆境内经营,需要以中外合资经营企业的方式进入并取得相应的行政许可。再次,在被诉垄断行为发生前,多数主要国际即时通信经营者均已经通过合资的方式进入中国大陆市场。最后,境外即时通信服务经营者在较短的时间内(如一年)及时进入中国大陆境内并发展到足以制约境内经营者的规模存在较大困难。① 此外,在米时科技诉

---

① 参见最高人民法院(2013)民三终字第 4 号民事判决书。

奇虎360滥用市场支配地位及不正当竞争一案中,北京市高级人民法院在终审判决中也认为本案的相关地域市场为中国大陆市场。[①]

可见,纵然互联网具有无边界性的特征,在相关地域市场界定中,反垄断执法机构或司法机构会结合所涉及的具体产品及相关国家或地区的具体情况作出认定,并不笼统地将互联网产品的地域市场界定为全球性市场。

(四)互联网企业的市场份额具有暂时性

互联网行业竞争激烈,任何一家互联网企业取得的较大市场份额都具有不稳定性,如果不进行技术创新,很可能将被竞争对手所颠覆,为用户所抛弃。互联网企业的市场份额大不等于具有市场支配地位,曾经IBM公司在计算机市场上占绝对优势的市场份额,也曾引起美国反垄断执法机构对其的反垄断指控,但是随着戴尔、惠普等竞争者的进入,IBM的市场份额不断下降,致使反垄断诉讼成为不必要。[②] 正如比尔·盖茨所说:"新技术领域从不缺乏新技术对已有技术的挑战,有力的潜在竞争者如IBM、SUN每年投入数亿美元开发新软件以求替代Windows,一旦我们增加价格、怠于创新或者不能开发出符合顾客需要的功能,我们很快就会失去市场份额。"

在传统行业,市场份额是判断一个企业是否具有市场支配地位的重要指标,我国《反垄断法》第19条[③]规定了依据市场份额可以推定经营者具有市场支配地位。但是在互联网领域,市场份额的指标可能无法科学合理地反映一家企业在相关市场中的地位,其中一个重要的因素在于互联网行业具有动态竞争的特征,任何一家企业的地位和势力都处于不断变动之中,基于一个时间点的市场份额数据无法准确衡量出一家互联网企业的市场势力。

在Microsoft收购Skype案中,欧盟委员会认为"市场份额仅能就消费者

---

① 参见北京市高级人民法院(2015)高民(知)终字第1035号民事判决书。

② 吕明瑜:《知识经济引发的反垄断法新问题探析》,载《甘肃政法学院学报》2010年第1期。

③ 《反垄断法》第19条有下列情形之一的,可以推定经营者具有市场支配地位:

(一)一个经营者在相关市场的市场份额达到二分之一的;

(二)两个经营者在相关市场的市场份额合计达到三分之二的。

通讯服务行业的竞争力提供有限的参考，消费者通讯服务是一个新生的有活力的行业，市场份额在短期内可能发生很大变化”。① 同时在 Facebook 收购 WhatsApp 案中，欧盟委员会同样认为“鉴于消费者通讯产业发展时间短、发展迅速，特别是市场进入者多、创新周期短，高的市场份额可能是暂时的。在这种的动态环境下，市场份额高并不一定能证明市场势力或者对竞争有长期损害”。② 同样地，在奇虎 360 诉腾讯垄断案中，最高人民法院明确“市场份额不是认定是否具有市场支配地位的唯一依据，还需要考察其他因素包括中国大陆即时通信领域的竞争状况、经营者控制商品价格、数量或者其他交易条件的能力、经营者的财力和技术条件、其他经营者在交易上的依赖程度和相关市场进入的难易程度等”。③ 因此，市场份额不适合作为判定互联网垄断的依据。

二、国内外互联网领域中滥用市场支配地位的案件

（一）限定交易

1. 唐山人人诉百度垄断案

2009 年唐山人人医药网诉百度垄断案涉及限定交易行为，原告唐山人人的起诉事由在于原告唐山人人降低了对百度搜索竞价排名的投入，被告百度对全民医药网在自然排名结果中进行全面屏蔽，从而导致全民医药网访问量的大幅度降低。被告百度则认为，首先，被告确实对原告所拥有的全民医药网采取了减少收录的措施，实施该措施的原因是原告的网站设置了大量垃圾外链，搜索引擎自动对其进行了作弊处罚；其次，原告称被告具有《反垄断法》所

① See Case COMP/M. 6281—Microsoft/Skype, Commission Decision of 07 October 2011 (IP/11/1164), para 78, decision is available at http://ec. europa. eu/competition/mergers/cases/decisions/m6281_20111007_20310_2079398_EN. pdf, 访问日期：2015 年 6 月 2 日。

② See Case No COMP/M. 7217—FACEBOOK/ WHATSAPP, Commission Decision of 03 October 2014 (MEX/14/1003), para 99, decision is available at http://ec. europa. eu/competition/mergers/cases/decisions/m7217_20141003_20310_3962132_EN. pdf, 访问日期：2015 年 6 月 2 日。

③ 参见最高人民法院(2013)民三终字第 4 号民事判决书。

称的市场支配地位缺乏事实依据。被告提供的搜索引擎服务对于广大网民来说是免费的,故与搜索引擎有关的服务不能构成《反垄断法》所称的相关市场。

2009年12月8日,北京市一中院作出一审判决,驳回了原告的诉讼请求。2010年7月9日,北京市高院作出终审判决,维持了一审原判。法院最后认定,首先,不支持百度免费服务不构成"相关市场"的观点,认为相关市场是"中国搜索引擎服务市场"。其次,原告仅提交了两篇有关被告市场地位的新闻报道,未提供具体的计算方式、方法及有关基础性数据的证据能够使本院确信该市场份额的确定源于科学、客观的分析,因此原告未能举证证明被告在"中国搜索引擎服务市场"中占据支配地位。最后,被告基于全民医药网存在大量"垃圾外链"的事实而对其实施了减少自然排名部分收录数量的技术措施是正当的,不构成滥用市场支配地位的行为。①

2. 奇虎诉腾讯垄断案②

2011年奇虎诉腾讯垄断案也涉及限定交易行为,原告奇虎起诉事由为腾讯在即时通信软件及服务市场具有市场支配地位;腾讯滥用市场支配地位,排除、限制竞争,具体表现为:腾讯要求用户在360软件与QQ软件之间做出"二选一"构成限制交易。被告腾讯则认为腾讯认为奇虎对本案相关市场界定错误;腾讯在即时通信服务市场不具有市场支配地位;被诉垄断行为不构成滥用市场支配地位的行为,也未产生排除、限制竞争的效果。

2013年3月28日,广东省高级人民法院作出一审判决,驳回原告奇虎的全部诉讼请求。2014年2月24日,最高人民法院作出终审判决,驳回上诉,维持原判。最高人民法院作出的终审判决对本案的相关市场进行了界定,最高人民法院认定本案的相关市场为中国大陆境内即时通信服务市场,既包括个人电脑端即时通信服务,又包括移动端即时通信服务;既包括综合性即时通信服务,又包括文字、音频以及视频等非综合性即时通信服务。

最高人民法院界定相关市场之后再评估被告腾讯是否具有市场支配地

---

① 参见北京市高级人民法院(2010)高民终字第489号民事判决书。

② 参见最高人民法院(2013)民三终字第4号民事判决书。

位，最高人民法院认为虽然腾讯在即时通信服务市场占有超过80%的市场份额，但是仅仅依据市场份额不能得出结论，还需要考察其他因素，如中国大陆即时通信领域的竞争状况、腾讯控制商品价格、数量或者其他交易条件的能力、腾讯的财力和技术条件、其他经营者在交易上的依赖程度和进入相关市场的难易程度，最高人民法院综合分析认为现有证据不足以支持腾讯具有市场支配地位的结论。另外，腾讯实施"二选一"行为仅仅持续一天即导致其竞争对手MSN当月覆盖人数增长2300多万，多个竞争对手争夺即时通信服务市场，该事实有力地说明腾讯不具有市场支配地位。

在认定被告腾讯是否具有滥用市场支配地位行为方面，最高人民法院没有因为被告腾讯不具有市场支配地位这一前提而不再对被告涉嫌的滥用行为进行评估，相反，最高人民法院对被告涉嫌的滥用行为进行反竞争效果的分析。最高人民法院认为判断经营者是否构成滥用市场支配地位行为，需要评估该行为对消费者和竞争造成的消极效果和可能的积极效果。在腾讯实施用户"二选一"行为是否构成限制交易行为方面，最高人民法院认为腾讯为排除、限制竞争的动机不明显，而且腾讯实施"二选一"行为仅仅持续一天，却给即时通信服务市场带来更活跃的竞争。因此，最高人民法院得出结论认为被告腾讯不存在限定交易的行为。

3. 米时科技诉奇虎垄断案

2014年米时科技诉奇虎构成《反垄断法》第17条的限定交易行为，具体表现为被告奇虎拦截其向用户发出的"易米片"邀请短信，而且被告以其"来电秀"全面覆盖"易米片"的方式使原告商品无法正常显示。被告则辩称奇虎在相关市场中不具有市场支配地位，因而不存在滥用市场支配地位行为，而且被告奇虎拦截原告短信的行为是根据拦截规则作出的，具有正当理由。

2014年12月31日，北京市二中院作出一审判决，驳回原告诉讼请求。2015年5月12日，北京市高院作出终审判决，维持了一审原判。北京市高院对案件的审理基本遵循最高人民法院对奇虎诉腾讯垄断案的审理思路进行。

首先，法院认定本案的相关市场为手机安全软件市场，其范围包括为手机核心功能的正常实现提供安全保证的具有手机防盗、备份还原、垃圾清理、骚扰拦截、流量监控、病毒查杀等多项功能的综合性安全软件市场和为专门的安全项目和具体的安全漏洞专项研发的安全软件市场。其次,法院对被告奇虎是否具有市场支配地位进行认定,法院认为渗透率不能直接作为计算市场份额的指标,其无法准确反映市场份额分布的真实状况。并且,渗透率仅反映了用户在手机上安装手机安全软件的情况,未反映出用户使用手机安全软件的情况,因此不能反映各款手机安全软件的市场份额和相应的有效市场占有率。考虑到相关市场内功能近似、质量近似、用户认可度近似的手机安全软件数量众多,相互间竞争激烈,各自的市场地位变化迅速等因素,米时公司提交的证据不足以证明奇虎公司在面临较大竞争压力的情况下,具备控制手机安全软件价格、数量或其他交易条件的能力。最后,对于认定被告是否存在滥用行为,法院认为米时公司提供的证据不能证明奇虎公司在相关市场上具有支配地位,从而认定奇虎公司不构成滥用市场支配地位的行为。①

(二)搭售

1. 欧盟委员会调查微软垄断案

2008 年 1 月,欧盟委员会对微软捆绑 IE 启动反垄断调查,并于 2009 年 1 月对微软发出异议声明指控其捆绑 IE 的行为违法。欧盟委员会认为,首先,搭售产品视窗操作系统与被搭售产品 IE 浏览器是单独的产品;其次,微软在视窗操作系统市场上拥有支配力;再次,微软通过捆绑使其 IE 浏览器遍布在世界上 90% 的个人电脑中,导致 IE 浏览器获得了其他浏览器无法企及的人为分销优势,导致微软竞争对手网景和太阳微公司浏览器的市场份额和收入下降;最后,微软迫使消费者在购买视窗操作系统时必须接受 IE 浏览器,而无法选择其他浏览器。②

2009 年 12 月,微软与欧盟委员会达成和解协议,同意向 Windows 用户提

① 参见北京市高级人民法院(2015)高民(知)终字第 1035 号民事判决书。

② 参见欧盟委员会官网,http://europa.eu/rapid/press-release_MEMO-09-15_en.htm?locale=en,访问日期:2015 年 6 月 2 日。

供12款竞争对手的浏览器。[①] 但是,后来欧盟委员会认为微软并没有遵守其承诺要求开放浏览器选择权,并于2012年10月向微软发出异议声明指控其没有按照2009年所达成的协议,为欧洲 Windows7 用户开放浏览器选择权。[②] 2013年3月,欧盟委员会对微软未遵守开放浏览器选择权的承诺作出处罚决定,对微软开出5.61亿欧元的罚单。[③]

2. 奇虎诉腾讯垄断案

2011年奇虎诉腾讯垄断案也涉及搭售行为,原告奇虎诉称腾讯将QQ软件与即时通信软件捆绑构成捆绑销售。对此,最高人民法院在终审判决中认为在腾讯是否构成反垄断法所禁止的搭售行为方面,没有证据证明腾讯的搭售行为使其在即时通信服务市场的领先地位延伸至安全软件市场,而且QQ软件与QQ软件管理打包安装具有一定的合理性。因此,最高人民法院最后认定被告腾讯并不存在搭售行为。

3. 米时科技诉奇虎垄断案

2014年米时科技诉奇虎垄断案还涉及搭售行为,原告认为被告奇虎构成《反垄断法》第17条中的搭售行为,表现为被告捆绑销售"来电秀",将其市场势力传导至手机电子名片市场。被告则辩称奇虎在相关市场中不具有市场支配地位,因而不存在滥用市场支配地位行为。最后,法院认为米时公司提供的证据不能证明奇虎公司在相关市场上具有支配地位,从而认定奇虎公司不构成滥用市场支配地位的行为。

(三)差别待遇

1. 欧盟委员会调查谷歌垄断案

2010年11月,欧盟委员会就如下几个方面指控对谷歌启动正式调查:在

---

① 参见欧盟委员会官网,http://europa.eu/rapid/press-release_MEMO-09-558_en.htm?locale=en,访问日期:2015年6月2日。

② 参见欧盟委员会官网,http://europa.eu/rapid/press-release_IP-12-1149_en.htm,访问日期:2015年6月2日。

③ 参见欧盟委员会官网,http://europa.eu/rapid/press-release_IP-13-196_en.htm,访问日期:2015年6月2日。

搜索结果中偏袒自己的服务(垂直搜索服务);未经允许,使用其他网站的用户评价(比如旅游或酒店评价);对在线广告商施加排他性义务(实质上要求从Google购买全部或大部分广告服务);限制搜索广告数据的可移植性(限制软件开发商提供可将Google上的搜索广告信息转移到其他搜索平台上的软件,即谷歌令搜索广告管理公司无法让其广告客户跨越多个搜索引擎)。①

2015年4月15日,欧盟委员会向谷歌发出异议声明(Statement of Objection),认为其在一般搜索结果页面上系统性地支持自己的对比购物产品的行为属于滥用其在一般互联网搜索服务市场中的市场支配地位。欧盟委员会初步认定谷歌的这种行为因阻碍竞争且损害消费者,违反了欧盟反垄断规则。欧盟委员会将继续对谷歌在欧洲经济区的行为进行调查,包括谷歌在一般搜索结果页面上对其自身的其他专门的搜索服务给予优惠对待,同时还关注谷歌复制竞争对手网页内容、排他性广告以及不公平限制广告商等行为。②

此案,欧盟委员会尚未作出最终的处罚决定。

2. 美国联邦贸易委员会(FTC)调查谷歌垄断案

2011年6月24日,FTC正式开始调查谷歌,调查内容主要为谷歌在搜索结果中是否偏袒自己的服务。许多投诉都是自来专门经营垂直搜寻引擎,例如价格比较网站,他们被普遍视为对谷歌作为网上资讯大门的威胁。FTC对谷歌的反垄断调查首先是搜索歧视,涉及反垄断法中的滥用市场支配地位。包括微软、甲骨文、诺基亚等企业组成的公平搜索联盟在内的反对者表示,FTC对搜索歧视无所作为,将会使谷歌更加肆无忌惮地利用垄断权力,对其他企业造成伤害。但是FTC最后认为没有充分证据表明谷歌操纵搜索结果以排除竞争对手,从而结束了对谷歌搜索引擎的调查。FTC认为谷歌的搜索技术和其他算法调整虽然可能影响其他竞争者,但可被视为改进谷歌的产品和改善用户体验所进行的技术创新。

---

① 参见欧盟委员会官网,http://europa.eu/rapid/press-release_IP-10-1624_en.htm?locale=en,访问日期:2015年6月2日。

② 参见欧盟委员会官网,http://europa.eu/rapid/press-release_MEMO-15-4781_en.htm,访问日期:2015年6月2日。

2013年1月3日,FTC与谷歌达成和解协议,结束了长达20个月的反垄断调查。谷歌同意对其核心搜索业务进行自愿、非约束的整改,FTC未对谷歌施加任何制裁。最后,谷歌向FTC作出两份承诺:第一,对使用其他网站内容方式进行调整,允许网站拒绝谷歌在其搜索页面上提供片段信息,同时解除对于广告商使用其广告平台的限制,允许广告商向其他平台导出数据并为此类导出提供便利;第二,对于那些愿意依照FRAND原则①向谷歌申请标准必要专利的经营者,谷歌以后不得向联邦法院或美国国际贸易委员会(ITC)申请销售禁令。②

从以上案件可以看出,互联网领域中涉及滥用市场支配地位的行为主要包括搭售、限定交易和差别待遇。其中搭售行为主要涉及互联网领域中的虚拟产品或服务,如在米时科技诉奇虎案中,原告诉称被告捆绑搭售"来电秀"的网络服务产品;在奇虎诉腾讯垄断中,原告诉称被告捆绑搭售即时通信软件产品,为用户提供的是一种通信的服务。此外,司法裁判机构或反垄断执法机构对于互联网企业涉嫌的滥用行为,通常将考虑合理性因素,特别是对于搭售行为而言,效率是一个重点考虑的因素,如在奇虎诉腾讯垄断中,最高人民法院认为QQ软件与QQ软件管理打包安装具有一定的合理性。

三、国内外互联网领域中垄断协议案件

在互联网领域,最惠国待遇条款(Most – Favored Nation – Treatment)被广泛应用于网络分销模式中,所谓最惠国待遇条款即指缔约一方现在和将来给予任何第三方的一切特权、优惠和豁免,也同样给予缔约对方,其基本要求是使缔约一方在缔约另一方享有不低于任何第三方享有或可能享有的待遇,将

① FRAND原则即"Fair, Reasonable, and Non – Discriminatory terms"(公平、合理、无歧视原则),FRAND原则是指行业标准组织为了维护行业的合理竞争,防止持有标准必要专利的成员滥用其垄断地位,利用标准必要专利强迫第三方进行不公平许可交易,而要求会员同意对其持有的加入标准的必要专利在对第三方许可时,遵循FRAND原则来确定专利许可费率。

② See Statement of FTC Regarding Google's Search Practices, File Number 111 – 0163, available at https://www.ftc.gov/system/files/documents/public_statements/295971/130103googlesearchstmtofcomm.pdf,访问日期:2015年6月2日。

最惠国待遇条款放到企业之间的经济活动中，其所指的待遇通常表现为交易条件（特别体现为价格方面的优惠）。最惠国待遇条款具有促进竞争和反竞争的双重效应，促进竞争方面表现为降低企业交易成本，减少交易各方的交易歧视，维持产品或服务的供应稳定；反竞争方面表现为可能造成市场封锁效应，助于经营者之间达成共谋等。因此，最惠国待遇条款本身并不违法，分析其对竞争造成的影响时应该具体案件具体分析。

（一）横向垄断协议——苹果电子书垄断案

2007年亚马逊推出阅读器Kindle，其与出版商之间采用“批发模式”销售电子书。根据“批发模式”，零售商以折扣价从出版商处采购电子书，然后自由定价向消费者销售，多数情况下亚马逊畅销电子书的价格为9.99美元甚至更低。面对亚马逊的低价销售，出版商担忧成本低廉的电子书将影响作为其利润主要来源的纸质书的销售。自2008年9月至2009年年底，出版商之间频繁接触，商讨应对亚马逊低价销售电子书的对策。经过商议，2009年年底出版商开始转向与苹果合作。2010年年初，出版商宣布其电子书销售模式转变为代理模式，即电子书的零售价直接由出版商决定，零售商只作为出版商的代理人并收取一定份额的佣金，在这种模式下，新发行的电子书及畅销电子书的售价提高至12.99美元至14.99美元不等，且苹果从中抽取30%的提成。[①]

2012年4月11日，美国司法部对苹果与五大出版商涉嫌共谋提高并固定电子书价格的行为提起反垄断诉讼，在庭审中，司法部与苹果公司就苹果公司是否促成了出版商之间的垄断协议、苹果公司的代理模式是否促进了电子书市场的竞争、Jobs的相关邮件是否可以作为认定苹果参与实施垄断协议的关键证据、关于苹果与出版商代理合同中最惠国待遇条款的认识等问题进行辩论。在此之前，五大出版商先后与司法部达成和解，和解协议要求他们允许亚马逊和其他零售商重新使用“批发销售模式”，并终止与苹果公司达成的最惠

① 参见美国司法部官网，http://www.justice.gov/opa/pr/department-justice-proposes-remedy-address-apple-s-price-fixing，访问日期：2015年6月2日。

国待遇条款。

2013 年 7 月 10 日，纽约南区地方法院法官 Cote 作出裁决认定苹果公司的确与五大出版商共谋固定电子书价格。但苹果公司仍然否认其行为违法，并提出上诉。

（二）纵向垄断协议

1. Expedia 和 Booking 最惠国待遇条款案

在 Expedia 和 Booking. com 案中，从事在线旅游预订业务的 Expedia、Booking. com 两家网站与酒店签订涉及酒店对在线酒店预订网站提供折扣限制条款的协议，这种最优价格条款（Best Price Clauses）在整个在线酒店预订行业中属于最惠国待遇条款。

英国公平贸易局（OFT）对此展开了调查，OFT 认为“限制折扣条款”事实抑制了酒店客房价格方面的竞争，提高了潜在竞争者进入该市场的壁垒，并且阻碍了在线旅游预订网站通过打折方式增加其市场份额的可能性。对在线酒店预订市场的品牌内竞争与品牌间竞争，OFT 论证了存在纵向限制，如转售价格维持行为会使品牌内竞争受到损害，即限制了不同在线酒店预订网站提供同一酒店品牌房间预订时，提供折扣的能力。但应明确的是，如果具有足够多具有竞争力的酒店，则不同的酒店对在线预订网站可以提供竞争性的价格，这属于酒店品牌间的竞争。此外，在线酒店预订网站还可以通过非价格形式在客房销售方面展开竞争或通过将酒店客房和其他旅游项目捆绑的形式进行竞争。所以判断纵向限制是否对竞争造成抑制效果时，还需要对于品牌间竞争是否充分做出衡量。如果这种竞争足够充分，则纵向限制对于品牌内竞争的影响不大。涉案企业抗辩认为，在线旅游预订网站对于酒店的实体销售渠道构成了极大冲击，设置最惠国待遇条款在某种程度上维护酒店的品牌价值并优化销售渠道；此外，其他折扣网站很可能利用 Expedia、Booking. com 的声誉从事“搭便车”的行为，而互联网“网络效应”使这种行为更易损害 Expedia 和 Booking. com 的利益，而最惠国待遇条款可以有效解决这一问题。但是，OFT 认为企业所主张的积极效应不能抵消最惠国待遇条款构成的“纵向转售价格维持”对市场竞争造成的消极效应,因而没有接受涉案企业的抗辩理由。①

此外,2015 年 4 月 9 日,德国联邦卡特尔局(FCO)向 Booking. com 发出异议声明,因为 Booking. com 与酒店签订的协议中涉及具有潜在反竞争效应的最优价格条款。德国联邦卡特尔局认为 Booking. com 继续在其与酒店的协议中保留最优价格条款,要求酒店为其客户提供最优的价格、最宽敞的房间以及最佳的预定和取消政策。尽管表面上对消费者有利,但是最优价格条款限制了酒店预订网站之间的竞争。一些预定门户网站可以为酒店提供更低的佣金,但是它们却不能在价格方面进行竞争,因为酒店与它们的竞争者之间有合同条款,这使市场进入更有挑战。②

2. HRS 平价条款案

在对 Booking. com 调查前,FCO 已经对 HRS 涉及的平价条款进行了反垄断调查。HRS 是德国一家为旅行者提供在线酒店预订服务的酒店预订网站,旅行者可以在 HRS 的网站上预订各酒店提供的住宿服务,HRS 通过为酒店提供经纪服务的形式获得佣金。HRS 与酒店签订的经纪服务合同中包含保证通过 HRS 预订酒店房间的价格不高于通过其他在线分销渠道预订酒店房间的价格的条款,其他在线分销渠道包括如其他酒店或旅游门户网站或酒店自己的官方网站等。此外,在提供可预订的房间及其他条件方面,酒店还应保证为 HRS 与其他在线分销渠道提供一样的待遇。

2013 年 12 月 20 日,FCO 发布一项决定认为 HRS 与酒店签订的平价条款违反了竞争法,并要求 HRS 在 2014 年 3 月 1 日之前在相关合同中删除该条款。FCO 认为这种平价条款违反了德国《反对限制竞争法》第 1 条和《欧盟运行条约》第 101 条,因为这种条款具有明显的限制竞争的效果。FCO 的结论认为平价条款限制了 HRS 的酒店合作伙伴自由地通过在线和其他分销渠道为客房设定价格和条件的自由,而且平价条款阻碍了市场进入和限制了酒店之间的竞争。

---

① 黄勇、田辰:《网络分销模式中最惠国待遇条款的反垄断法分析》,载《法律适用》2014 年第 9 期。

② 参见德国卡特尔局官网,http://www. bundeskartellamt. de/SharedDocs/Meldung/EN/Pressemitteilungen/2015/02_04_2015_Booking. html? nn = 3591568,访问日期:2015 年 6 月 2 日。

同时,FCO 发现 HRS 的平价条款的反竞争效果被强化了,因为 HRS 的竞争对手 Booking 和 Expedia 也使用这种平价条款,这三家共占德国酒店在线预订市场 90%的市场份额。[①] 2015 年 1 月 14 日,德国杜塞尔多夫高级地区法院(Dusseldorf Higher Regional Court)裁定 HRS 的平价条款是反竞争的。

总体而言,各国竞争执法机构基本以合理原则对最惠国待遇条款进行综合分析,同时会结合互联网行业中网络效应的特点考虑涉案互联网企业的抗辩理由。在我国,随着互联网行业的快速发展,特别是随着 O2O(线上到线下)将线下商业机会与互联网结合起来的电子商务模式的迅猛发展,网络分销模式逐渐被广泛应用,最惠国待遇条款也可能会在网络分销协议中逐渐被采用。对于最惠国待遇条款的竞争分析应该坚持合理原则,应充分认识到这种条款可能产生的双重效应,并对这两种效应进行衡量判断。根据《反垄断法》,虽然我国没有明确合理原则与本身违法原则,而是采用例外豁免的方式,即最惠国待遇条款可能构成垄断协议的情况下,如果涉案企业能够以《反垄断法》第 15 条[②]为依据提出合理理由,则不认为是垄断协议。

---

① 参见 Van BaelBellis,*German Federal Cartel Office Prohibits Hotel Portal HRS From Using Parity Clauses*, 17 April 2014, availbale at http://www.mondaq.com/x/307812/Antitrust + Competition/German + Federal + Cartel + Office + Prohibits + Hotel + Portal + HRS + From + Using + Parity + Clauses,访问日期:2015 年 6 月 2 日。

② 《反垄断法》第 15 条规定,经营者能够证明所达成的协议属于下列情形之一的,不适用本法第十三条、第十四条的规定:

(一)为改进技术、研究开发新产品的;

(二)为提高产品质量、降低成本、增进效率,统一产品规格、标准或者实行专业化分工的;

(三)为提高中小经营者经营效率,增强中小经营者竞争力的;

(四)为实现节约能源、保护环境、救灾救助等社会公共利益的;

(五)因经济不景气,为缓解销售量严重下降或者生产明显过剩的;

(六)为保障对外贸易和对外经济合作中的正当利益的;

(七)法律和国务院规定的其他情形。

属于前款第一项至第五项情形,不适用本法第十三条、第十四条规定的,经营者还应当证明所达成的协议不会严重限制相关市场的竞争,并且能够使消费者分享由此产生的利益。

结语

互联网行业的健康发展需要公平有序的竞争环境，反垄断法作为维护公平竞争的重要法律，在保障互联网企业享有一个公平有序的竞争环境方面发挥重要作用。反垄断执法不是为了执法而执法，而是在于通过必要的执法以恢复市场竞争。互联网行业具有自身的行业特点，这是一个动态竞争的行业，对涉及互联网领域相关竞争问题的分析和判断应更多地考虑合理性和经济效率，特别是对动态效率的重视。

中国互联网不正当竞争案件的发展

张钦坤*

一、互联网不正当竞争案例分析

借助大数据思维模式，笔者在案由的基础上，对互联网兴起伊始至今全国范围内所发生的互联网不正当竞争案件进行了数据统计；并结合互联网反不正当竞争案件审判的关键点，设置了案件类型、赔偿金额、时间、地点和胜诉率等指标参数，试图通过数据分析来探究互联网环境下不正当竞争行为的产生、发展与走向；探究司法机关在案件审判中关注点的变化，以便为今后规制互联网不正当竞争行为提供一些有益的思路和指引。

（一）数量和地域分布

本文收集整理的案例裁判文书，从时间方面来看，自 2002 年开始至今共有 126 件。其中，案件发生数量最少的年份为 2002 年，数量为 2 件；2005 年、2011 年、2013 年分别以 14 件的数量成为诉讼发生最多的年份。从 2005 年开始，互联网领域的不正当竞争案件呈现出多发的态势。其后的近十年间，除 2006 年和 2012 年之外，每年的案件发生数量均在 10 件以上。由此可以看出，随着我国互联网技术的发展和网络覆盖面、用户数量的迅猛增长，互联网已然

* 张钦坤，男，法学博士，腾讯研究院副秘书长。

成为商家激烈竞争的领域,随之而来的是不正当竞争行为频现,并在整体上呈现上升态势(见图1)。

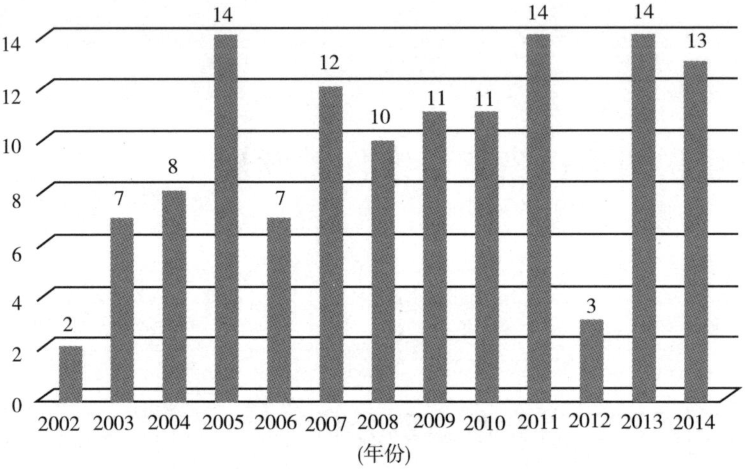

图1 互联网不正当竞争案件年份分布

从地域分布情况来看,这126起互联网不正当竞争案件分别发生于北京、上海、天津、浙江、山东、湖北、广东、江苏8个省市。其中,北京市以97起的案件发生数量遥遥领先于其他地区;其次是上海市,共发生15起;排名第三的是广东,共有4起;其余地区的案件发生数量分别为山东2起、湖北2起、江苏2起、天津1起、浙江1起。总体来看,这8个省市的经济发展水平均处于全国前列,尤其是北京、上海、广东三地,更是全国数一数二的经济中心(见图2)。

互联网不正当竞争案件自2002年起连续4年都只发生在北京,从2007年开始其他地区才相继出现,可见经济发展及人才结构因素对互联网不正当竞争案件地域分布的影响。根据拉手网发布的《2014年中国互联网职场调查报告》显示,中国互联网公司分布的10个主要城市是北京、上海、深圳、广州、杭州、成都、南京、武汉、厦门和西安。北京在互联网公司的城市分布和互联网从业者投递的目标工作城市两项指标中分别以39.3%和44.6%高居榜首,分别远超出第二名上海22.3个和29.2个百分点。

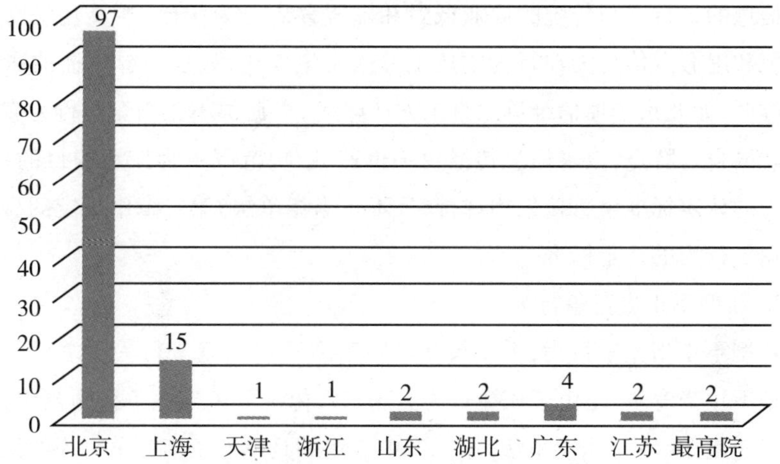

图 2　互联网不正当竞争案件地域分布

（二）案件类型

本文所收集的目标案件，是发生在互联网领域当中的不正当竞争案件。具体来说可以分为两类，一类是传统不正当竞争行为在互联网环境下的延伸，另一类是互联网环境下的新型不正当竞争行为。

1. 传统不正当竞争行为的延伸

传统不正当竞争行为在互联网环境下的延伸，主要是指发生在互联网领域的《反不正当竞争法》第二章明确规定的具体不正当竞争行为，突出表现为涉及互联网的商业诋毁行为和虚假宣传行为。

（1）商业诋毁。互联网的商业诋毁行为，主要指以互联网为工具，通过网络直接发布诋毁竞争者的内容，如北京视点诉北京视瀚案。① 除在互联网上直接发布与以损害其他竞争者商业信誉为目的的文章之外，商业诋毁还表现为恶意风险提示，如金山诉三际无限案。②

（2）虚假宣传。涉及互联网的虚假宣传行为是指将互联网作为发布虚假

① 参见北京市海淀区人民法院（2006）海民初字第 29416 号民事判决书。

② 参见北京市第一中级人民法院（2010）一中民初字第 10831 号民事判决书。

宣传信息的平台。与传统的商业诋毁和虚假宣传行为相比,涉及互联网的商业诋毁和虚假宣传行为在行为本质上并未发生变化,只是内容传播的途径发生了改变,如北京华埠信维诉北京东方环球案。[①] 此类不正当竞争行为多为借助互联网自身特点,以求信息传播更为迅速、影响范围更为广泛的目的,对此类行为的认定标准可直接采用现行《反不正当竞争法》第二章中规定的具体不正当竞争行为的认定标准。

2. 新型不正当竞争行为

新型不正当竞争行为,主要指互联网新型不正当竞争行为。之所以称其为新型不正当竞争,是由于该类行为无法归入传统不正当竞争行为当中,不能够直接使用《反不正当竞争法》第二章中规定的具体不正当竞争行为的认定标准,因此当前司法实践中只能运用反不正当竞争法的基础理论及原则性条款,即《反不正当竞争法》第2条来对这些新出现的行为进行认定。这类行为主要涉及以下几种类型:

(1)搜索引擎

在笔者所统计的案件中,涉及搜索引擎的案件数量为18起,占到案件总数的16.67%。与搜索引擎相关的不正当竞争行为中,又涉及竞价排名、Robots协议等多种行为。在关于竞价排名引发的不正当竞争纠纷中,法院的现行做法是结合审判经验,首先认定搜索服务提供者的注意义务,进而判断其是否构成帮助侵权。至于通过搜索引擎直接实施的其他行为,如违反Robots协议的搜索行为,由于没有具体认定标准作为参考,法院多结合《反不正当竞争法》第2条的原则性规定,从主观上是否违背诚实信用原则及公认的行业道德及惯例,客观上是否造成实际损害为标准,直接对行为主体进行考量。

(2)安全软件和普通软件

在所有统计的案件中,涉及软件的案件数量为34起。其中涉及安全软件的有25起,涉及其他普通软件的有9起,共占总数的31.48%。在涉及软件的不正当竞争案件中,较多出现的情形是软件之间的干扰和冲突,具体表现为冲

① 参见北京市朝阳区人民法院(2004)朝民初字第19424号民事判决书。

突提示和安装失败、强制卸载、系统蓝屏、死机故障等其他各类影响用户电脑性能的情形。一般来说,软件冲突是在用户运行计算机程序中产生的正常现象,特别是在安全软件行业领域。但是,如果软件冲突超出了正常软件冲突的范围,就可能属于恶意软件冲突,从而构成不正当竞争。根据现有司法判例,判断是否构成恶意软件冲突的标准是,行为主体是否以软件冲突为手段达到不正当竞争目的,认定时要考虑冲突的不可避免性、针对性及破坏性、相关软件行业的行业惯例、软件开发者是否履行了合理注意义务以及是否对用户进行了充分告知等。

(3)浏览器

涉及浏览器的不正当竞争案件仅有4起,占总数的3.7%,主要涉及广告屏蔽行为。从现有司法判例来看,法院对互联网企业"付费+无广告、免费+广告"的经营模式予以认可,因此若开发浏览器的主体将他人基于正当商业模式投放的广告予以屏蔽,即构成为争夺客户群体和交易机会而为的不正当竞争。

互联网不正当竞争所涉及的其他对象还包括游戏、网页、数据库、通信等,案件数量分别为5件、35件、9件和3件(见图3)。其中,与网页相关的不正当竞争纠纷,大多涉及对网页内容的盗用抄袭,属于侵犯网页著作权的行为,对其不正当竞争属性进行认定时,同样也是结合《反不正当竞争法》第2条的规定,从行为人主客观两方面综合进行考量。

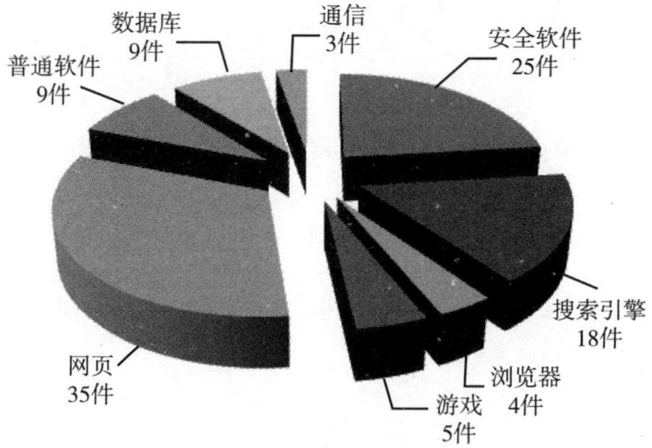

图3　互联网不正当竞争案件类型分布

(三)赔偿金额

关于赔偿金额,目前法院判赔金额最高的为500万元。① 具体来说,判赔金额在5000元以下的案件为6起,占案件总数的7.4%;判赔金额在5000元至5万元的案件有21起,占案件总数的25.93%;判赔金额在5万元至50万元的案件有51起,占案件总数的62.96%;判赔金额在50万元以上的案件仅有3起,占案件总数的3.7%(见图4)。在大多数案件中,法院的判赔数额都远低于原告所要求获得的赔偿数额。在互联网不正当竞争现象愈演愈烈的今天,合理确定损害赔偿数额十分重要,但从现在的情形来看,法院的判赔数额在总体上仍处于比较低的标准,很难充分弥补受损害方的实际损失。可以说,司法实践中存在着维权成本高,获赔金额低的困难局面。

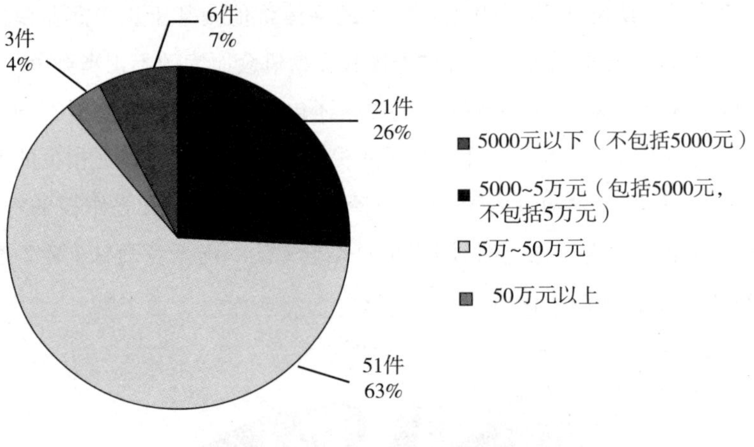

图4　互联网不正当竞争案件赔偿金额分布

(四)胜诉率

据案件统计结果,2002年至2014年,互联网不正当竞争案件的胜诉率平

① 参见广东省高级人民法院(2011)粤高法民三初字第1号民事判决书。二审判决维持原判。

均约87%，[①]且每年胜诉率较为稳定，未出现递增、递减或大幅波动的趋势（见图5）。相关败诉原因，总结为以下类型：

1. 证据不足。原告提供的证据不足以证明不正当竞争行为由被告实施，不正当竞争行为不足以造成损害，或者不正当竞争行为与损害结果之间不存在因果关系。例如，珠穆朗玛峰诉百度案。[②]

2. 原告不享有法律保护的利益。此类案件主要集中于较为传统的企业名称权纠纷，若原告被判对争议名称不享有相应权利，则其起诉没有事实和法律依据。例如，北京谷歌诉谷歌中国案。[③]

3. 被告不具备主观恶意，未违反诚实信用原则。此类案件中，被告行为虽然造成原告一定损失，但其行为在行业中常见且不可避免，事后及时采取补救措施，不具备主观恶意，故不构成不正当竞争。例如，奇虎360诉金山案。[④]

最后需要提及的是，败诉案件多由上述败诉原因复合而成，并非单独因某项原因而败诉。

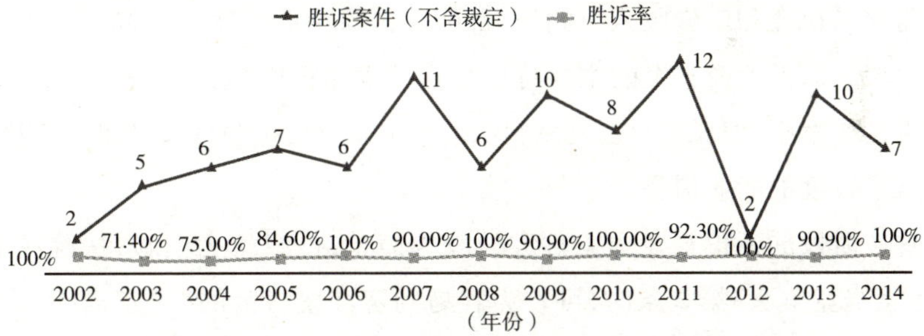

图5　互联网不正当竞争案件胜诉率分布

二、互联网不正当竞争案件的发展规律

从目前案例时间跨度和案情分析来看，中国的互联网不正当竞争案件可

---

① 注：胜诉案件包括了一审胜诉案件、二审维持原判案件、调解胜诉案件。

② 北京市第一中级人民法院（2005）一中民初字第3218号民事判决书。

③ 北京市海淀区人民法院（2008）海民初字第16472号民事判决书。

④ 北京市第一中级人民法院（2011）一中民初字第136号民事判决书。

以简单划分为三个阶段。

(一)第一阶段:2002~2006年

这一阶段的互联网不正当竞争案件主要分为两大类:软件干扰和诋毁商誉。案件多发生在同业经营企业之间,典型案例为百度诉“3721网络实名”阻止“百度搜霸”下载和安装案、百度诉珠穆朗玛mysearch软件修改百度搜索界面案和百度诉搜狐诋毁商誉案。软件干扰类案件的主要表现是为争夺直接交易机会而针对他人同类产品采取赤裸裸的不正当竞争手段,通过技术干扰达到使消费者不能正常适用他人产品的目的。例如“3721网络实名”与“百度搜霸”同为搜索类软件,为了争夺用户安装数量,前者在被安装进用户电脑后,直接采取阻碍后者下载、安装和运行的技术行为,从而降低后者的市场占用率,达到争夺搜索流量入口的目的;珠穆朗玛为争夺流量和百度竞价排名收入,通过Mysearch软件直接修改百度的搜索结果和竞价排名的广告位置,从而为自己获得交易机会和广告收入。此外,百度诉很棒小助手案也是同样的不正当竞争手段。而诋毁商誉案的主要特征是直接发布诋毁他人商誉的信息内容。百度诉搜狐案中,搜狐在自己网站组织系列关于百度裁员的文章诋毁百度,从而降低了百度的商业信誉。

这一阶段的不正当竞争案件案情较为简单,侵权行为明显,法院在适用《反不正当竞争法》第2条时,可较为容易判定涉案行为的“不正当性”,无须考虑行业惯例和公认的商业道德等,而且一般不涉及对消费者权利和社会公共利益的考量。同时,在该阶段的不正当竞争案件中,多数法院判决并未就当事人双方是否存在竞争关系进行论证,而是直接认定被告适格。在该阶段中,互联网反不正当竞争案件审理的基本逻辑框架尚未完全建立,但是颇为丰富的案件类型为后续案件审理奠定了良好基础。

(二)第二阶段:2006~2011年

这一阶段的不正当竞争行为最为纷繁复杂。典型案件有如下三类:基础运营商与网络服务商之间的不正当竞争行为、安全软件评测行为所引发的不正当竞争行为、复合型不正当竞争行为。

1. 基础运营商与网络服务商之间的不正当竞争案件以百度诉青岛联通案为典型。在该案中,联通青岛公司利用其作为基础网络提供商的优势,通过技术手段在百度搜索结果出现之前强行弹出其投放的与搜索的关键词及内容有紧密关系的广告页面。诱使本可能通过百度公司搜索结果检索相应信息的网络用户点击该广告页面。例如在百度网站搜索"鹏飞航空",弹出"打折机票抢先拿就打114"的广告页面,搜索"电话实名"弹出"查信息打114,语音搜索更好用"的广告页面,可以看出搜索时弹出的广告是有针对性的,与搜索的关键词及内容有紧密关系。这一行为影响了百度公司按照自己意志向网络用户提供付费搜索服务与推广服务,也会导致百度网站上付费搜索客户流失。该案中,法院对于司法机关是否可以适用以及如何适用《反不正当竞争法》一般条款来进行审判、基础运营商与网络服务商之间是否存在竞争关系等焦点问题一一作出回应,具有极强的示范效用。

2. 安全软件评测所引发的不正当竞争行为案件主要涉及软件干扰和商誉诋毁问题。2006 年 360 安全卫士诞生并以免费查杀木马吸引了大量用户的注意力,随后该产品在业内引发了大量的争议和纠纷。基于安全软件测评所引发的不正当竞争纠纷迅猛飙升,例如阿里巴巴诉 360 安全卫士评测雅虎助手案、百度诉 360 安全卫士评测超级搜霸和搜索伴侣案、金山诉 360 安全卫士阻碍其安装案等。阿里巴巴与百度诉 360 安全卫士的案例较为接近,"奇虎安全卫士"软件将雅虎助手和雅虎 Widget 软件、百度超级搜霸和搜索伴侣描述为恶意软件或危险软件,将其描述为"强制安装、浏览器劫持、干扰其他软件运行、无法彻底卸载"。用户按照"奇虎安全卫士"软件的提示操作时,上述软件在默认的情况下被删除,导致用户无法正常使用上述软件。法院认为此种评价属于商誉诋毁行为。在金山诉 360 安全卫士案中,360 安全卫士软件在自身安装、升级、运行的过程中采用弹出提示框的方式,引导用户在提示框中进行同意卸载金山网盾的操作。虽然该提示框亦有卸载 360 安全卫士的选项,但是该对话框仅有"停止该软件安装"选项且该选项被默认选中。其"卸载 360 安全卫士"选项与卸载金山网盾的选项设置不同,表现出的主观态度并非让网络用户自由选择,带有明显的倾向性,会对消费者产生误导。用户在被告引导下进行上述操作后,系统并非进入金山网盾的正常卸载流程,而是以删除金山网盾程序的快捷方式、修改运行金山网盾可执行文件等方式破坏金山网盾软件的完整性。

这一类软件干扰案件与第一阶段的软件干扰案件不同,干扰他人软件并非直接可获得商业利益,而是通过所谓的评测行为,逐步树立起安全软件在应用软件市场的主导地位,抢占话语权和对消费者的引导权,进而为其下一阶段推出其他可盈利产品奠定用户基础。在此类案件中,法院对于如何认定竞争关系、什么是公认的商业道德等尚未做深入探讨,但是消费者知情权和选择权的保护问题逐渐走向前台,许多貌似尊重用户知情权和选择权的行为,在竞争法的考量下恰恰是侵犯上述权利的行为。这为下一阶段案件的审理奠定了坚实的理论基础。

3. 以3Q事件为代表的复合型不正当竞争案件。该事件涉及软件干扰、诋毁商誉和“搭便车”三类不正当竞争行为,涉及“360隐私保护器”和“扣扣保镖”两个连续案件。第一个案件中,“360隐私保护器”专门针对QQ进行监测,并且该软件在初始界面、监测结果等处,都存在误导、暗示“腾讯QQ”侵犯用户隐私的表述,同时360在“360网”上捏造和散布“腾讯QQ”侵犯用户隐私的虚假事实,被法院判定诋毁商誉。第二个案件则更为复杂,“扣扣保镖”实际是“360隐私保护器”的升级版。其利用消费者对安全软件的信任,在用户安装运行扣扣保镖后,以红色警示用户QQ存在严重的健康问题,并将没有安装360安全卫士,电脑处于危险之中列为危险项目;查杀QQ木马时,显示“如果您不安装360安全卫士,将无法使用木马查杀功能”,并以绿色功能键提供360安全卫士的安装及下载服务;经过一键修复,扣扣保镖将QQ软件的安全沟通界面替换成扣扣保镖界面,并导致QQ中的广告和增值服务无法使用。

该案的二审判决中,除了对破坏软件完整性、诋毁商誉、“搭便车”等典型不正当竞争行为作出认定外,最高人民法院对互联网不正当竞争所涉及的几个关键问题进行了深入探讨:首先,关于一般条款如何适用的问题。最高人民法院认为,认定涉案行为是否构成不正当竞争,关键在于该行为是否违反了诚实信用原则和互联网行业公认的商业道德,并损害了被上诉人的合法权益。由此确定了主客观分析相结合的标准。其次,能否以促进消费者福利为由干扰他人软件。最高人民法院认为消费者的需求多种多样,在给予全面正确的信息后,相关消费者会自行对是否选用某种互联网产品作出判断;消费者能否接受经营者提供的某种产品或服务方式,也主要由市场需求和竞争状况进行调节。从而明确了竞争法视野下消费者权益的保护主要是考量对其知情权和选择权的保护。再次,关于技术创新与产业发展利益平衡的关系问题。法院认为竞争自由和创新自由必须以不侵犯他人合法权益为边界,互联网的健康发展需要有序的市场环境和明确的市场竞争规则作为保障。最后,部委规章和自律公约在司法审判中如何适用。法院指出,工信部的规章和互联网协会所签署的自律公约可以作为法院事实认定的依据,但前提是人民法院必须从竞争法层面判断其相关内容是否合法、公正和客观。

在第二阶段的案件审理中,竞争关系的认定问题、一般条款的适用问题、消费者权利在竞争法视野下的考量、技术进步和自由创新与竞争法的关系问题等,在多数案件中得到了充分阐释,互联网反不正当竞争案件审理所需考量的基本架构得到初步构建。

这一阶段,除司法审判外,互联网不正当竞争的行政管理和行业自律方面也在积极探索。“3Q”事件后,工信部在广泛征求相关企业的意见基础上,出台了《规范互联网信息服务市场竞争秩序若干规定》,主要从三个层面对互联网竞争行为作了规范:(1)尊重消费者的知情权和选择权;(2)不得干扰他人软件运行;(3)安全软件的评测行为要客观严谨。中国互联网协会也组织企业签署了《互联网终端软件服务自律公约》,主要规定了:保护用户合法权益、禁止强制捆绑、禁止软件排斥和恶意拦截、反对不正当竞争、安全软件不得滥用其安全服务功能等有关内容。从反不正当竞争法的宏观视角来看,无论是工信部的规章还是行业协会的自律公约,其都是在从“非法行为禁止”的角度来进行的设置,而且制定过程中广泛和反复征求企业意见和法律专家意见,可以说反映了行业的一致意见。

（三）第三阶段：2011年至今

这一阶段的案件以浏览器相关案件为主，这一阶段的典型案件以"3B"事件为代表的360插标案和robots协议案，以及优酷诉猎豹浏览器屏蔽广告案和诉UC浏览器下载视频案为代表。这一阶段的案件有如下三个特点：

1. 软件之间不得非法干扰得到司法明确认定，为第二阶段的不正当竞争行为盖棺论定。在百度诉360对其搜索结果进行插标一案中，法院指出，确实出于保护网络用户等社会公众的利益的需要，网络服务经营者在特定情况下不经网络用户知情并主动选择以及其他互联网产品或服务提供者同意，也可干扰他人互联网产品或服务的运行，但是，应当确保干扰手段的必要性和合理性。否则应当认定其违反了自愿、平等、公平、诚实信用和公共利益优先原则，违反了互联网产品或服务竞争应当遵守的基本商业道德，由此损害其他经营者合法权益，扰乱社会经济秩序，应当承当相应的法律责任。前述规则可以简称为非公益必要不干扰原则。对于该原则，承办法官曾指出，其核心的要求在于软件之间运行的"不干扰"。该案被最高人民法院列入2013年指导案例。笔者认为，该原则的确定对互联网行业有重要意义。根据统计，涉及软件干扰的案件占据了互联网不正当竞争案件的半壁江山，而所有的典型案件基本都涉及软件干扰行为。该竞争规则的司法确认，对此类案件中不正当竞争行为违法性的认定发挥了一锤定音的作用，相当于为软件干扰时代画上了一个句号，但同时其中关于流量劫持的相关论述，又开启了以"搭便车"为主要竞争手段的新时代。

2. "搭便车"行为的抗辩理由日趋"合法"，对法院提出更高司法智慧要求。在百度诉360插标案中，360安全卫士对百度搜索结果有选择性的插入红底白色感叹号图标作为警告标识，进而逐步引导用户点击安装360浏览器，利用百度搜索引擎对其产品进行推广；另外，360在其导航网站上嵌入百度搜索框，但改变百度搜索向用户提供的下拉提示词，引导用户访问360经营的影视、游戏等页面，获得更多的用户访问量。对于第一个行为，360认为插标是保障网络安全的必要的正当的行为，未违反诚实信用原则；对于第二个行为则称百度只提供搜索,提示词非百度产品涵盖内容,其可以自行设置。在优酷诉猎豹浏览器屏蔽广告案和 UC 浏览器下载视频案中,两家公司都称自己所采用的技术是行业公认技术,属于"技术中立"的例外情形。百度诉 360 违反 robots 协议案中,360 抗辩称:百度滥用 robots 协议,排斥同业竞争者,以达到限制同业竞争者正当竞争的目的,如果百度被判决胜诉,则会给中国互联网搜索引擎服务行业的发展带来极为不利的影响,严重损害互联网用户利益。这些抗辩理由也是个别公司在"诉讼营销"中常用的宣传手段,而法院则针对不同的抗辩事由逐个分析。针对公共利益问题,法院在百度诉 360 插标案中指出,以公益为名对他人软件采取干扰措施的一方要承担举证责任,无法证明其必要性的应当承担不利后果。对于"技术中立"问题,法院则重点从"技术中立"与"使用技术的行为"两者所存在的根本区别入手,对该抗辩事由不予认可。

3. 法院结合一般条款归纳行业竞争规则。在该阶段案件中,北京市高级人民法院和北京市第一中级人民法院就互联网行业竞争分别提出"非公益必要不干扰原则"和"协商—通知"处理程序的竞争规则,引起广泛讨论。百度诉 360 插标案的审判法官撰文认为,一般条款除了可以被用于认定和制止法律没有列举的不正当竞争行为外,还具有抽象和概括不正当竞争行为、规定不正当竞争行为一般条件的作用。对于互联网新型纠纷,一般条款的一个重要作用就是对一般条款中所规定的自愿、平等、公平和诚实信用原则注入新的内涵。① 对于该观点笔者表示认同,在具体案件中解释性的适用法律是司法审判的应有之义,特别是在互联网新型不正当竞争案件中,对于一般条款的解读需要结合互联网商业竞争的特点进行分析,但是这种解释必须谦抑和慎重,否则容易造成一般条款适用的随意性。

此外,在这一阶段的案件中,也出现了涉及开放平台的不正当竞争案件。典型的案件为百度诉 360 开放平台案,②该案中,360 开放平台中有一款专门

---

① 石必胜:《互联网竞争的非公益必要不干扰原则——兼评百度诉 360 插标和修改搜索提示词不正当竞争纠纷案》,载《电子知识产权》2014 年第 4 期。

② 北京市东城区人民法院(2013)东民初字第 08310 号民事判决书。

屏蔽百度竞价排名的插件，且处于推荐位置，在百度两次发函要求其删除后，360仍未下架该插件，法院认为360的行为违反公认的商业道德，构成不正当竞争。法院整体审判思路完全按照《侵权责任法》第36条关于共同侵权的法律逻辑来进行，笔者认为该案对于推动侵权责任法理念在不正当竞争案件中的适用有重要意义。

在行政管理和行业自律方面，围绕"3B"事件和360篡改搜狗浏览器事件，互联网协会组织企业签署了《互联网搜索引擎服务自律公约》和《互联网终端安全服务自律公约》，前者在百度诉360拒绝遵守robots协议案中被法院重点考量。后者对安全软件提出了几点经营义务，包括禁止恶意排斥、禁止恶意拦截、禁止歧视性对待、客观公正评测。[①] 可以说，这些禁止性行为是对近年来安全软件所做的种种不正当竞争行为所做的提炼。

三、互联网不正当竞争案件的特征

综观126件互联网不正当竞争案件，从侵权行为本身到侵权结果，再到案件审理都反映出一些典型特征，主要包括以下四个方面：

（一）侵权行为技术性强，取证困难

由于互联网行业本身的特性，侵权人在实施不正当竞争行为时一般是通

---

① 《互联网终端安全服务自律公约》第16条规定："禁止恶意排斥。恶意排斥是指互联网终端安全服务产品在设计、安装、运行过程中，无正当理由，故意给其他合法产品设置障碍，妨碍用户安装或者使用其他合法产品的行为。不得恶意干扰或者破坏其他合法产品的正常使用，不得以任何形式欺骗或者误导用户使用或者不使用其他合法终端软件。"第17条规定："禁止恶意拦截。恶意拦截是指互联网终端安全服务产品在安装、运行、升级过程中，欺骗、误导或强迫用户修改默认设置，或强行修改用户设置，导致其他合法产品功能受影响或无法正常使用的行为。"第18条规定："禁止歧视性对待。歧视性对待是指互联网终端安全服务企业，对待和本企业产品具有竞争关系的其他终端软件产品，利用安全软件的功能，在同等情况下采用歧视性处置标准的行为。不得滥用安全软件的功能及权限干扰或破坏其他企业的终端软件服务。"第19条规定："互联网终端安全服务企业对其他企业的终端产品进行评测时应客观公正，不得利用评测结果欺骗、误导或强迫用户对被评测产品作出处置。"

过技术手段来干扰他人软件的运行,因此技术对抗在互联网不正当竞争中屡见不鲜。主要涉及如下几类:

第一类,基于浏览器的干扰。在百度诉珠穆朗玛案中,对于搜索助手(my search)是如何破坏百度搜索页面的,百度提交的公证书中讲到:搜索助手是通过创新的代码注入技术把程序嵌入 IE 浏览器的核心进程,同时挂接在 IE 浏览器和远端服务器的信息传递的通道上,从而实现捕捉用户发出的信息,修改用户的请求、截获远端服务器返回的内容、修改网页信息、任意修改返回的结果,重新整合资源等。① 在优酷诉猎豹浏览器广告屏蔽案中,优酷通过使用 smartsniff 软件查看 IE 浏览器与猎豹浏览器分别访问自身视频反馈的数值参数,来证明猎豹浏览器恶意修改了优酷的产品参数,过滤了优酷网的广告。②

第二类,软件之间的干扰。在腾讯诉 360 扣扣保镖不正当竞争案中,扣扣保镖使用 Hook 技术挂钩 LoadlibraryW 函数、Coloadlibrary 函数或 SetWindowsPos 等函数,阻止 QQ. exe 进程加载特定插件、扫描模块以及弹出窗口,从而屏蔽 QQ 软件使用的插件,清理 QQ 软件产生的临时、缓存文件及其他相关文件,过滤 QQ 软件的信息窗口等。③ 业界人士认为此为一种典型的外挂技术。④ 在腾讯诉彩虹版 QQ 案件中,法院指出,彩虹显软件将其与微软 msimg32. dll 同名的文件置于 QQ 软件安装目录中,利用 QQ 软件运行需要加载微软 msimg32. dll 文件的机理进入 QQ 进程空间,从而完成导入,修改 QQ 软件的 19 处目标程序指令。⑤ 上述侵权行为,如果没有专业人员和专业技术的辅助,仅从外观表现很难看清其本质所在。

第三类,拒绝遵守网络协议。现代互联网是依据技术协议构建秩序的,经

---

① 北京市第一中级人民法院(2005)一中民初字第 5456 号民事判决书。

② 北京市海淀区人民法院(2013)海民初字第 13155 号民事判决书。

③ 广东省高级人民法院(2011)粤高法民三初字第 1 号民事判决书。

④ 软件专家韩振江认为,“扣扣保镖”其实已经把自己的运行模块——“DLL”(dynamic link library,动态链接库),加载到了 QQ 程序运行的进程当中,只要用户一运行腾讯 QQ,该模块就会自动运行。这个模块其实是等待某种条件触发来执行的,而外挂就是在电脑运行中,一个程序通过某种事件触发而得以挂接到另外一个程序的空间里。参见韩振江:《扣扣保镖外挂阻止 QQ 升级》,载 http://news. xinmin. cn/rollnews/2010/11/15/7723056. html,访问日期:2012 年 3 月 10 日。

⑤ 湖北省武汉市中级人民法院(2011)武知中字第 00006 号民事判决书。

由各种组织和工程师们的多种汇集而产生的基础协议TCP/IP协议最具有代表性，它是被用作链接计算机和网络的上百个协议的基础，它构建了信息传输的一整套技术标准。这些协议规范着信息高速公路上的通行者，没有警察但是有红绿灯，这是严格的技术规范世界。这些规范对于调节互联网参与各方的行为发挥着重大的作用。① robots 协议作为技术协议的一种，是网站所有人单方面采取的一种排除爬虫访问的标准，得到大部分爬虫设计者和爱好者的认可，有效规范着互联网的发展秩序。跟进目前的案例分析，违反 robots 协议的行为在国外多个判决中被认定侵权，②在百度诉 360 违反 robots 协议案中，百度通过设置 robots 协议拒绝 360 搜索引擎对其内容的抓取，而 360 拒绝遵守该规则，从而引发纠纷。

在相关案件中，侵权人往往以该技术系行业公用技术，以技术中立原则为抗辩理由，这也增加了此类案件的审理难度。例如，在优酷诉猎豹浏览器广告屏蔽案中，金山认为浏览器软件均具有过滤广告功能，此类功能是浏览器软件常用、必要的功能。③ 在优酷诉 UC 浏览器下载视频案中，UC 认为基于 HTML5 技术标准开发的浏览器软件可通过识别网页源码的视频标签获取到相关视频文件的统一资源定位符，并根据用户的选择和指示实现对相关视频文件的下载，浏览器软件提供视频下载是常用的功能，使用公开、公知、公用的技术。④ 此类抗辩理由，对于并非技术专家的司法审判者提出了一定的挑战。但是目前法院在司法中一般认为，要区分“技术中立”的理念与“使用技术”的行为两者之间的区别。法院认同“技术中立”的理念，因为这有利于行业的创新与发展。但是对于使用中立技术侵害他人经营权益的行为，则应从竞争法的角度进行考量，对此类行为的合法性予以认定。另外，由于互联网不正当竞争案件的强技术性特点，也导致了相关案件取证上的困难，特别是随着云计算

---

① 张平：《〈反不正当竞争法〉的一般条款及其适用——搜索引擎爬虫协议引发的思考》，载《法律适用》2013 年第 3 期。

② 张金平：《有关爬虫协议的国外案例评析》，载《电子知识产权》2012 年第 12 期。

③ 北京市海淀区人民法院（2013）海民初字第 13155 号民事判决书，北京市海淀区人民法院（2013）海民初字第 13155 号民事判决书。

④ 北京市海淀区人民法院（2013）海民初字第 24365 号民事判决书。

的发展，互联网服务商可以分时间、分地域地给客户端发送指令，对他人软件造成干扰，给被侵权人的取证造成极大困扰。

（二）短时间内造成巨大损失

互联网不正当竞争行为的特征之一是在短时间内可以造成巨大的损害后果。例如在扣扣保镖案中，根据 360 自己的统计数据，刚刚推出 72 小时的扣扣保镖软件下载量突破千万，平均每秒钟就有 40 个独立下载安装量，创下了互联网新软件发布的下载纪录。腾讯举证指出，扣扣保镖每日造成 QQ 客户端增值服务流量损失为 209,350 元，每日造成 QQ 广告损失300,383元，从 2010 年 10 月 29 日扣扣保镖发布至 2010 年 11 月 21 日回收扣扣保镖共计 24 天，这 24 天扣扣保镖给腾讯公司造成的损失为 12,233,592 元。由此可见，互联网不正当竞争在短时间内所造成的直接经济损失是多么严重。除了直接经济损失外，互联网不正当竞争中的商誉诋毁行为，对企业的影响更为深远，在扣扣保镖案一审中法院指出，扣扣保镖的侵权行为凭借互联网环境下的传播特点迅速波及腾讯 QQ 的广大用户，造成的负面影响迅速扩散。而且在诋毁商誉的不正当竞争中，商业诋毁所造成的严重后果并不会随着软件的召回或者原告对 QQ 软件的升级而终止，商业诋毁一旦在互联网环境下广泛传播，其影响必须经过一个较长的沉淀期，并且在各方面努力之下，才能逐渐消除。①

（三）侵权行为的复杂性

所谓复杂性有两重含义：第一，影响重大的互联网不正当竞争案件多涉及多个不正当竞争行为。例如在“3Q”事件中，360 先通过诋毁 QQ 软件侵犯用户隐私，进而推出专门针对 QQ 的“隐私保护器”以及升级版的“扣扣保镖”，这两款软件一方面破坏 QQ 软件的完整性，同时通过“搭便车”行为推广 360 自身的安全产品。这其中既涉及诋毁商誉和破坏软件完整性问题，又涉及通过“搭便车”来达到推广自身产品的行为。第二，是指侵权行为目的与行为结合的复杂性。由

① 广东省高级人民法院（2011）粤高法民三初字第 1 号民事判决书。

于互联网商业模式较为特殊，是在吸引和锁定用户的情况下通过增值服务或者广告来获得收入，因此有时两个在业务上完全不相关的企业也会发生竞争。例如，优酷诉猎豹浏览器屏蔽广告案和优酷诉UC浏览器下载视频案。

（四）案件赔偿额判定困难

在传统的不正当竞争案件中，法官在确定不正当竞争的时候多数确定因为原告的损失主要来源于他失去的交易机会。考虑到被告侵权行为的直接后果是挤占了原告的市场份额，被告每销售一件侵权产品就相当于原告少销售了一件。故可以原告的单位利润乘以被告的侵权产品销售量，以此作为赔偿额。此种计算方法实质上是将被告挤占的原告的市场份额作为原告的损失，故仍是以原告损失作为赔偿额的计算标准。但是这样的方式在互联网上根本行不通。

互联网不同的商业模式有不同的收入模式，其财产损失的认定与实体经济有较大的不同。例如，视频网站以广告和收费会员为主，搜索引擎以竞价排名为主要收入来源，即时通信以增值服务来获得收入。在优酷诉猎豹浏览器广告屏蔽案中，优酷根据猎豹浏览器访问优酷网的播放量、对应的独立用户数以及视频广告的刊例来要求猎豹赔偿损失及合理支出500万元。但由于此类数据以及推理方式存在证明上的缺陷，因此最终未被法院全部支持。在目前判赔额最高（500万元）的腾讯诉360扣扣保镖不正当竞争案中，虽然腾讯提供了专业评估机构作出的品牌损失报告和资产损失报告书，但最终法院只是采纳了部分意见。其认为评估机构所出具的资产损失报告书以及360自己所宣传的72小时扣扣保镖被下载超过千万的证据证明。360扣扣保镖给腾讯造成的损失已经明显超过了法定赔偿的最高限额，该案应在法定赔偿之上合理确定赔偿额。① 同时，互联网是双边市场，企业商誉和商品信誉的损害对其有

① 最高人民法院（2013）民三终字第5号民事判决书，腾讯提供的深银专咨报字〔2012〕第0114号《资产损失咨询报告书》称，扣扣保镖在2010年10月29日至2011年8月4日期间对腾讯公司造成的损失在评估基准日的评估值为142,725,240元。扣扣保镖每日造成QQ客户端增值服务流量损失为209,350元，每日造成QQ广告损失300,383元，从2010年10月29日扣扣保镖发布至2010年11月21日回收扣扣保镖共计24天，这24天扣扣保镖给腾讯公司造成的损失为12,233,592元。

重要影响，但是目前对于商誉诋毁所造成的品牌损失如何认定，在资产评估界和法律界都是一个难题。

四、互联网不正当竞争所带来的法律困惑

互联网不正当竞争侵权行为的技术性、复杂性对现有的法律制度提出了不小的挑战，也在一定程度上影响政府监管职能的有效发挥。侵权行为导致的巨大损失与赔偿数额偏低的矛盾，使互联网不正当竞争横行。这些问题都亟待解决。

（一）法律制度不完善导致救济乏力

1. 反不正当竞争法亟须完善。我国的《反不正当竞争法》制定于1992年，其中所规定的类型化条款多针对的是当时的典型不正当竞争行为。这就导致当互联网不正当竞争案件密集爆发时，我们却无法寻找到直接的法律适用条款。特别是对于工商行政执法机关来说，根据《反不正当竞争法》的规定，其只能对类型化条款所规定的不正当竞争行为予以处罚，而不能直接适用一般条款，因此对于新型的不正当竞争行为无法直接处罚。虽然随着诸多法院判例的公布，很多不正当竞争行为都得到了司法认定并被判决承担责任，甚至有观点认为通过法院对一般条款的解释性适用即可解决现有问题，无须修订法律。但是笔者认为，《反不正当竞争法》作为规范市场竞争秩序的基本法，其所具有的指引、评价、预测、教育和强制作用，更多地应该体现在类型化条款中，而非原则性的一般条款。同时，法院基于一般条款所作出的判例只能针对个案，唯有将其共性加以提炼并在具体条款中有所规定，那么法律的上述功能才能在互联网市场中有效体现。从法律修订的外部环境来看，经过几次互联网大战，业内对互联网典型不正当竞争行为的认识日益清晰，在工信部颁发的《规范互联网信息服务市场竞争秩序若干规定》和互联网行业协会组织企业签署的系列自律公约中，已经将多数行为进行了提炼和规定，并且上述规定在司法判决中得到了法院认同。笔者建议，虽然《反不正当竞争法》的修订中不可

能直接吸收部委规章和自律公约中的相关规定，但对于软件干扰这类不正当地干扰他人经营活动行为，以及体现为“搭便车”的不正当地利用他人经营活动的行为，相关条款应当吸收进《反不正当竞争法》中。

2. 行为保全制度姗姗来迟。在受到不正当竞争行为侵害时，向法院申请行为保全，请求法院作出裁定责令侵权人禁止其作出一定行为，以防止对方正在实施或者将要实施的行为给被侵权人造成不可弥补的损害，是互联网不正当竞争案件中受害企业最迫切需要行使的权利。然而在2012年《民事诉讼法》修订之前，我国的《民事诉讼法》和《反不正当竞争法》中都没有规定行为保全制度。《民事诉讼法》第92条只规定了财产保全，一方当事人只能对另一方当事人的财产提出保全请求，如扣押诉争标的、查封对方当事人的部分财产；《反不正当竞争法》也对事前的防范和制止行为缺乏前瞻的考虑。囿于司法程序的冗长，如果等待法院判决后对方才停止侵权行为的话，被侵权企业的损失将是巨大的，而多数企业不会“坐以待毙”，于是发生了互联网不正当竞争案件中被侵权企业往往采取技术对抗来保护自身权益的情形，但是这种自卫行为也同时冒着“垄断”和“不正当竞争”的风险。上述种种不利于被侵权人的情况在《民事诉讼法》修订后终于有所改观，特别是行为保全制度的增加，赋予了被害人及时申请获得救济的权利。在优酷诉UC视频下载案中，优酷便向海淀区人民法院申请了行为保全并得到支持。但是面对纷繁复杂的互联网不正当竞争行为，行为保全制度如何有效适用，也是司法者需深入思考的问题。另外，在《反不正当竞争法》中修订中，有必要增加行为保全的相关条款。

3. 软件干扰行为所带来的著作权之困。多数互联网不正当竞争案件涉及软件干扰问题，这涉及著作权法视野下的软件修改问题。但是与传统的软件盗版不同，软件干扰行为一般不涉及对源代码的复制和修改，而是在运行过程中对其注册值和函数等的修改。对于这种修改行为究竟是否属于侵害著作权，实践中有两种不同观点：一种观点认为此种修改不构成侵害著作权。其理由是此种软件干扰一般是针对软件运行过程中的注册值、函数等的修改，而注册表信息不是软件的组成部分，因此不构成侵犯软件修改权。例如，张晓津法官以百度IE搜索伴侣诉“3721网络实名”为例，认为注册表信息虽然直接影响软件的运行，但注册表信息并非计算机软件作品的组成部分，而是在软件安装过程中自动生成的信息，因此对注册表的修改不应视为对软件作品的修改，也不应视为著作权侵权行为。[①] 另一种观点则认为此类行为侵害了软件修改权。在武汉市中级人民法院就腾讯诉彩虹QQ案的判决中指出，计算机软件的功能通过计算机程序的运行实现，功能的改变是计算机程序改变的外在表现形式。正是由于彩虹显软件修改了QQ软件目标程序，才导致QQ软件的部分功能缺失或发生变化。因此彩虹显软件侵害了QQ软件的修改权。[②]

笔者认为，对于这种动态的软件修改行为，应当认定为侵犯软件修改权的行为，因为其虽不是对源程序的直接修改，但是却通过干扰软件运行，对目标程序进行了修改，与修改源程序达到同样的效果。建议在著作权法的修订中能够将此类软件修改行为纳入修改权的禁止权项范围内。

（二）政府监管职能未有效发挥导致行业秩序恶化

1. 政府监管对于规范行业竞争秩序有着重要作用。与知识产权作为私权不同，竞争法除了调整案件当事人之间私法层面的侵权法律关系外，还担负着主动维护市场竞争秩序和社会公共利益的职责。从国际层面上看，无论是大陆法系还是英美法系，对于市场不正当竞争行为都有相应的行政机关负责处理，并形成了相对完善的处理机制。从实践来看，其行政解决程序大体包括简易程序、普通程序、听证程序、司法审查四个方面的内容，简易程序主要用于解决事实清楚、证据充分、案情简单、处罚较轻的不正当竞争案件；普通程序包括立案、调查取证和合议三个阶段，适用于解决案情复杂、争议较大、处罚较重的互联网反不正当竞争案件；如果相关案件的处理结果对于当事人合法权益会具有较大影响，则需进行听证以有效保护当事人利益；如不服行政机关决定则可以向法院起诉，由法院作出最终判决。同时，国家的竞争执法机构在立案和调查取证方面已经有了较为成熟的经验和技术支撑。

---

① 张晓津：《软件冲突与不正当竞争法律问题研究》（下），载《信息网络安全》2006年第10期。

② 湖北省武汉市中级人民法院（2011）武知中字第00006号民事判决书。

2. 我国的互联网竞争监管体系完善但需有效运行。根据《反不正当竞争法》《电信条例》《互联网信息服务管理办法》等法律法规的规定，工信部作为互联网行业管理部门，对于行业内的不正当竞争行为具有法定监管职权；工商总局对互联网领域所发生的涉及《反不正当竞争法》第二章所规定的类型化不正当竞争行为有行政执法权。其中，在2000年实施的《电信条例》和《电信业务经营许可证管理办法》中便明确规定电信管理管理部门可以依职权责令改正，处10万元以上100万元以下罚款；情节严重的，责令停业整顿。在“3Q”事件后，2011年工信部又颁布了《规范互联网信息服务秩序若干规定》，对互联网不正当竞争行为的类型、定性和处置程序等又做了具体细化规定。可以说，我国互联网市场监管法律体系较为完备。但是从目前行业纠纷的处理来看，行政机关尚未形成有效的处理机制和方式方法。从“3Q”“3B”到2014年的遨游和乐视的快进功能之争，行政机关从未作出一项行政处罚决定，而是通过调解约谈、通报批评等方式来处理。这不仅不能有效遏制互联网不正当竞争案件的发生，反而给从事不正当竞争的企业造成了一种侥幸心理，认为即便行政机关介入也只需停止所实施的行为即可，无须承担其他后果。这严重削弱了行政执法的威慑力。

3. 完善程序加大处罚才能有效遏制不正当竞争。2010年“3Q”事件中，工信部通过约谈两家企业叫停不兼容行为使该事件终结。但是从案例统计和分析来看，“3Q”事件后互联网不正当竞争案件不仅丝毫没有下降的趋势，反而更加复杂多样。笔者认为，这与行政监管的威慑力不足有直接关系。这一乱象的解决需要从三个方面入手：第一，行政机关需要扭转观念，对于行业不正当竞争乱象不能被动执法，而应主动介入，并在法律赋予的职权范围内以明确的行政认定或者行政处罚决定来解决相关案件，而不能仅仅是约谈或叫停；第二，对于频频从事不正当竞争行为的企业，应当加大处罚力度，除高额罚款外，还可责令停业整顿，甚至取消其增值电信业务经营许可证，从而加大对不正当竞争行为的威慑力度；第三，建立企业信用档案，梳理典型不正当竞争行为，借助市场因素遏制不正当竞争行为。中国的互联网企业多为上市企业，通过信用档案、恶名市场等方式，将给企业在资本市场的声誉造成重要影响，使相关企业必须慎重考量其不正当竞争行为的高昂成本，进而放弃违法意图。

（三）违法成本过低导致互联网不正当竞争行为横行

违法成本过低是当前互联网产业中不正当竞争行为频发的重要原因。根据前述统计，在绝大多数互联网不正当竞争案件中，法院的判赔数额都低于原告所要求获得的赔偿数额，法院的判赔数额在总体上仍然处于比较低的标准，很难充分弥补被侵权方的实际损失。笔者认为造成这一现象的原因有三：

第一，补偿性赔偿在司法审判理念中根深蒂固。在我国侵权法的视野下，损害赔偿的首要目标是赔偿被侵权方所遭受的损失。我国的《民法通则》《侵权责任法》和《合同法》等法律所规定的赔偿损失的民事责任都是严格按照补偿的原则设计的。有学者指出，在侵权责任法的视野下，作为财产责任的损害赔偿，必须以民法的公平和等价有偿原则作为衡量的尺度，损失多少，就应该赔偿多少，其他没有任何科学的标准。[①] 这种观念充分反映了我国学术界和司法界对于赔偿责任的认识。而由于补偿原则忽视了当事人的主观心理状态，当事人主观过错的程度对赔偿范围不产生影响，因此其不能有效地预防损害的再次放生，特别是对于那些恶意侵权的行为缺乏震慑力，从而使整个反不正当竞争法在竞争秩序维持方面的作用有限。

第二，惩罚性赔偿制度的缺位。我国的《反不正当竞争法》没有规定惩罚性赔偿，在2007年施行的《最高人民法院关于审理不正当竞争民事案件应用法律若干问题的解释》中，将假冒标识、虚假宣传、商业诋毁的损害赔偿参照注册商标侵权赔偿额的规定，形成了权利人实际损失、侵权人侵权获利、许可使用费的倍数及法定数额赔偿相结合的方式。但是在2013年修订《商标法》之前，《商标法》中也没有规定惩罚性赔偿，因此法院一般采取酌定赔偿。反观互联网产业最为发达的美国，其在打击不正当竞争行为方面往往施以重手，以雅虎和Facebook所涉及的垃圾邮件案件为例，美国法院根据《反垃圾邮件法》等法律判决行为人支付6.1亿美元（雅虎，2011年）、8.73亿美元（Facebook，2009年），7.11亿美元（Facebook，2009年）的惩罚性赔偿，从而保障了美国互

① 杨立新：《侵权责任法》，法律出版社2010年版，第307页。

联网市场竞争秩序。

第三，互联网不正当竞争案件的损害赔偿认定举证困难。《反不正当竞争法》规定，损害赔偿额按照被侵害的经营者的损失或者侵权人在侵权期间因侵权所获得的利润来进行计算。但如上文所述，囿于互联网的商业模式和定价机制，除了广告和增值服务的损失相对容易认定，品牌损失、流量损失的认定非常困难。

结语

笔者认为，虽然目前法院的诸多判例明确了互联网行业的很多竞争规则，但是这些判例只能针对已经发生的不正当竞争行为，如果救济程序不完善、违法成本过低的问题不能从根本上得到解决，未来互联网不正当竞争行为仍将频繁发生。要扭转这一趋势，需要从法律制度、救济程序和惩罚机制三个层面来共同推进。从法律制度层面来看，应当在《反不正当竞争法》修订时，将典型的不正当竞争行为如软件干扰和“搭便车”增加到类型化条款中，从而弥补法院对于《反不正当竞争法》一般条款解释性适用所带来的不确定缺陷，更充分发挥法律的预期调整作用；从救济程序来看，在私力救济方面，需要司法机关更加娴熟的运用“行为保全”制度及时救济被侵权人；在公权力救济方面，迫切需要行政机关充分发挥好市场监管职能，在《反不正当竞争法》《电信条例》《互联网信息服务管理办法》所赋予的职权范围内，通过行政处罚有效打击典型互联网不正当竞争行为，不断净化行业竞争秩序；从惩罚机制来看，必须提高对恶性竞争行为的判赔额，并尝试通过对惩罚性赔偿制度的适用，使企业的违法成本与其收益成本逐步成正比，从而迫使多数企业放弃侵权行为。另外，可以尝试对恶性不正当竞争行为施以刑事处罚，以威慑试图通过不正当竞争来获得收益的企业。

反不正当竞争法一般条款的适用逻辑

——以新型互联网不正当竞争案件为例

张钦坤[*]

近年来，以“3Q”大战、“3B”大战为代表的互联网不正当竞争案件引起了社会各界的关注。这些案件既有相同产品之间的竞争，例如金山与360之间的纠纷多属于安全软件同类产品之间的竞争；也有不同类产品之间的竞争，例如“3Q”大战中即时通信与安全软件，“3B”大战中搜索引擎与内容网站，多为不同类产品之间的竞争；还有互联网硬件产品与软件产品之间的竞争，例如爱奇艺与极客路由器之间的纠纷，这时已经超越了互联网信息服务产品的范畴。未来随着互联网向其他产业的渗透与融合，跨界竞争可能会成为常态。根据笔者的统计，从2002年至2014年年底，我国共发生了近140件涉及互联网不正当竞争的案件。①

作为一种导致市场失效的行为，互联网不正当竞争发生后亟须得到政府或司法机关的纠正，使市场竞争恢复到业绩竞争的正常模式中。但是由于我国的《反不正当竞争法》制定于20世纪90年代，其类型化条款中缺乏对互联网新型不正当竞争行为如软件干扰、“搭便车”等行为的规制，而且条文设计缺

---

* 张钦坤，男，法学博士，腾讯研究院副秘书长。

① 具体案件统计可参见张钦坤：《中国互联网不正当竞争案件实证分析》，载《电子知识产权》2014年第10期。

乏弹性，导致无法进行解释性适用。因此在相关案件的审理中法院多依赖于对《反不正当竞争法》一般条款即第2条的适用。① 目前虽然学界对于一般条款能否直接在司法审判中予以适用有所争议，存在"法定主义说""一般条款说"和"有限的一般条款说"三种理论，②但从实践来看，各级法院的法官通过对一般条款的解读和适用，有效地解决了互联网行业内的不正当竞争纠纷，使一般条款所具有的规范功能和行为指引功能得到充分发挥。同时各级法院也结合具体案情和其对一般条款的理解，提炼出一些行业竞争规则。这些规则的提炼标志着我国法院正在对一般条款进行充分的理解和解释。恰如有法官所言，由于数字网络技术的迅猛发展，互联网经营活动中出现很多《反不正当竞争法》制定者难以预料的竞争纠纷。这些新类型的竞争纠纷应当如何规制，《反不正当竞争法》第2条应当发挥重要作用。其中一个重要方面，就是结合互联网经营活动的特点，给《反不正当竞争法》第2条所规定的自愿、平等、公平和诚实信用原则注入新的内涵。③ 但与此同时，也存在一些质疑的声音，认为我国法院在适用一般条款解决互联网不正当竞争案件时，过于强调论证何为互联网领域公认的商业道德以及相关竞争行为是否违反该商业道德，而忽略了论证该竞争行为是否有害于互联网市场竞争效果。④ 因此本文拟结合我国现有判例和法院在司法审判中形成的两种审判路径，分析应如何理解和适

① 本文中所讨论的互联网新型案件，指不能直接适用《反不正当竞争法》第二章类型化条款的案件。

② 法定主义说认为我国《反不正当竞争法》承认的不正当竞争行为，仅限于该法第二章所列明的各项不正当竞争行为，除非另有法律规定，不允许执法机关和司法机关根据《反不正的竞争法》的一般条款随意认定不正当竞争行为；一般条款说认为《反不正当竞争法》第2条属于一般条款。对于第二章类型化条款未规定的不正当竞争行为，法院和行政机关都可以通过对第2条的解释性适用来进行认定。有限的一般条款说认为，虽然法定主义说比较符合立法的原意，但该观点在实践中将造成法律无法根据具体情况具体适用，从而牺牲个别正义的情形。因此必须赋予司法机关对一般条款的裁量或判断余地，以解决现实社会中纷繁复杂的法律问题，从而使《反不正当竞争法》始终能够适用新情况解决新问题。但是行政机关（主要是工商管理机关）仍然不能根据一般条款来进行行政监管。

③ 石必胜：《互联网竞争的非公益必要不干扰原则——兼评百度诉360插标和修改搜索提示词不正当竞争纠纷案》，载《电子知识产权》2014年第4期。

④ 蒋舸：《〈反不正当竞争法〉一般条款在互联网领域的适用——以robots协议案一审判决为视角》，载《电子知识产权》2014年第10期。

用一般条款,如何提炼竞争规则,以及在可能出现主观化倾向时如何避免的问题。

一、审判路径之一——将诚实信用具体化为裁判规则

我国《反不正当竞争法》第 2 条第 1 款规定,经营者在市场交易中,应当遵循自愿、平等、公平、诚实信用的原则,遵守公认的商业道德。从目前我国的司法政策和判例来看,在适用《反不正当竞争法》一般条款审理互联网新型不正当竞争案件时倾向于立足于该条款。从认定某竞争行为是否违反特定商业领域的商业道德、违反诚实信用原则这一角度进行切入,通过分析何为特定领域公认的商业道德,进而判断某竞争行为是否违反该商业道德,从而构成不正当竞争。在界定特定领域的商业道德时,一种方式是借助特定商业领域既有规则来认定公认商业道德;另一种方式则是通过解释一般条款来主动界定特定商业领域的竞争规则。

(一)以诚实信用和商业道德为逻辑起点

该种判决逻辑倾向最早出现于最高人民法院在山东食品公司与马庆达等不正当竞争案件中。该案件裁判认为,对于不属于反不正当竞争法第二章列举规定的行为的正当性,主要应该以该行为是否违反了公认的商业道德进行判断。公认的商业道德需要根据特定商业领域和个案情形具体确定,特定行业的一般实践、行为后果、交易双方的主观状态和交易相对人的自愿选择等都可能成为考虑因素。[①] 在腾讯诉 360 扣扣保镖的终审判决中,最高人民法院也指出,本案中认定 360 的行为是否构成不正当竞争,关键在于该行为是否违反了诚实信用原则和互联网行业公认的商业道德,并损害了腾讯的合法权益。[②]

① 孔祥俊:《反不正当竞争法的创新性适用》,中国法制出版社 2014 年版,第 67 页。

② 最高人民法院(2013)民三终字第 5 号民事判决书。

在其他互联网不正当竞争案件中,例如百度诉360插标案、腾讯诉360隐私保护器案、百度诉青岛联通案等,此种以“诚实信用”为审判逻辑出发点的情形也多有体现。

我国法院的此种思路符合我国《反不正当竞争法》的立法本意。因为从法律解释的角度来看,一般条款在成文的《反不正当竞争法》中居于核心地位,是一切反不正当竞争请求权之基础的法律规范。我国的立法文本既然着重强调了经营者应当遵守公认的商业道德,那么法院依此指引进行判决属于正确的适用法律。这种思路在其他采取类似立法设计的国家也得到印证。德国《反不正当竞争法》在最新的修订之前,其一般条款规定:行为人在商业交易中以竞争为目的而违背善良风俗,可向其请求停止行为和损害赔偿。德国著名法学家拉伦茨教授在关于《反不正当竞争法》一般条款的适用问题上就强调,一般条款适用于待决案件的前提是使“善良风俗”标准具体化为判决规范。① 由此可见,既然立法者采取了强调违反商业道德这样的文本设计,那么法院在分析不正当竞争行为的违法性时着重强调其是否违反公认的商业道德,体现了司法对法律要求的严格贯彻。

与此同时,法院之所以有此种倾向,也并非单纯从法律文本进行的考虑,而是有着深厚的伦理学基础。学界普遍认为,一般条款是以抽象的规则表达了一种伦理标准,②或者说表达了一种经济正义。因为从经济理性的角度出发,只有当一种经济体制内在具有正义性,才能为全体至少是绝大多数社会成员所接受,市场经济秩序才能得以维护。不正当竞争行为与起码的商业道德是违背的,因此对其进行规制是得到社会认同的。③ 在此背景下,以诚实信用、善良风俗等伦理标准作为评判竞争行为正当与否的标准,是一个牢固的法律

① Larenz/Canris, Methodenlehre der Rechtswissenschaft, 3. Aufl. 1995, S. 113; Zippelius, Juristische Methodenleher, 6. Aufl. 1994, S. 65. 转引自郑友德、范长军:《反不正当竞争法一般条款具体化研究——兼论我国〈反不正当竞争法〉的完善》,载《法商研究》2005年第5期。不过目前德国反不正当竞争法一般条款在最新的修订中已经取消了“善良风俗”标准,代之以“不正当商业行为,足以显著地侵害竞争者、消费者或其他市场参与者利益的,是不合法的”。

② 谢思尧、吴思罕:《论一般条款的确定性》,载《法学评论》2004年第3期。

③ [日]吉田庆子:《中日反不正当竞争法比较研究》,西南政法大学2006年博士学位论文。

结构,确立了一种概括性的、可普遍接受的行为准则。[①] 因此法院从该角度切入进行论证,也符合社会公众的心理预期。

(二)方式之一——借助特定商业领域既有规则认定商业道德

在互联网不正当竞争案件中,如果任何一方的产品所在领域已经有了关于竞争规则的有关共识例如部委规章或自律公约,那么法院则倾向于在案件审理中参照上述规则认定该领域公认的商业道德。

在腾讯诉360扣扣保镖案中,一审法院在论证360行为的违法性时,引用了工信部颁布的《规范互联网信息服务市场秩序若干规定》第5条的规定和《互联网终端软件服务行业自律公约》第18条的规定。[②] 其指出无论是互联网行政管理的部门规章还是互联网业界公认的商业道德,都禁止互联网信息服务提供者欺骗、误导或者强迫用户使用或者不使用其他服务者的服务和产品,或者恶意修改或者欺骗、误导、强迫用户修改其他服务者提供的服务或者产品参数,也禁止针对特定信息服务提供商的合法广告进行拦截。[③] 在此基础上法院认为扣扣保镖破坏QQ软件及其服务的安全性、完整性,使腾讯丧失增值业务的交易机会及广告收入,违反了诚实信用原则和公认的商业道德,构成不正当竞争。在百度诉360拒绝遵守robots协议不正当竞争案中,法院指出《搜索引擎行业自律公约》(以下简称《自律公约》)在行业协会的牵头组织下,由搜索引擎行业内具有较高代表性且占有绝大多数市场份额的企业达成的行业共识,反

① [德]罗伯特·霍恩等著:《德国民商法导论》,楚建译,中国大百科全书出版社1996年版,第149页。

② 《规范互联网信息服务市场秩序若干规定》第5条规定,互联网信息服务提供者不得实施下列侵犯其他互联网信息服务提供者合法权益的行为:包括"欺骗、误导或者强迫用户使用或者不使用其他互联网信息服务提供者的服务和产品;恶意修改或者欺骗、误导、强迫用户修改其他互联网服务提供者的服务或者产品参数"。《互联网终端软件服务行业自律公约》第18条规定:"终端软件在安装、运行、升级、卸载等过程中,不应恶意干扰或者破坏其他合法终端软件的正常使用"。第19条规定:"除恶意广告外,不得针对特定信息服务提供商拦截、屏蔽其合法信息内容及页面(恶意广告指频繁弹出的对用户造成干扰的广告类信息以及不提供关闭方式的漂浮广告、弹窗广告、视窗广告)"。

③ 广东省高级人民法院(2011)粤高法民三初字第1号民事判决书。

映了体现了行业内公认的商业道德和行为标准。在没有明确法律规定作为判定双方当事人权利义务边界的情况下，本院对于《自律公约》所体现出的精神予以充分考虑。① 在判决书中法院也多次提到该《自律公约》。由此可见，法院在竞争行为正当性的认定上，非常注意参照行业既有的惯例和公认的行为标准。

（三）方式之二——通过解读一般条款主动界定特定领域竞争规则

目前在各级法院的判决中，北京市高级人民法院在百度诉 360 插标案中所提出的“非公益必要不干扰原则”，以及北京市第一中级人民法院在百度诉 360 违反 robots 协议案中所提出的“通知—协商”规则在业界的影响最大。在百度诉 360 插标案中，法院结合对一般条款的理解，认为互联网企业在竞争中应遵守“非公益必要不干扰原则”，该原则的主要观点有三：第一，网络服务经营者之间不得干扰他人互联网产品或服务的运行；第二，确实出于保护网络用户等社会公众的利益的需要，也可干扰他人互联网产品或服务的运行，但应当确保干扰手段的必要性和合理性；第三，实施干扰行为的一方要对其行为的合理性和必要性承担举证责任。在预设该竞争规则后，法院分析认为 360 的行为违反了该规则要求，因此构成不正当竞争。在百度诉 360 robots 协议案中，北京市第一中级人民法院在对 360 未遵守百度所设置的 robots 协议是否不当的分析中，选择了相类似的路径即结合一般条款，对何为“公认的商业道德”进行提炼，颇为大胆地提出了搜索引擎服务商与网站服务商在关于 robots 协议产生纠纷时，应当遵循“协商—通知”的程序处理。② 在此基础上，其认为 360

---

① 北京市第一中级人民法院（2013）一中民初字第 2668 号民事判决书。

② “通知—协商”规则内容为：第一，搜索引擎服务商在认为网站 robots 协议设置不合理时，应当向网站服务商在认为网站 robots 协议设置不合理时，应当向网站服务商所有者提出书面修改 robots 协议、准许其爬虫机器人抓取的请求。第二，网站服务商所有者在知晓该请求后，如不同意修改，应当在合理的期限内，书面、明确地提出其拒绝修改 robots 协议的合理理由告知搜索引擎服务商。第三，搜索引擎服务商认为网站服务商所有者提出的合理理由不成立的，双方可以向签订的自律公约执行机构或行业协会陈述意见，由相关执行机构先行调解和裁决。第四，网站服务商在合理的期限内未书面、明确地提出其拒绝修改 robots 协议的合理理由的，或者搜索引擎服务商认为网络服务商或所有者提出的合理理由不成立的，且搜索引擎服务商认为不立即修改 robots 协议会严重影响其经营的，可以按照相关法律规定采取诸如诉讼、申请行为保全等法律措施予以解决。

公司在搜索引擎自律公约签署之后的行为并无不当。在这种审判思路中，法院所提炼的竞争规则实际上已经相当于该领域公认的商业道德，如果违反则构成不正当竞争。此时需要法院对该竞争规则的科学与否做详细论证，否则将容易造成对市场竞争的不当干预。

二、审判路径之二——分析竞争行为对竞争者利益的侵害

虽然我国法院在司法判决中偏于强调从论证竞争行为是否违反公认的商业道德这一逻辑展开，但是也有一些法院判决跳出这一思路，结合市场竞争现状，直接从相关竞争行为是否损害了其他经营者的合法权益入手，论证该行为的违法性与否，而不考虑该行为是否存在伦理上的正当与否。这种审判路径中，法院倾向于直接适用《反不正当竞争法》第 2 条第 2 款，即“本法所称的不正当竞争，是指经营者违反本法规定，损害其他经营者的合法权益，扰乱社会经济秩序的行为”。从目前的案例来看，法院的判决主要集中在论证竞争行为是否构成破坏他人经营行为或不正当利用他人经营行为。[①] 此类判决的主要论证方式如下：

第一，论证被侵权企业享有法律保护的合法权益。例如在优酷诉猎豹浏览器屏蔽广告案中，两审法院都指出，优酷在向用户免费提供视频服务的同时，添加相应视频广告，该行为是视频网站普遍采用的经营模式，既未违反现有相关法律规定，亦未违反商业道德以及诚实信用原则，属于受《反不正当竞争法》保护的正常经营活动。[②] 此类判决倾向于按照民事侵权案件的审判逻辑进行，在承认了被侵权企业享有的合法权益后，下一步则是分析该侵权行为属于反不正当竞争法所规制的哪类行为。

第二，论证竞争行为是否属于破坏他人经营的行为。在此类判决的思路

---

① 具体案件统计可参见张钦坤:《中国互联网不正当竞争案件实证分析》，载《电子知识产权》2014 年第 10 期。

② 北京市第一中级人民法院(2014)一中民终字第 3283 号民事判决书。

中,反不正当竞争法禁止企业在竞争中干扰其他竞争主体的正常经营,是一种不证自明的法律功能,而且在多个条款中都有所体现。因此法院的论证重点在于分析竞争行为是通过何种方式破坏了他人的经营行为,以及造成了何种损害后果。在互联网的新型不正当竞争案件中,由于软件干扰形式各异,目前已经出现的就有妨碍他人软件正常的下载、安装和运行、屏蔽他人广告、对搜索引擎结果进行插标、非法下载他人视频等,因此法院在分析过程中颇为强调对技术以及商业模式的分析和探讨,以避免造成对正当技术发展的误伤。在论证过程中,也多涉及对典型抗辩理由的分析,例如技术中立、公共利益保护问题等,从目前来看由于被告无法提供有力证据,尚无支持这些抗辩理由的判决。

第三,论证竞争行为是否属于不正当利用他人经营的行为,即"搭便车"问题的分析。目前法院在分析该问题时比较注意三个方面的问题:首先,承认"搭便车"是一种经济学上的中性行为,特别是在商业推广方面,允许合理的"搭便车"行为。例如在360诉百度推广百度杀毒案中,一审法院认为竞争对手之间彼此进行商业机会的争夺是商业竞争的常态,也是市场经济所鼓励和倡导的。① 在360诉百度推广手机助手案中,法院也指出,市场主体有权实施主动推荐自己或关联企业的产品或服务的市场行为,百度在百度应用平台中推荐使用百度手机助手软件下载第三方软件的行为属于市场行为。② 其次,是否造成消费者的混淆和误认是认定搭便车是否超出合理限度的重要标准。如果在"搭便车"过程中对商品的来源及相关信息作了清楚而不引人误解的描述,并未造成消费者对产品来源的混淆和误认,则认为是在为消费者提供更多可供自由选择的交易机会,属于合理的"搭便车",否则将构成不正当竞争。在360诉百度推广手机助手案中,法院指出,百度在推荐安装手机助手的过程中,对用户进行了多次提示,在用户确认后继续下载安装,不存在欺骗、误导、强迫用户下载、安装并运行百度手机助手的行为,因此不构成不正当竞争;③最后,

---

① 海淀区人民法院(2014)海民初字第4327号民事判决书。

② 海淀区人民法院(2014)海民初字第6256号民事判决书。

③ 海淀区人民法院(2014)海民初字第6256号民事判决书。

如果通过"搭便车"行为进而造成消费者无法正常使用他人产品,则超出了"搭便车"的合理范围,构成不正当竞争。例如在百度诉360插标案中,法院认为360篡改百度下拉提示词进而使用户进入360相关页面的行为,造成了消费者无法正常使用百度产品,构成不正当竞争。

此种审判逻辑跳出了论证何为公认商业道德的思路,强调分析客观行为对竞争产生的影响,并重视消费者利益在认定竞争行为违法性方面的作用。

三、法院审判逻辑可能存在的主观风险及其规避

在第一种审判逻辑中,法院在分析何为公认的商业道德时,常常需要借助互联网既有的行业规则或在此基础上归纳提炼竞争规则。这两种方法有助于解释空泛概括的"道德"概念,对个案中具体竞争行为的判定大有裨益,但同时应该警惕这种审判逻辑中可能存在的主观风险。

(一)法院参考行业既有规则时应注意的问题

1. 应结合个案,从竞争法角度对部委规章和行业惯例能否作为判决参照依据进行考虑。部委规章和行业自律公约中的规定,一般分为禁止性规定和倡导性规定两类,对于其规范价值应做不同认识。工信部《规范互联网信息服务市场秩序若干规定》中所规定的几类禁止行为,如恶意干扰用户终端上其他互联网信息服务提供者的服务,或者恶意干扰与互联网信息服务相关的软件等产品的下载、安装、运行和升级等。如果企业实施这些行为,将很明显地构成对他人竞争参与可能性和他人正当竞争能力的破坏。对于违反这类规则的行为,司法机关可以将有关规定作为认定构成不正当竞争的事实依据。而对于《互联网搜索引擎服务自律公约》中所宣示的"互联网站所有者设置机器人协议应遵循公平、开放和促进信息自由流动的原则,限制搜索引擎抓取应有行业公认合理的正当理由,不利用机器人协议进行不正当竞争行为,积极营造鼓励创新、公平公正的良性竞争环境",笔者认为其更多地属于倡导性规定,如果不遵守该规则不一定就构成不正当竞争。现实中我们看到诸多企业在行业竞

争中都没有遵守这一原则。虽然从用户的角度来看，一些行为存在不合理之处；但是从产业经济学的角度来看，其并未阻碍行业竞争，并未对他人进入相关市场形成壁垒，也并未造成他人竞争能力的下降。因此违反该规定并不构成不正当竞争。最高人民法院在腾讯诉360扣扣保镖案终审判决中也指出，“自律公约等形式的行业内的从业规范常常反映和体现了行业内的公认商业道德和行为标准，可以成为人民法院发现和认定行业惯常行为标准和公认商业道德的重要渊源之一。但是，这些行业规范性文件同样不能违反法律原则和规则，必须公正、客观，相关内容也需要反映互联网行业市场竞争的实际和正当竞争需求”。[①] 由此可见，司法系统对于行业自律公约的适用也需要在竞争法层面进行重新的考量，而并非直接适用或不适用。

2. 需审慎对待技术规则之争。对于互联网技术能否被认定为行业惯例，目前学界持两种观点：一种观点认为凡是被互联网认可和使用的规则，无论其是明文规定抑或技术标准甚至技术接口，都应当得到认可。[②] 该观点体现了网络社会中代码即是法律的哲学理念，贯彻了哈耶克所主张的社会内部秩序的理念，即经过互联网产业反复试探和调试，在互动中逐渐达到和谐的秩序结构应当得到尊重。另一种观点认为如果技术规则影响行业自由竞争，则不构成公认的商业道德。例如有学者认为robots. txt协议的设置要符合爬虫协议的精神，要体现公平、开放和促进信息自由流动的原则，如果某一具体的robots. txt文本文件采取拒绝交易、歧视规定的措施，则有违反诚实信用和违背商业道德之嫌。[③] 这两种观点看似不同，实则是有机的统一。

对于第一种观点，笔者认为对于国际通用的技术标准或行业惯例，一定程度上可以为竞争法所承认，否则将造成互联网市场竞争的无效率。因为互联网从其起源时起，便是基于各类技术标准和交换协议，这些标准和协议促进了互联网的繁荣发展，对于维系互联网的有序运行发挥着至关重要的作用，例如

---

① 最高人民法院（2013）民三终字第5号民事判决书。

② 张平：《〈反不正当竞争法〉的一般条款及其适用——搜索引擎爬虫协议引发的思考》，载《法律适用》2013年第3期。

③ 杨华权：《论爬虫协议对互联网竞争关系的影响》，载《知识产权》2014年第1期。

我们很难想象没有 html 协议的互联网是什么状况。对于第二种观点中所提出的如果技术标准有碍竞争则不宜适用的观点，笔者也表示认同。因为目前有很多不正当竞争行为都是打着“技术中立”的幌子，行不正当竞争之实，而且在司法审判中，技术中立已经成为实施侵权行为的一方普遍采用的抗辩理由之一。但是该观点中将互联网倡导信息自由流动作为互联网竞争规则的说法，笔者认为有待商榷。因为信息自由流动仅仅是互联网的“乌托邦”和理想状态，在现实生活中，各企业出于产品正常功能的实现或平台自身竞争利益的考虑，并不能做到绝对的信息自由流动，而是采取一定的封闭性，这种情况在各大互联网平台上都有体现，例如苹果的 Appstore 就是封闭性平台的典型体现，但这并不意味着其不利于竞争。另外，从法解释学角度来看，第二种观点中所提出的信息自由流动原则是在《搜索引擎自律公约》中规定的，但是我们综观该自律公约会发现，信息的自由流动也是需要建立在遵守 robots 协议的基础之上，所以不应脱离制度整体而单独强调其中的一条规则。

（二）法院提炼竞争规则时所需注意的问题

对于法院能否结合一般条款提炼具体竞争规则，笔者认为是可以的。目前司法界的观点是，《反不正当竞争法》的一般条款除了可以被用于认定和制止法律没有列举的不正当竞争行为外，还具有抽象和概括不正当竞争行为、规定不正当竞争行为一般条件的作用。① 这种观点在德国法中也有体现，德国法把对一般条款“善良风俗”标准具体化的判决规范被称为“法官法”，其认为一般条款除具有自由裁量的功能外，在具体化目标意义上常被认为具有“法官法”功能。② 笔者对此观点表示认同。但是司法机关在一般条款基础上提炼竞争规则，必须要符合竞争法的基本理念，如果对于法律的解读过于宽泛和随意，将破坏市场中的利益平衡关系，损害《反不正当竞争法》的确定性，造成对

---

① 石必胜：《互联网竞争的非公益必要不干扰原则——兼评百度诉 360 插标和修改搜索提示词不正当竞争纠纷案》，载《电子知识产权》2014 年第 4 期。

② 郑有德、范长军：《反不正当竞争法一般条款具体化研究——兼论我国〈反不正当竞争法〉的完善》，载《法商研究》2005 年第 5 期。

竞争秩序的不当干扰。

1. 提炼的竞争规则需符合竞争法作为行为禁止性法律的法律特性。《反不正当竞争法》是行为禁止性的法律，这是由市场及市场竞争的性质所决定的。市场情形非常纷繁复杂，任何人都不可能详尽悉知。该特性使法律调整方法难以从正面加以规定，规定做什么，只能从反面加以规定，规定不做什么。[①] 其中，禁止破坏其他经营者的正当经营活动，在《反不正当竞争法》的多个条文中都有所体现，例如第 14 条禁止通过诋毁商誉破坏他人经营行为，第 10 条禁止通过披露他人商业秘密来破坏他人经营行为等。由此可见，不得干扰他人的经营活动属于《反不正当竞争法》彰显的法律价值。因此，在互联网环境下不得干扰他人软件运行属于《反不正当竞争法》的应有之义，北京市高级人民法院所提出的"非公益必要不干扰原则"颇为符合《反不正当竞争法》的内在要求。而反观"协商—通知"规则，本案中百度拒绝他人抓取的行为是否非法，法院并未给出明确认定，而在没有明确作出认定的情况下赋予 360"协商—通知"之权利，则涉嫌对自由竞争的过度干涉。

2. 提炼的竞争规则应符合市场竞争的效率要求。法院在提炼竞争规则时，应重点考量该竞争规则是否可以降低市场的运营成本。"非公益必要不干扰原则"明确了软件之间的运行规则，相当于为此类竞争行为树立了明确的外部制度条件，有利于产业的竞争效率。而反观"协商—通知"规则，则有过分干预市场竞争规则，降低市场运行效率之嫌。首先，该规则干预了私法自治。本案中内容提供方是否愿意其内容被搜索引擎抓取，本应是意思自治的范畴，除非该拒绝他人抓取的行为将侵害消费者权利和社会公众利益，否则法院不应对该行为予以过多评价。其次，百度不同意他人抓取并非法律禁止行为，如果强行要求其必须开放则对其施加过高的道德义务。恰如最高人民法院的司法政策所提到的"正确把握诚实信用原则和公认的商业道德的评判标准，以特定商业领域普遍认同和接受的经济人伦理为尺度，避免把诚实信用原则和公认的商业道德简

---

① 邱本:《论市场竞争法的基础》，载《中国法学》2003 年第 4 期。

单等同于个人道德或者社会公德”。[①] 最后,如果要求百度不能通过 robots 协议拒绝搜索引擎的抓取,那么百度可能会采取其他措施来拒绝抓取,从而进一步增加了社会运行成本,影响了市场效率。因此,在反不正当竞争案件的规则提炼中,必须保持谦抑的态度,从效率的角度对竞争规则是否合理进行反复思考。

3. 提炼出的竞争规则必须具有足够的案例基础。德国《反不正当竞争法》认为,依一般条款而具体化的个别案件,可以作为其他正确处理案件的比较基础,建立类型。案例群用于简化法之发现,案例群中的典型构成事实以一种暗示某个竞争行为法律特征的标志归纳而成。[②] 笔者认为“非公益必要不干扰原则”的提炼非常符合这一要求,从目前笔者收集和整理的上百个互联网不正当竞争案件来看,多数涉及软件或者说产品之间的互相干扰问题,而且预计未来产品间的干扰行为仍将是互联网不正当竞争的主要类型。该规则所确立不得干扰的规则,提炼出了此类案件竞争行为的典型法律特征。笔者甚至认为,在《反不正当竞争法》的修订中,如果能够就互联网的不正当竞争增加类型化条款的话,禁止互联网产品间的互相干扰可以作为重要考虑条款。而“协商—通知”规则的提出则缺乏相应的案例群基础,这也是其无法得到认同的重要原因。

综上所述,在界定互联网特定领域的商业道德时,需要从竞争法的基本法理、市场竞争的效率需求、相关案例群三个角度来进行分析,从而避免一般条款适用的主观性。

结语

通过分析竞争行为是否违反公认的商业道德和诚实信用原则,进而认定

① 《最高人民法院关于充分发挥知识产权审判职能作用 推动社会主义文化大发展大繁荣和促进经济自主协调发展若干问题的意见》,载 http://www.court.gov.cn/,访问日期:2015 年 1 月 12 日。

② 郑有德、范长军:《反不正当竞争法一般条款具体化研究——兼论我国〈反不正当竞争法〉的完善》,载《法商研究》2005 年第 5 期。

其是否构成不正当竞争的审判逻辑,符合我国的法律传统及我国公民对审判正义的心理预期。但是此种分析方式具有一定的主观随意性,特别是在法院提炼市场竞争规则时,稍有不慎则可能会出现司法确认的竞争规则违反实际的市场竞争规律的情况。因此法院也需要重视从客观行为角度入手,分析此类行为对竞争所造成的客观损害,进而认定其是否构成不正当竞争。换言之,本文所阐述的两种审判思路看似不同,实则是有机的统一,法院在相关案件的审判中可以综合运用。

浅析屏蔽视频网站广告行为的违法性

张钦坤* 刘 娜**

屏蔽广告行为在我国互联网行业一直备受争议,①近几年来则主要集中于网络视频领域。② 其最主要的原因在于,网络广告屏蔽软件的大量使用虽然导致广告主投放视频网站的大量广告不能形成有效点击,损害了视频网站服务商的利益,但却可以为提供屏蔽广告的产品或服务带来巨大的用户群体。面对屏蔽视频网站广告这一扭曲市场竞争的行为,司法机关结合互联网行业经营活动的特点,给《反不正当竞争法》第2条所规定的自愿、平等、公平和诚实信用原则注入新的内涵,明确认定屏蔽视频网站广告的行为构成不正当竞争,厘清了互联网行业竞争的合法边界。但与此同时,也存在一些质疑的声音,例如认为两类跨界产品不存在竞争关系、商业模式不应当成为反不正当竞争法保护的对象,司法应当保护屏蔽广告技术的中立性、屏蔽广告技术有利于维护消费者利益等。故而,本文拟结合我国既有判例,对屏蔽视频网站广告类不正

---

* 张钦坤,男,腾讯研究院副秘书长。

** 刘娜,女,中国人民大学法学院。

① 这方面的案例较多,从2005年的珊瑚虫QQ案、2008年的迅雷诉超级兔子案,到2011年的扣扣保镖案、2013年的优酷诉金山案以及2014年的爱奇艺诉极科极客案。本文所指的屏蔽广告行为包括但不限于屏蔽、拦截、干扰等各类影响正常商业广告播放、展示的行为。

② 参见张广良:《具有广告过滤功能浏览器开发者的竞争法责任解析》,载《知识产权》2014年第1期;董慧娟、周杰:《对浏览器过滤视频广告功能构成不正当竞争的质疑》,载《知识产权》2014年第12期。

当竞争案件中的竞争关系认定、商业模式的法律保护、技术中立、消费者利益等问题进行辨析，以回应上述质疑。

一、互联网不正当竞争案件中竞争关系应做泛化解读

认定企业间的侵权案件是否属于《反不正当竞争法》的调整对象时，除了要具备一般民事侵权行为的构成要件以外，涉案当事人是否存在竞争法上所认可的竞争关系是判定案件是否构成不正当竞争的前提。我国在理论上通常将竞争关系划分为三种类型，即同业者之间的竞争关系、为自己或者他人争取交易机会所产生的竞争关系以及破坏他人竞争优势所产生的竞争关系。[①] 目前，我国在互联网行业不正当竞争案件中采取广义的竞争关系概念，契合《反不正当竞争法》的现代法律定位，既符合产业发展实际，也与国际通行理解相符。

互联网竞争不同于传统行业的竞争，其以"注意力竞争"为核心，跨界竞争和创新竞争是互联网竞争的常态，企业通过产品的研发或服务的提升来吸引消费者的注意，并以此为基础拓展产品和服务领域，以形成"乘方效应"来获取更多的商业价值。是故，在互联网行业不正当竞争案件中，判断某个竞争行为是否要落入《反不正当竞争法》的规制范畴，不能仅以主体经营领域的不同便否认了竞争关系的存在，更重要的是要看竞争行为的性质及后果。

因此，在优酷诉金山案中，法院认为，"当前互联网经济由于行业分工细化、业务交叉重合的情况日益普遍，对竞争关系的理解不应限定为某特定细分领域的同业竞争关系，而应着重从是否存在竞争利益的角度进行考察。竞争利益主要体现在对客户群体、交易机会等市场资源的争夺中所存在的利益"。同样，在爱奇艺诉极科极客案中，法院认为，在判断一个民事主体是否属于"经营者"，以及经营者之间是否存在"竞争关系"，均不应以身份为标准，而应着

① 参见孔祥俊：《反不正当竞争法新论》，人民法院出版社 2001 年版。

眼于行为;不应从主营业务或所处行业出发界定其身份,而应从具体行为出发,判断其行为是否具有经营性、竞争性。因此,某民事主体是否属于"经营者",以及经营者之间是否存在竞争关系,并非一成不变的,而应区别其不同行为,因时因事具体分析。

同时,竞争关系的泛化解读,也是《反不正当竞争法》本身演化的结果。恰如其保护目的由竞争者向消费者和公众利益的拓展,其由单纯的私权保护向市场管治目标的发展。竞争关系的演化也使不正当竞争行为的界定不再限于同业竞争者之间的竞争行为,而扩展到非同业竞争者的竞争损害。[①] 综观世界大多数国家对不正当竞争行为的规定,其适用范围也都是非常广泛的,如美国反不正当竞争法的一项基本原则是由 International News Service v. Associated Press 案发展而来的"不正当得利"原则,其并不要求竞争关系的存在,而是将这种"不劳而获"的行为认定为不正当竞争。[②] 在大陆法系国家中,甚至有些国家也并不以直接的竞争关系的存在为认定基础。如荷兰将不正当竞争行为界定为"根据社会上一般接受的观念而认为不可接受的所有旨在促进商号或者公司的销售或者增加其利润的行为"。[③]

由此可见,在此类跨界不正当竞争案件中,法院从"行为"角度而非"产品"角度认定竞争关系,是符合产业实际和竞争法基础理论的。

二、正当"商业模式"背后的法益应当受到法律保护

需要明确的是,"商业模式"[④]本身作为市场经济条件下自由竞争的产物,并不是《反不正当竞争法》所保护的客体,《反不正当竞争法》所要保护的是蕴含在该商业模式背后的经营者的正当的商业利益,也即法益。通常在完整的

---

① 参见孔祥俊:《反不正当竞争法的创新性适用》,中国法制出版社 2014 年版。

② International News Service v. Associated Press. 245U. S. 215(1915).

③ 转引自孔祥俊:《论反不正当竞争法中的竞争关系》,载《工商行政管理》1999 年第 19 期。

④ 商业模式本身并不受法律保护,视频网站对其商业模式也不享有任何法定权利。参见董慧娟、周杰:《对浏览器过滤视频广告功能构成不正当竞争的质疑》,载《知识产权》2014 年第 12 期。

市场经济中存在诸多尚未被类型化、固定化并上升为法定权利的权益，但并不能因此而放任其溢出法律保护边界，此时，一般通过《反不正当竞争法》的行为禁止功能对特定法益进行反向保护。

综观我国既有司法案例，无论是在优酷诉金山案中，还是在爱奇艺诉极路由案中，法院都将视频网站免费提供视频内容和播放广告的形式认定为视频网站的一类基础商业模式，如在优酷诉金山案中，法院认定，“这种商业模式也被市场普遍接受而成为当今视频网站乃至整个互联网内容服务行业较多采用的经营模式”。在此正当商业模式背后，除却经营者自身利益外，正当的商业利益中亦包含市场福利和消费者利益，即经营者通过诚实经营所建立的合理有序的商业秩序和商业道德被普遍遵守后，对于整个市场经济的发展贡献以及消费者权益的保护。因此，在前述的案件中法院基于屏蔽广告破坏了视频网站的商业模式进而损害了视频网站正当的商业利益，使消费者利益和市场秩序都受到了威胁，进而据此认定屏蔽广告是一种不正当竞争的行为。

另外，在市场竞争环境中，旧的商业模式被新的商业模式所取代是市场经济发展的必然，①实际上，我国视频网站的商业模式正在不断多元化，各种商业模式并不是非此即彼的关系，这是互联网创新性竞争导致的结果，究竟应将视频网站未来引致何种方向，司法政策的干预便显得尤为必要。我们相信，法院并非没有考虑到未来新的免费模式的出现的可能性，而是我们不能以一个未来不确定的商业模式的出现来证明破坏现有商业模式行为的正当性；即便未来出现新的商业模式，亦应该在合法、有序的市场竞争中产生，不应建立在“食人而肥”的竞争行为和竞争状态之下。法律规制不正当竞争行为的目的也在于规范市场竞争秩序，促进有效竞争，②从目前整个视频网站行业的经营模式来看，在“有广告+免费观看视频”这一模式被打破之后，其转向新的免费的模式还需要一段时间的探索和完善，而且这种可能性的实现也并非十分确定，在新的经营秩序出现之前，则有可能会导致整个行业发展的动荡无序，这对消费

---

① 袁锋：《浏览器自带网络广告屏蔽功能的竞争法责任研究》，载《电子知识产权》2014年第7期。

② 赵军：《网络市场不正当竞争行为的法律规制》，载《特区经济》2010年第6期。

者和经营者利益以及整个社会的稳定发展都是不利的。

三、屏蔽广告行为实为非法“搭便车”并非“技术中立”

市场竞争必然会导致不同经营者之间市场机会或者市场利益的得失，因而市场竞争具有天然的损人利己性，故而，自由和公平更应成为市场竞争严于恪守的法则。我们不能简单地以“在市场竞争中获利的一方的行为导致对方利益受损”为由便当然认定某行为是“不正当的”，但是，“搭便车”、不正当妨碍、诋毁或者混淆误导等“人为损人利己”、扭曲竞争的行为应为反不正当竞争法所严格禁止。我们认为，屏蔽广告行为实质上是一种“搭便车”①的行为。“搭便车”是经济学概念，其基本含义是得到一种物品的利益但避免为此付费，从外部性的理论来分析，如果某一行为人的活动产生了正外部性的效应，即使他人或社会受益，而受益者无须花费代价，且未给行为他人造成负面损害，则这样的“搭便车”行为是可以被接受的，但是，如果“搭便车”行为致使他人或者社会受损，则此时的“搭便车”行为应为法律所禁止。我们认为，屏蔽广告行为即属于后者，其在“搭便车”的同时，使他人（网络内容服务提供商、广告商等）利益受损，扭曲了正常的市场竞争秩序，违背正当市场竞争的应有之义。

首先，屏蔽广告的行为人将竞争之手深入他人的私有领域，超出了正当竞争的界限。互联网不正当竞争具体可以分为两类，即传统不正当竞争行为在互联网领域的延伸以及诸如竞价排名、屏蔽广告等新型不正当竞争行为。② 互联网不正当竞争虽然具有数字化和虚拟性的特性，但其行为界限亦如传统的不正当竞争，即如果一方的竞争行为介入到竞争对手的私有领域，则超出了正当竞争的界限，可以据此认定行为的不正当性。诚如互联网竞争的数字化和虚拟性使其对经营者经营的“私有领域”比实体竞争的经营者认定更为困难，但在屏蔽广告这类案件中，屏蔽广告的行为人利用插件拦截视频网站在其免

---

① ［美］曼昆：《经济学原理——微观经济学分册》（第 6 版），梁小民等译，北京大学出版社 2012 年版。

② 张钦坤：《中国互联网不正当竞争案件发展实证分析》，载《电子知识产权》2014 年 10 月。

费视频内容之前播放的广告，无疑是介入了他人经营的私有领域，打破了他人正当的商业模式，是在他人正当利益受损基础之上的获利，是一种具有负外部性效应的“搭便车”行为。

其次，屏蔽广告的行为人将其“屏蔽功能”作为主要的宣传手段以吸引用户，具有明显的主观恶意。如傲游浏览器网站在介绍傲游云浏览器 Windows 版中提及“广告猎手、一键过滤，自动拦截恼人的广告”，360 安全浏览器网站首页出现“abp”图标，注明“拦截广告”“视频广告、网页广告、运营商劫持广告、百度搜索广告拦截，统统帮您实现”。可以看出，浏览器厂商多以具有“屏蔽广告”这一个功能作为其主要的宣传手段来吸引用户，扩大消费群体，赢取更多的商机。此外，在优酷诉金山案中，金山公司旗下的猎豹浏览器通过采取一系列技术措施，为终端用户提供专门针对优酷网视频广告的屏蔽功能，可见其主观恶意明显。即便在爱奇艺诉极科极客案中，虽然被告生产的具有屏蔽广告功能的路由器并不针对某一特定视频网站，但也只能证明其不具有针对某一具体受害者的主观恶意，在其明知屏蔽广告的路由器会使不特定的公众的正当利益受到损害的前提下，行为人为追求其经济利益而放任损害后果的发生，依然可以推定出其主观的恶意。

最后，我们认为，屏蔽广告技术不应纳入“技术中立”范畴，不适用“实质性非侵权用途”的免责条件。在 1984 年 Sony Corp. of America v. Universal City Studios 案[①]首次在著作权法中引入“技术中立原则”，即如果产品可能被广泛用于合法的、不受争议的非侵权用途，那么即使制造商和销售商知道其设备可能被用于侵权，也不能推定其故意帮助他人侵权并构成帮助侵权。[②] 但在屏蔽广告行为中，行为人推出屏蔽广告功能的唯一用途就是用来破坏他人已经建立的商业模式，并以此来牟利。换言之，其产品的一切用途就是去侵权，不存在其他的“合法的、不受争议的非侵权用途”。因而在屏蔽广告的行为中“技术中立”的抗辩难以成立。

---

① Sony Corp. of America v. Universal City Studios, Inc. 464 U. S. 417 (1984).

② 袁博：《妨害视频广告构成不正当竞争行为吗?》，载腾讯研究院法律研究中心微信公号 2015 年 3 月 17 日。

四、“消费者利益”不构成屏蔽广告行为合法性的基础

《反不正当竞争法》以消费者的保护为重要目的，竞争行为与消费者利益息息相关，消费者利益显然又是认定是否构成不正当竞争行为的重要标准，①探讨消费者利益又成为《反不正当竞争法》中无法回避的问题。目前，为追求用户极致体验，主流互联网企业多数设有 CDC（Customer Research & User Experience Design Center，用户研究与体验设计中心）部门。与此同时，消费者利益也越来越成为少数互联网企业施行不正当竞争行为的借口，其以维护消费者利益为名，实际上却是以牺牲消费者长远利益来达到其营利的企图。

消费者利益是作为一种支持竞争者主观恶意的论据而存在，②在诸多的屏蔽广告案件中，被告多以“提升用户体验，维护消费者权益”为其行为寻找正当性理由。实际上，用户与经营者之间不是对立的关系，维护消费者的利益并不是一定要以牺牲经营者的利益为代价，而经营者的盈利也不是通过对消费者的“榨取”来获得。虽然，从目前来看屏蔽广告会使消费者从不得不观看免费视频前插播的广告中解放出来，看似是保障了消费者的选择权和交易权，但如果放任这种行为，势必会使现有的免费视频模式被颠覆，视频网站转向收费模式的可能性要大于其开发出新的免费视频服务的模式，产业商业转型成本必然将由终端消费者承担，在屏蔽广告这类案件中，以保护消费者利益为由的抗辩实难成立。

另外，也有观点以消费者没有观看免费视频前广告的义务的角度出发认为屏蔽广告实际上是为用户提供了一个工具，使其可以自由选择观看广告与否。在扣扣保镖案中二审法院也认为：“尽管天下通常并无免费的午餐，但消费者享受特定免费服务与付出多余的时间成本或者容忍其他服务方式并无当然的‘对价’关系。”如上，笔者认为，消费者在选择观看视频时和视频网站之

---

① 孔祥俊：《反不正当竞争法的创新性适用》，中国法制出版社 2014 年版，第 81 页。

② 参见[比]保罗·妞尔：《竞争与法律——权力机构、企业和消费者所处的地位》，刘利译，法律出版社 2004 年版。

间形成了“合同关系”,在视频网站为消费者提供了“免费观看视频+播放广告”和“付费观看视频+无广告”这两种模式的情形下,消费者基于主观判断选择前者时,其便基于双方之间的合同关系享有观看视频的权利并承担着观看广告的义务。并且,由于视频网站的市场竞争十分充分,消费者完全享受不选择这一视频网站而转向其他视频网站的自由,即所谓的“用脚投票”;抑或消费者可以选择通过付费观看视频的方式不承担观看广告的义务,即与视频网站之间建立另一个合同关系。故而,如果消费者同意选择免费观看视频的方式,便要承担视频网站在该合同中赋予用户观看广告的义务。在1-800 Contacts v. When U. Com案①中,法院亦认为:“电脑使用者任何制作新的电脑窗口或者可视图片的改变原告网页的行为,都需要经过原告的许可。”换言之,在未获得网站所有人同意的情况下,用户屏蔽广告的行为亦属于违约行为。

① 1-800 Contacts v. WhenU. Com . 309 F. Supp. 2d 467 (2003) .

安全软件应遵守的三大竞争原则

张钦坤* 田小军**

近年来,安全软件与其他互联产品之间的不正当竞争案件层出不穷。笔者曾统计我国自2002年至今的126件互联网不正当竞争案件,安全软件与普通软件案件纠纷占纠纷案件总数的31.48%,较多出现的情形是软件之间的干扰和冲突,具体表现为冲突提示和安装失败、强制卸载等其他严重影响相关经营者权益、消费者利益及市场竞争秩序的情形。互联网各级法院在裁判过程中,结合对互联网竞争特点的分析,以及对反不正当竞争法一般条款的理解,形成了针对安全软件的三大规则,即"非公益必要不干扰原则""最小特权原则"和"公平竞争原则"。

一、"非公益必要不干扰原则"

2012年4月,百度向北京一中院起诉360称,360篡改百度搜索结果页面,并利用360浏览器捆绑其网站导航站,故意仿冒、混淆搜索结果,劫持百度流量,侵犯百度商标权并且不正当竞争,北京一中院、北京高院先后于2013年4月26日、12月17日以判决形式认定360插标及劫持流量行为构成不正当竞争。"非公益必要不干扰原则"在"百度诉360插标及劫持流量案"[参见

---

* 张钦坤,男,腾讯研究院副秘书长。

** 田小军,男,腾讯研究院法律研究中心研究员。

(2013)高民终字第2352号民事判决书]中得以确认,北京高院在此案二审判决认为:虽然确实出于保护网络用户等社会公众的利益的需要,网络服务经营者在特定情况下不经网络用户知情并主动选择以及其他互联网产品或服务提供者同意,也可干扰他人互联网产品或服务的运行,但是应当确保干扰的必要性和合理性。否则,应当认定其违反了自愿、平等、公平、诚实信用和公共利益优先原则,违反了互联网产品或服务竞争应当遵守的基本商业道德,由此损害其他经营者合法利益,扰乱社会经济秩序,应当承担相应的责任。最高院在此案再审裁定中再次明确此原则[参见(2014)民申字第873号民事裁定书]。

非公益必要不干扰原则在其他互联网不正当竞争纠纷中也有体现。在"优酷诉UC视频下载案"[参见(2013)海民初字第24365号民事判决书]中,UC浏览器等修改并诱导用户修改优酷公司提供的播放器设置及视频点播服务,一审法院认为,经营者应当尊重其他经营者商业模式的完整性,除非存在公益等合法目的,经营者不得随意修改他人提供的产品或服务,从而影响他人为此应获得的正当商业利益。浏览器作为用户登录网站、浏览网页的工具软件,其基本功能系真实全面地将相关网站内容呈现给用户,除非具有公益必要性,不应改变被访问网站向用户提供的服务内容。

规则解读:第一,无论是否出于恶意,只要不是为了保护公共利益之必须,互联网经营者不得干扰他人互联网产品或服务的正常运行。第二,基于以下情形可以采取干扰措施但不违反非公益必要原则:(1)客观原因导致的冲突;(2)用户知情并主动选择,但影响结果只能限于该用户,而且不能损害他人合法权益;(3)用户不知情也未选择,但是为了保护以用户安全为例的公共利益所必需。第三,互联网经营者对他人互联网产品或服务的运行采取干扰措施的需对于"公益之必要"承担举证责任。

北京高院石必胜法官主张,互联网产品或服务应当和平共处,自由竞争,互联网产品或服务之间原则上不得相互干扰,是否使用某种互联网产品或服务,应当取决于网络用户的资源选择。确实出于保护网络用户等公共利益的需要,网络服务经营者在特定情况下不经网络用户知情并主动选择以及其他互联网产品或服务提供者同意,也可干扰他人互联网产品或服务的运行,但是,应当确保并证明干扰手段的必要性与合理性。

二、"最小特权原则"

"最小特权原则"在百度诉360插标及劫持流量案再审裁定中得以确定[参见(2014)民申字第873号民事裁定书]。此案的百度专家辅助人中国工程院院士倪光南与沈昌祥主张:安全软件对计算机系统拥有较高的操作权限,根据业界惯例,此类软件在实现安全防护功能时,一般不利用其操作权限的优势,进行并非实现其功能所必须的操作。最高院认为:安全软件在计算机系统中拥有优先权限,其应当审慎运用这种"特权",对用户以及其他服务提供者的干预行为应以"实现其功能所必需"为前提。

目前,我国涉及安全软件的诉讼案件,多数争议事实包括安全软件通过特殊的技术权限,限制竞争对手的行为,以不正当手段谋取竞争优势。安全软件具备更底层的技术权限,再辅之以可配置分时段、分地区的云查杀指令,其可对任何竞争对手做精准打击。在"金山诉奇虎360案"[参见(2010)一中民初字第10831号民事判决书、(2011)高民终字第2585号民事判决书]中,360安全卫士恶意阻碍金山网盾运行、诱导用户卸载金山网盾,但是这种卸载并非进行正常的卸载流程,而是以删除金山网盾程序的快捷方式、修改运行金山网盾可执行文件等方式破坏金山网盾的完整性。在"腾讯诉奇虎360扣扣保镖案"中[参见(2011)粤高法民三初字第1号民事判决书、(2013)民三终字第5号民事判决书],360针对QQ软件专门开发了"扣扣保镖",阻止QQ的正常加载,屏蔽正常功能,清理正常文件,过滤信息窗口等,亦有违"最小特权原则"。

规则解读:第一,基于安全软件自身的技术特性和功能设计,其具有对其他互联网产品或服务运行进行干预的能力;第二,为了安全软件服务经营者防止不当损害其他经营者及用户的相关权益,应对安全软件的特权进行约束与限制,将安全软件的特权限定在维护网络安全的"必要"范围内,即最小特权;第三,拥有特权的互联网经营者不得滥用其技术特权,干预其他软件的运行。

对于此原则,中国人民大学副教授孟雁北同时认为,360的相关行为,是否违背“最小特权原则”,需要互联网行业专家进行技术和专业上的判断;同时,还需要对“最小特权原则”是否属于互联网行业公认的商业道德进行判断。

三、“公平竞争规则”

最高人民法院在“百度诉360插标及劫持流量案”[参见(2014)民申字第873号民事裁定书]中指出,“公平竞争原则”要求安全软件厂商对其他产品的检测或评测应当有一个公正、客观、科学的行业标准,特别是在安全软件厂商应加强对自身行为的约束,对其他服务提供者和网络用户的尊重。另在“腾讯诉360扣扣保镖案”[参见(2011)粤高法民三初字第1号民事判决书、(2013)民三终字第5号民事判决书]中,一审法院指出,安全软件经营者必须具有与其权力和技术能力相匹配的谨慎责任,应当以公开、透明的方式公平、公正地判断其他软件的性质。

又如“搜狗诉360篡改浏览器案”[参见(2013)二中民初字第15709号民事判决书]中,360诱导、欺骗用户,甚至直接采用破坏性技术手段,利用360安全卫士阻碍用户正常安装和使用搜狗浏览器,阻碍用户主动将搜狗浏览器设置为默认浏览器,破坏用户对搜狗浏览器的安装、使用。法院认为,在以安全服务企业身份对他人产品服务作出评判和监督的情况下,要对自身产品施以同样的审查标准和提示、监控,而非同时以安全服务企业自居代替用户作出选择,而应做到一视同仁。同样,《互联网终端安全服务自律公约》第8条关于公平竞争原则的规定也明确,互联网终端安全服务企业同时提供非安全类终端软件服务的,应当客观公正对待本企业和其他企业的终端软件的,不能没有规则地随意评价竞争对手的产品或行为。

规则解读:第一,安全软件厂商利用安全软件对其他产品的检测或评测应该坚持公正、客观、科学的标准,以保持其安全软件的产品中立性。第二,由于互联网行业具有平台竞争的特点,安全软件厂商的行为应加强对自身行为的约束,不得利用安全软件特殊地位不当干扰他人产品和服务的正常运行。第三,特别是在安全软件厂商混业经营的情况下,应对本企业及其他企业终端产品一视同仁。

中央财经大学法学院副院长吴韬表示,“安全软件为了保障用户的网络安全,可以在善意的情况下采取多种方式作出提醒;但就本案中的插标行为而言,明显影响了百度的正常商业模式,甚至有损百度商誉。并且,由于插标的标准完全由360主导,一旦造成‘误伤’,足以阻止用户点击相关链接,这一方面是对用户的误导;另一方面对被插标的搜索结果来说,也是不公平的”。

关于安全软件如何扮演好自身角色,最高院在裁定书中也给出了建议:安全软件如果检测到搜索结果中存在危害信息,可以与搜索引擎分享其信息,或向相关主管部门、行业协会披露,从而实现安全软件的社会价值与功能,这样更体现了安全软件对自身的约束,对其他服务提供者和网络用户的尊重,更有利于建立和谐的互联网生态。

笔者认为,上述三大原则是安全软件在行业竞争中应遵守的基本规则。

中国离 TPP 有多远
——以 TPP 协定电子商务章为例

蔡雄山[*]　李思羽[**]

《跨太平洋伙伴关系协定》(TPP 协定)倡导缔约方在更广范围内进一步降低市场准入门槛,并对服务贸易的自由化、便利化有较高要求。从目前美国贸易代表办公室公布的 TPP 协定内容摘要看,TPP 协定设“电子商务”专章,对全流程电子商务相关法律关系制定了高标准的适用规则,这是全球多边自由贸易协定发展的一项重大突破。因此,TPP 协定的最终订立和生效,将对亚太地区双边、多边电子商务规则产生较大影响。

2010 年以来,我国电子商务交易规模增长迅猛,目前我国已成为世界上最大的电子商务交易市场之一。那么,中国的电子商务相关法律法规与 TPP 协定的一致性程度如何,在未来电子商务贸易发展过程中,中国可能与 TPP 协定缔约方存在怎样的法律冲突,成为值得我们探讨的问题。

考察我国现行电子商务法律规则并结合《中国—澳大利亚自由贸易协定》(中—澳 FTA)和《中国—韩国自由贸易协定》(中—韩 FTA)中“电子商务”专章的相关内容,我国的现行法律规定及理念与 TPP 协定中有关信息和数据流动和市场准入监管规则方面可能存在一定不同,而在电子商务交易环节和市场监管方面,我们当前立法基本保持了与 TPP 协议要求的一致性。

---

* 蔡雄山,男,腾讯研究院法律研究中心首席研究员。
** 李思羽,女,腾讯研究院法律研究中心助理研究员。

一、有关确保全球信息和数据自由流动的规定

TPP 协定要求缔约方在确保保护个人信息等合法公共政策目标得到保障的前提下，确保全球信息和数据自由流动，以驱动互联网和数字经济。

1. TPP 协定对传统概念的扩展

传统上，国际组织主要从数据可被跨境访问和处理、数据的跨境流动两个角度对“跨境数据流动”（Transborder Data Flow）进行界定。例如联合国跨国公司中心将跨境数据流动定义为，跨越国界对存储在计算机中的机器可读的数据进行处理、存储和检索。而根据经济合作与发展组织（OECD）的定义，跨境数据流动即指私人数据跨越国界流动。

TPP 协定的“全球信息和数据自由流动”要求，对传统的“跨境数据流动”概念作了如下扩展：

（1）淡化国境观念，强调信息和数据自由流动的“全球性”；

（2）在合法公共政策目标得到保障的前提下，强调信息和数据流动的“自由性”；

（3）强调“信息”概念，要求信息和数据均实现全球自由流动。

2. 中国有关信息和数据流动的公共政策

2015 年 6 月我国人大常委会初审了《中华人民共和国网络安全法（草案）》，该草案以总体国家安全观为指导，就网络数据和信息安全的保障等问题制定了具体规则，草案相关规定构成了我国现行有关互联网信息和数据流动公共政策的重要指导意见。

（1）在信息和数据流动的“全球性”方面：2010 年我国国务院新闻办公室发表《中国互联网状况》白皮书提出“互联网主权”概念，并声明互联网是国家重要基础设施，中国境内的互联网属于中国主权管辖范围，中国的互联网主权应受到尊重和维护。《网络安全法（草案）》在这一前提下将“维护网络空间主权和国家安全”作为立法宗旨，规定在中国境内运营使用网络必须接受监管。因此，我国对于互联网信息和数据的处理和传输依属地原则进行监管，这与

TPP 协定所持的“去国境化”观点具有较大不同。

(2)在信息和数据流动的“自由性”方面,《网络安全法(草案)》对保障网络数据安全和网络信息安全分别作出了规定:

①在保障网络数据安全方面:草案要求网络运营者应当采取数据分类、备份和加密等措施,防止网络数据被窃取或者篡改;加强对公民个人信息的保护,防止公民个人信息数据被非法获取、泄露或者非法使用;要求关键信息基础设施的网络运营者在境内存储公民个人信息等重要数据,确需在境外存储或者向境外提供的,应当按照规定进行安全评估。

②在保障网络信息安全方面:草案对网络运营者的处置违法信息义务做了规定;要求电子信息发送者和应用软件提供者不得在其提供的电子信息或软件中中包含法律、行政法规禁止发布或者传输的信息。同时,规定侦查机关为维护国家安全和侦查犯罪,可以要求网络运营者提供必要的支持与协助,相关主管部门可以处置违法信息、阻断违法信息传播的权力。

“确保全球信息和数据自由流动”是 TPP 协定中最大胆和最具抱负的一项规则。美国布鲁金斯学会曾于 2014 年 10 月发布《互联网数据跨大西洋流动对美国与欧盟间贸易、投资的重要性》研究报告,该报告论证了跨境数据流动与全球贸易增长的正相关关系,指出互联网和移动数据在全球范围内的自由流动已日益成为经济增长、就业创造和社会福利的重要驱动力。因此,确保全球信息和数据自由流动对于国际电子商务贸易增长的促进作用是难以被否认的。

然而,我们对数据自由流动的政策考量因素应当是多元而非一元的,当我们将国家、社会以及个人的信息安全纳入考量时,以安全为重、循序渐进的行动步骤不仅合理而且必要。因此,对我国而言,坚持互联网主权将使我国目前还难以笼统接受 TPP 协定中有关信息和数据在全球范围内自由流动的要求。另外,从现行的《互联网信息服务管理办法》以及正在制定中的《网络安全法(草案)》相关内容来看,为维护国家安全、社会秩序和公民合法权益,我国网络运营者和相关网络监管部门在保障网络数据安全和信息安全方面负有较多的具体义务,其内涵和外延可能远远超过 TPP 协定规定的“保护个人信息等合法公共政策目标”。

二、有关禁止电子商务企业市场准入和业务监管的特殊规则

TPP 协定约定缔约方不将设立数据中心作为允许 TPP 缔约方企业进入市场的前提条件，也不要求转让或获取软件源代码。

1. 禁止将设立数据中心作为电子商务企业市场准入条件

我国现行国内法和中—澳和中—韩 FTA“电子商务”专章均没有将设立数据中心作为电子商务企业进入国内市场的前提条件。另外，中—澳 FTA 第五条“国内电子商务监管框架”还约定缔约双方应将“将电子商务的监管负担最小化”。可见，我国对一般来华营业的电子商务企业持鼓励和尽量减负的监管态度。

2. 禁止要求电商企业转让或获取软件源代码

我国目前对于软件源代码获取的业务监管要求，仅限于服务对象为金融机构和金融监管部门的电子商务企业。

(1)对银行金融机构提供软件，应向银监会备案软件源代码：2014 年我国银监会发布《关于应用安全可控信息技术加强银行业网络安全和信息化建设的指导意见》(银监发〔2014〕39 号)和《关于印发银行业应用安全可控信息技术推进指南(2014—2015 年度)》(银监办发〔2014〕317 号)，对银行金融机构使用的信息技术设备和服务提出了安全可控要求，要求其使用的大部分技术设备的随机软件拥有自主知识产权，而且软件源代码需报银监会备案。

(2)金融机构进行软件开发外包，应当要求开发单位提供软件源代码：中国人民银行在《〈征信机构信息安全规范〉行业标准》(银发〔2014〕346 号)、《〈网上银行系统信息安全通用规范〉行业标准的通知》(银发〔2012〕121 号)，证监会在《证券期货业信息系统安全等级保护基本要求(试行)》(证监会公告〔2011〕38 号)中，均就外包软件的开发要求开发单位提供软件源代码，并对软件源代码进行“后门”检测提出了要求。

我国的这些规定可能会被认为与 TPP 协定有所不同，是否能够求同存异，还取决于 TPP 协定是否存在一般例外或安全例外条款及其具体规定如何。

三、有关电子传输零关税的规定

TPP 协定禁止对电子传输征收关税，不允许缔约方以歧视性措施或直接阻止的方式支持本国类似产品的生产商或供应商。

中—澳和中—韩 FTA 均依照 WTO 2013 年 12 月 7 日部长决定《关于电子商务的工作计划》[WT/MIN(13)/32 - WT/L/907]第 5 条，维持不对电子传输或电子交易征收关税的做法。可见，我国已经按照 WTO 规则的发展方向，在双边贸易协定中开始实施电子传输零关税政策。

而 TPP 协定中有关"不允许缔约方以歧视性措施或直接阻止的方式支持本国类似产品的生产商或供应商"的规定，从目前的信息来看，意在禁止以其他方式变相征收关税、确保电子传输零关税政策的贯彻实施，是对禁止对电子传输征收关税规定的自然延伸。

四、有关消费者保护的规定

TPP 协定要求缔约方实施针对网上诈骗和商业欺诈行为的消费者保护法，并确保隐私和其他消费者权益保护在 TPP 缔约方市场得到执行；同时，要求缔约方采取措施阻止推销性质的商业电子信息。

1. 网络消费者保护的一般条款

电子商务虽为跨境消费提供便利，但也使消费者暴露更大的被侵权风险之下，同时其权益维护也比实体消费更艰难。因此，无论是 TPP 协定还是我国现行的相关电子商务法律规则都致力于加强对网络消费者的保护，使网络消费者获得与非网络消费者水平相当的法律保护。

我国于 2013 年新修订的《消费者权益保护法》对通过网络方式购买商品或服务的消费者合法权益进行了特别规定，这部法律同时包含了有关禁止对消费者实施商业欺诈或侵犯消费者隐私权、选择权的一般规定。另外,中—澳 FTA 规定了“网络消费者保护”条款,要求缔约方应至少以与其法律法规对其他商业形式的消费者提供的保护相当的方式,为使用电子商务的消费者提供保护。

2. 网络消费者保护的特殊条款

针对使用电子商务进行消费的特殊情况,TPP 协定要求缔约方采取措施阻止推销性质的商业电子信息。这是保护消费者选择权规则在电子商务领域的一项发展。

我国对以网页广告、短信和邮件等方式传播的垃圾消息的行为进行了规制:

(1)互联网弹出广告不得影响用户正常使用网络:我国于 2015 年修订的《广告法》要求利用互联网发布、发送广告,不得影响用户正常使用网络;在互联网页面以弹出等形式发布的广告,应当显著标明关闭标志,确保一键关闭。

(2)垃圾邮件传播通过行业自律予以阻止和消除:《中国互联网协会反垃圾邮件规范》(2003 年 2 月 25 日)要求提供邮件服务的互联网协会会员建立垃圾邮件的信息收集、反馈及处理机制。

(3)垃圾短信息的投诉和举报制度:我国工业和信息化部于 2015 年 5 月发布的《通信短信息服务管理规定》(工业和信息化部令第 31 号)要求短信息服务提供者应当建立投诉处理机制,并规定有工信部委托 12321 网络不良与垃圾信息举报受理中心受理短信息服务举报。

五、有关电子商务便利化的规定

TPP 协定鼓励缔约方促进企业和政府间的无纸化贸易以促进电子商务。其他电子商务便利化协定还包括商业交易的电子认证和电子签名条款。

对国际贸易的国内行政管理削减繁文缛节,以及规范电子商务技术行为并赋予其普遍的合法效力,是目前国际电子商务条约发展中最成功的一个方面。在电子认证和电子签名方面,我国均依照相关国际示范法制定了法律法规，与国际普遍实践保持一致。另外，中—澳 FTA 和中—韩 FTA 中均设专门条款对无纸贸易、电子认证和电子签名做了规定。因此可以预见，我国现行的电子商务立法与 TPP 协定中有关电子商务便利化的规定不会存在太多不同。

附件：

2015 年 10 月 13 日商务部国际司发布"《跨太平洋伙伴关系协定》内容摘要"（根据美国贸易代表办公室公布内容翻译），原文载 http://fta.mofcom.gov.cn/article/zhengwugk/201510/28814_1.html。

第十四章　电子商务

在电子商务章节，TPP 缔约方承诺，将在确保保护个人信息等合法公共政策目标得到保障的前提下，确保全球信息和数据自由流动，以驱动互联网和数字经济。12 个缔约方也同意，不将设立数据中心作为允许 TPP 缔约方企业进入市场的前提条件，也不要求转让或获取软件源代码。本章禁止对电子传输征收关税，不允许缔约方以歧视性措施或直接阻止的方式支持本国类似产品的生产商或供应商。为保护消费者，TPP 各缔约方同意实施并保持针对网上诈骗和商业欺诈行为的消费者保护法，并确保隐私和其他消费者权益保护在 TPP 缔约方市场得到执行。各缔约方有义务采取措施阻止推销性质的商业电子信息。为促进电子商务，本章鼓励各缔约方促进企业和政府间的无纸化贸易，如电子海关单据；同时，本章还包括了商业交易的电子认证和电子签名条款。TPP 缔约方对本章部分义务做出了不符措施保留。12 个缔约方同意共同帮助中小企业从电子商务中受益。本章还鼓励就个人信息保护、网上消费者保护、网络安全和网络安全能力等开展政策合作。

Office of the United States Trade Representative：

"Summary of the Trans – Pacific Partnership Agreement", https://ustr.gov/about – us/policy – offices/press – office/press – releases/2015/october/summary – trans – pacific – partnership? from = timeline&isappinstalled = 0.

14. Electronic Commerce

In the Electronic Commerce chapter, TPP Parties commit to ensuring free flow of the global information and data that drive the Internet and the digital economy, subject to legitimate public policy objectives such as personal information protection. The 12 Parties also agree not to require that TPP companies build data centers to store data as a condition for operating in a TPP market, and, in addition, that source code of software is not required to be transferred or accessed. The chapter prohibits the imposition of customs duties on electronic transmissions, and prevents TPP Parties from favoring national producers or suppliers of such products through discriminatory measures or outright blocking. To protect consumers, TPP Parties agree to adopt and maintain consumer protection laws related to fraudulent and deceptive commercial activities online and to ensure that privacy and other consumer protections can be enforced in TPP markets. Parties also are required to have measures to stop unsolicited commercial electronic messages. To facilitate electronic commerce, the chapter includes provisions encouraging TPP Parties to promote paperless trading between businesses and the government, such as electronic customs forms; and providing for electronic authentication and signatures for commercial transactions. A number of obligations in this chapter are subject to relevant non – conforming measures of individual TPP members. The 12 Parties agree to cooperate to help small – and medium – sized business take advantage of electronic commerce, and the chapter encourages cooperation on policies regarding personal information protection, online consumer protection, cybersecurity threats and cybersecurity capacity.

图书在版编目(CIP)数据

互联网+时代的立法与公共政策/腾讯研究院著.—北京:法律出版社,2016.4
ISBN 978-7-5118-8575-3

Ⅰ.①互… Ⅱ.①腾… Ⅲ.①立法—研究—中国②政策科学—研究—中国 Ⅳ.①D920.0②D601

中国版本图书馆CIP数据核字(2015)第244969号

互联网+时代的立法与公共政策 | 腾讯研究院 著 | 责任编辑 高 山 汤子君 装帧设计 贾丹丹

开本 720毫米×960毫米 1/16
印张 33.75 **字数** 476千
版本 2016年4月第1版
印次 2016年4月第1次印刷
出版 法律出版社
编辑统筹 学术·对外出版分社
总发行 中国法律图书有限公司
经销 新华书店
责任校对 晁明慧
责任印制 陶 松
印刷 固安华明印业有限公司

法律出版社/北京市丰台区莲花池西里7号(100073)
电子邮件/info@lawpress.com.cn
销售热线/010-63939792/9779
网址/www.lawpress.com.cn
咨询电话/010-63939796

中国法律图书有限公司/北京市丰台区莲花池西里7号(100073)
全国各地中法图分、子公司电话:
第一法律书店/010-63939781/9782
西安分公司/029-85388843
重庆公司/023-65382816/2908
上海公司/021-62071010/1636
北京分公司/010-62534456
深圳公司/0755-83072995

书号:ISBN 978-7-5118-8575-3
定价:88.00元
(如有缺页或倒装,中国法律图书有限公司负责退换)